Toscane
Toscana
Tuscany

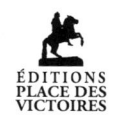

ÉDITIONS
PLACE DES
VICTOIRES

KÖNEMANN

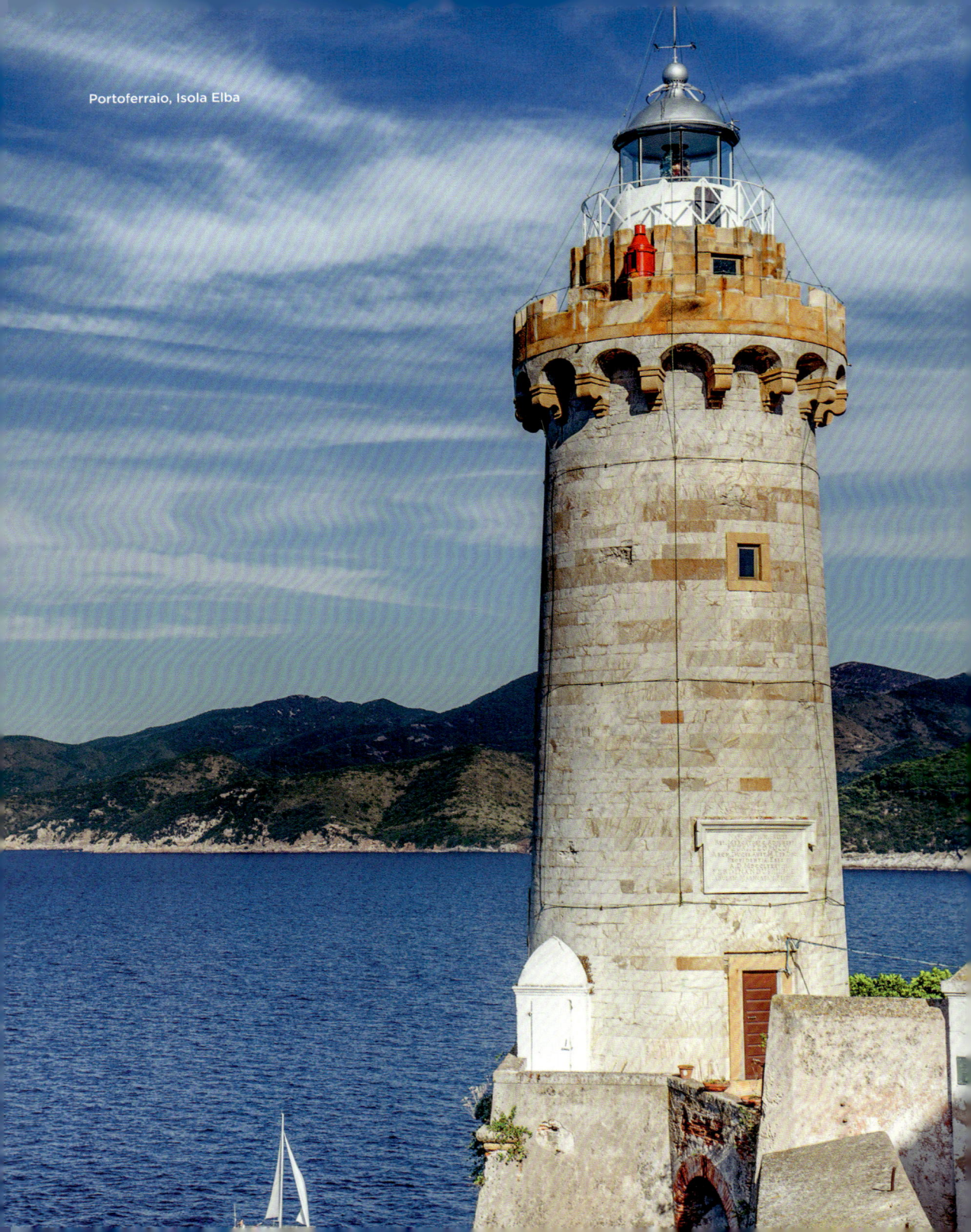

Portoferraio, Isola Elba

Toscane
Toscana
Tuscany

Audrey Robin

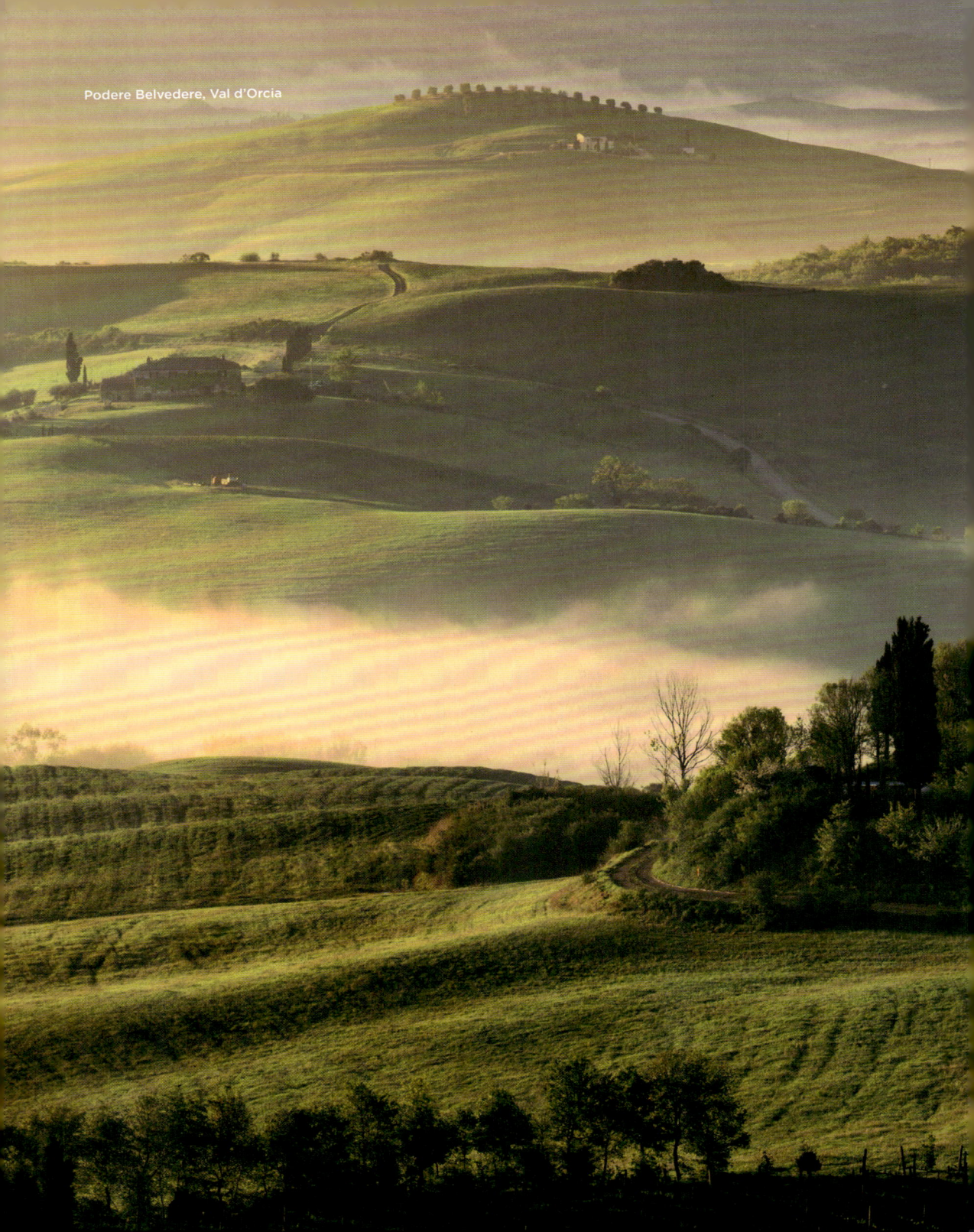
Podere Belvedere, Val d'Orcia

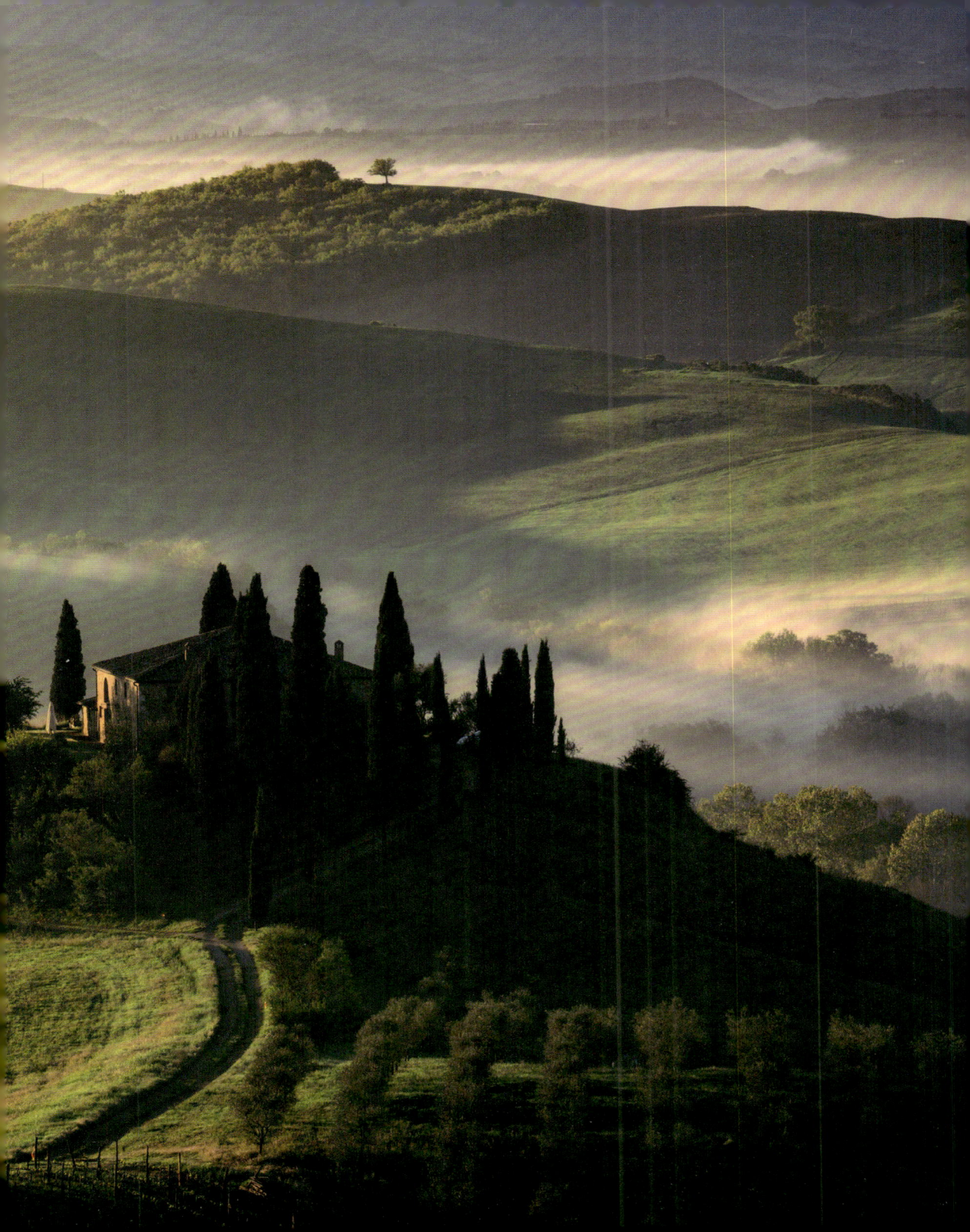

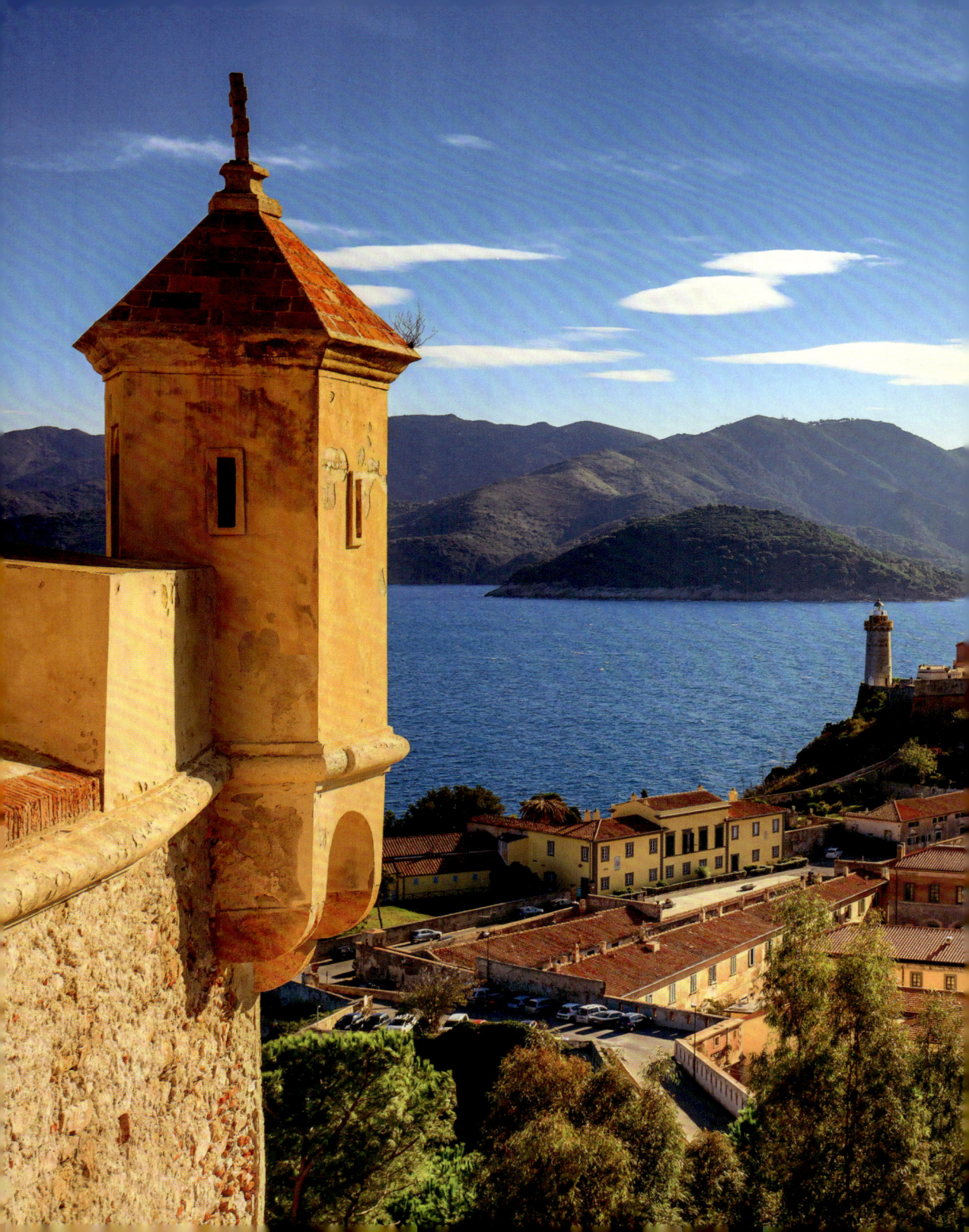

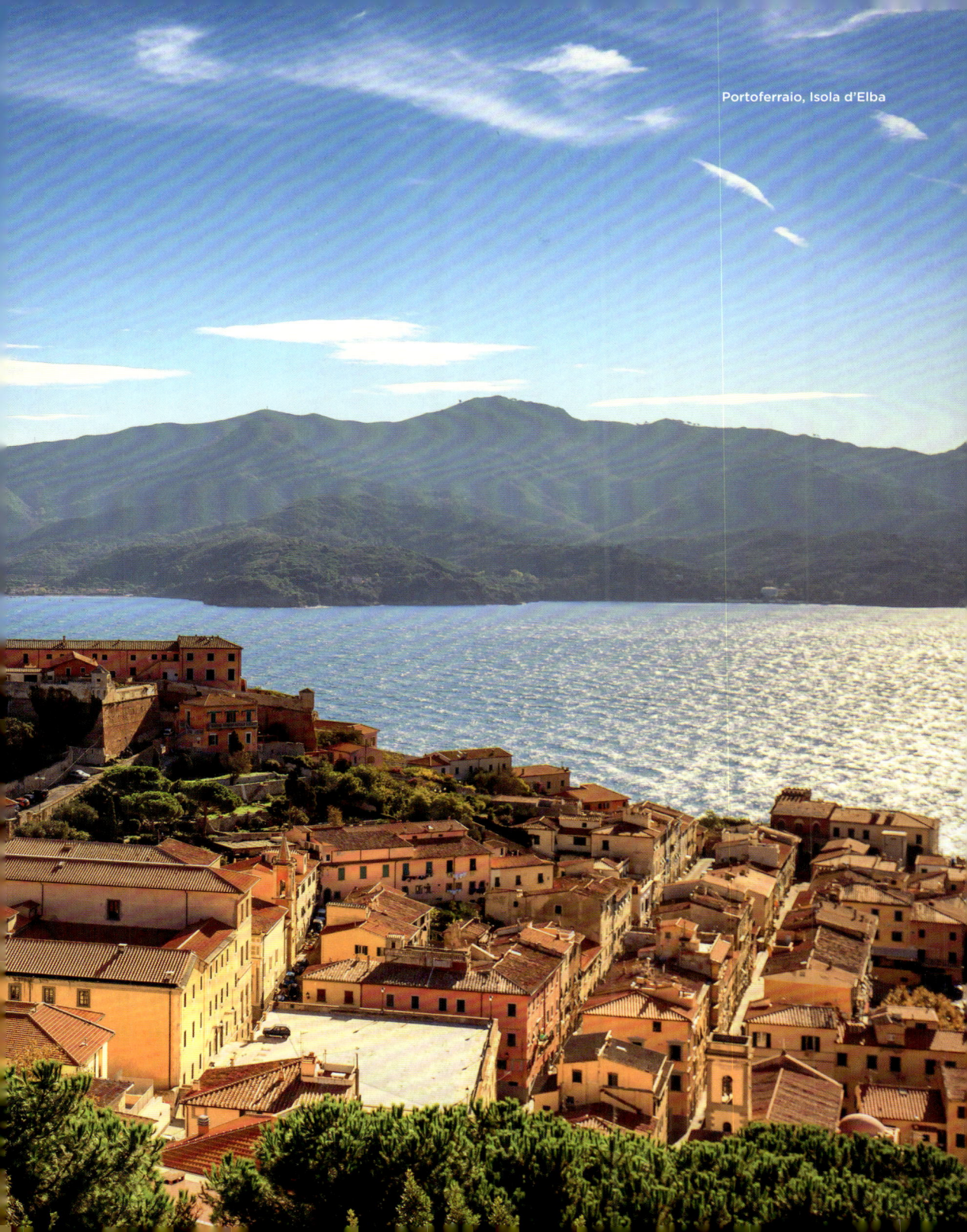
Portoferraio, Isola d'Elba

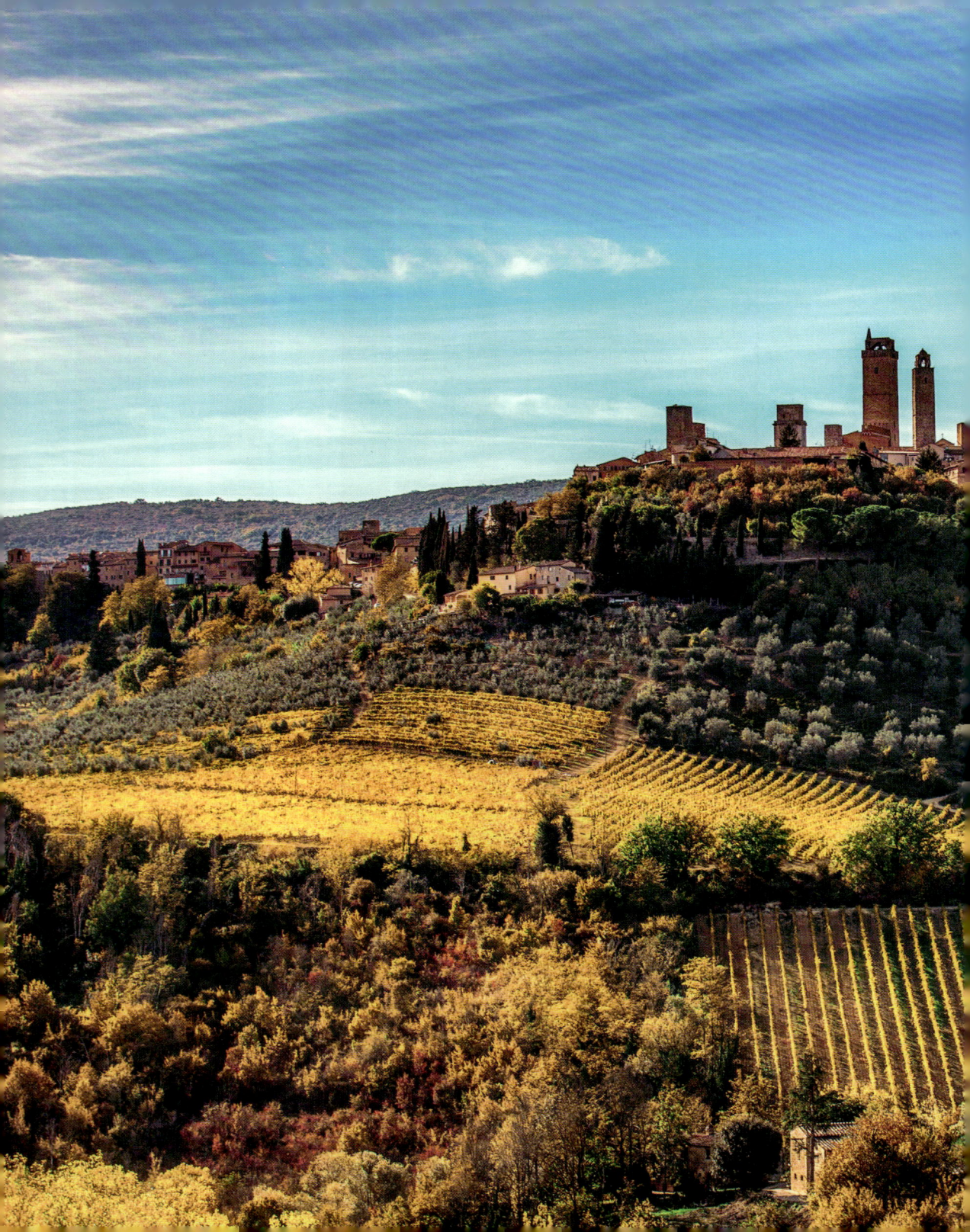

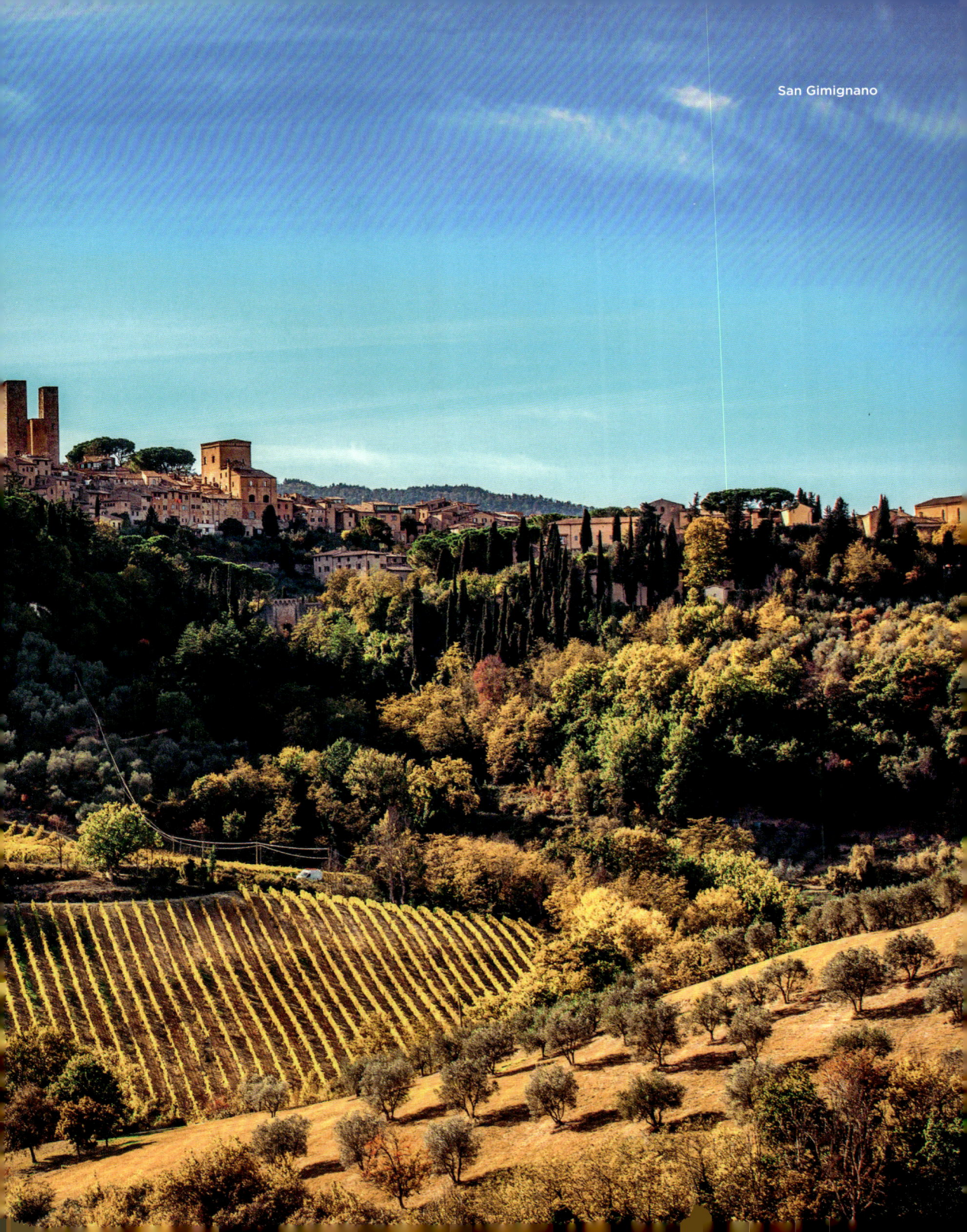

San Gimignano

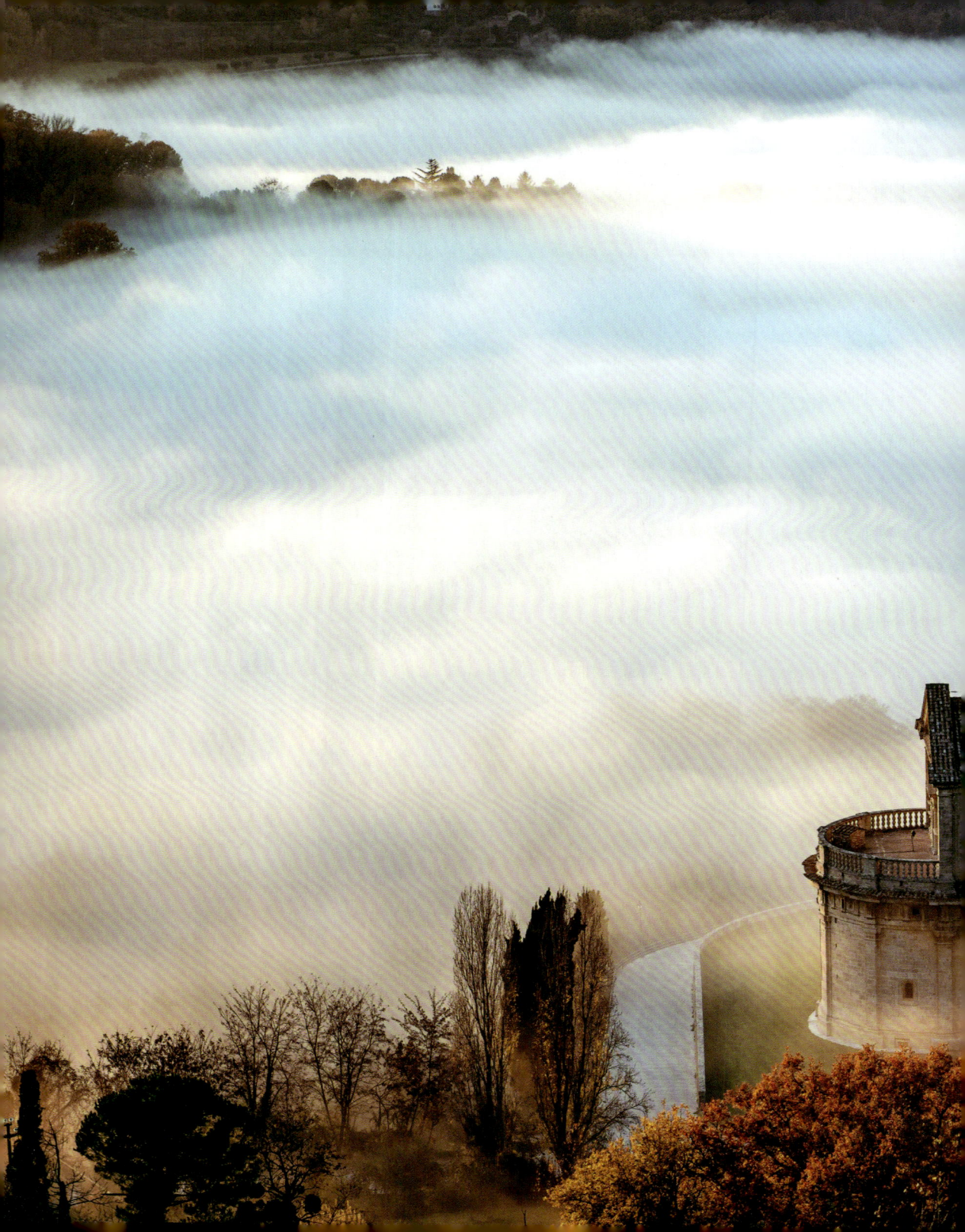

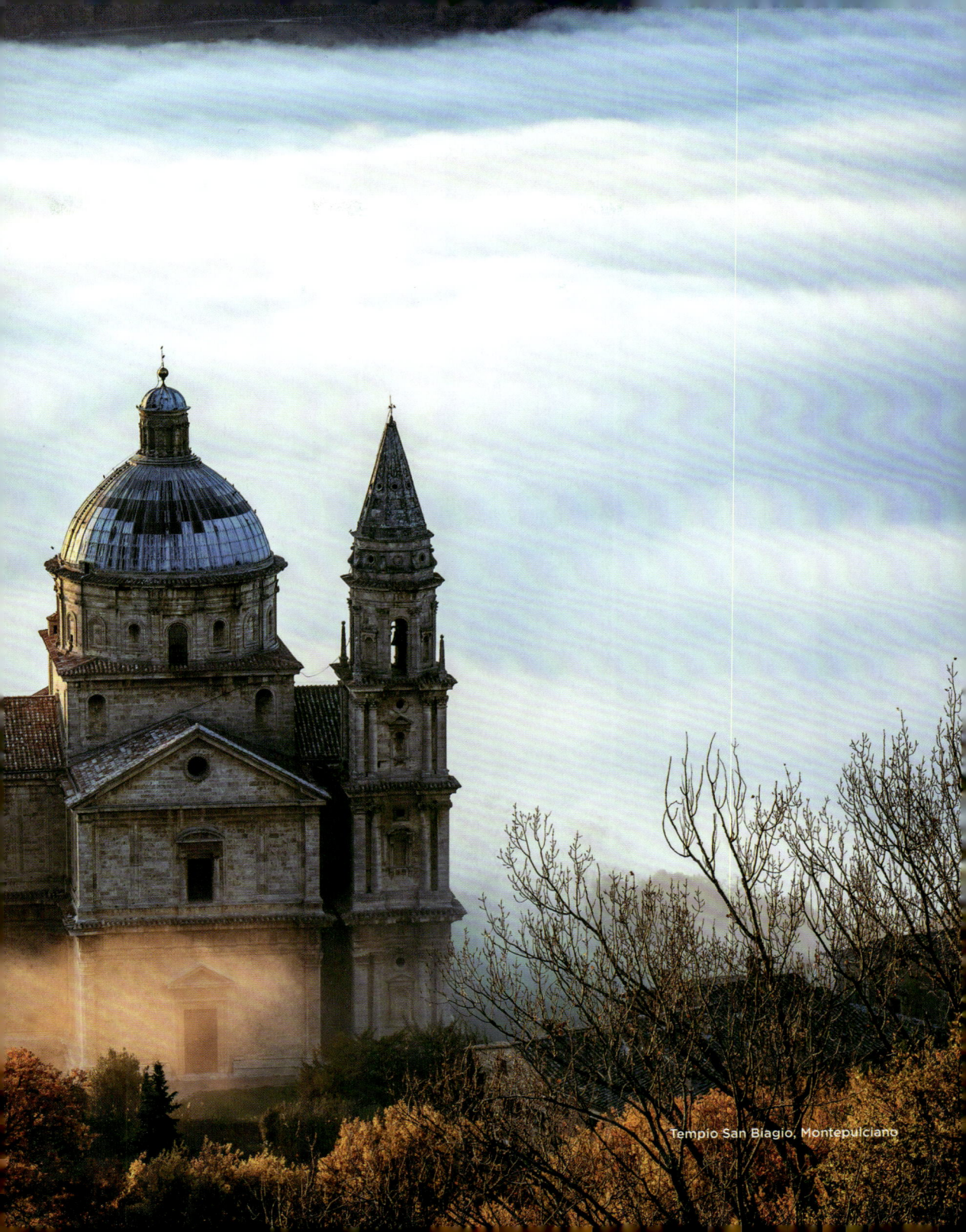

Tempio San Biagio, Montepulciano

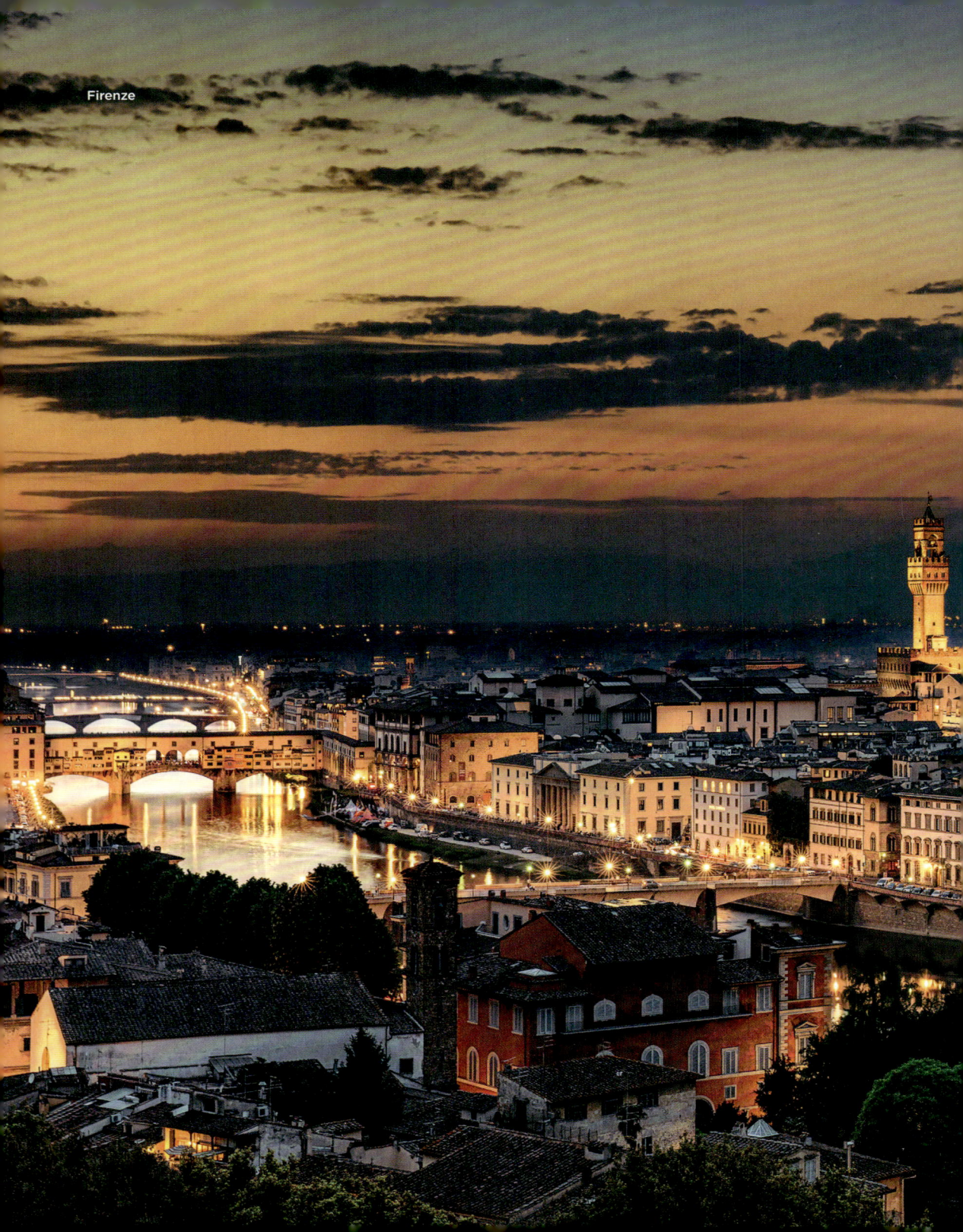

Firenze

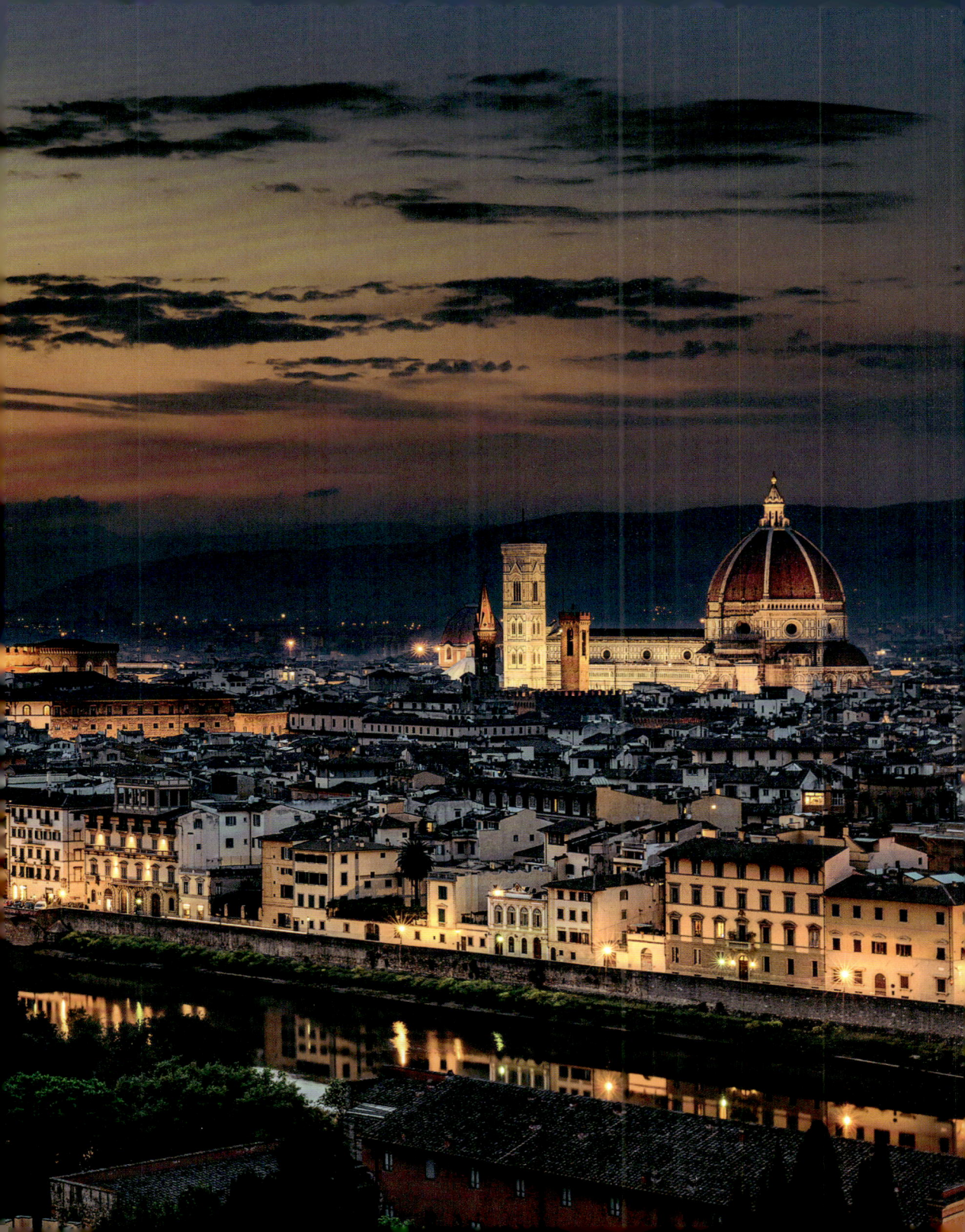

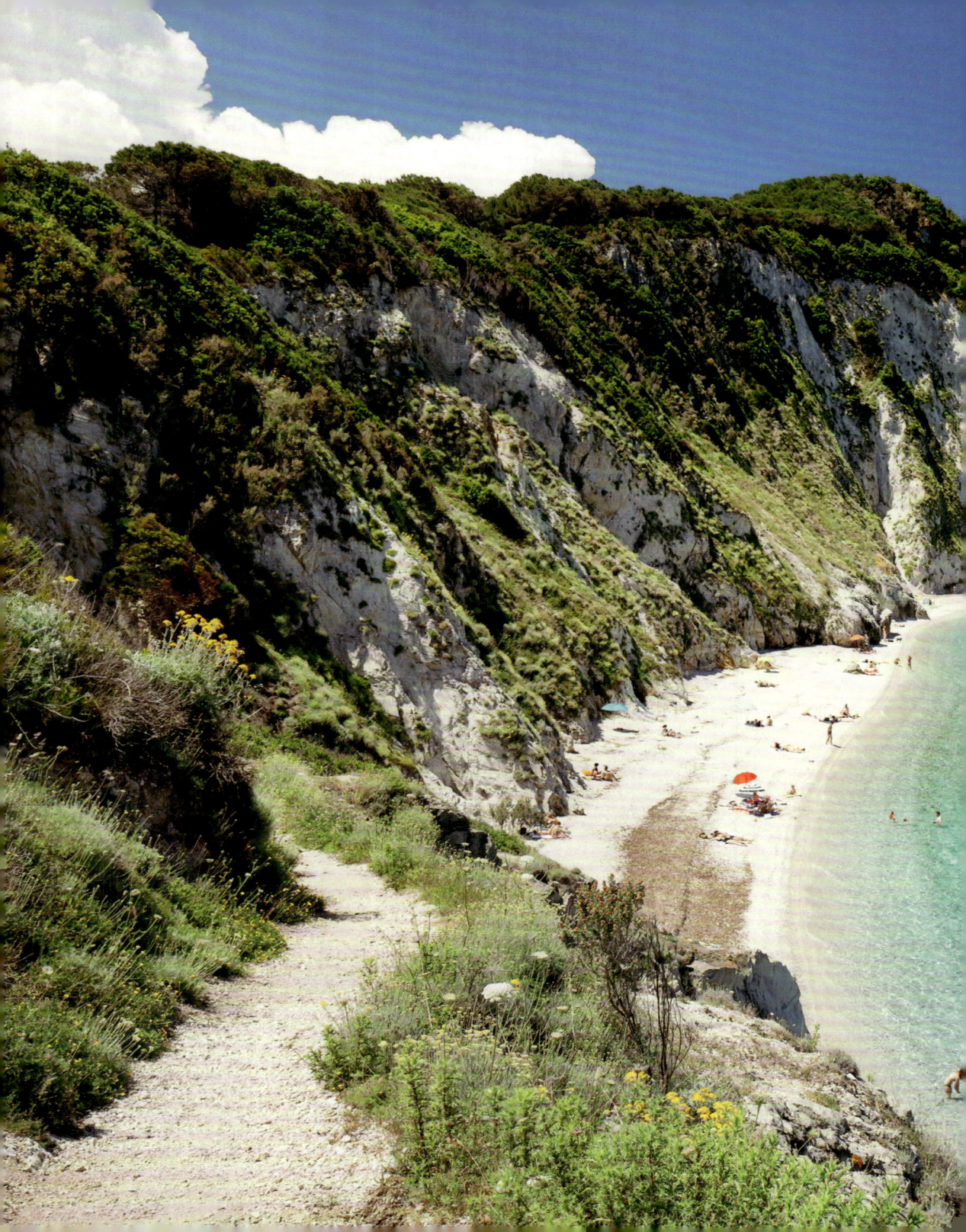

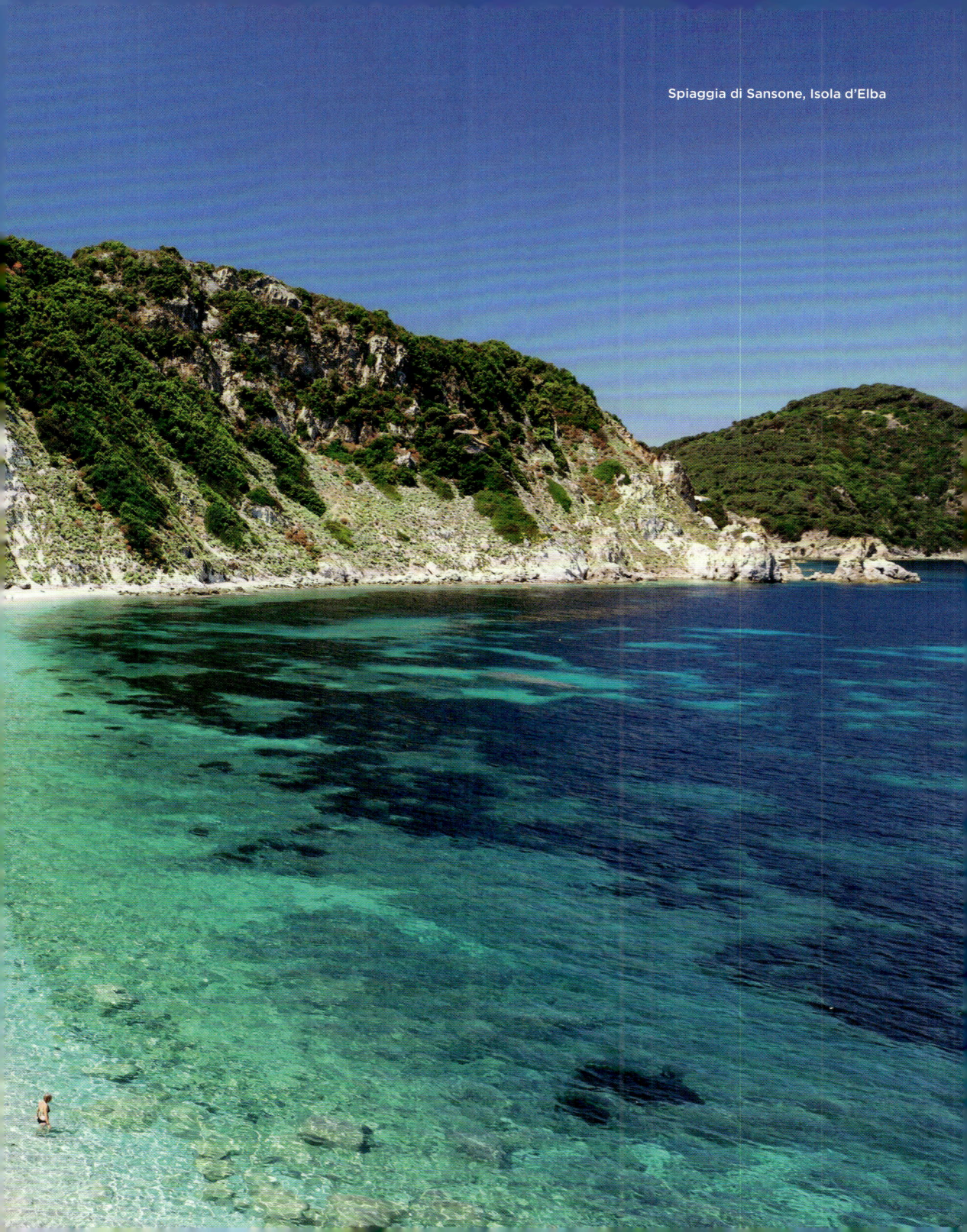

Spiaggia di Sansone, Isola d'Elba

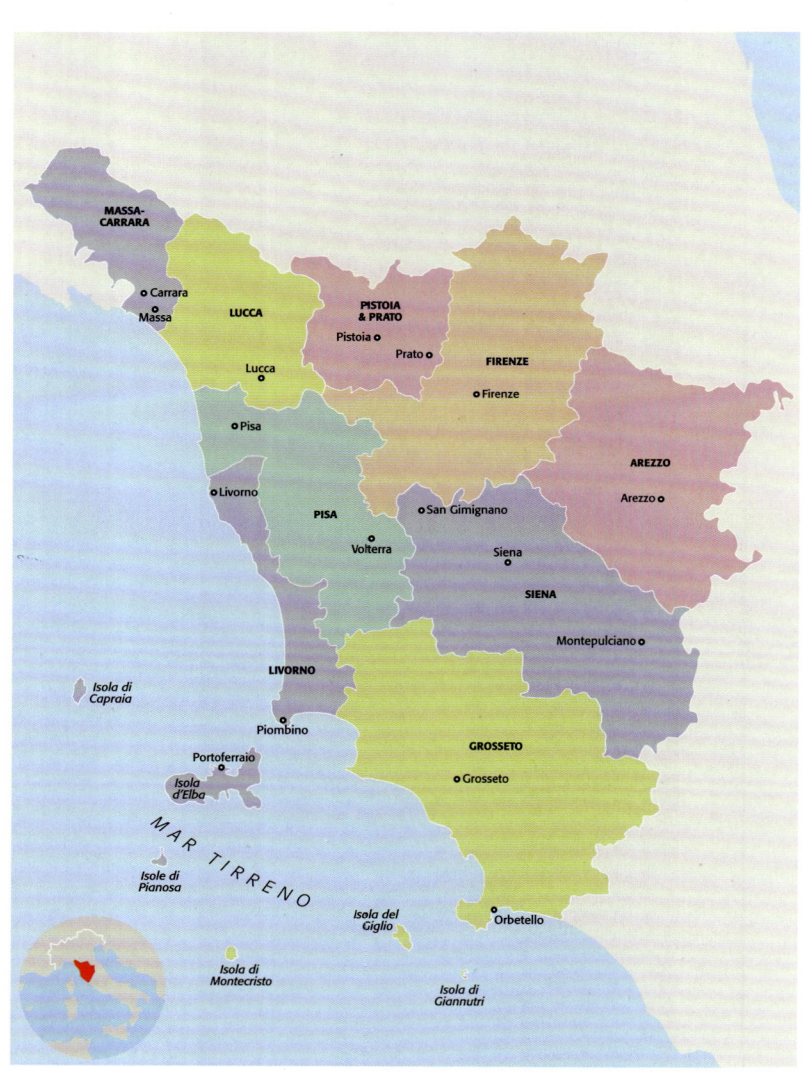

Contents │ Sommaire │ Inhalt │ Índice │ Índice │ Inhoud

Tuscany

Rich in art and history, with
a Mediterranean climate and home
to good wines and breathtaking
landscapes, no other region in Italy
embodies the *Dolce Vita* as much
as Tuscany.

It is bordered by Lazio, Umbria,
Emilia-Romagna, Liguria and
the Tyrrhenian Sea with its islands.
The capital Florence with its ten
provinces is the cultural centre
of the region.

The unique beauty
of its landscape is characterized
by the interplay of mountains,
forests, valleys, hills, lakes and
beaches, between which numerous
nature reserves with diverse fauna
are hidden. The region's cultural
and artistic heritage is reflected
in its many sights. Tuscany is not
only considered the cradle
of the Renaissance – and was the
place where artists such as Giotto,
Leonardo da Vinci, Michelangelo
or Botticelli worked – but the
Middle Ages and antiquity have
also left their mark.

Toscane

Région d'art et d'histoire au doux
climat méditerranéen, aux bons
vins et aux paysages éblouissants,
la Toscane est l'incarnation
de la *dolce vita* à l'italienne.

Située à l'ouest de l'Italie,
entourée par le Latium, l'Ombrie,
l'Émilie-Romagne, la Ligurie,
et bordée par la mer Tyrrhénienne
et son magnifique archipel,
la région se répartit sur dix
provinces avec Florence comme
chef-lieu et centre culturel.

Destination incontournable
pour la beauté de ses paysages
alternant entre montagnes, forêts,
vallées, collines, lacs et plages,
elle bénéficie de nombreuses zones
naturelles protégées, véritables
sanctuaires pour une faune variée.
Authentique musée à ciel ouvert,
la région fascine également
par la richesse de son patrimoine
culturel et artistique.
Si la Renaissance en constitue
l'âge d'or – avec des artistes
comme Giotto, Léonard de Vinci,
Michel-Ange, ou encore Botticelli –,
la Toscane n'est pas dépourvue
de vestiges du Moyen Âge
et de la Rome antique.

Toskana

Reich an Kunst und Geschichte,
geprägt durch ein mediterranes
Klima oder als Heimat von guten
Weinen und atemberaubenden
Landschaften – wohl keine andere
Region Italiens verkörpert das
Dolce Vita so sehr wie die Toskana.

Sie wird von Latium, Umbrien,
der Emilia-Romagna, Ligurien und
dem Tyrrhenischen Meer mit seinen
Inseln eingegrenzt. Die Hauptstadt
Florenz bildet das kulturelle
Zentrum der Region mit ihren z
ehn Provinzen.

Die einmalige Schönheit ihrer
Landschaft zeichnet sich durch das
Wechselspiel aus Bergen, Wäldern,
Tälern, Hügeln, Seen und Stränden
aus, zwischen denen sich zahlreiche
Naturschutzgebiete mit einer
vielfältigen Fauna verbergen.
Unzählige Sehenswürdigkeiten
zeugen vom kulturellen und
künstlerischen Erbe der Region.
Die Toskana gilt nicht nur als Wiege
der Renaissance – und war die
Wirkungsstätte von Künstlern wie
Giotto, Leonardo da Vinci,
Michelangelo oder Botticelli
– auch das Mittelalter und die
Antike haben sehenswerte Spuren
hinterlassen.

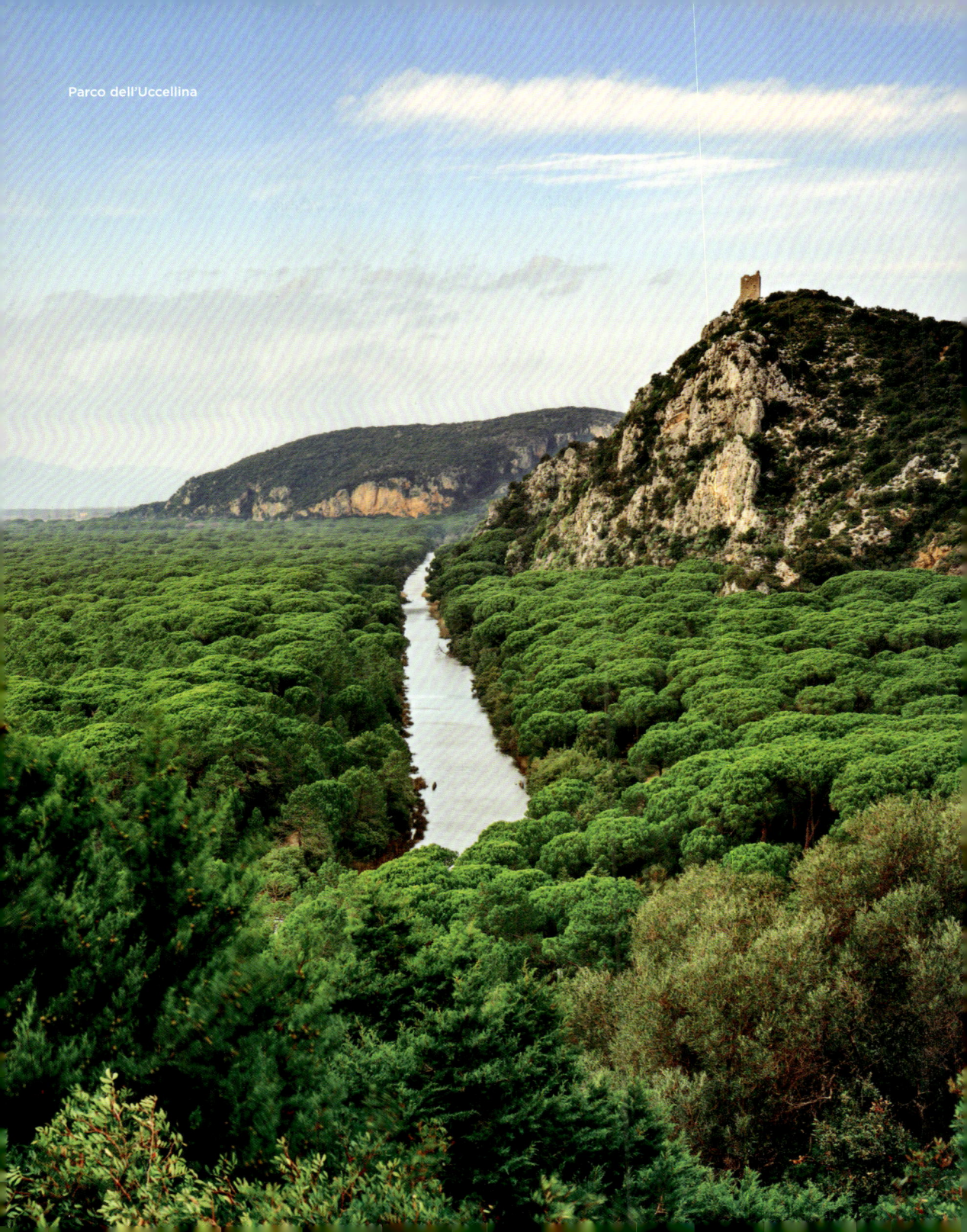

Parco dell'Uccellina

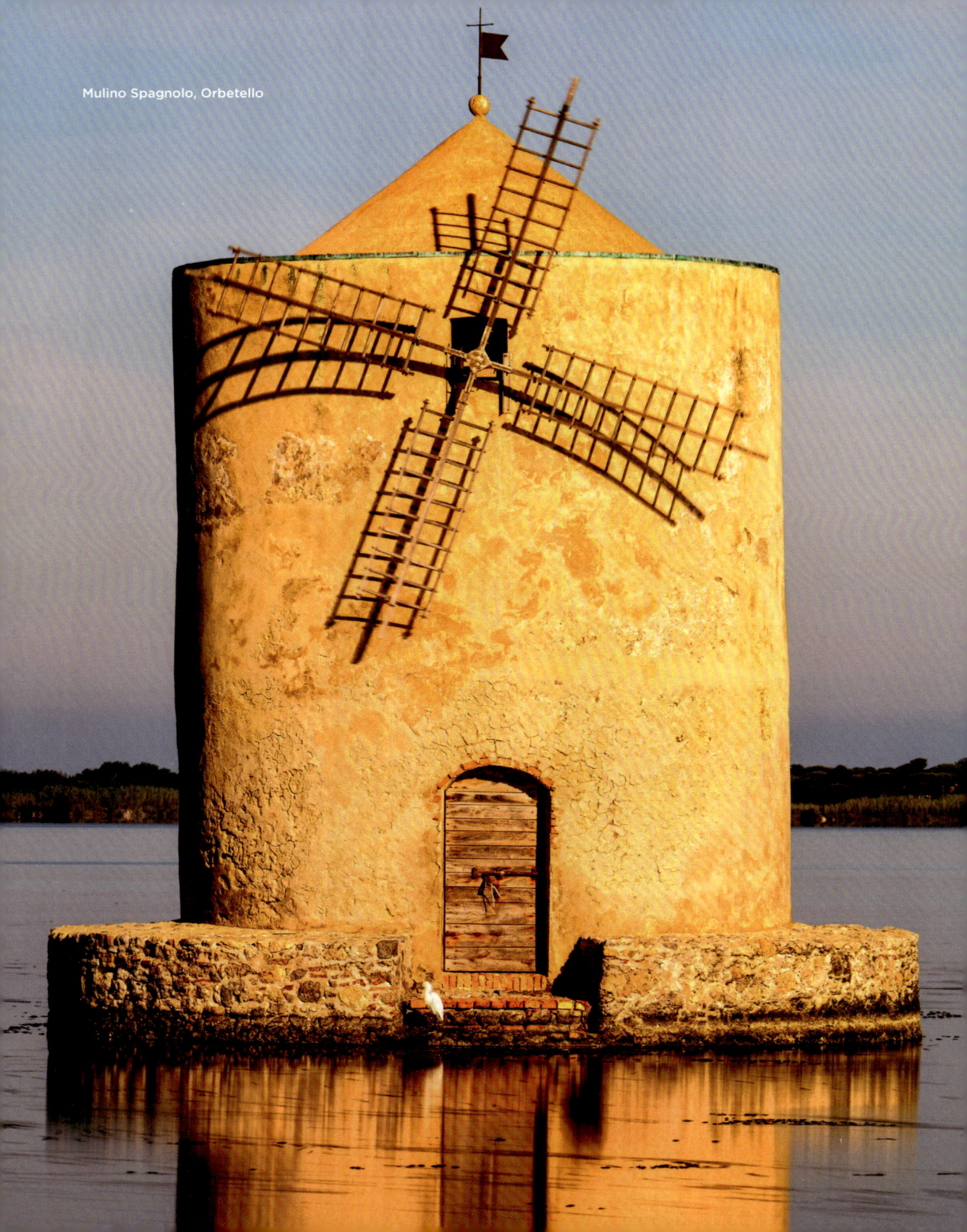

Mulino Spagnolo, Orbetello

Toscana

Rica en arte e historia, caracterizada por su clima mediterráneo o por sus buenos vinos y sus paisajes impresionantes, ninguna otra región en Italia encarna la Dolce Vita tanto como la Toscana.

Limita con el Lacio, Umbría, Emilia-Romaña, Liguria y el mar Tirreno con sus islas. La capital Florencia es el centro cultural de la región con sus diez provincias.

La belleza única de su paisaje se caracteriza por la interacción de montañas, bosques, valles, colinas, lagos y playas, entre los que se esconden numerosas reservas naturales con una fauna diversa. Innumerables lugares de interés atestiguan el patrimonio cultural y artístico de la región. La Toscana no solo es considerada la cuna del Renacimiento (y fue el lugar donde trabajaron artistas como Giotto, Leonardo da Vinci, Miguel Ángel o Botticelli), sino que también la Edad Media y la antigüedad han dejado sus huellas dignas de ser vistas.

Toscana

A Toscana é uma região rica em arte e história, com um clima mediterrâneo, com bons vinhos e paisagens deslumbrantes. Nenhuma outra região na Itália incorpora a Dolce Vita tanto quanto esta.

Faz fronteira com Lazio, Umbria, Emilia-Romagna, Liguria e o Mar Tirreno com as suas ilhas. A capital Florença é o centro cultural da região com as suas dez províncias.

A beleza única da sua paisagem é caracterizada pela interacção de montanhas, florestas, vales, colinas, lagos e praias, entre as quais se escondem numerosas reservas naturais com uma fauna diversificada. Inúmeras vistas testemunham o património cultural e artístico da região. A Toscana não só é considerada o berço da Renascença - lugar onde artistas como Giotto, Leonardo da Vinci, Michelangelo ou Botticelli trabalharam - como também a Idade Média e a Antiguidade deixaram os seus traços dignos de serem vistos e apreciados.

Toscane

Rijk aan kunst en geschiedenis, met een mediterraan klimaat, oorsprong van goede wijnen en gebied met adembenemende landschappen – waarschijnlijk is er niet één andere regio in Italië die het dolce vita zo goed belichaamt als Toscane.

Het gebied wordt begrensd door Lazio, Umbrië, Emilia-Romagna, Ligurië en de Tyrreense Zee met zijn eilanden. De hoofdstad Florence is het culturele centrum van de regio met zijn tien provincies.

De unieke schoonheid van het landschap wordt getekend door een samenspel van bergen, bossen, dalen, heuvels, meren en stranden, waartussen tal van beschermde natuurgebieden met een gevarieerde fauna verborgen liggen. Talloze bezienswaardigheden getuigen van het culturele en artistieke erfgoed van de regio. Toscane wordt niet alleen beschouwd als de bakermat van de renaissance (hier werkten kunstenaars als Giotto, Leonardo da Vinci, Michelangelo en Botticelli), ook de middeleeuwen en klassieke oudheid hebben zichtbare sporen achtergelaten.

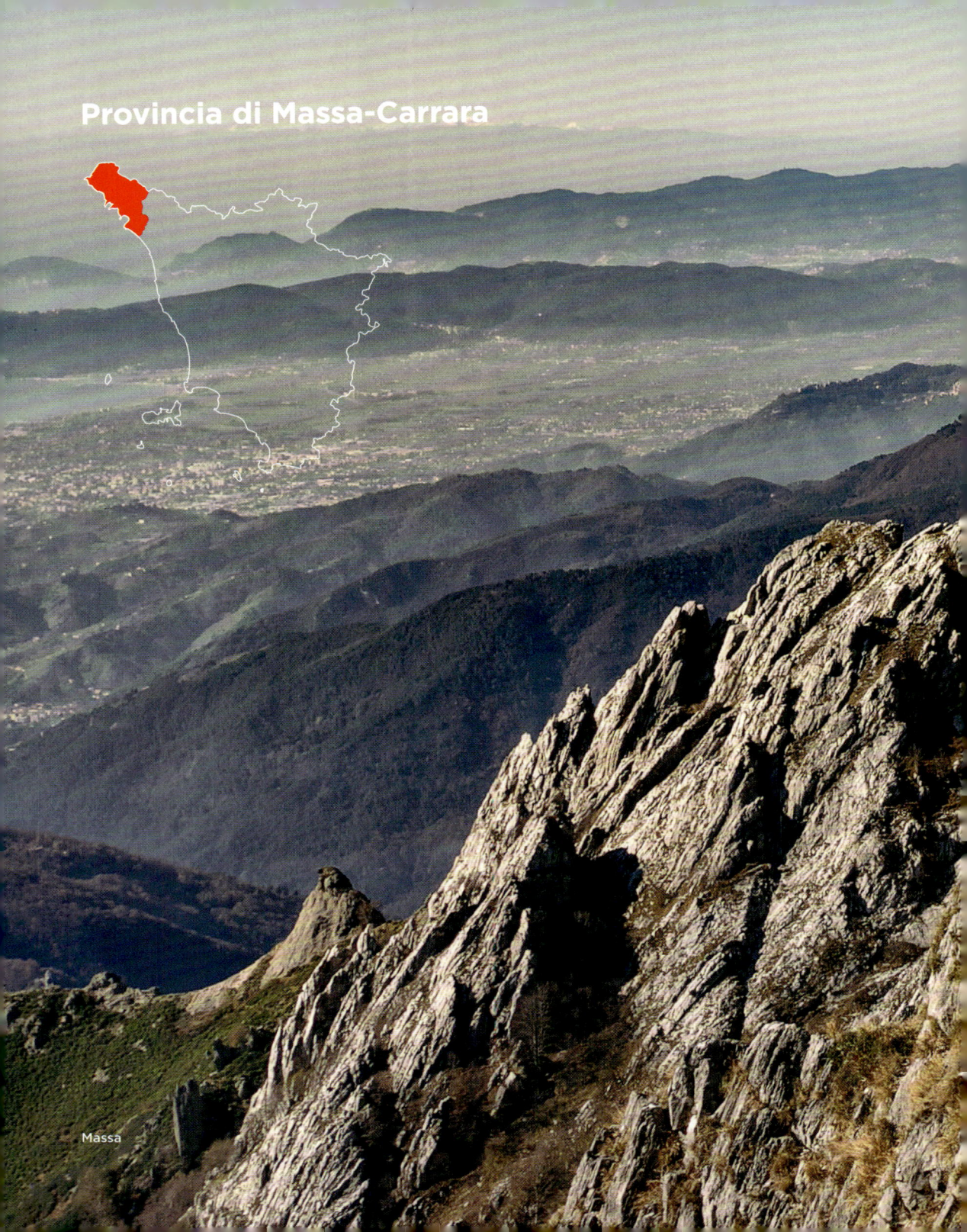

Provincia di Massa-Carrara

Massa

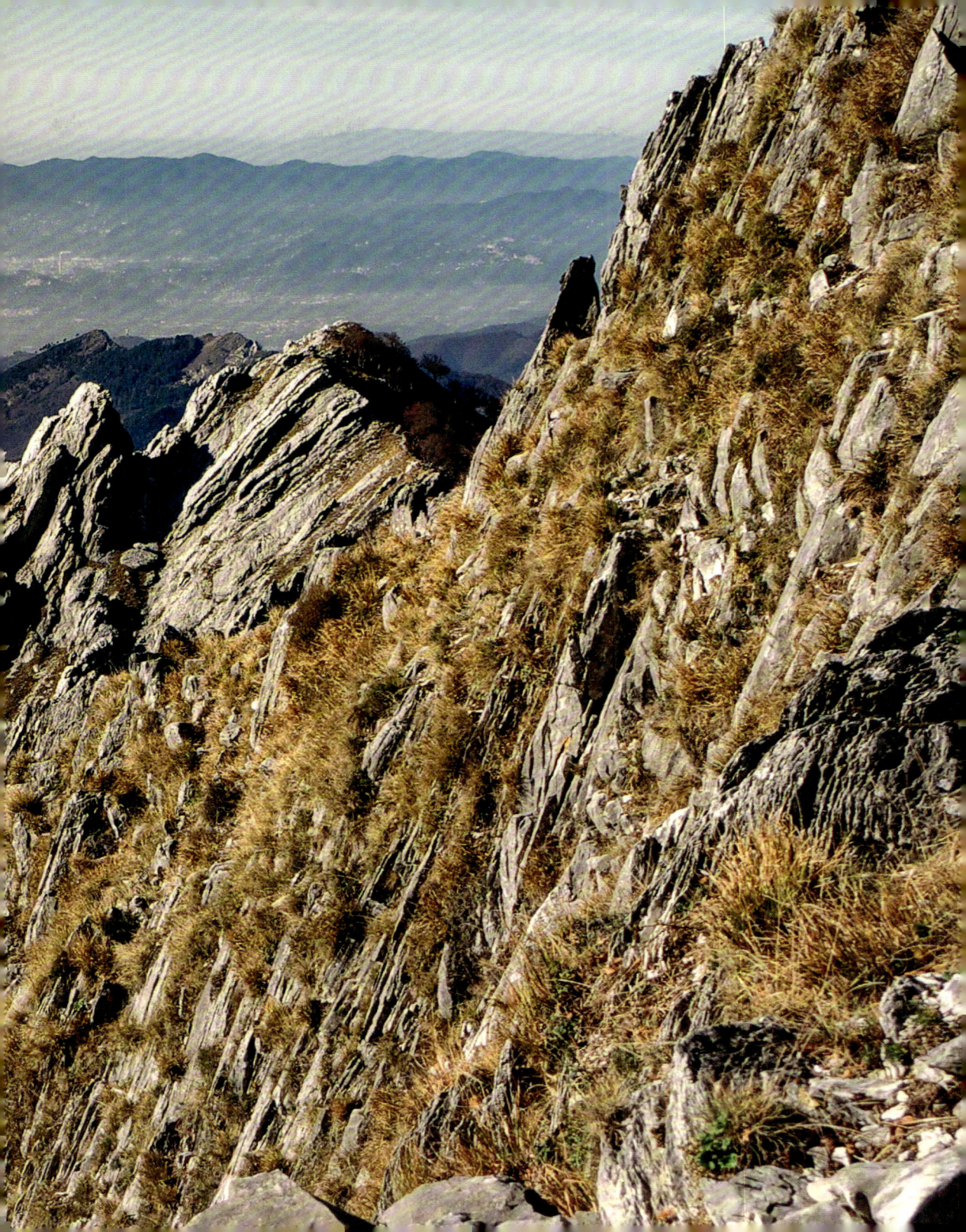

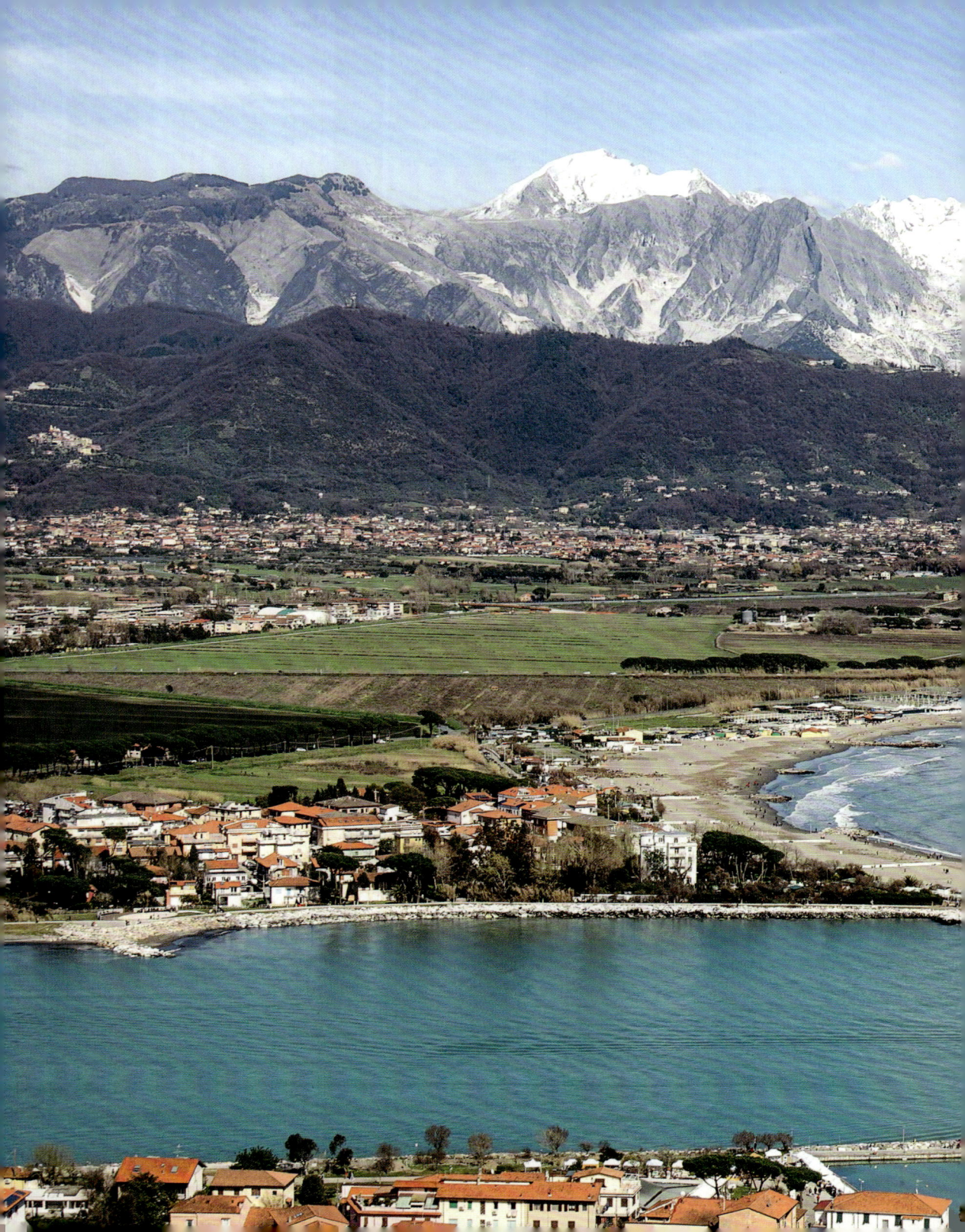

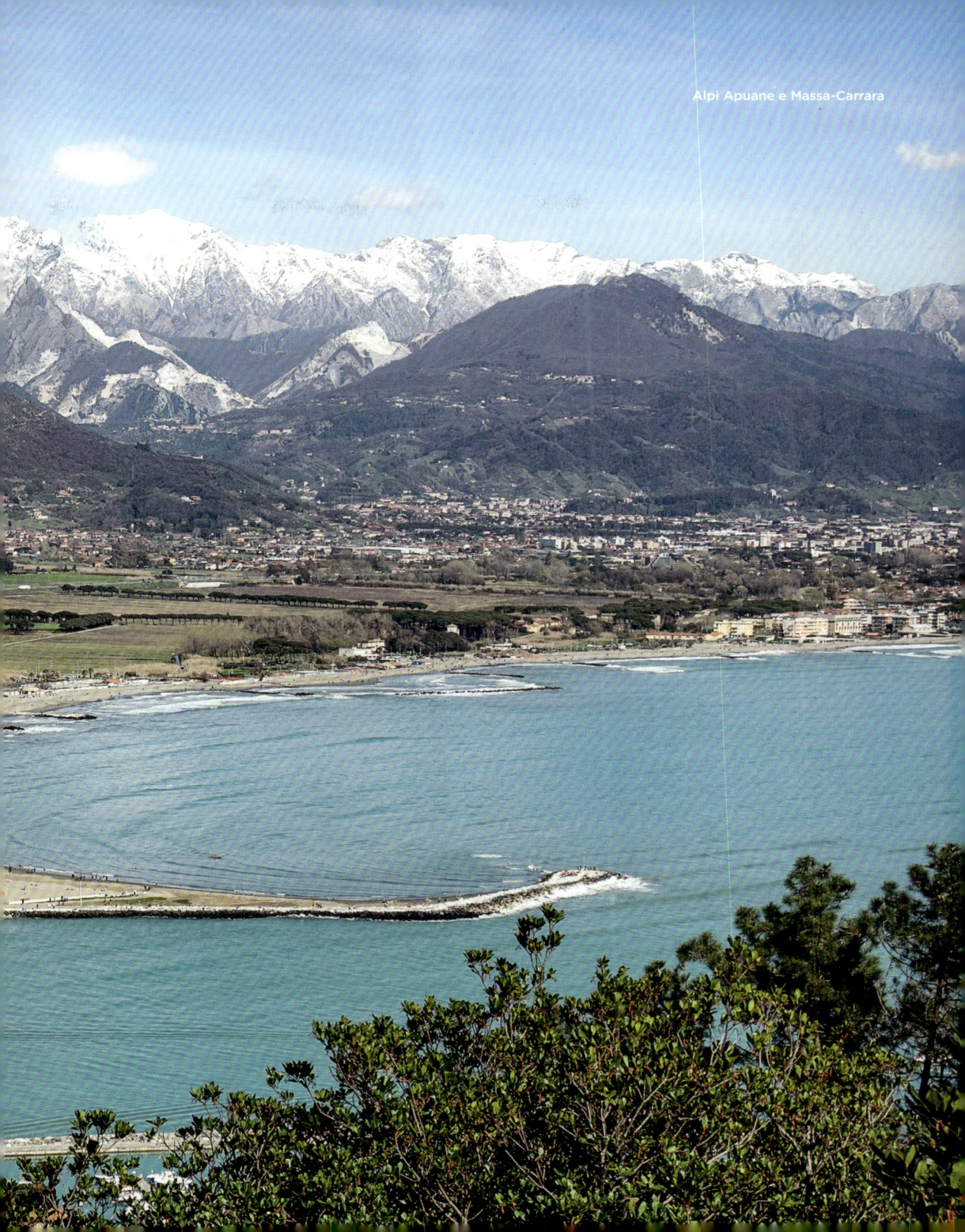

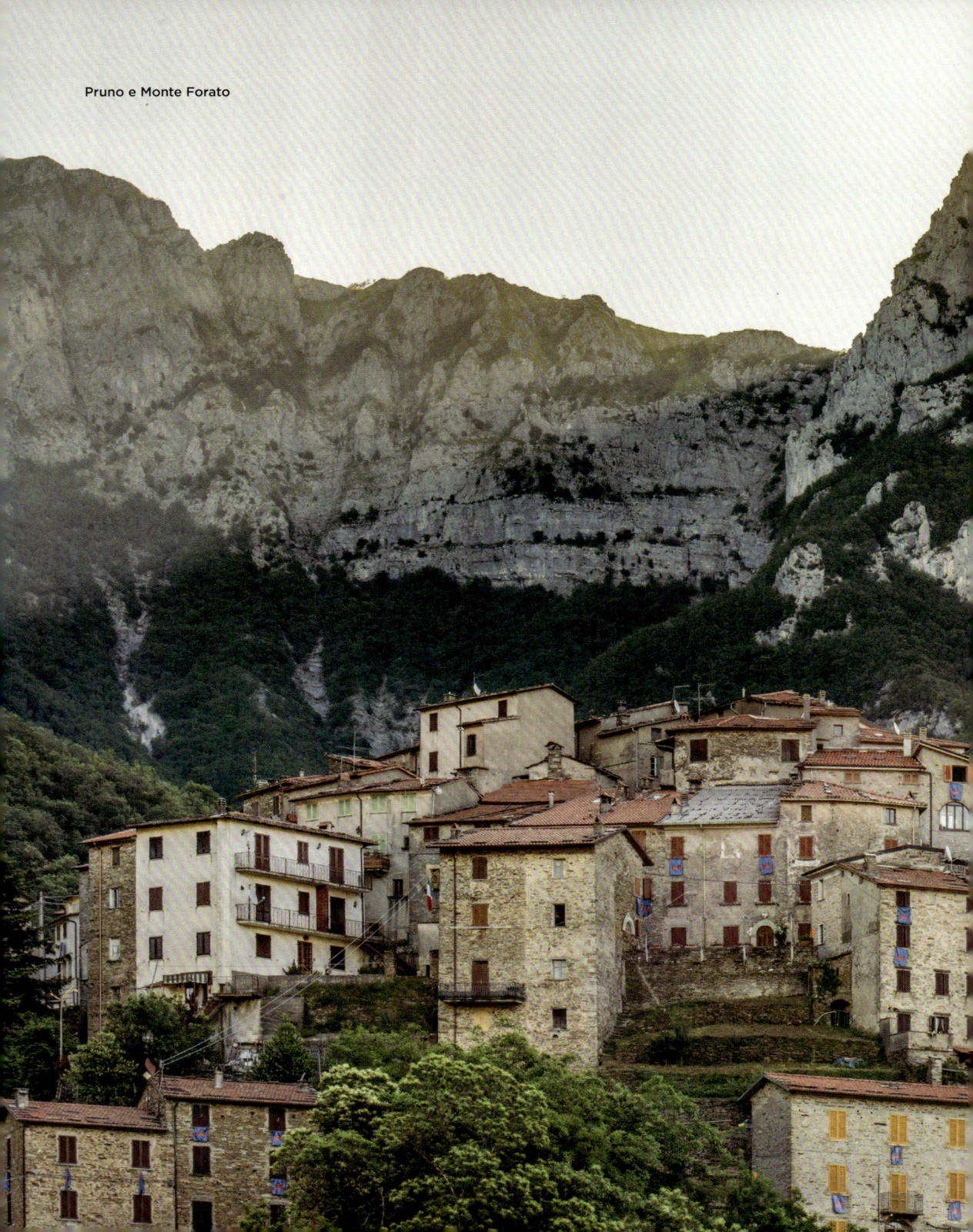

Pruno e Monte Forato

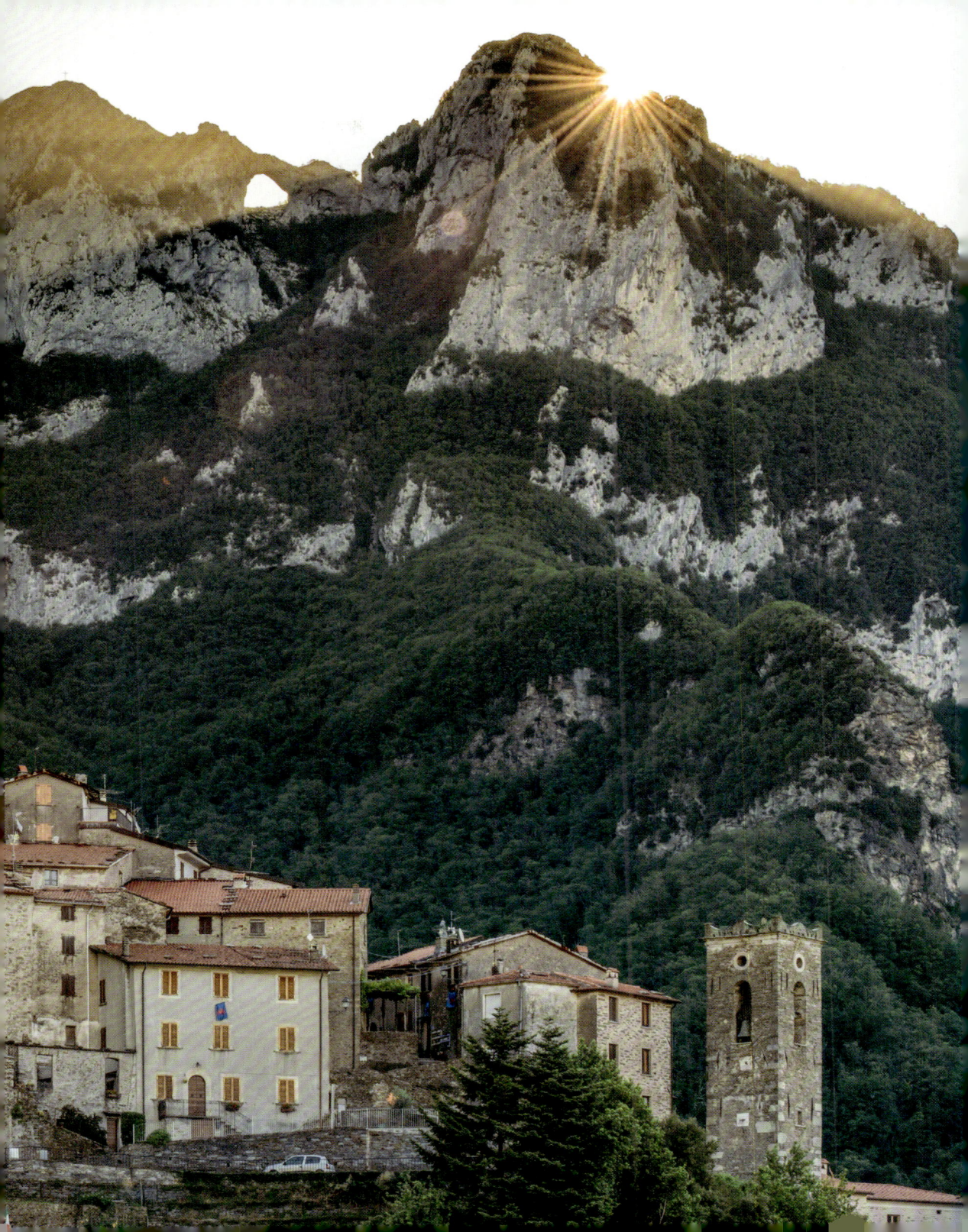

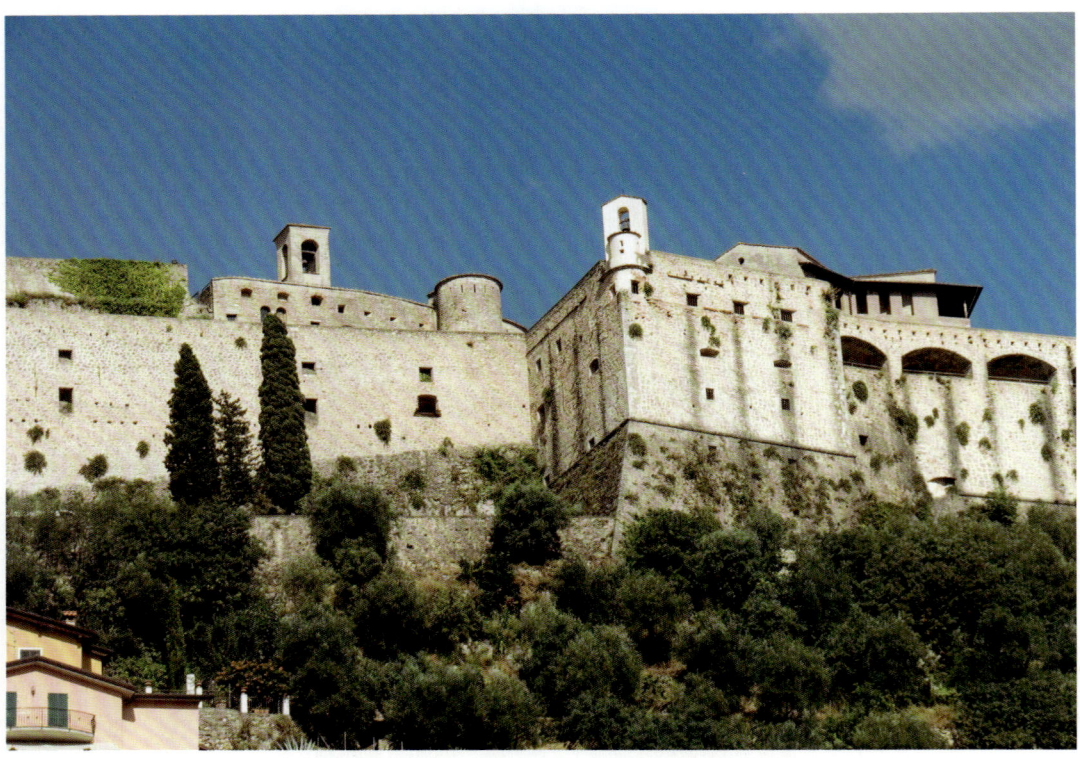

Castello Malaspina, Massa

Province of Massa-Carrara

The province of Massa-Carrara, famous for its white marble quarries, has more to offer than just valuable stone. Located between the Ligurian Sea and the Apuan Alps with their 1,950m high peaks, the northwest of Tuscany with its capital Massa impresses with spectacular natural landscapes.

Province de Massa-Carrara

Connue pour ses carrières de marbre, la province de Massa-Carrara ne se limite pas seulement à l'extraction du « trésor blanc ». Idéalement située entre la mer de Ligurie et les Alpes Apuanes et ses sommets culminant à 1950 m, le Nord-Ouest de la Toscane et son chef-lieu Massa ne sont pas en reste et offrent des paysages naturels spectaculaires.

Provinz Massa-Carrara

Die für ihre weißen Marmorsteinbrüche bekannte Provinz Massa-Carrara hat mehr zu bieten als das wertvolle Gestein. Durch die Lage zwischen dem Ligurischen Meer und den Apuanischen Alpen mit ihren 1950 m hohen Gipfeln beeindruckt der Nordwesten der Toskana mit seiner Hauptstadt Massa durch spektakuläre natürliche Landschaften.

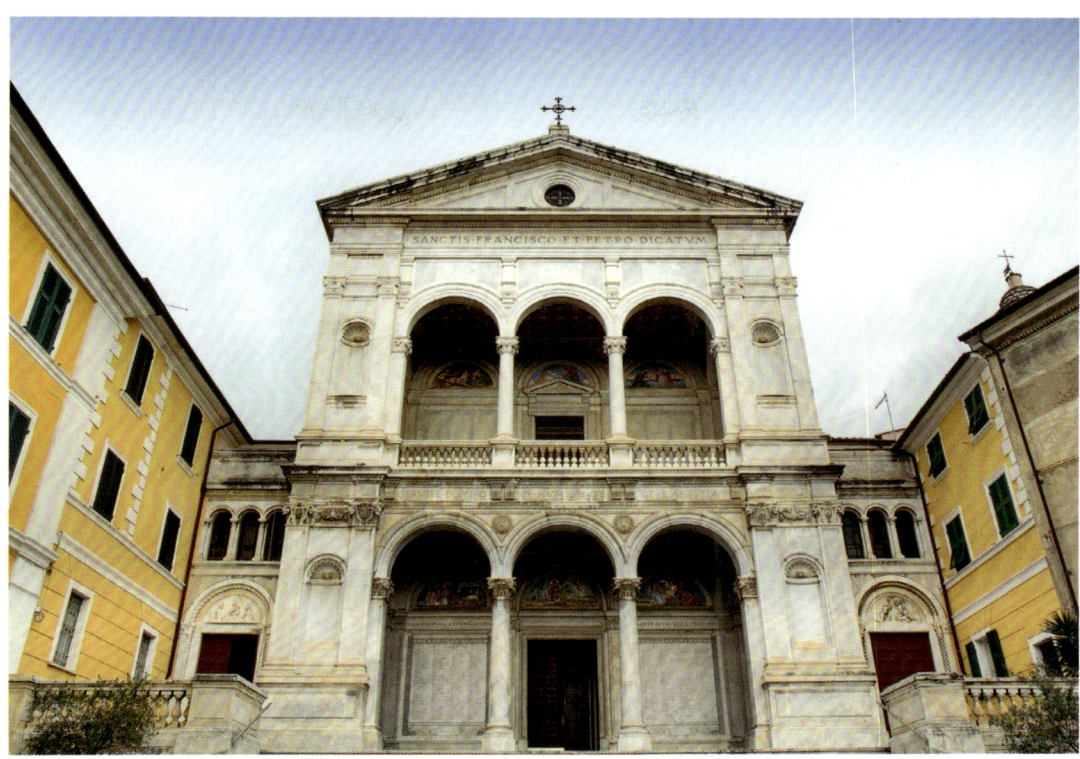

Cattedrale dei Santi Pietro e Francesco, Massa

Provincia de Massa-Carrara

La provincia de Massa-Carrara, famosa por sus canteras de mármol blanco, tiene mucho más que ofrecer que la valiosa piedra. Situado entre el mar de Liguria y los Alpes Apuanos con sus cimas de 1950 m de altura, el noroeste de la Toscana con su capital Massa impresiona con sus espectaculares paisajes naturales.

Província de Massa-Carrara

A província de Massa-Carrara, famosa pelas suas pedreiras de mármore branco, tem mais para oferecer do que apenas pedra valiosa. Localizado entre o Mar da Ligúria e os Alpes Apuanos com seus picos de 1950 m de altura, o noroeste da Toscana com a sua capital Massa impressiona com as paisagens naturais admiráveis.

Provincie Massa-Carrara

De provincie Massa-Carrara, die beroemd is om zijn marmergroeven met wit marmer, heeft meer te bieden dan alleen dit waardevolle gesteente. Vanwege zijn ligging tussen de Ligurische Zee en de Apuaanse Alpen met hun 1950 m hoge toppen imponeert het noordwesten van Toscane met zijn hoofdstad Massa met spectaculaire natuurlijke landschappen.

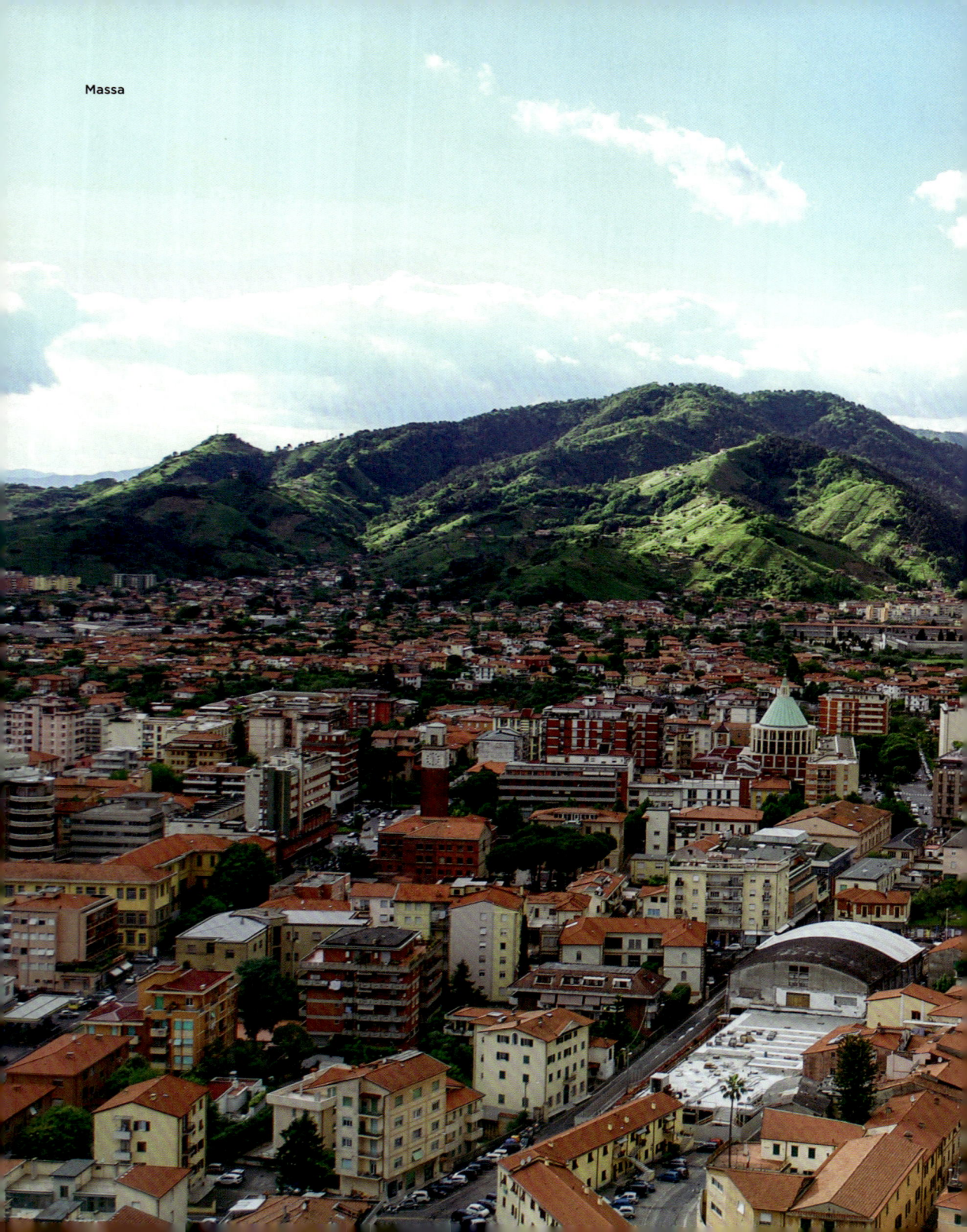

Massa

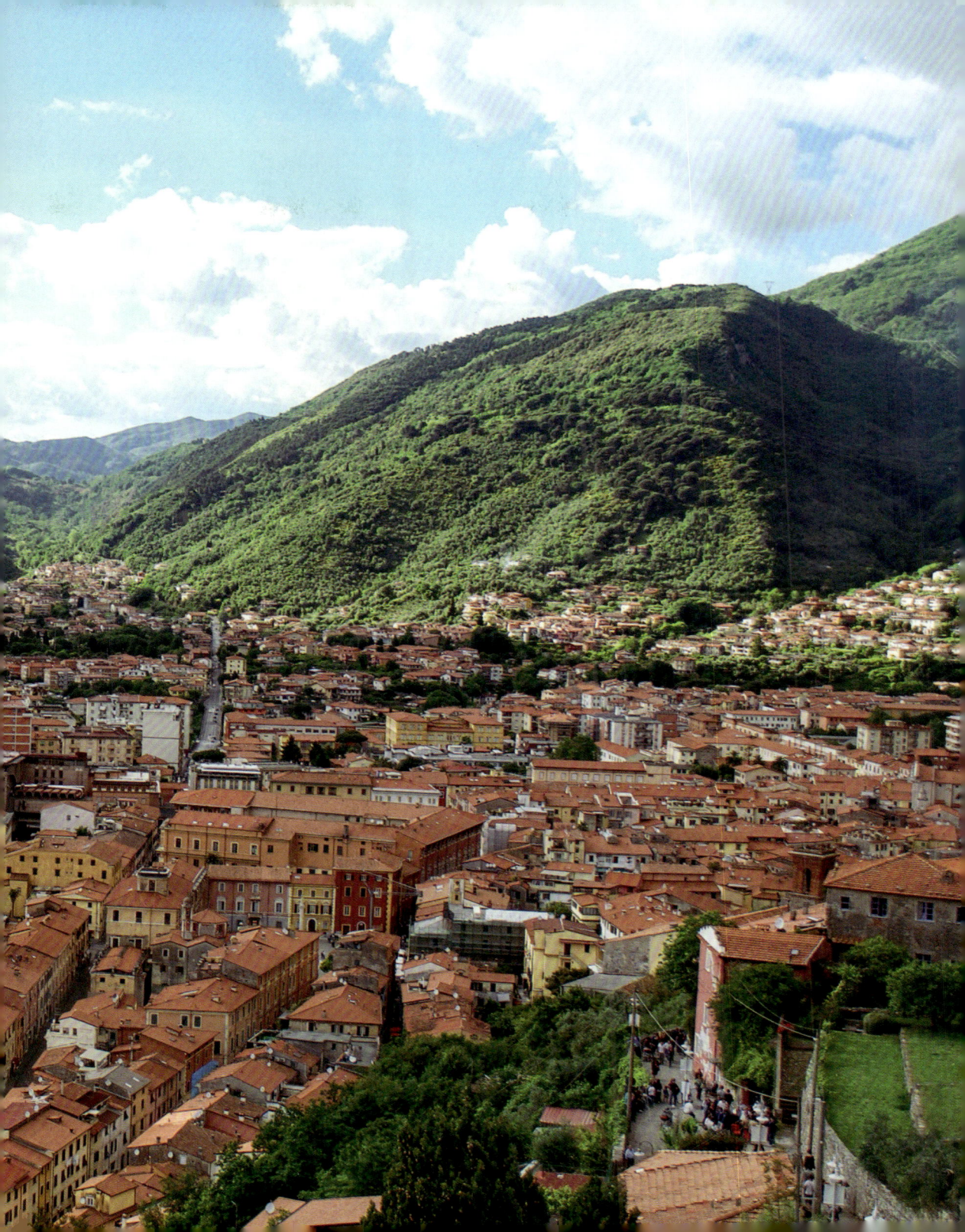

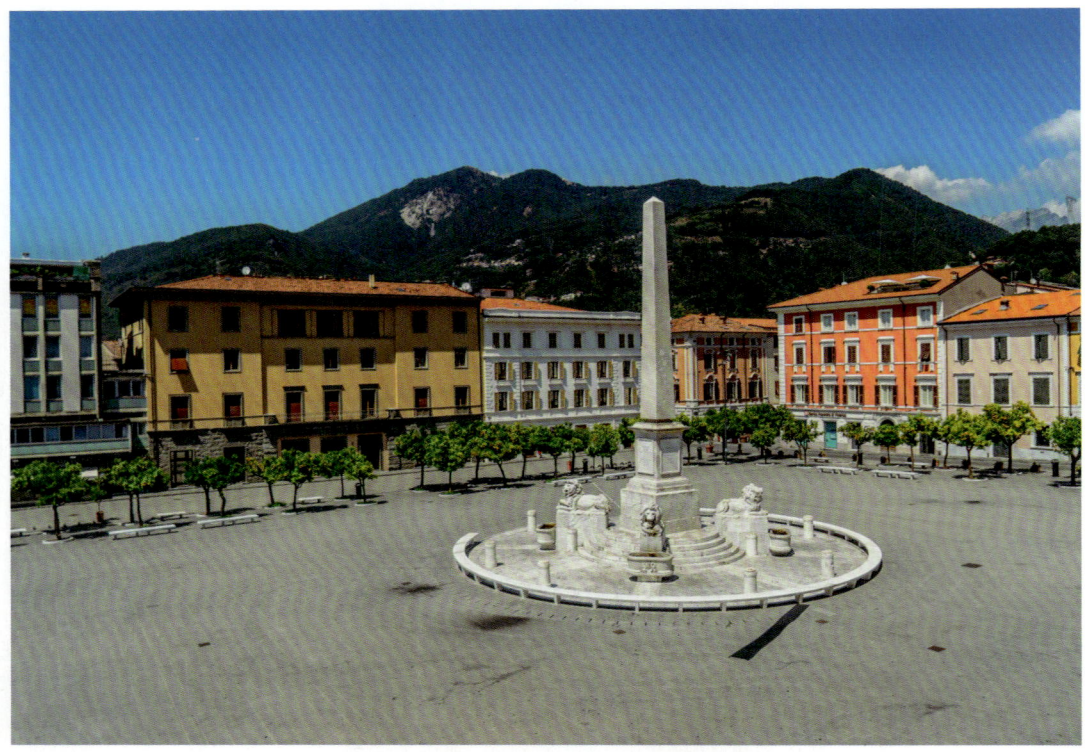

Piazza Aranci

Massa

Massa consists of a medieval
old town, partly surrounded
by a city wall, and a more recent
part, whose origins date back
to the 16th century. On the coast,
the two seaside resorts Marina
di Massa and Marina di Carrara
offer miles of beaches.

Massa

Massa est divisé en deux parties :
la vieille ville d'origine médiévale
partiellement entourée d'une
enceinte, et la partie plus récente,
datant du XVIe siècle.
Plus bas, sur la côte, les deux
stations balnéaires Marina di Massa
et Marina di Carrara offrent
des kilomètres de plages.

Massa

Massa besteht aus einer
mittelalterlichen Altstadt, die zum
Teil von einer Stadtmauer umgeben
ist, und aus einem neueren Teil,
dessen Ursprünge im 16.
Jahrhundert liegen. An der Küste
bieten die beiden Badeorte Marina
di Massa und Marina di Carrara
kilometerlange Strände.

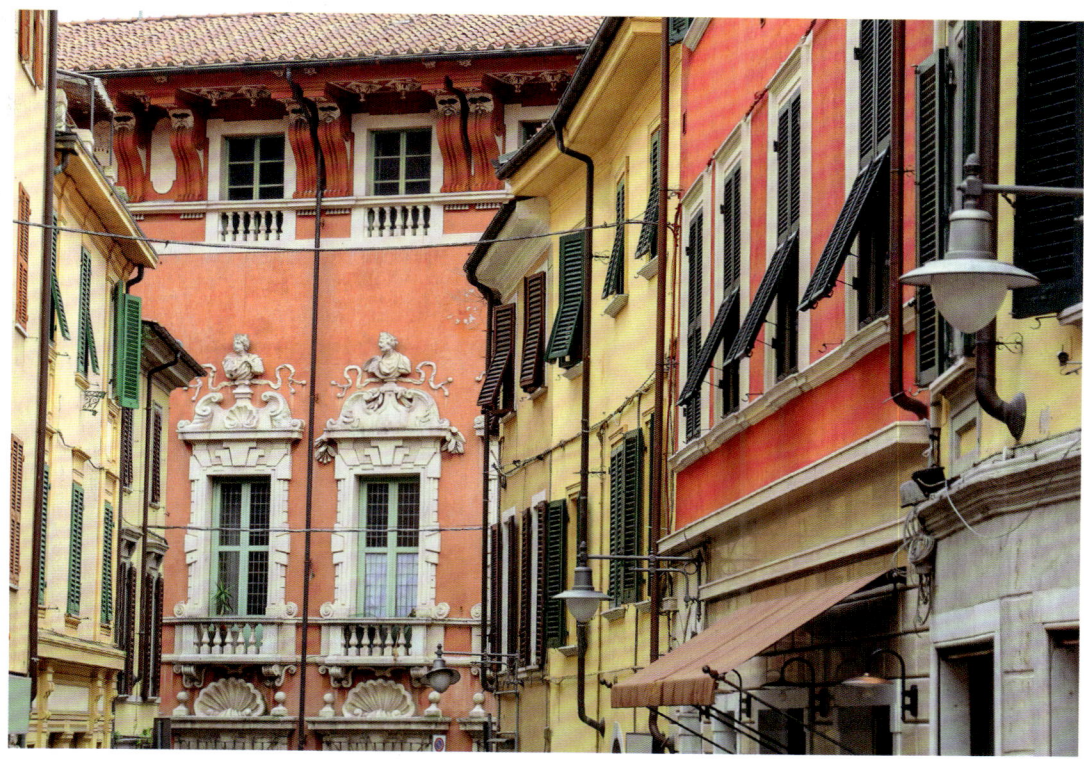

Massa

Massa

Massa consiste en un casco antiguo medieval, parcialmente rodeado por una muralla, y en una parte más reciente, cuyos orígenes se remontan al siglo XVI. En la costa, las dos estaciones balnearias Marina di Massa y Marina di Carrara ofrecen kilómetros de playas.

Massa

Massa consiste numa cidade velha medieval, parcialmente cercada por uma muralha da cidade e uma parte mais recente, cujas origens remontam ao século XVI. Na costa, os dois balneários Marina di Massa e Marina di Carrara oferecem quilómetros de praias.

Massa

Massa bestaat uit een middeleeuws centrum, dat ten dele wordt omgeven door een stadsmuur, en een nieuwer deel, waarvan de oorsprong teruggaat tot de 16e eeuw. Aan de kust bieden de twee badplaatsen Marina di Massa en Marina di Carrara kilomslange stranden.

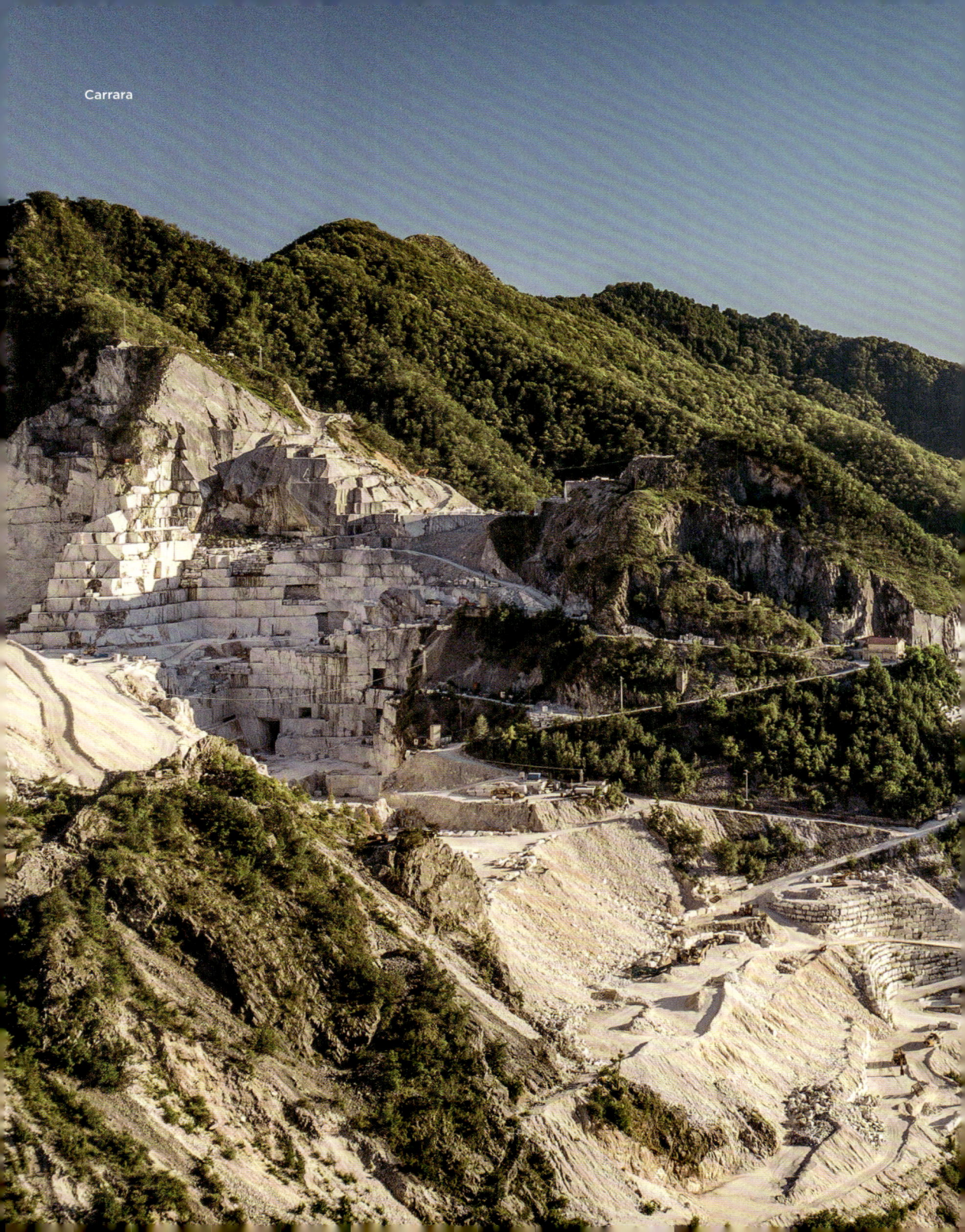

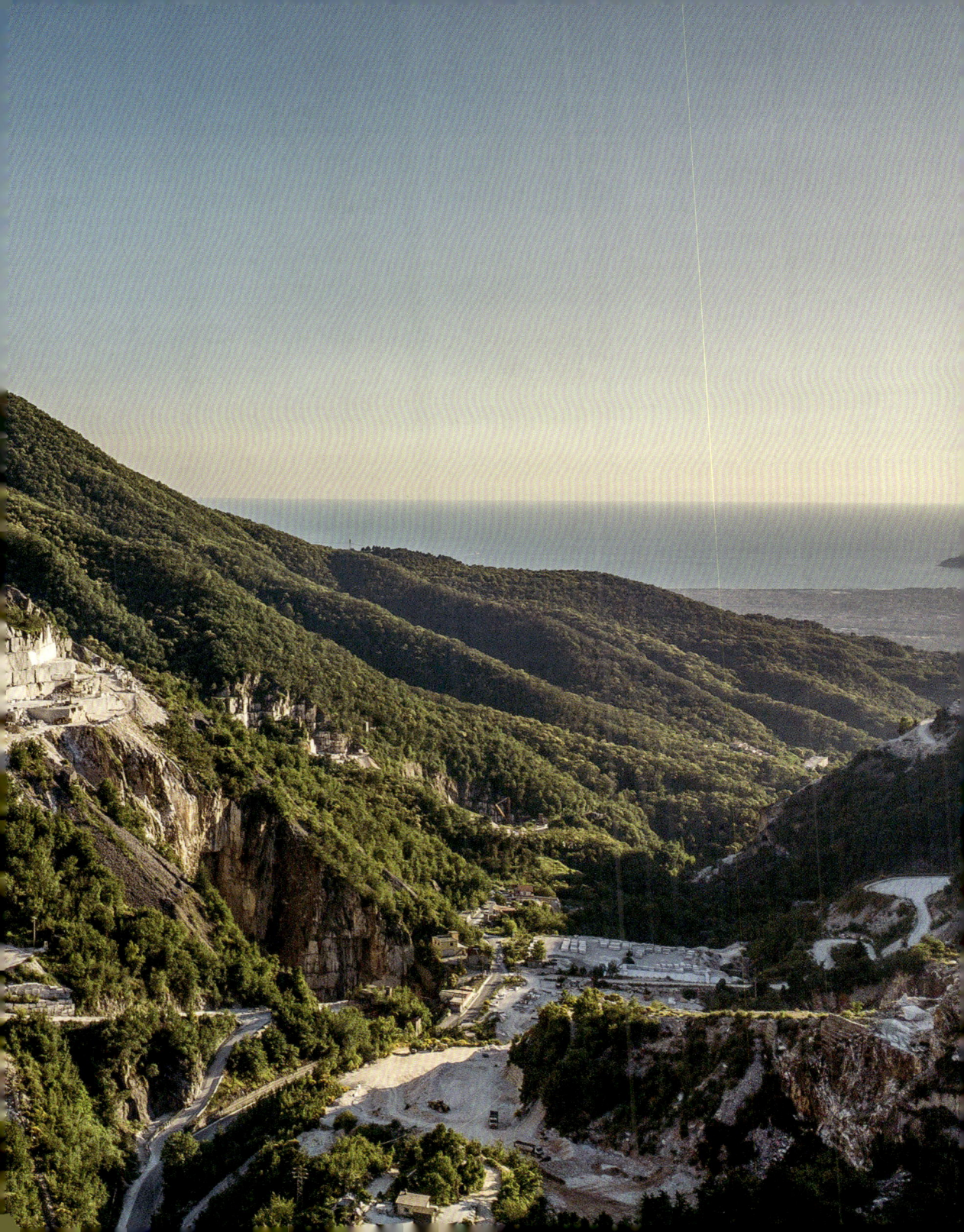

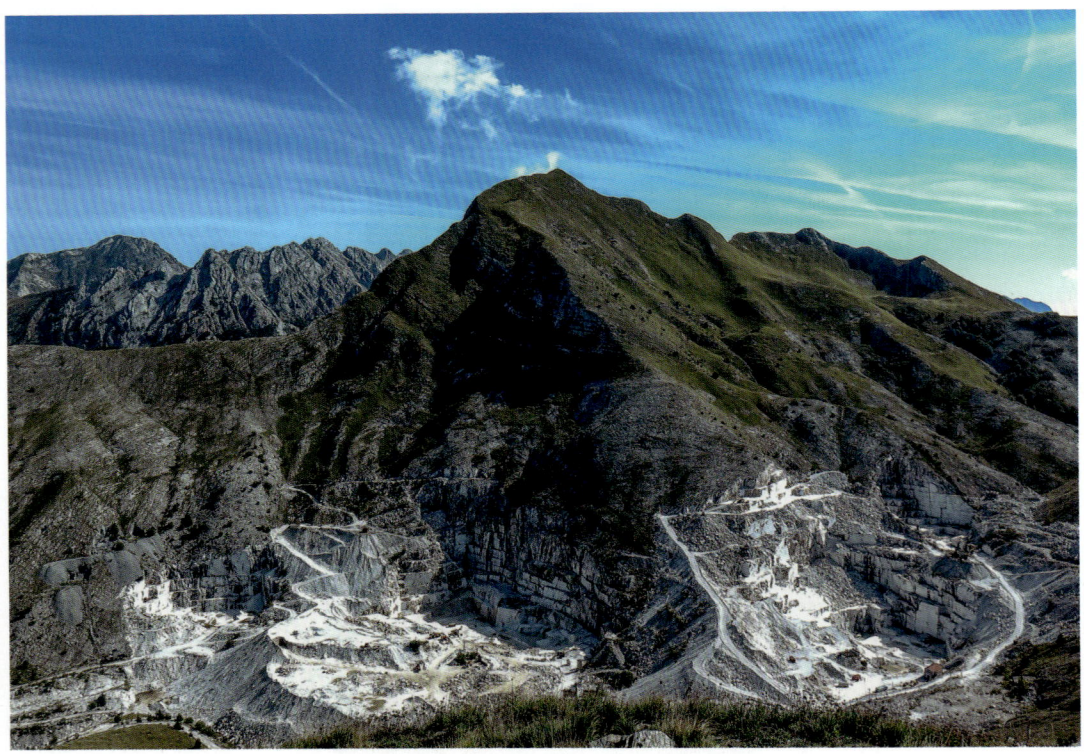

Carrara

Carrara

Carrara is known above all for
its huge marble quarries, which
have supplied countless artists
of Rome and the Renaissance
with raw materials.
The Romanesque cathedral from
the 11th century was also built
of white marble. Carrara is also
the starting point for hikes
in the Apuan Alps.

Carrare

La ville de Carrare est surtout
connue pour ses immenses carrières
de marbre qui ont notamment
fourni de nombreux artistes
romains et de la Renaissance.
Le marbre blanc a d'ailleurs servi
pour son dôme de style roman,
datant du XIᵉ siècle. La ville constitue
également un point
de départ pour des randonnées
dans les Alpes Apuanes.

Carrara

Carrara ist vor allem für seine
riesigen Marmorsteinbrüche
bekannt, die schon unzählige
Künstler Roms und der Renaissance
mit Rohmaterial versorgten.
Auch die romanische Kathedrale
aus dem 11. Jahrhundert wurde
aus weißem Marmor erbaut.
Carrara ist außerdem der
Ausgangspunkt für Wanderungen
in den Apuanischen Alpen.

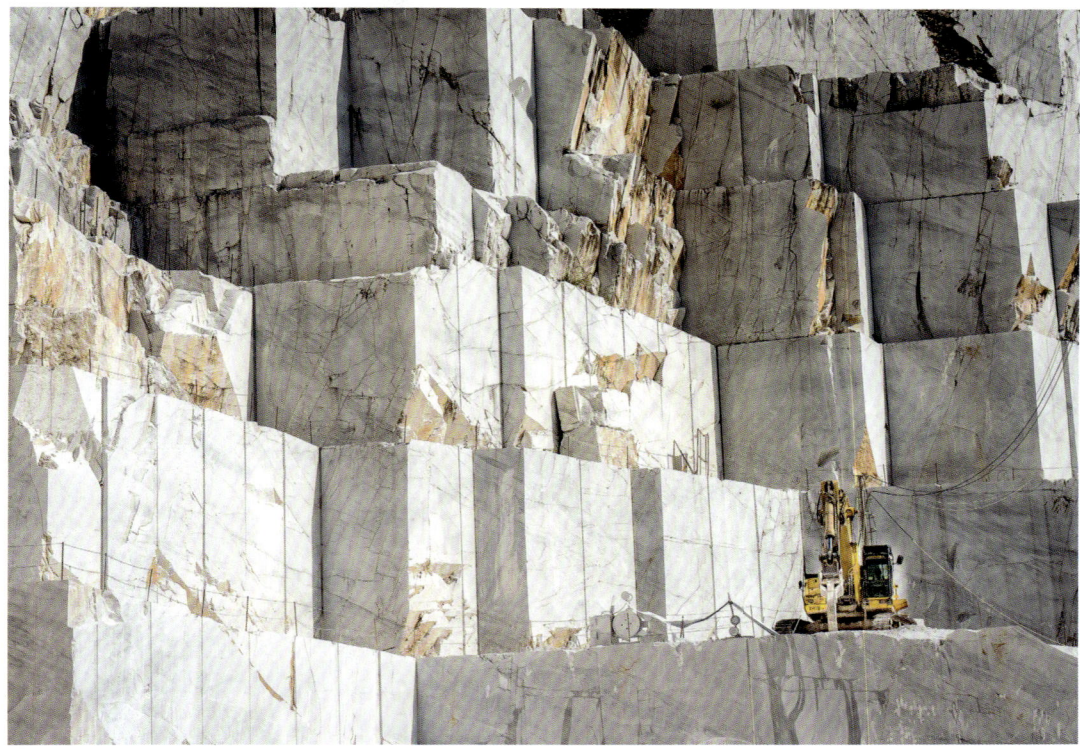

Carrara

Carrara

Carrara es conocida sobre todo por sus enormes canteras de mármol, que han abastecido de materias primas a innumerables artistas de Roma y del Renacimiento. La catedral románica del siglo XI también fue construida con mármol blanco. Carrara es también el punto de partida para excursiones en los Alpes Apuanos.

Carrara

Carrara é conhecida sobretudo pelas suas enormes pedreiras de mármore, que forneceram matérias-primas a inúmeros artistas de Roma e do Renascimento. A catedral românica do século XI também foi construída em mármore branco. Carrara é também o ponto de partida para caminhadas nos Alpes Apuanos.

Carrara

Carrara is vooral bekend om zijn enorme marmergroeven, die al tal van kunstenaars uit Rome en de renaissance van grondstoffen voorzagen. Ook de romaanse kathedraal uit de 11e eeuw werd gebouwd van wit marmer. Carrara is daarnaast het vertrekpunt voor wandelingen door de Apuaanse Alpen.

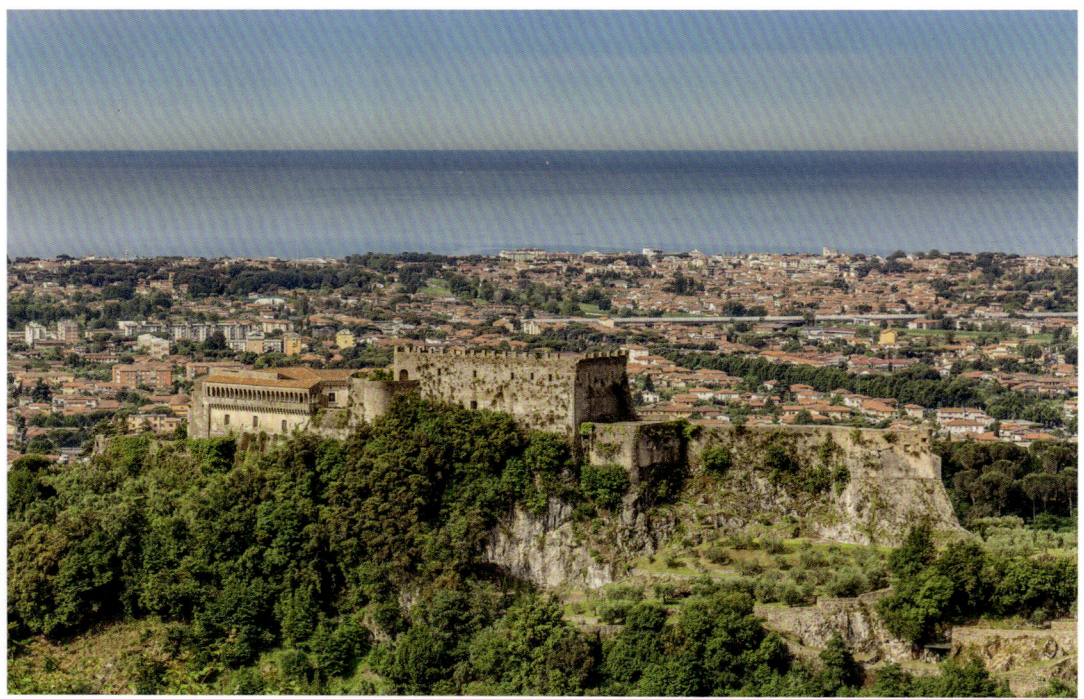

Castello Malaspina, Massa

Apennine National Park

The national park with its grottos and caves is a popular destination for hikes, and is a paradise for those interested in geology. Its peaks reach a height of up to 2,000m.

Parc national des Apennins

Le parc est ure destination importante pour les randonnées avec ses grottes et cavités souterraines, et c'est un paradis pour les amoureux de la géologie. Les plus hauts sommets, s'élèvent à près de 2000 m.

Nationalpark Apennin

Der Nationalpark mit seinen Grotten und Höhlen ist ein beliebtes Ziel für Wanderungen und ein Paradies für Geologieinteressierte. Seine Gipfel erreichen eine Höhe von bis zu 2000 m.

Parque Nacional de los Apeninos

El parque nacional, con sus grutas y cuevas, es un destino muy popular para las excursiones de senderismo y un paraíso para aquellos interesados en la geología. Sus picos alcanzan una altura de hasta 2000 m.

Parque Nacional dos Apeninos

O parque nacional com as suas grutas e cavernas é um destino popular para caminhadas e um paraíso para os interessados em geologia. Os seus picos atingem uma altura de até 2000 m.

Nationaal park Apennino

Het nationale park met zijn grotten en spelonken is een populaire bestemming voor wandelaars en een paradijs voor mensen die geïnteresseerd zijn in geologie. De bergpieken kunnen een hoogte van 2000 m bereiken.

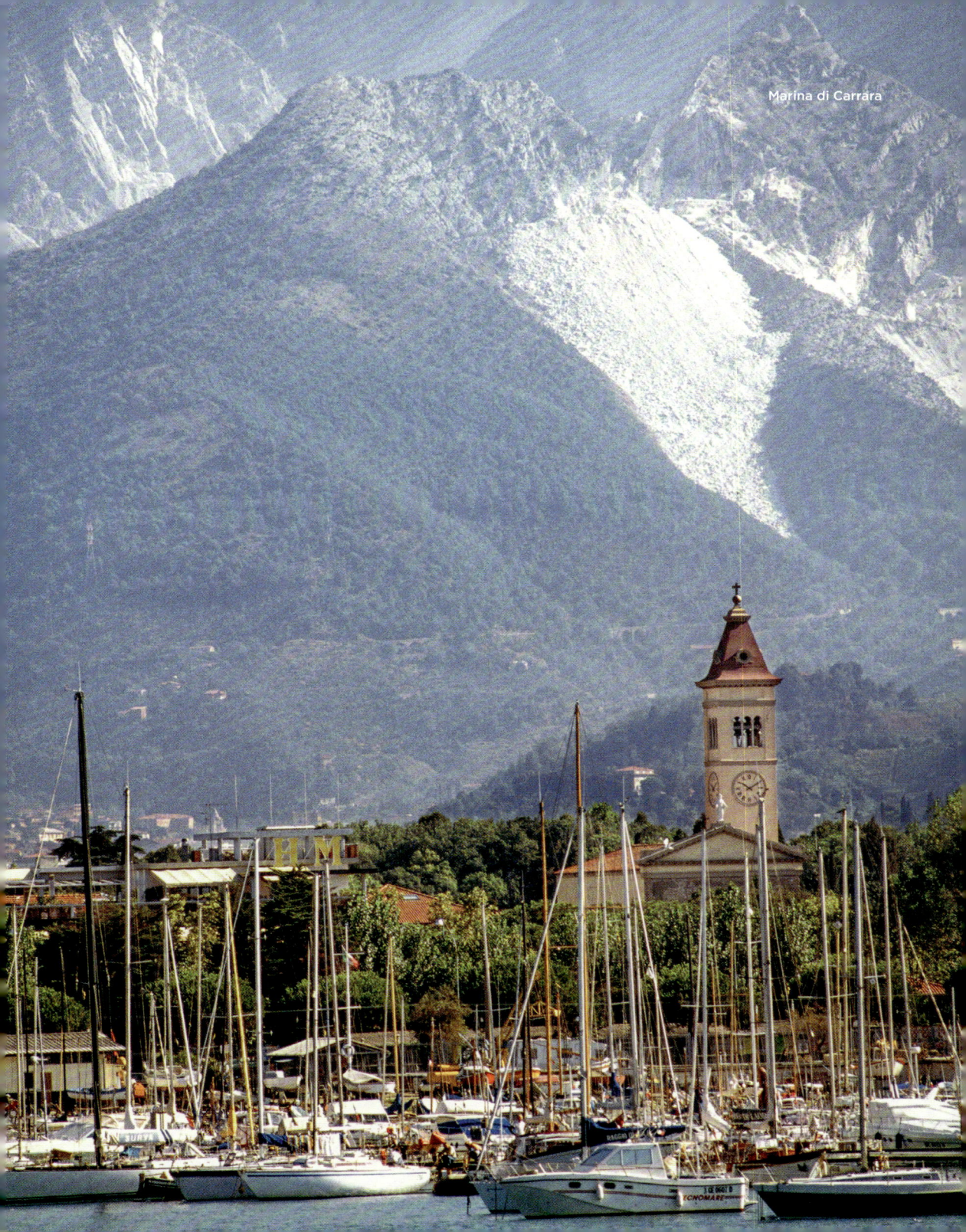

Marina di Carrara

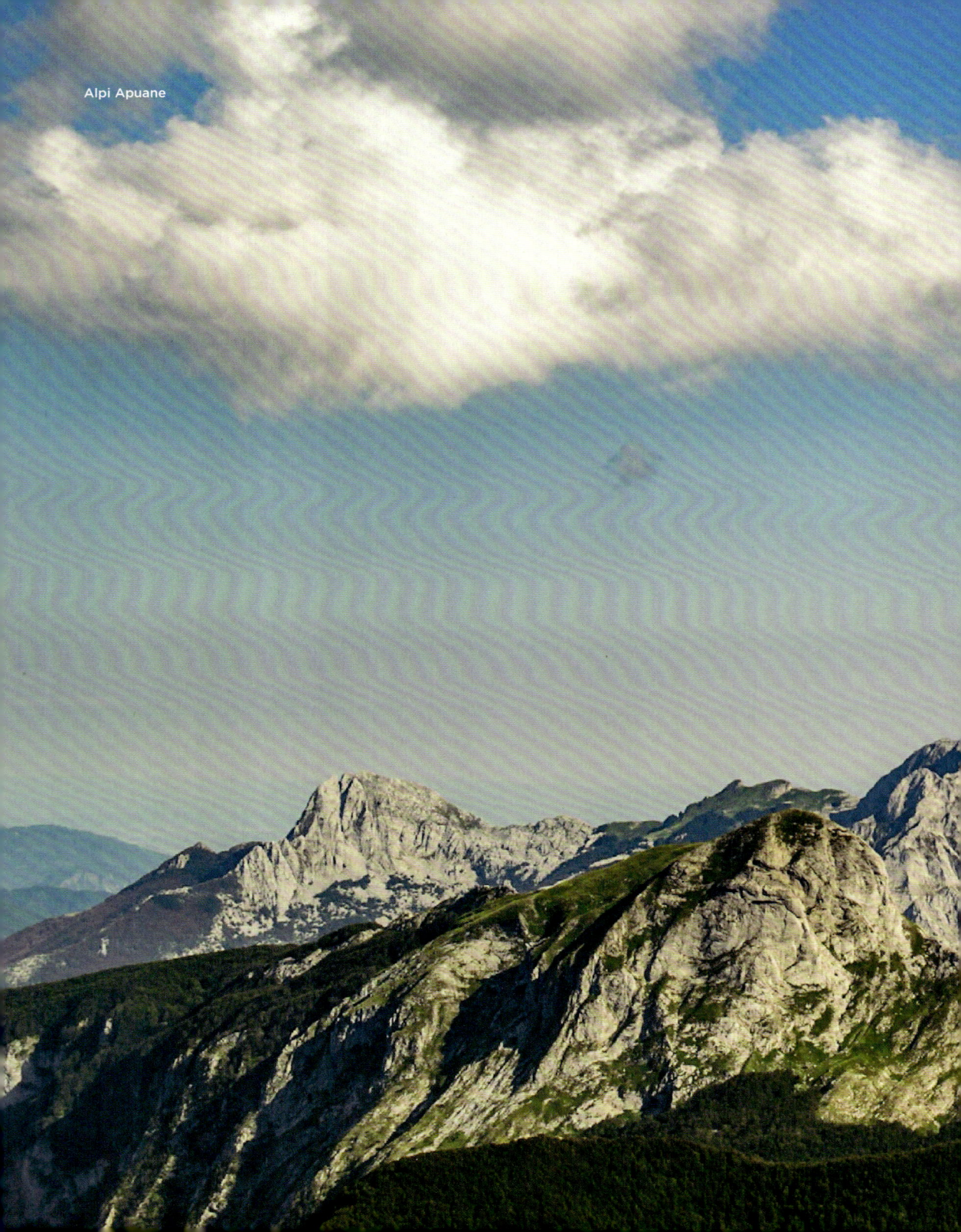

Alpi Apuane

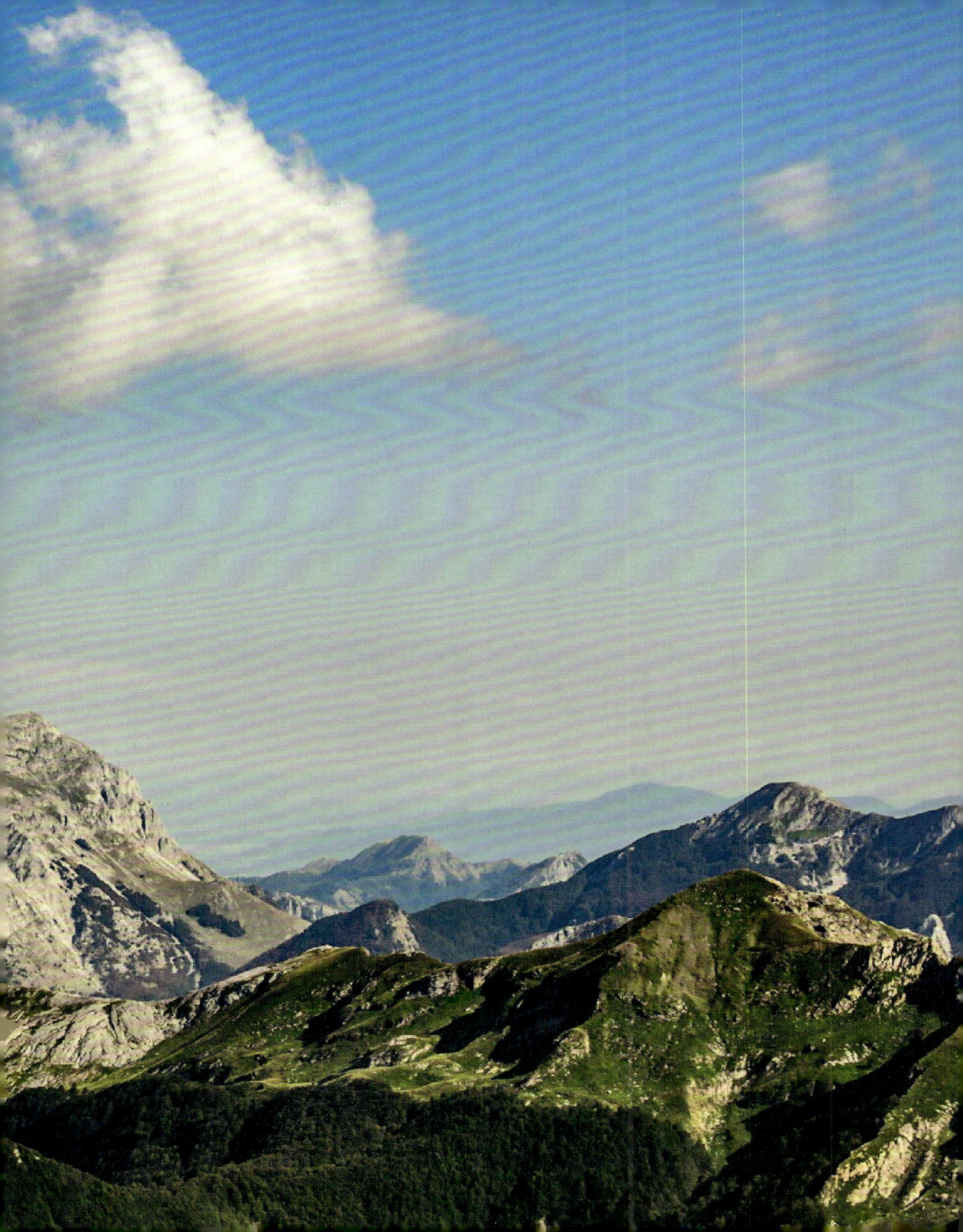

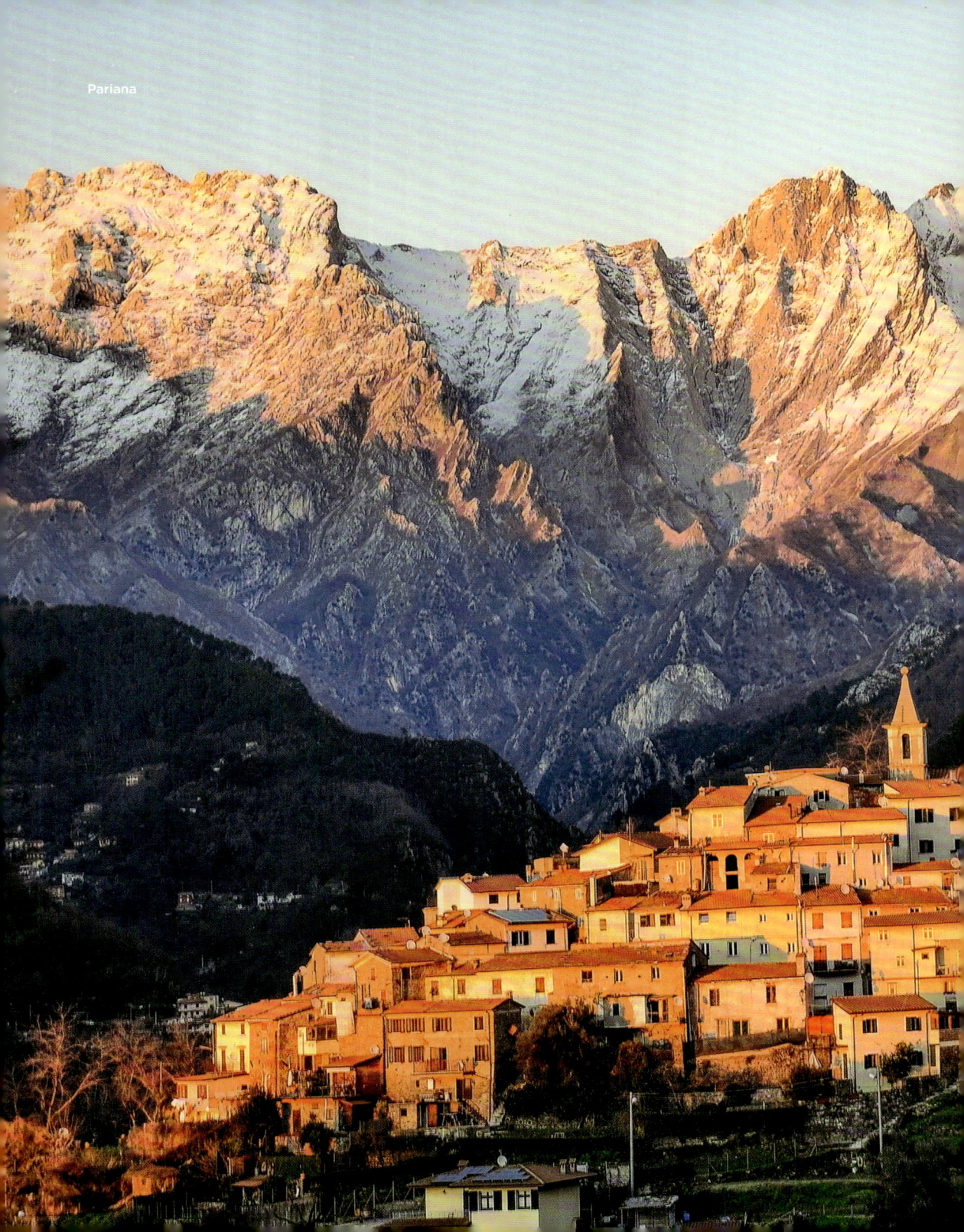

Pariana

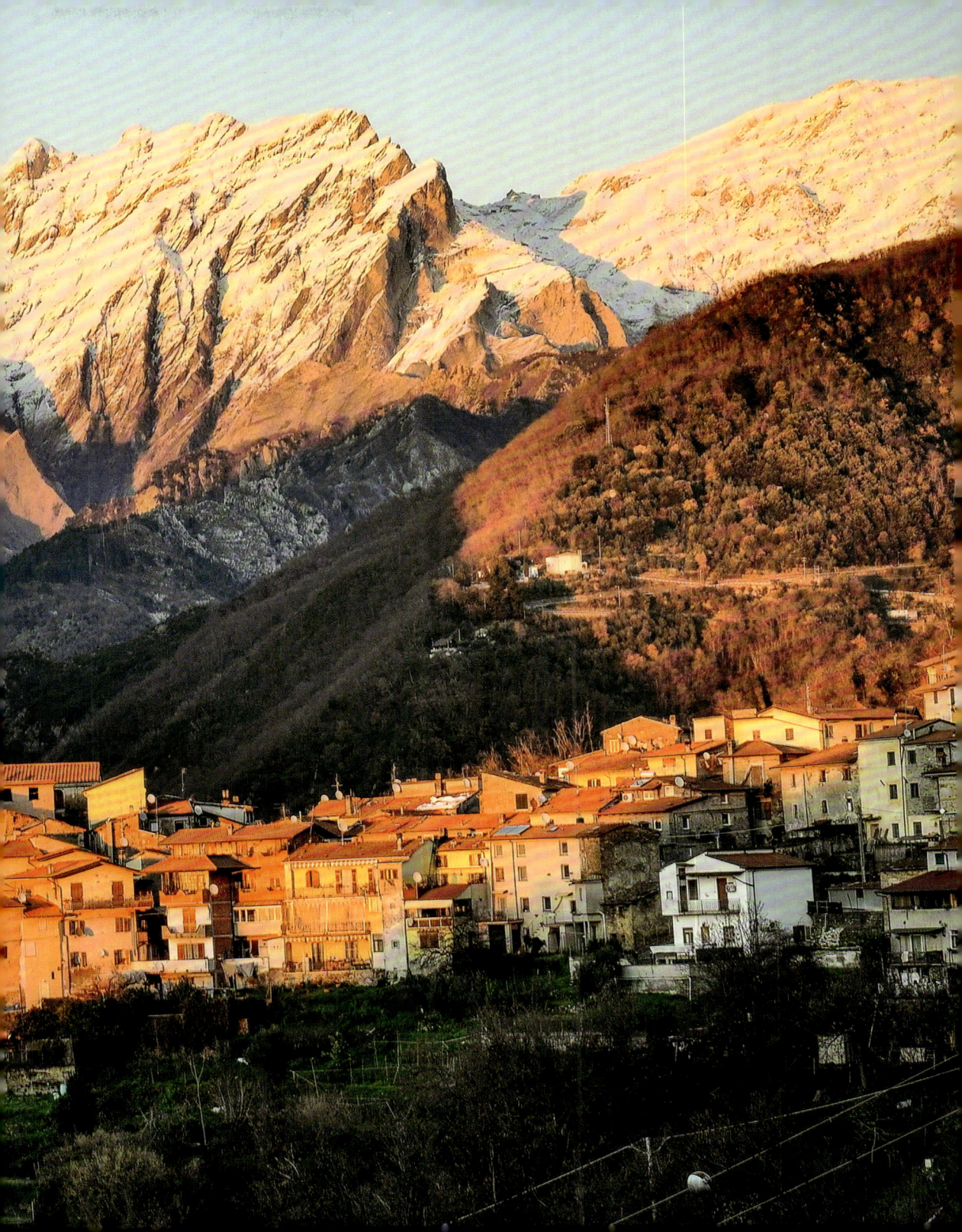

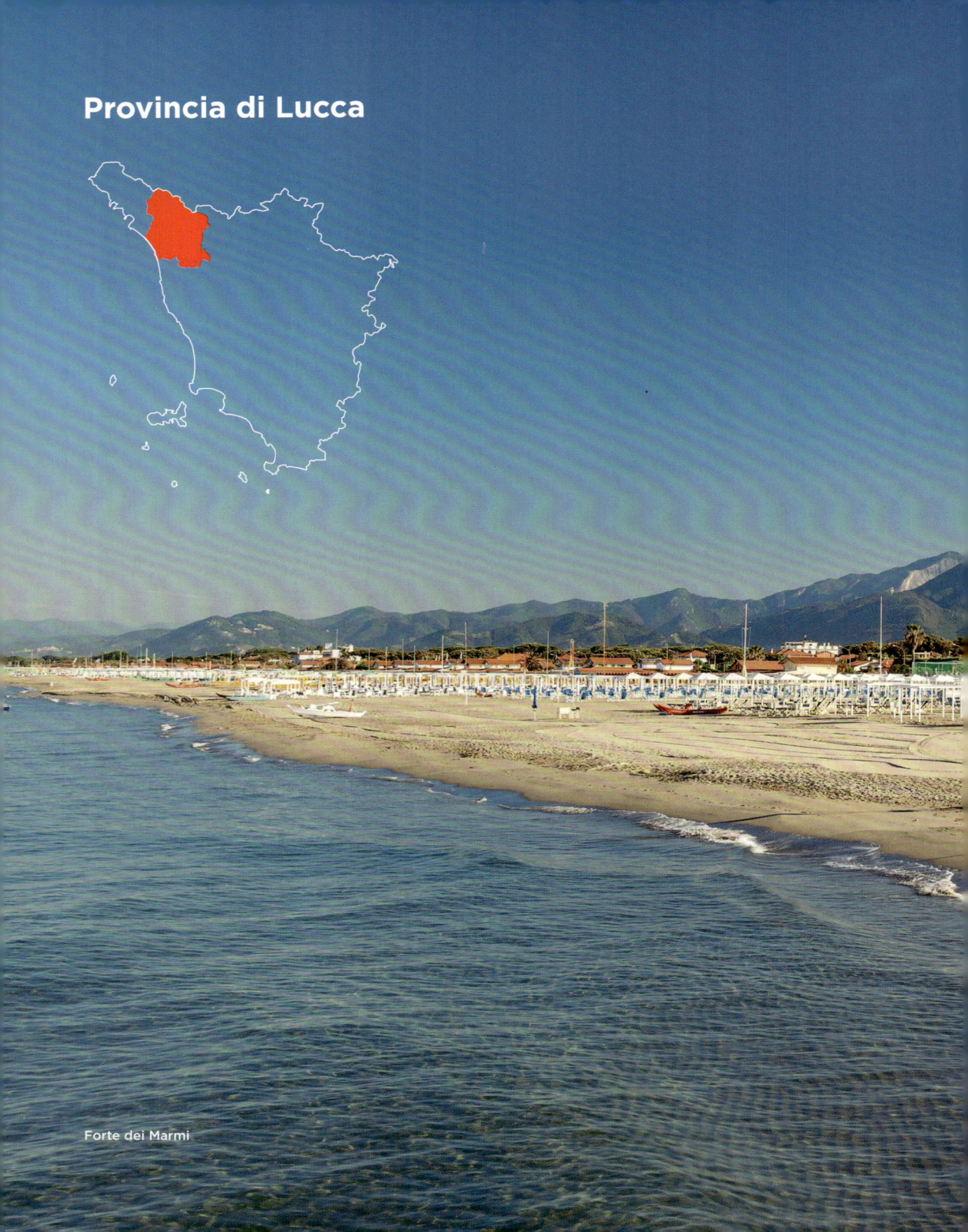

Provincia di Lucca

Forte dei Marmi

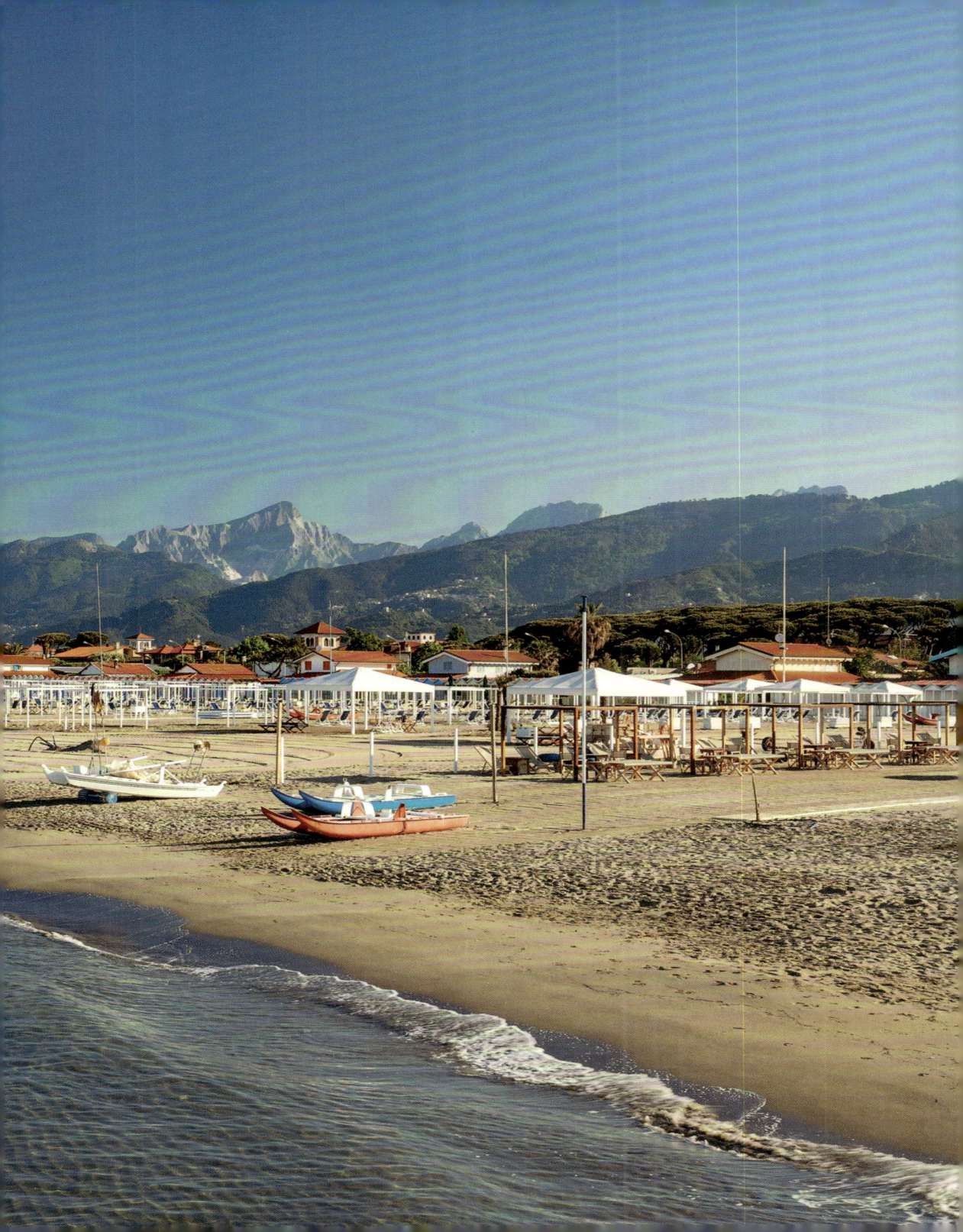

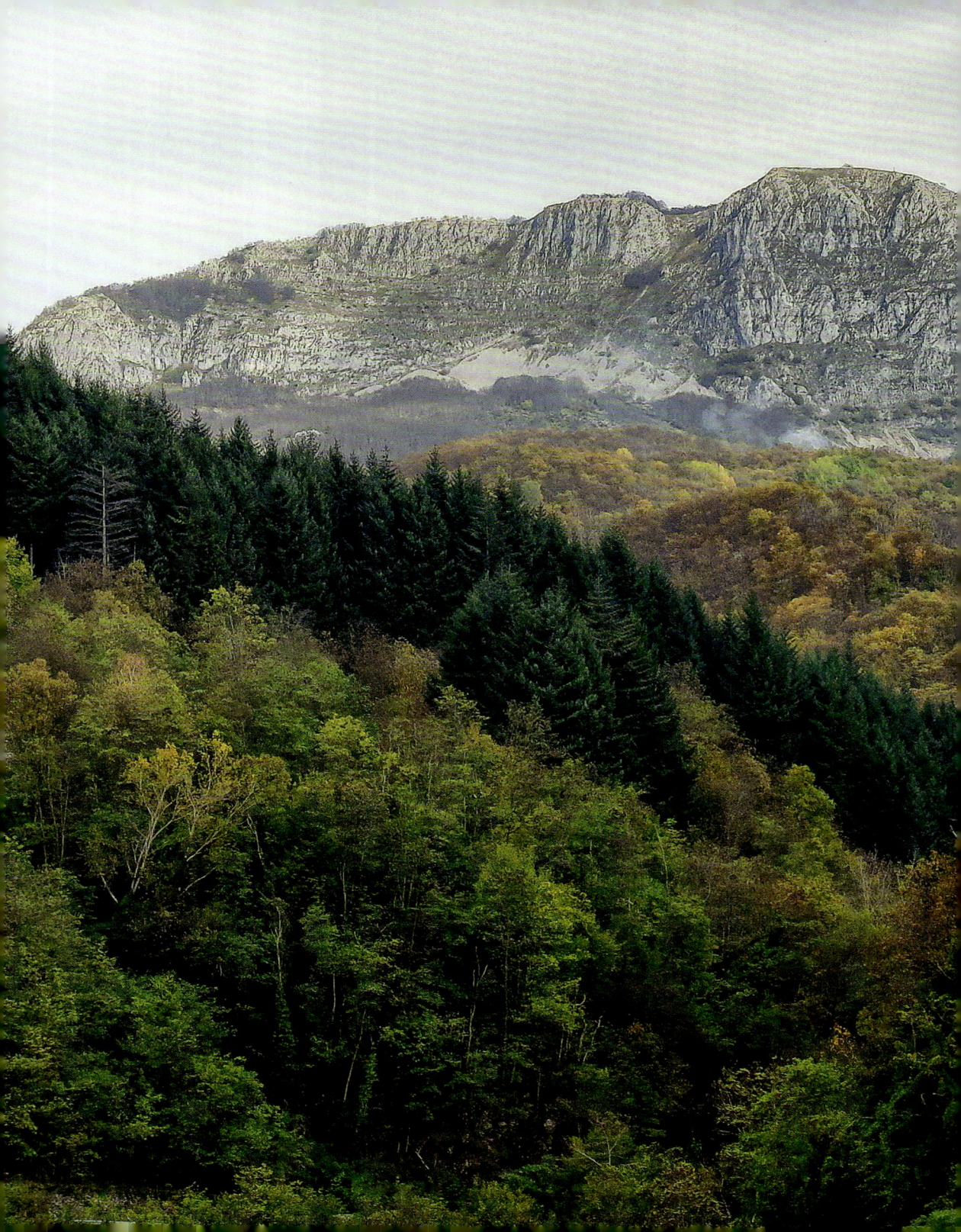

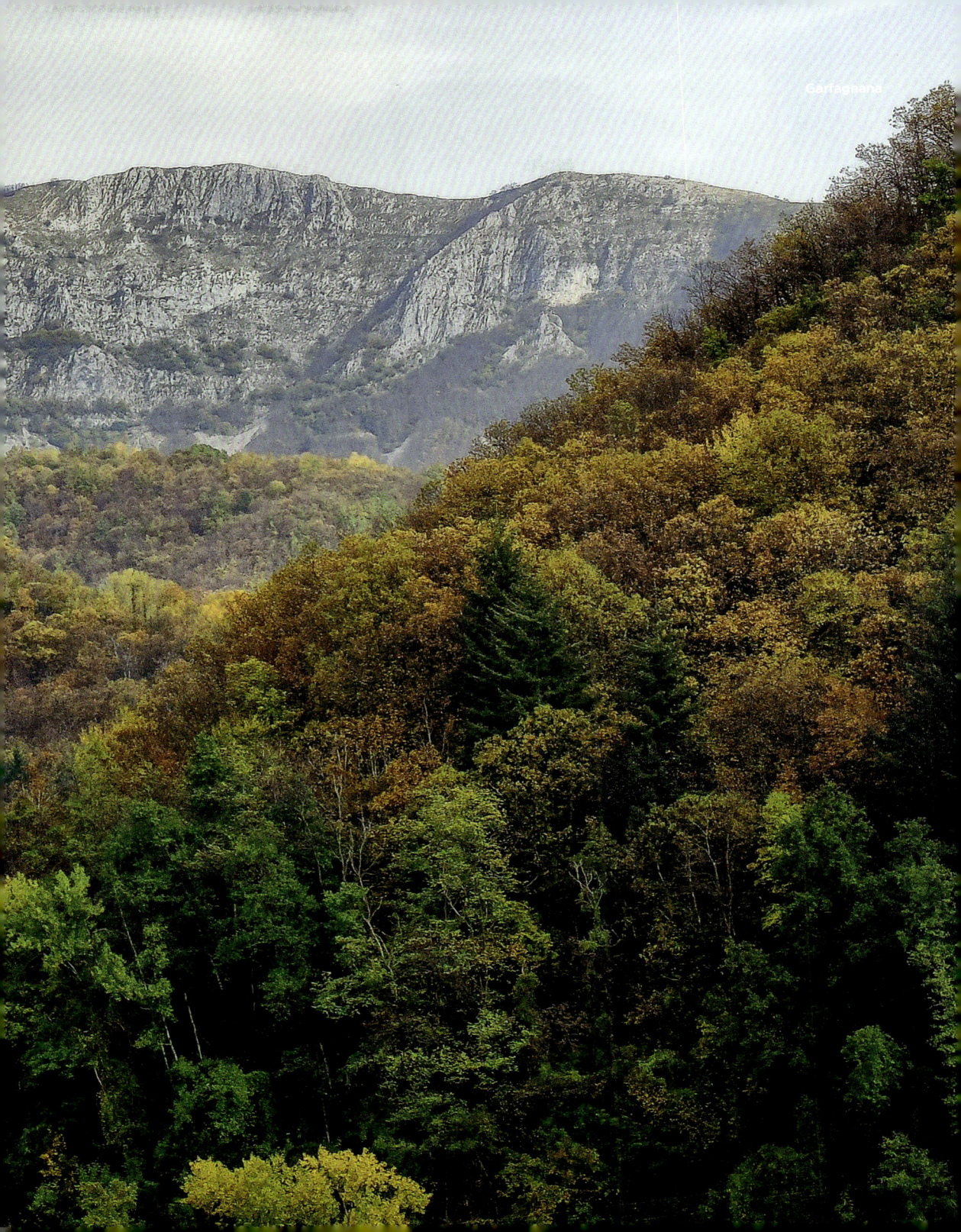

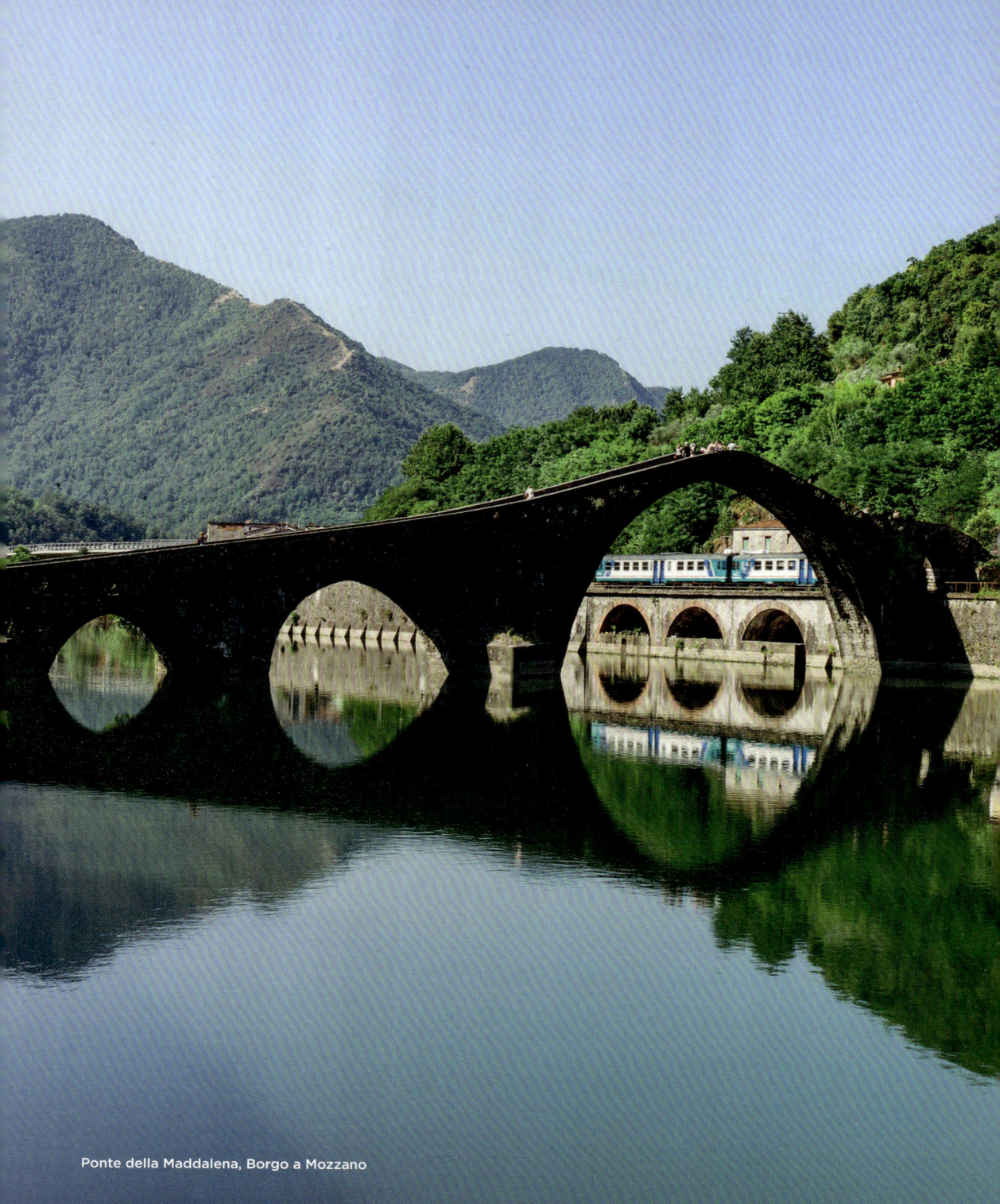

Ponte della Maddalena, Borgo a Mozzano

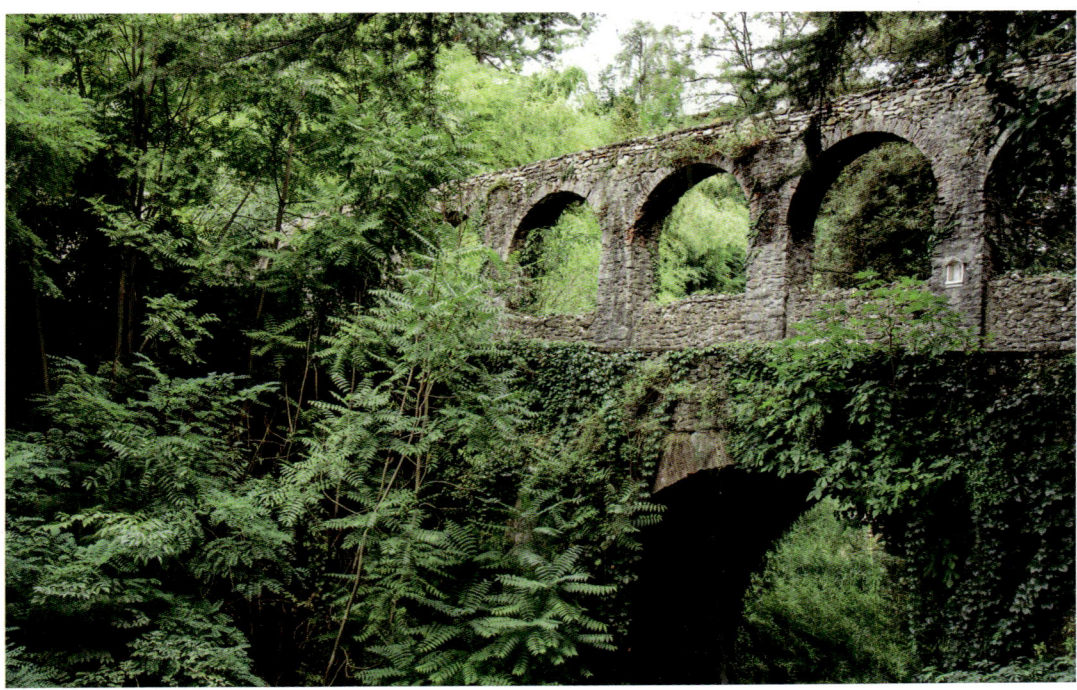

Barga

Province of Lucca

The province of Lucca is defined
by a variety of landscapes.
It reaches from the mountains of
the Apuan Alps with their thermal
springs over the green slopes
of the Garfagnana up to the
seaside resorts of the Versilia.

Provincia de Lucca

La provincia de Lucca se caracteriza
por una gran variedad de paisajes.
Se extiende desde las montañas
de los Alpes Apuanos con sus aguas
termales, pasando por las verdes
laderas de la Garfagnana, hasta las
estaciones balnearias de la Versilia.

Province de Lucques

La province de Lucques offre
des paysages très variés
tels que les montagnes des Alpes
Apuanes et ses spas naturels, les
stations balnéaires de la Versilia,
mais aussi les collines verdoyantes
de la Garfagnana.

Província de Lucca

A província de Lucca é
caracterizada por uma variedade de
paisagens. Abrange as montanhas
dos Alpes Apuanos com as suas
fontes termais sobre as encostas
verdes da Garfagnana até às
estâncias balneares da Versilia.

Provinz Lucca

Die Provinz Lucca ist geprägt durch
eine landschaftliche Vielfalt. Sie reicht
von den Bergen der Apuanischen
Alpen mit ihren Thermalquellen über
die grünen Hänge der Garfagnana bis
hin zu den Seebädern der Versilia.

Provincie Lucca

De provincie Lucca omvat een
verscheidenheid aan landschappen.
Ze strekt zich van de bergen van de
Apuaanse Alpen met hun thermale
bronnen uit over de groene hellingen
van de regio Garfagnana tot aan de
badplaatsen van de Versilia.

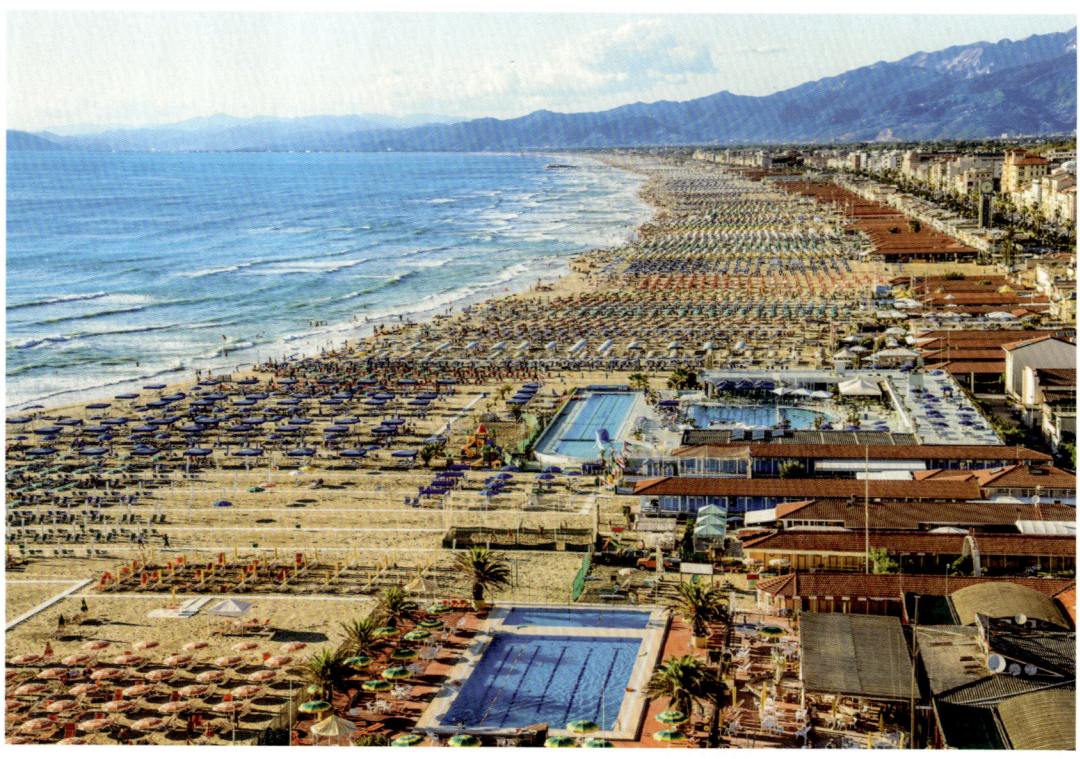

Viareggio

Viareggio

The coastal landscape of Versilia is known for its seaside resorts and long beaches. Viareggio is famous for its carnival. In 1917 a fire destroyed a large part of the promenade. Many buildings were then replaced by Art Nouveau or Art Deco buildings.

Viareggio

La région de la Versilia est réputée pour ses stations balnéaires et ses longues étendues de plages. Parmi elles, Viareggio, célèbre pour son carnaval. En 1917, un incendie détruit en grande partie le front de mer, de nombreux bâtiments furent alors remplacés par des bâtiments de style Art déco ou Liberty.

Viareggio

Die Küstenlandschaft Versilia ist bekannt für ihre Badeorte und langen Strände. Der Ort Viareggio ist vor allem für seinen Karneval berühmt. Im Jahr 1917 zerstörte ein Brand einen Großteil der Uferpromenade. Viele Gebäude wurden danach durch Bauten im Jugendstil oder im Stil des Art déco ersetzt.

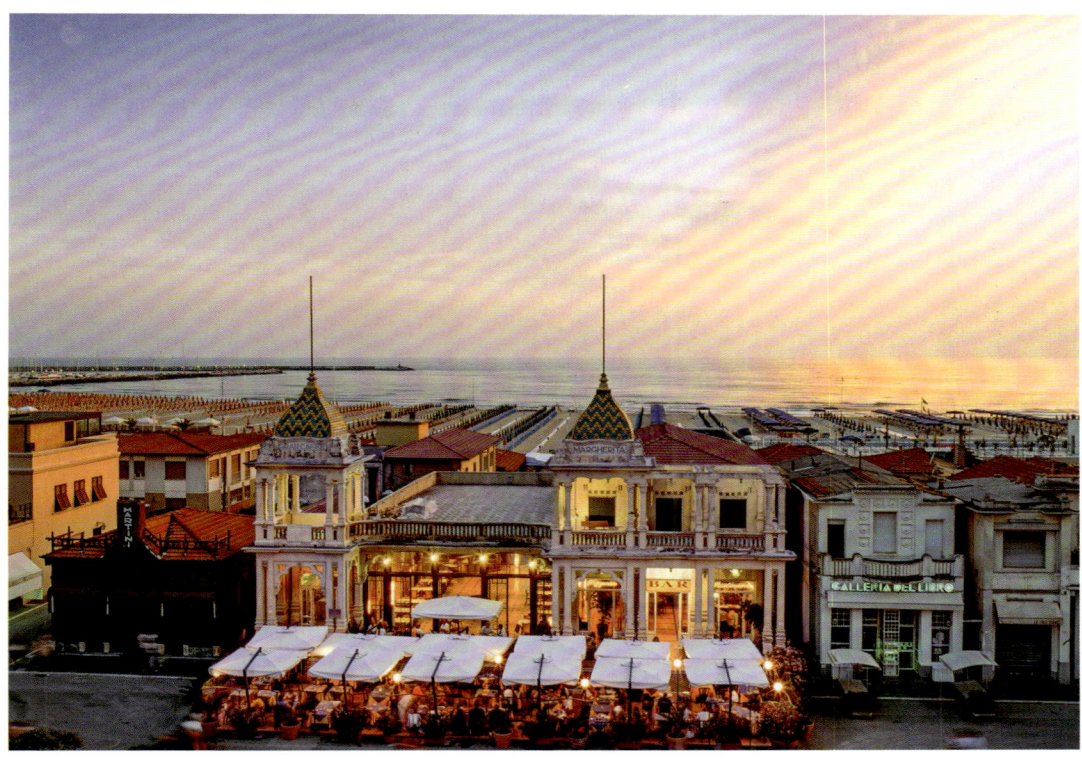

Viareggio

Viareggio

El paisaje costero de Versilia es
conocido por sus balnearios y sus
largas playas. Viareggio es famoso
sobre todo por su carnaval. En 1917,
un incendio destruyó gran parte del
paseo marítimo. Muchos edificios
fueron reemplazados por edificios
modernistas o Art Deco.

Viareggio

A paisagem costeira de Versilia é
conhecida por seus resorts à beira-
mar e longas praias. Viareggio é
famoso pelo seu carnaval. Em 1917,
um incêndio destruiu uma grande
parte do passeio. Muitos edifícios
foram então substituídos por
edifícios Art Nouveau ou Art Deco.

Viareggio

Het kustlandschap van Versilia staat
bekend om zijn badplaatsen en
lange stranden. Viareggio is vooral
beroemd vanwege het carnaval.
In 1917 verwoestte een brand een
groot deel van de promenade.
Veel gebouwen werden vervolgens
vervangen door jugendstil- of art-
decogebouwen.

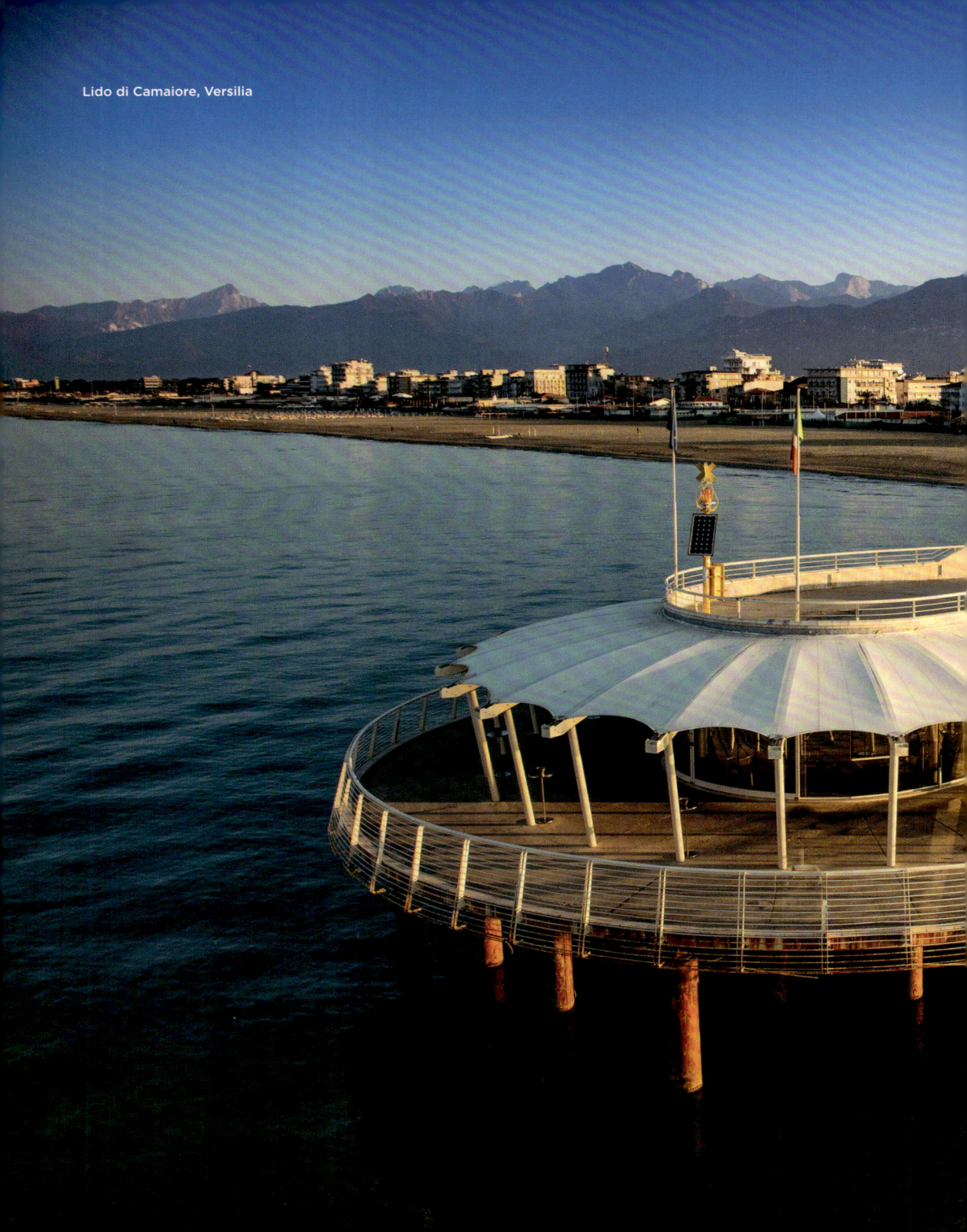

Lido di Camaiore, Versilia

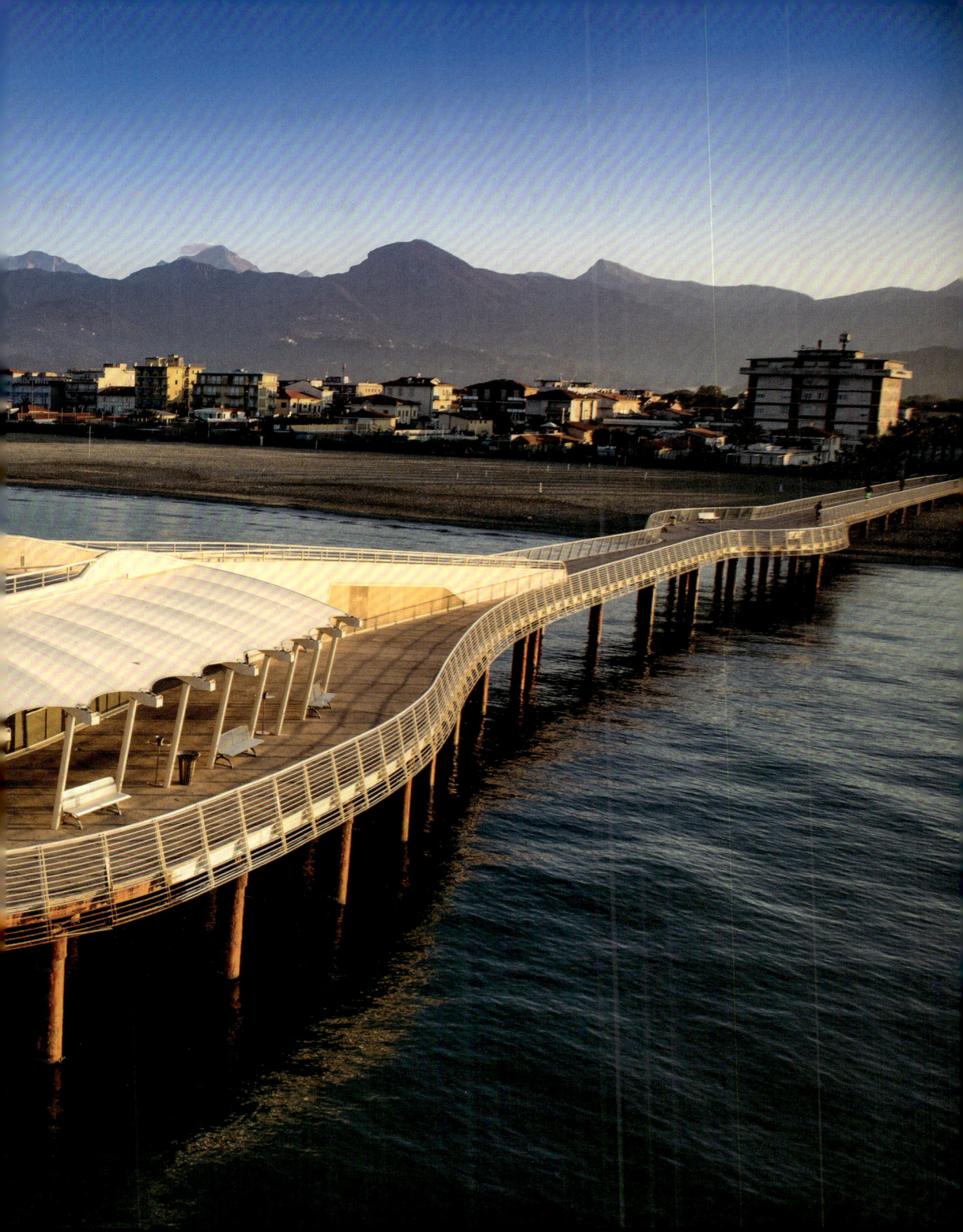

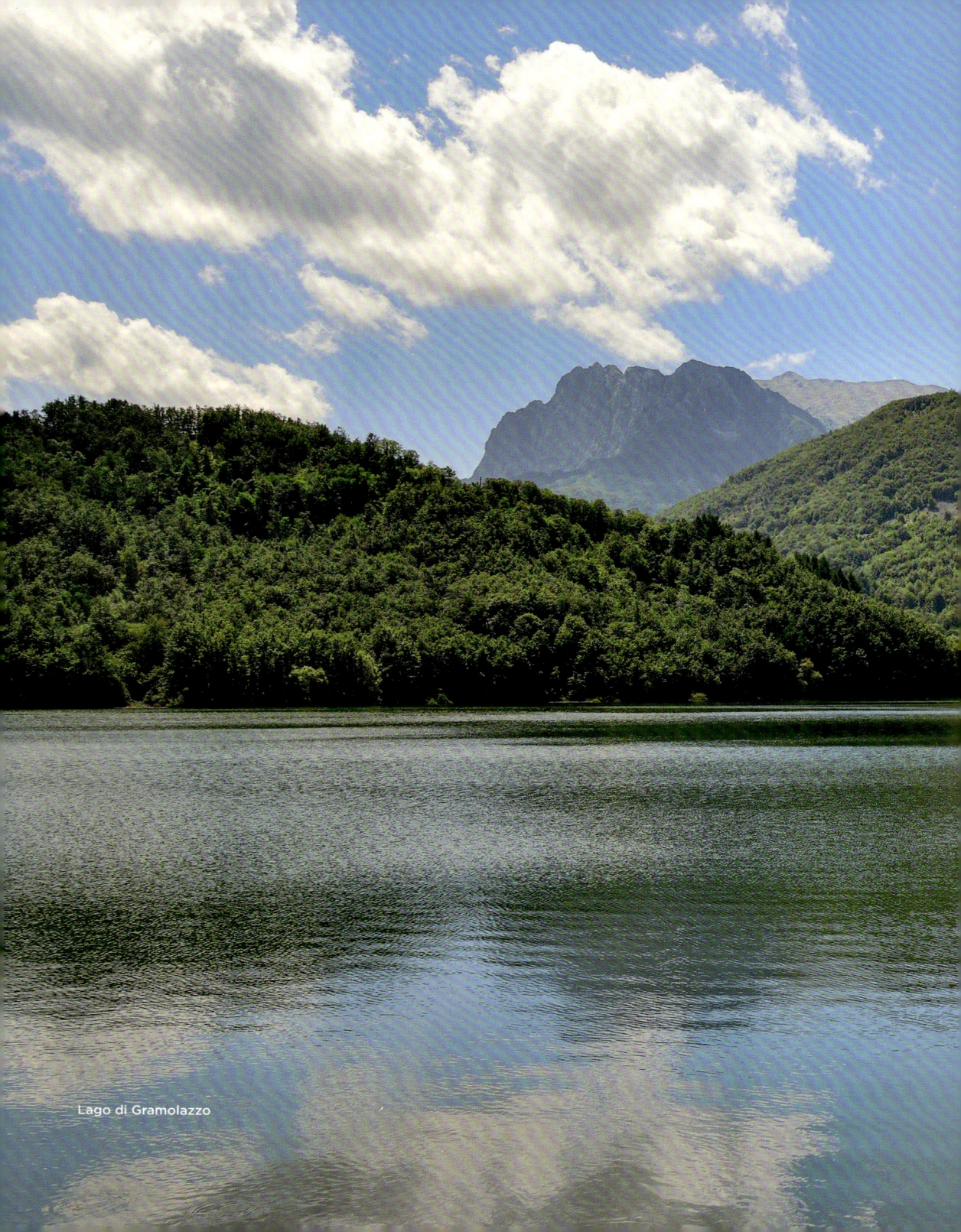

Lago di Gramolazzo

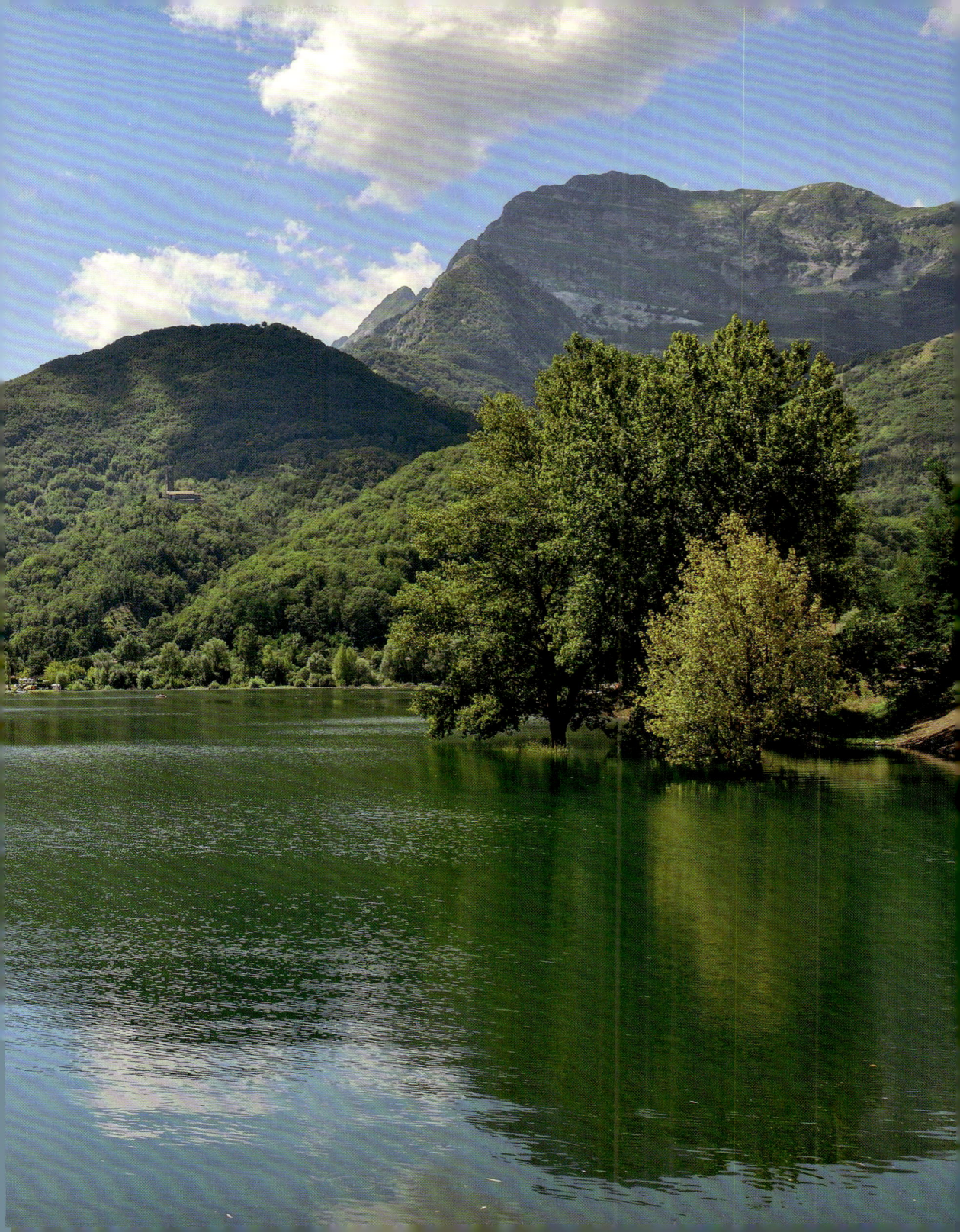

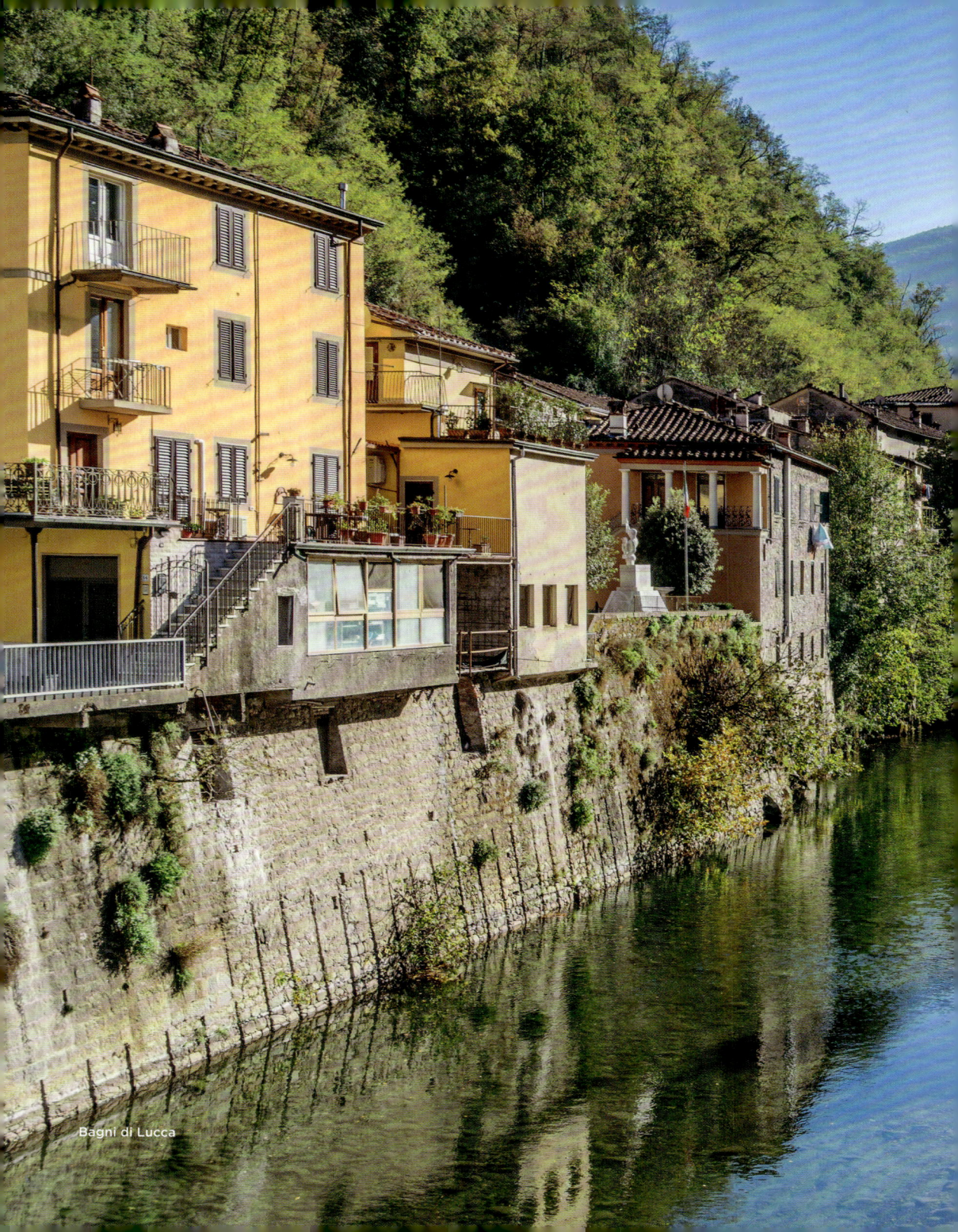
Bagni di Lucca

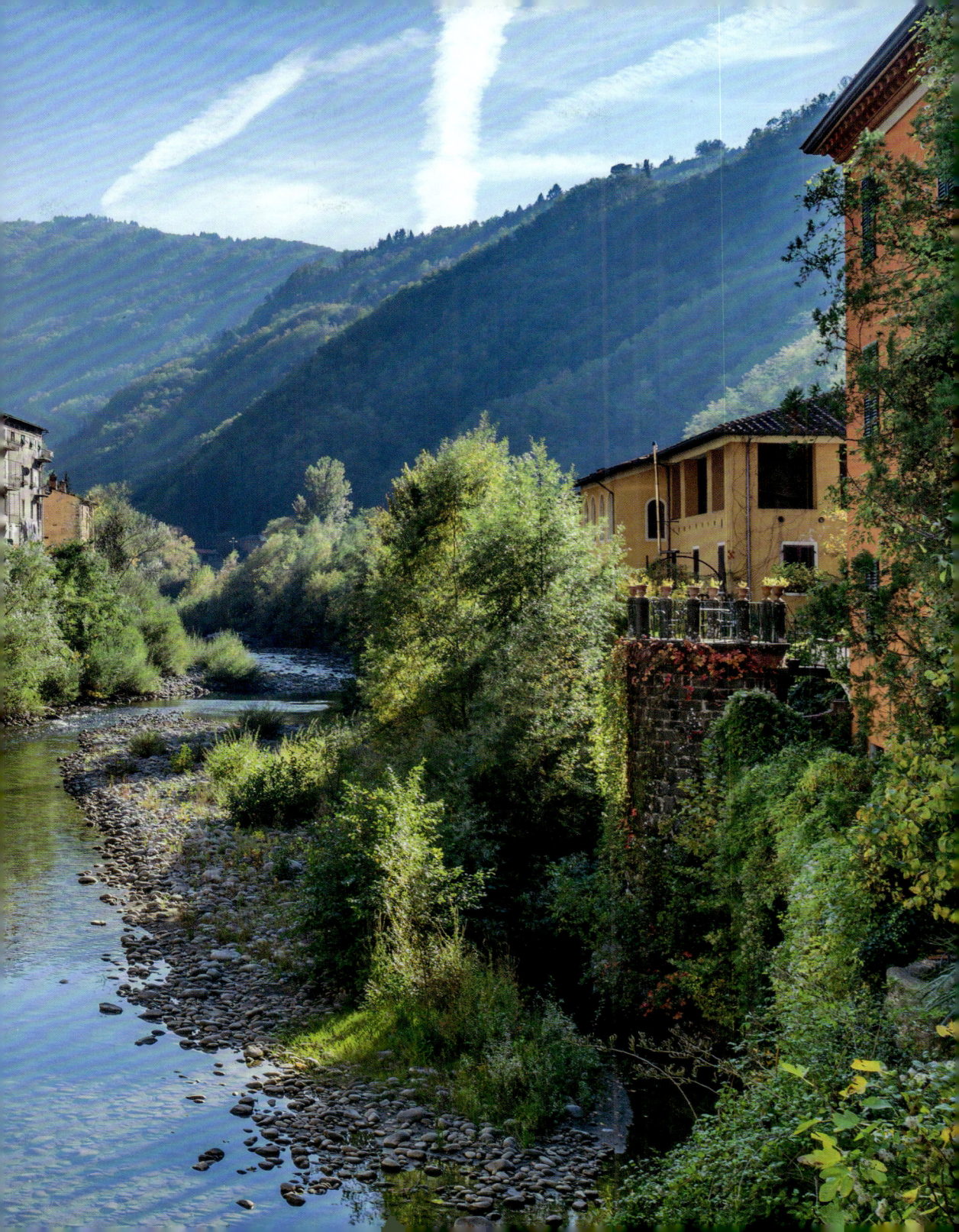

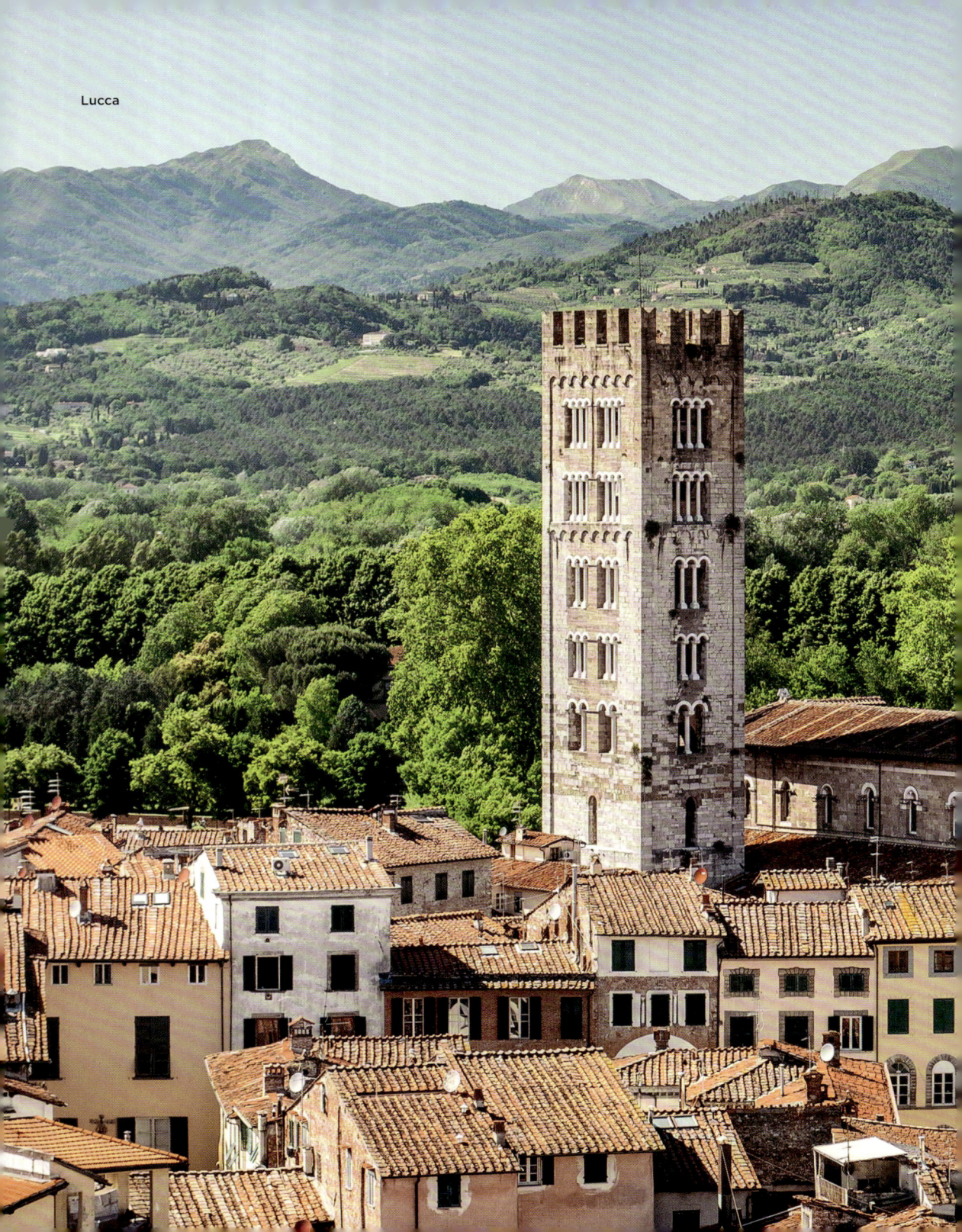
Lucca

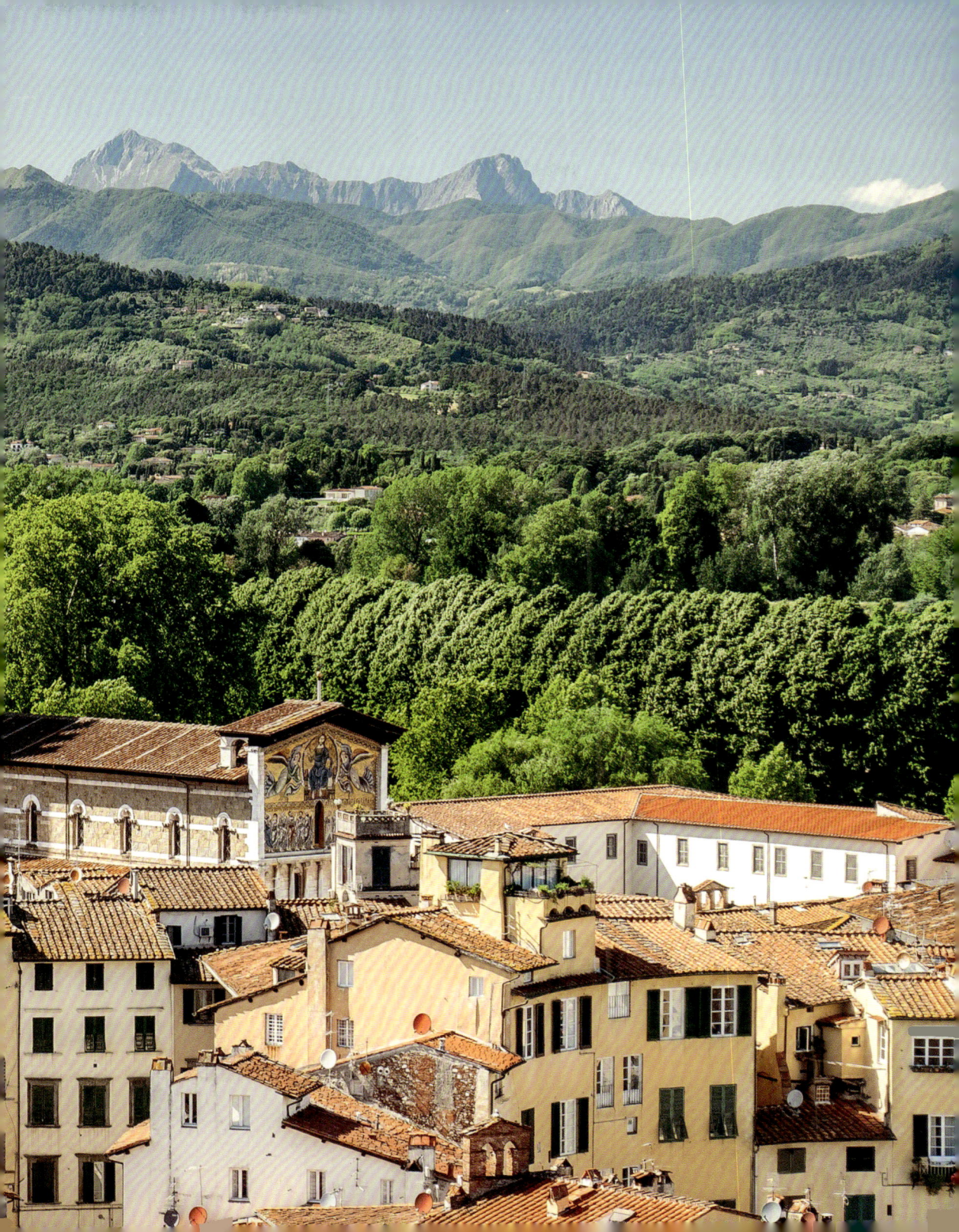

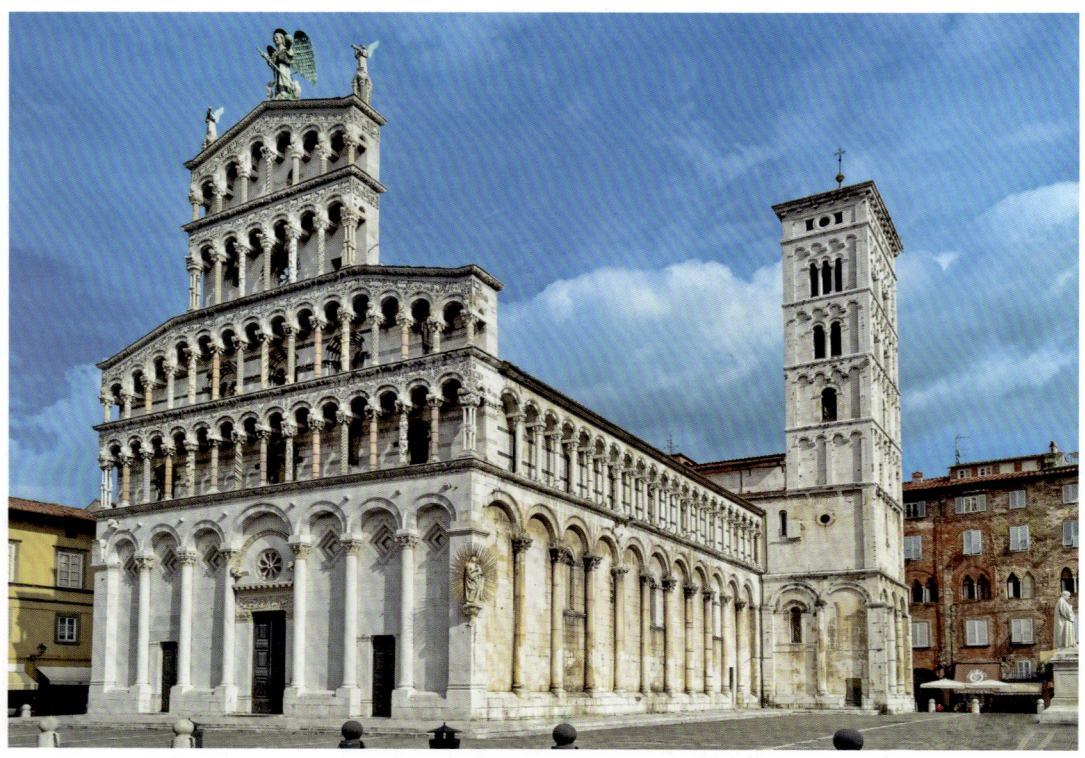

Chiesa di San Michele in Foro

Lucca

Further south is Lucca, which within the city walls impresses with its architecture of pink and ochre buildings. In addition to the Guinigi Tower with its green crown, Piazza dell'Anfiteatro, where only the remains of an amphitheatre from 177 BC still stand, is one of the main attractions of the Tuscan city.

Lucques

Plus au sud, Lucques et ses remparts nous offre un paysage urbain surprenant avec ses constructions de couleur rose et ocre. Outre la Torre Guinigi et sa coiffe de verdure unique en son genre, ce qui a fait la renommée de la cité toscane, c'est la place de l'Amphithéâtre dont il ne reste désormais que l'empreinte de l'amphithéâtre romain (177 av. J.-C).

Lucca

Weiter südlich liegt Lucca, das innerhalb der Stadtmauern mit seiner Architektur aus rosa und ockerfarbenen Gebäuden beeindruckt. Neben den Guinigiturm mit seinem grünen Kopfschmuck, zählt die Piazza dell'Anfiteatro, auf der nur noch die Überreste eines Amphitheaters aus dem Jahr 177 v. Chr. erhalten sind, zu den Hauptattraktionen der toskanischen Stadt.

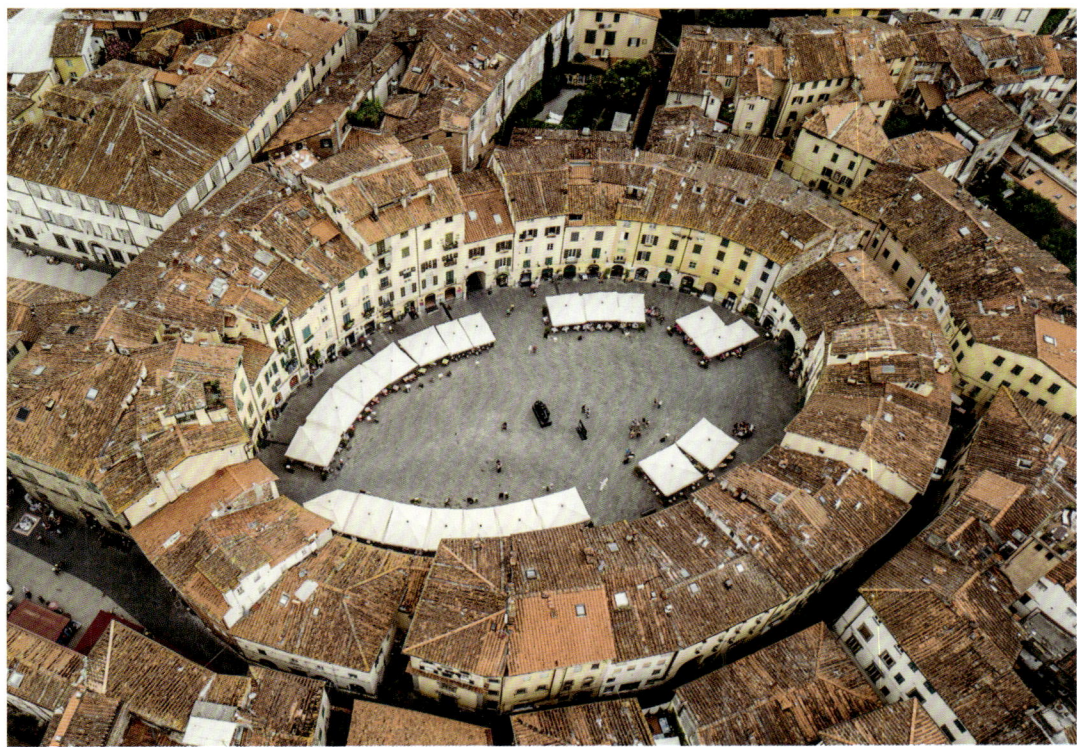

Piazza dell'Anfiteatro

Lucca

Más al sur está Lucca, que impresiona dentro de las murallas de la ciudad con su arquitectura de edificios rosados y ocres. Además de la Torre Guinigi con su tocado verde, la Piazza dell'Anfiteatro, donde solo se conservan los restos de un anfiteatro del 177 a. C., es uno de los principales atractivos de la ciudad toscana.

Lucca

Mais ao sul, dentro das muralhas da cidade com uma arquitetura de edifícios rosa e ocre a impressionante Lucca. Além da Torre Guinig com seu cocardiograma verde, a Piazza dell'Anfiteatro, onde apenas permanecem os restos de um anfiteatro de 177 a.C., é uma das principais atrações da cidade toscana.

Lucca

Verder naar het zuiden ligt Lucca, dat binnen de stadsmuren indruk maakt met zijn roze en okerkleurige gebouwen. Naast de Torre Guinigi met zijn groene hoofdtooi is het Piazza dell'Anfiteatro, waarvan alleen de overblijfselen van een amfitheater uit 177 v.Chr. zijn overgebleven, een van de belangrijkste bezienswaardigheden van de Toscaanse stad.

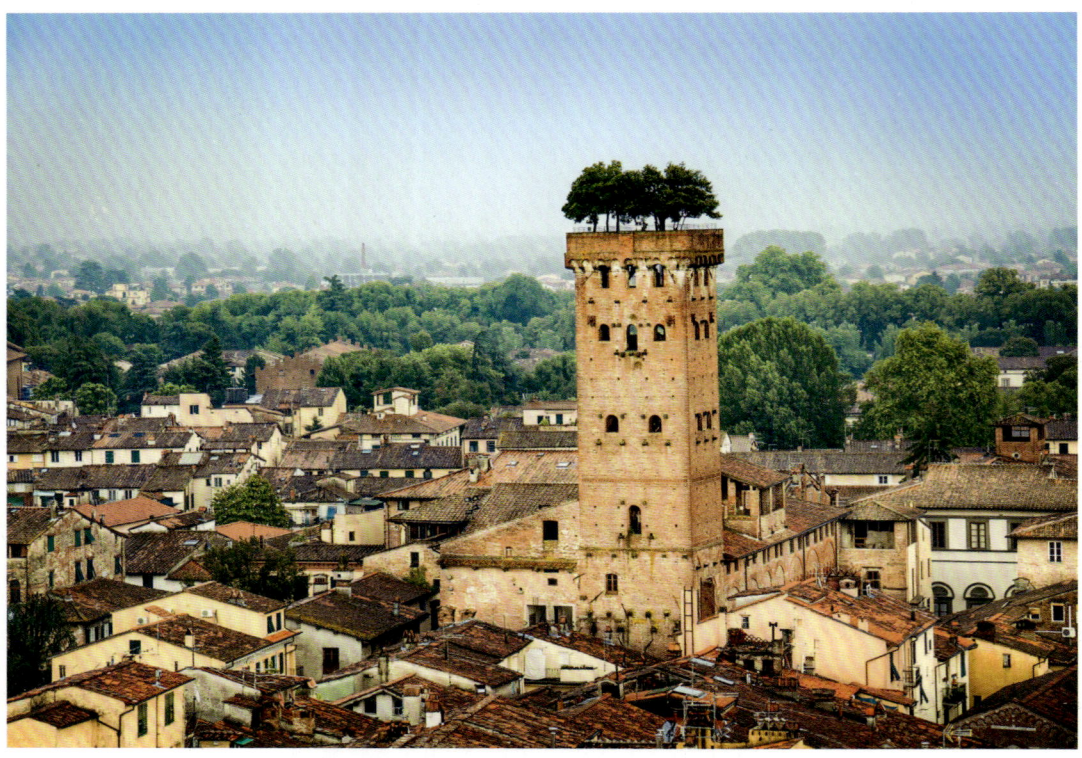

Torre Guinigi

Guinigi Tower

The striking Guinigi Tower is built of red bricks. The height of the tower is more than 40m and it has 230 steps. Today it not only testifies to the era of the 14th century, when Tuscan noble families erected dynasty towers, but with its seven oaks in the garden at the top it also shapes the image of the city.

Torre Guinigi

Incontournable à Lucques, la Torre Guinigi, est faite de brique rouge et culmine, du haut de ses 230 marches, à plus de 40 m. Outre le fait qu'elle soit caractéristique du xive siècle, où les familles de la noblesse toscanes érigeaient leur maison-tour, la Torre Guinigi est un édifice remarquable avec les sept chênes du jardin qui trône à son sommet.

Guinigiturm

Der markante Guinigiturm wurde aus roten Ziegeln errichtet. 230 Stufen erschließen seine Höhe von mehr als 40 m. Heute zeugt er nicht nur von der Epoche im 14. Jahrhundert, als toskanische Adelsfamilien Geschlechtertürme errichteten, sondern prägt mit seinen sieben Eichen im Garten auf der Spitze auch das Bild der Stadt.

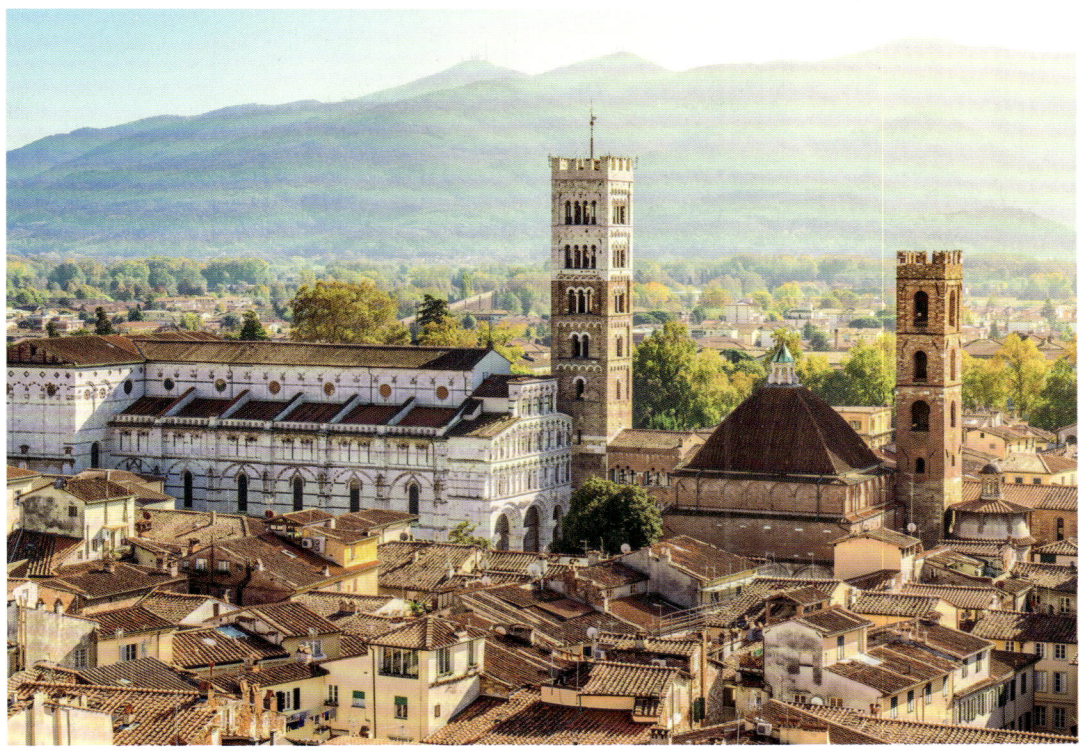

Duomo di San Martino

Torre Guinigi

La llamativa Torre Guinigi fue construida con ladrillos rojos. 230 escalones abren su altura de más de 40 m. Hoy en día no solo da testimonio de la época del siglo XIV, cuando las familias nobles toscanas erigieron torres de la dinastía, sino que, con sus siete robles en el jardín en la parte superior, también conforma la imagen de la ciudad.

Torre Guinigi

A fascinante Torre Guinig foi construída com tijolos vermelhos. 230 degraus abrem sua altura de mais de 40 m. Hoje, ela não só testemunha a era do século XIV, quando as famílias nobres da Toscana ergueram as torres da dinastia, com seus sete carvalhos no jardim no topo, mas também molda a imagem da cidade.

Torre Guinigi

De opvallende Torre Guinigi is gebouwd van rode bakstenen. Via 230 treden kom je op het ruim 40 m hoogste punt. Tegenwoordig getuigt hij niet alleen van de 14e-eeuwse tijd waarin Toscaanse adellijke families dynastietorens bouwden, maar bepaalt hij met de zeven eiken in de daktuin ook het stadsbeeld.

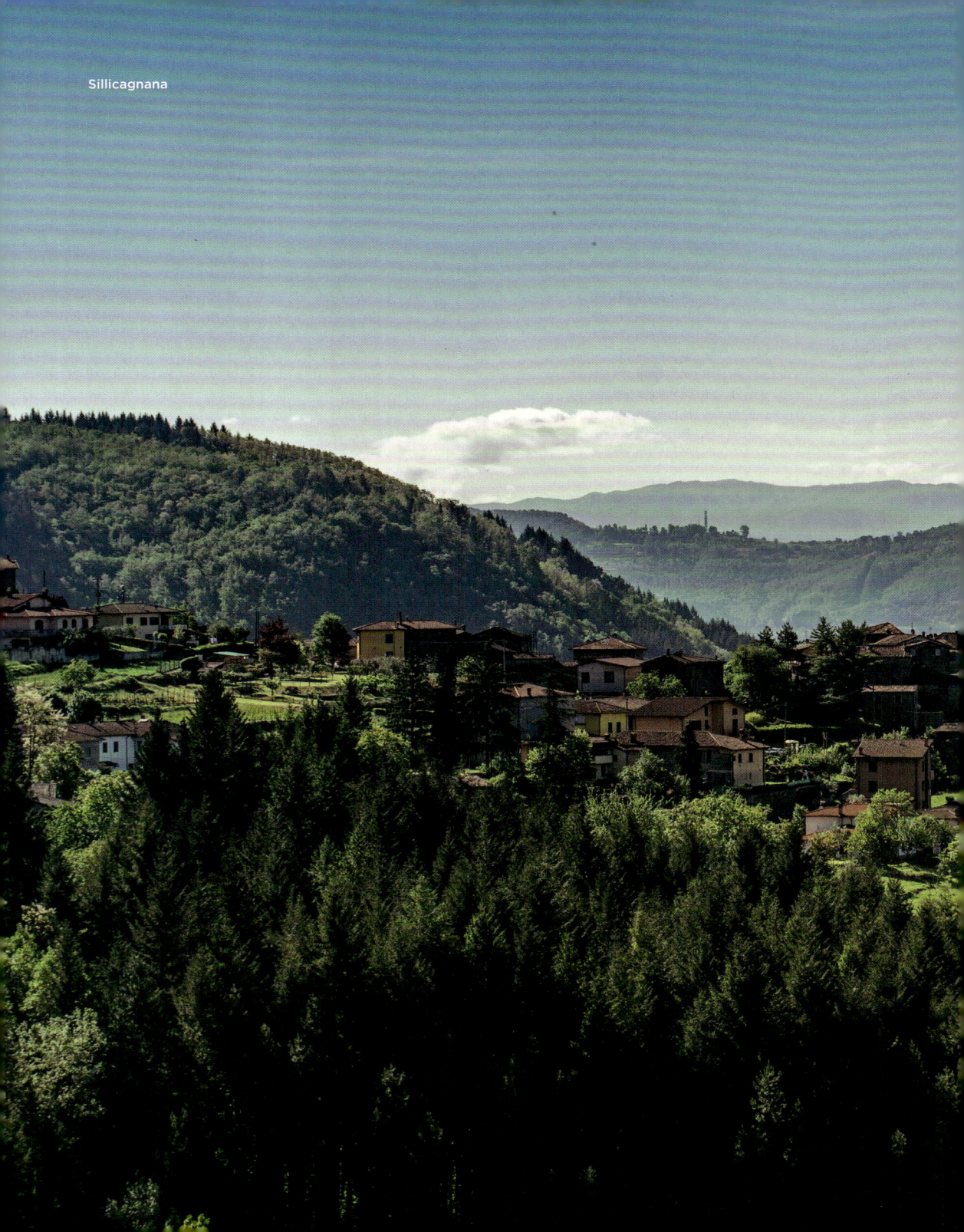

Sillicagnana

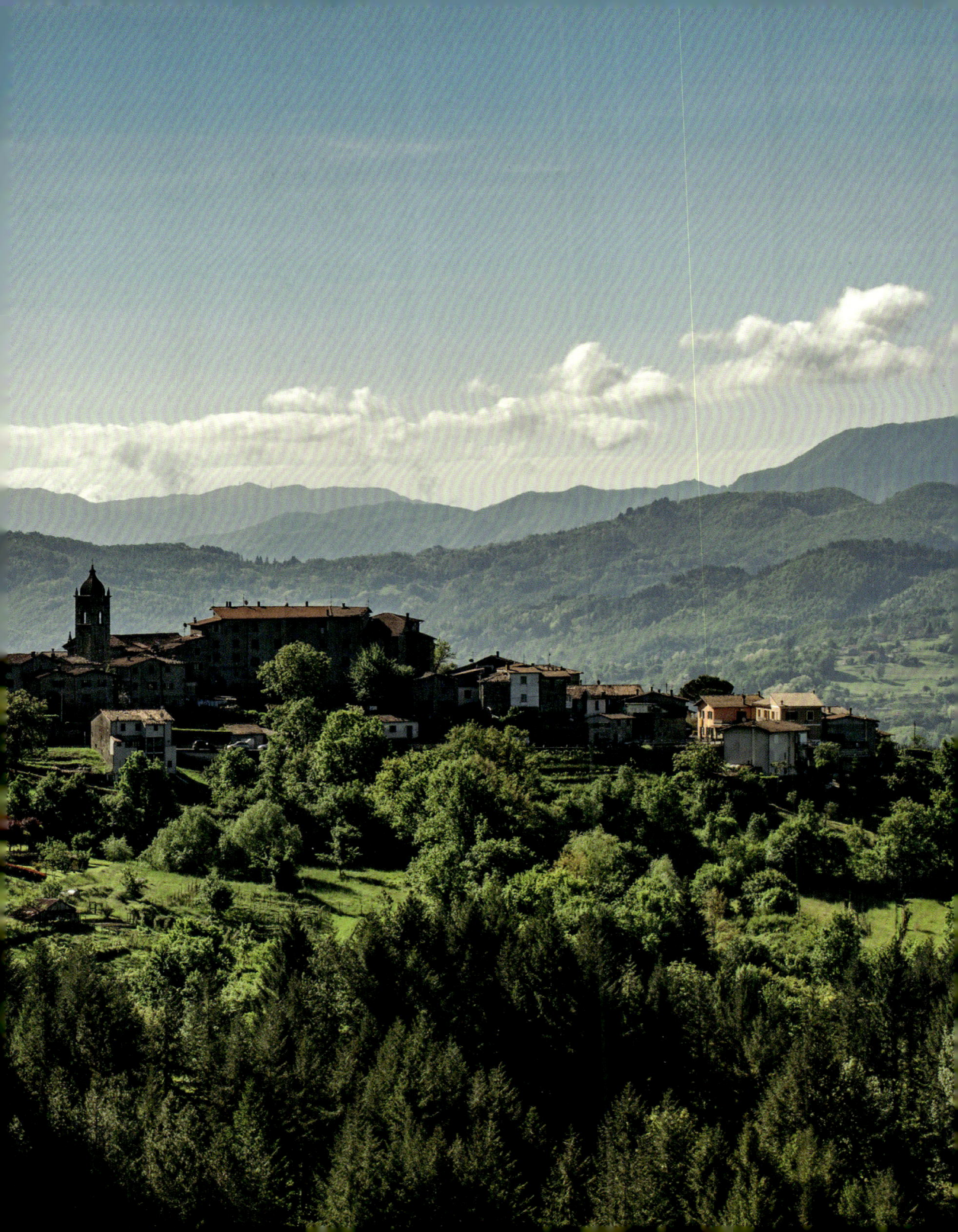

Torre del Lago

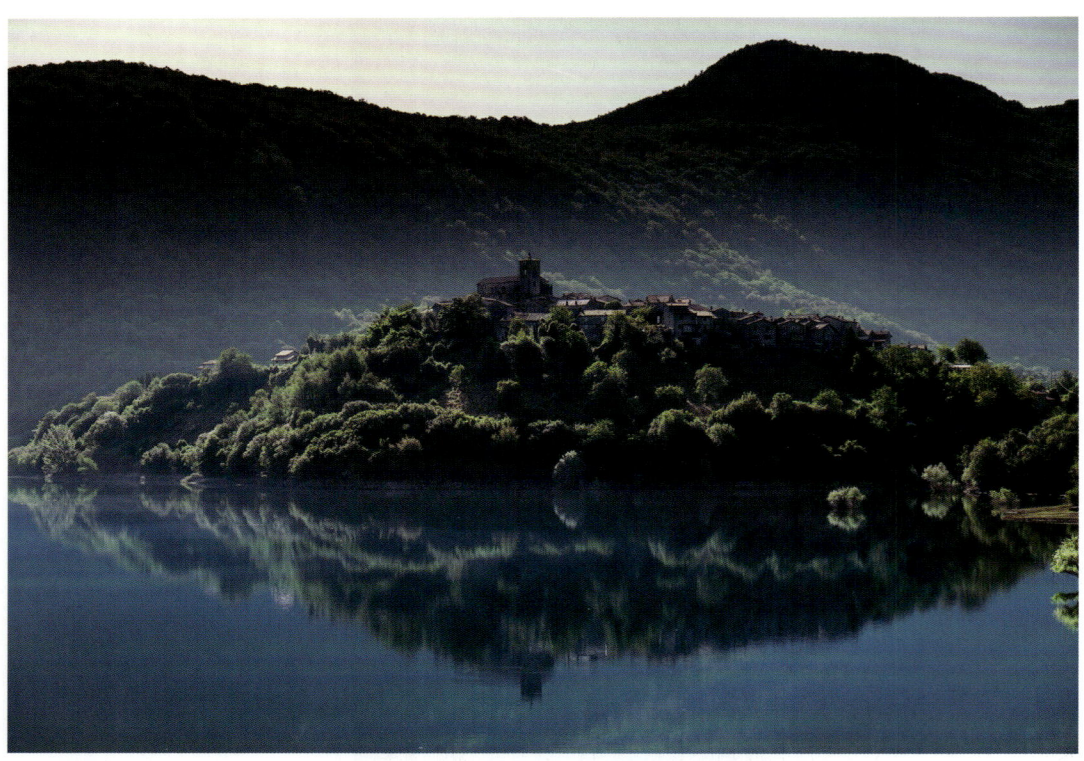

Lago di Vagli

Lago di Vagli

The Lago di Vagli was built in 1946 as a reservoir. The surface of the lake hides the village of Fabbriche di Careggine, whose inhabitants were resettled in the higher Vagli di Sotto. When the lake was drained in the years 1958, 1974, 1983 and 1994, the houses, church and ruin of the bell tower emerged again from the waters.

Lac de Vagli

Le lac de Vagli est un lac artificiel créé en 1946. Sous les mètres cubes d'eau repose le village de Fabbriche di Careggine dont les habitants furent relogés sur le promontoire du lac, à Vagli di Sotto. En 1958, 1974, 1983 et 1994, le village a émergé de l'eau lors de l'assèchement du bassin et a pu dévoiler ses maisons, son église, et son clocher en ruines.

Lago di Vagli

Der Lago di Vagli wurde 1946 als Stausee angelegt. Seine Oberfläche verbirgt das Dorf Fabbriche di Careggine, dessen Bewohner in das höher gelegene Vagli di Sotto umgesiedelt wurden. Als in den Jahren 1958, 1974, 1983 und 1994 der See trockengelegt wurde, tauchten die Häuser, die Kirche und die Ruine des Glockenturms wieder aus den Fluten auf.

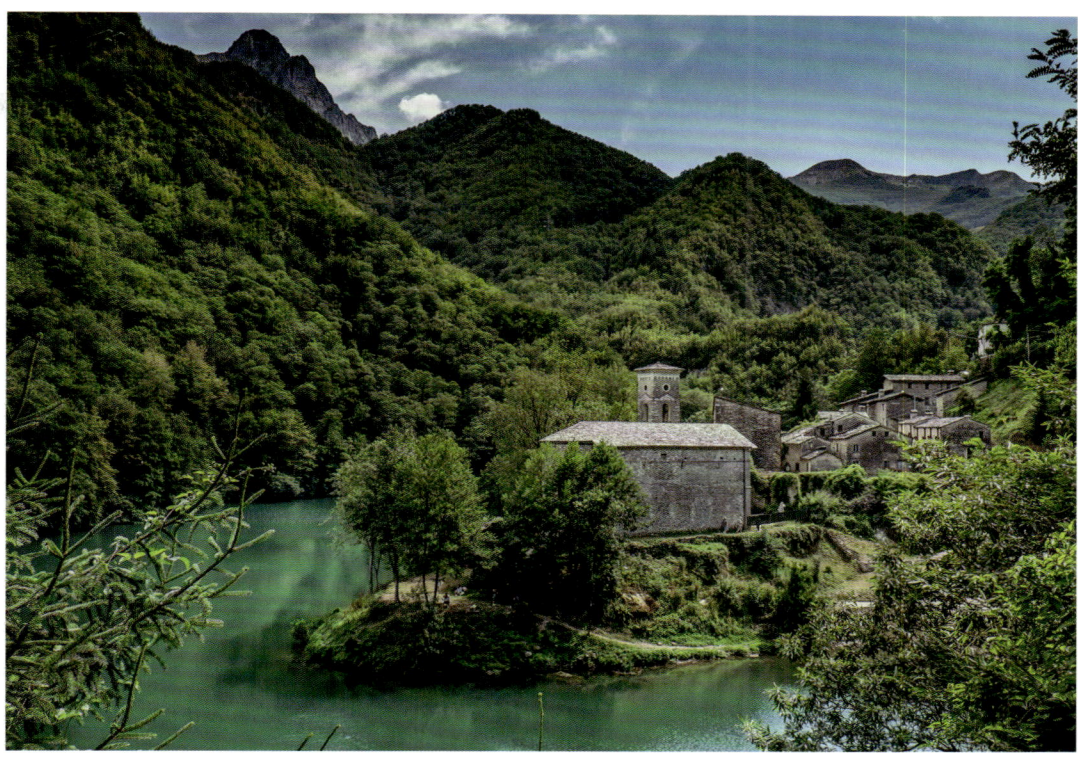

Isola Santa, Garfagnana

Lago di Vagli

El Lago di Vagli se creó en 1946 como embalse. Su superficie esconde el pueblo de Fabbriche di Careggine, cuyos habitantes fueron reasentados en la parte alta de Vagli di Sotto. Cuando se drenó el lago en los años 1958, 1974, 1983 y 1994, se dejaron al descubierto las casas, la iglesia y las ruinas del campanario.

Lago di Vagli

O Lago di Vagli foi construído em 1946 como reservatório. A sua superfície esconde a aldeia de Fabbriche di Careggine, cujos habitantes foram reinstalados nas Vagli di Sotto mais altas. Quando nos anos de 1958, 1974, 1983 e 1994 o lago foi drenado, as casas, a igreja e a ruína da torre sineira emergiram novamente das enchentes.

Lago di Vagli

Het Lago di Vagli werd in 1946 aangelegd als stuwmeer. Onder het wateroppervlak gaat het dorp Fabbriche di Careggine schuil. De inwoners daarvan moesten verhuizen naar het hogere Vagli di Sotto. Toen in 1958, 1974, 1983 en 1994 het meer droog kwam te liggen, kwamen de huizen, de kerk en de ruïne van de klokkentoren weer tevoorschijn.

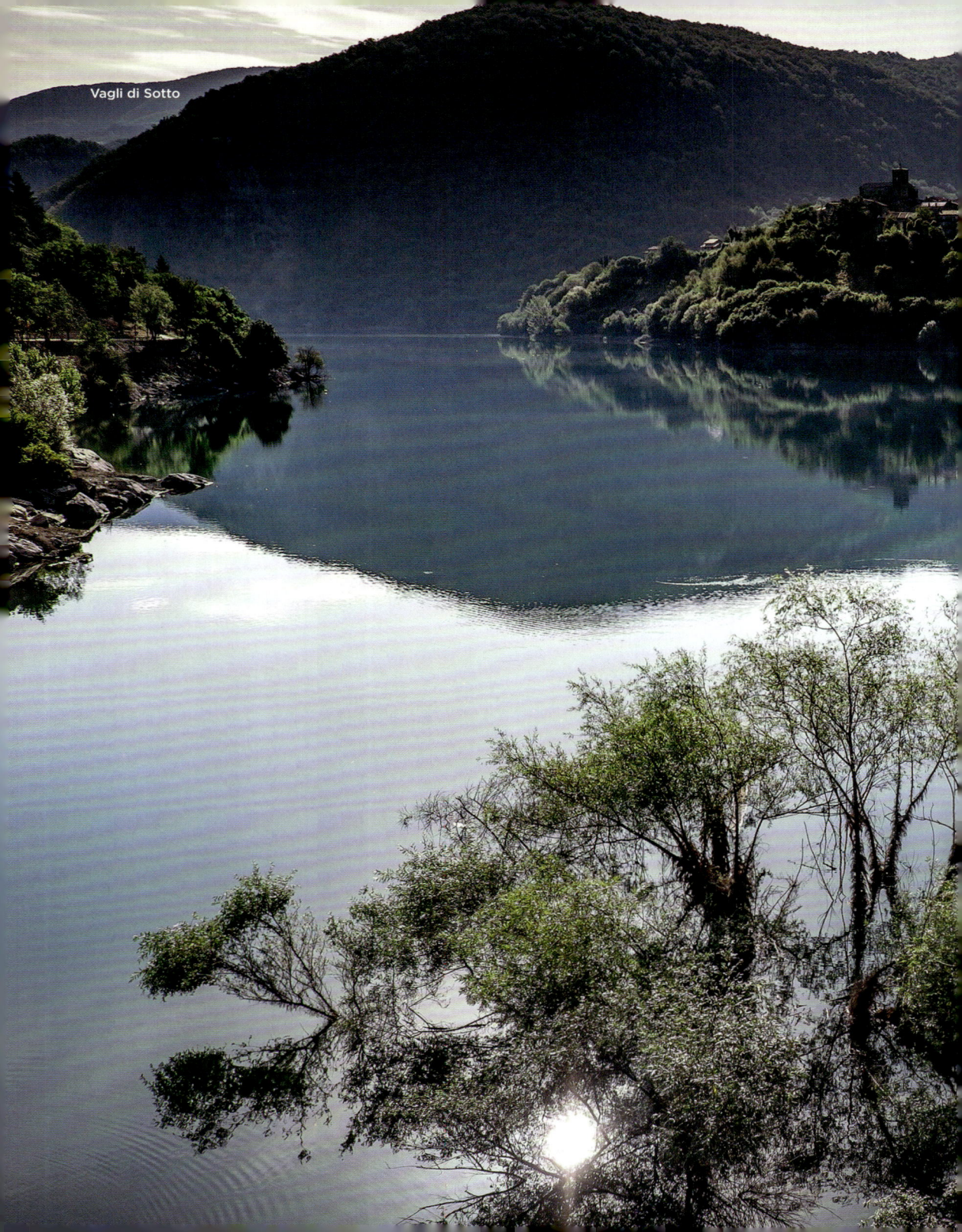

Vagli di Sotto

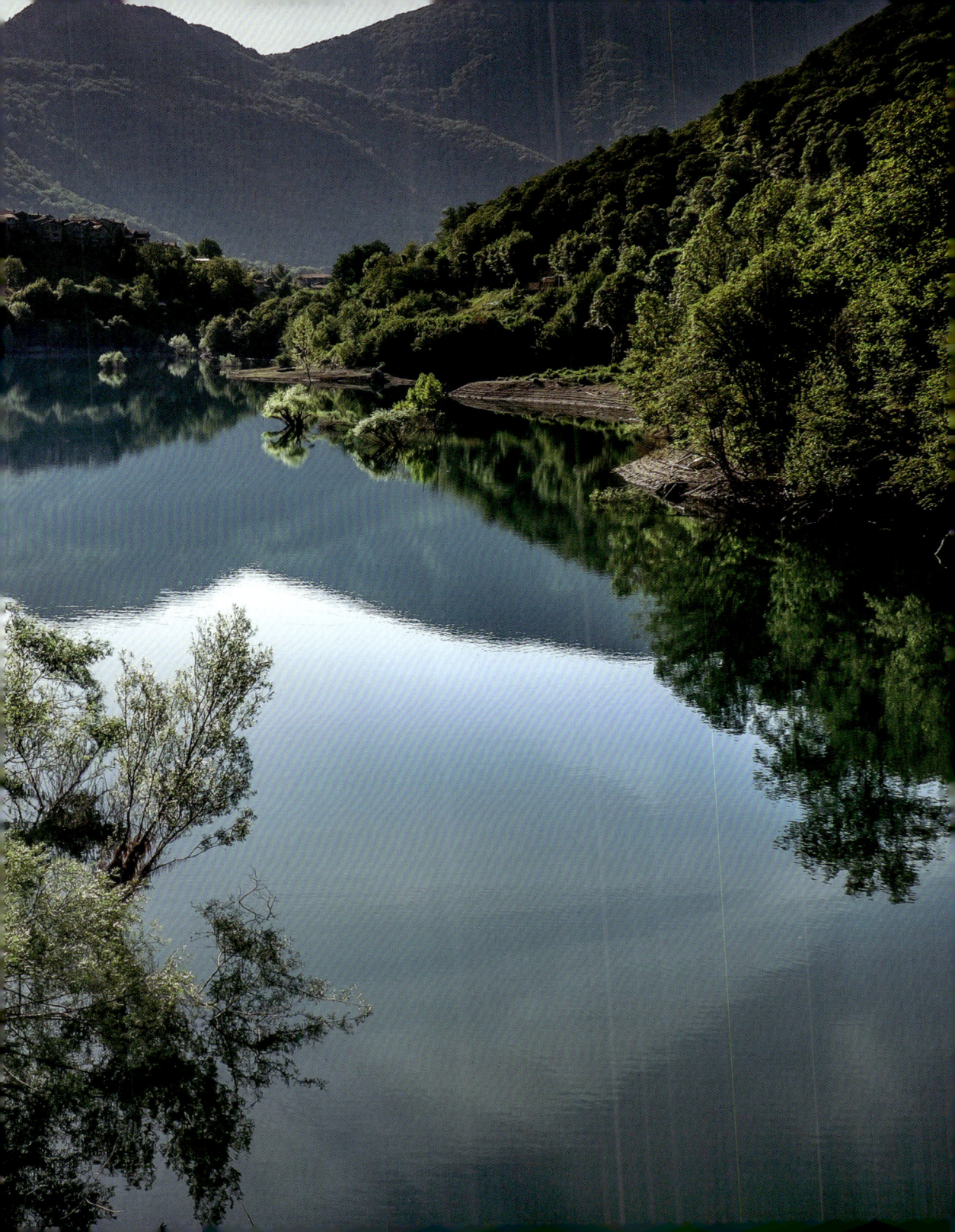

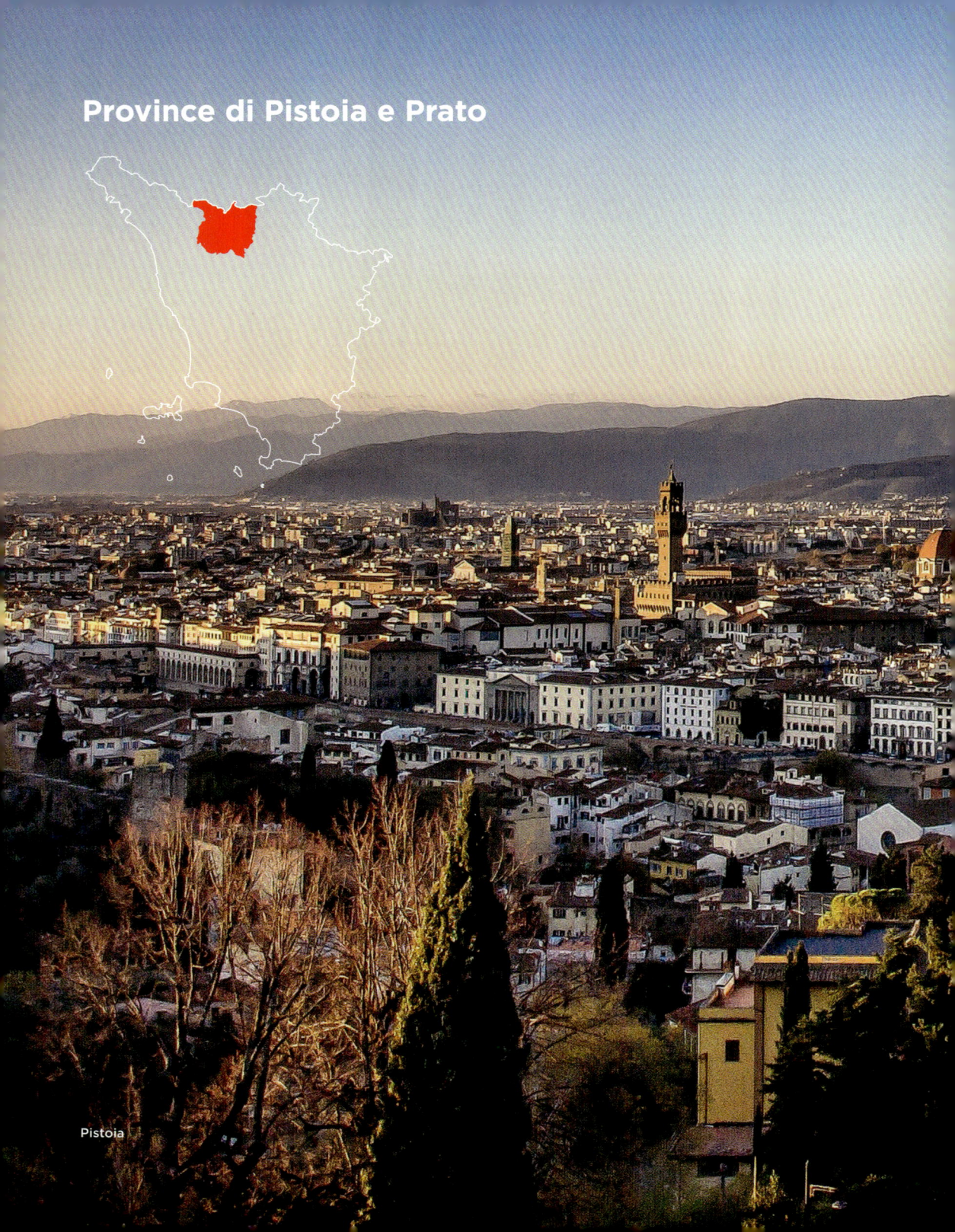

Province di Pistoia e Prato

Pistoia

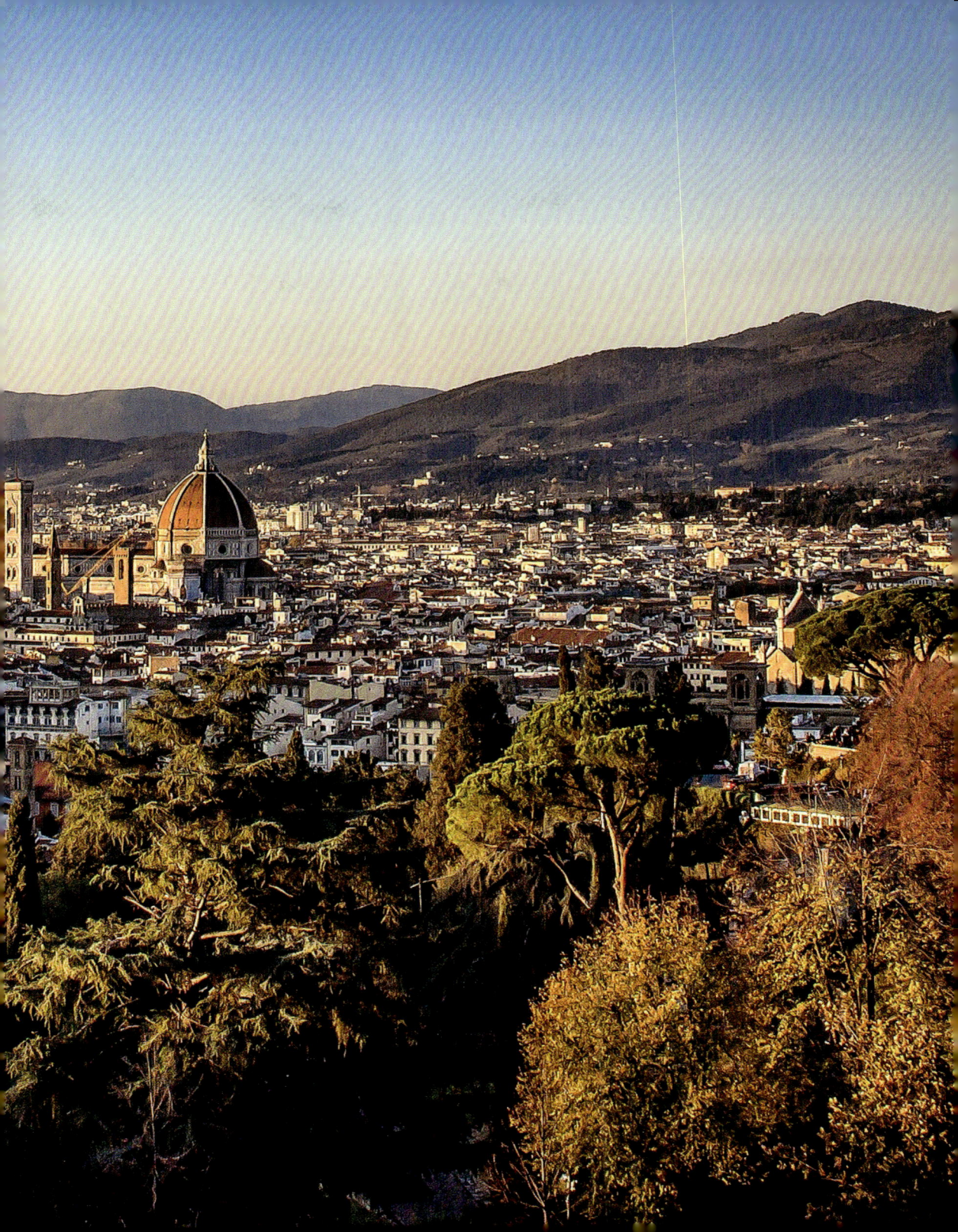

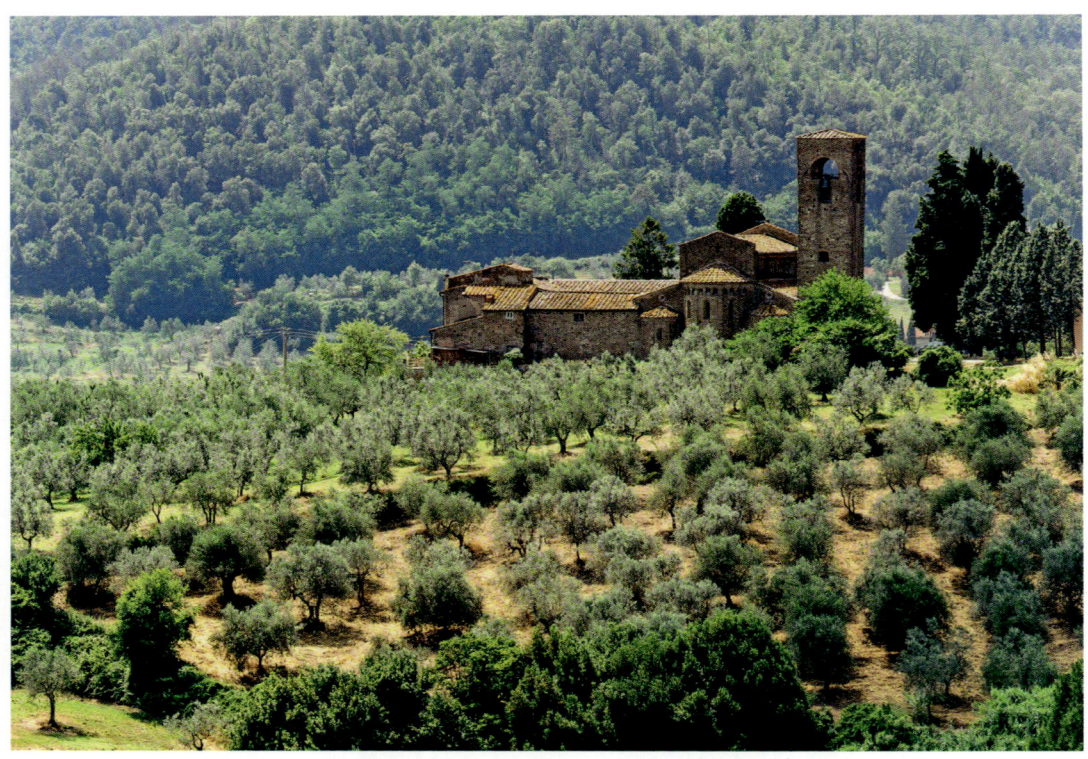

Artimino

Provinces of Pistoia and Prato

In the northwest of Tuscany,
at the foot of the Apuan Alps lie
the provinces of Pistoia and Prato.
Especially in the Abetone area,
its landscapes are characterized
by mountains and woods
that alternate with hills full of olive
groves and monuments such as the
thermal springs of Monsummano
and Montecatini.

Provinces de Pistoia et Prato

Les provinces de Pistoia et Prato
se trouvent au nord-ouest
de la Toscane, aux pieds
des Alpes Apuanes. Les paysages
se partagent entre montagnes
et forêts, notamment aux alentours
d'Abetone, mais également
de collines recouvertes de champs
d'oliviers et de sites naturels,
tels que les eaux thermales de
Monsummano et Montecatini.

Provinzen Pistoia und Prato

Im Nordwesten der Toskana am
Fuße der Apuanischen Alpen liegen
die Provinzen Pistoia und Prato. Vor
allem in der Gegend um Abetone
sind ihre Landschaften geprägt
durch Berge und Wälder, die sich
mit Hügeln voller Olivenhaine
abwechseln und
Sehenswürdigkeiten wie die
Thermalquellen von Monsummano
und Montecatini beherbergen.

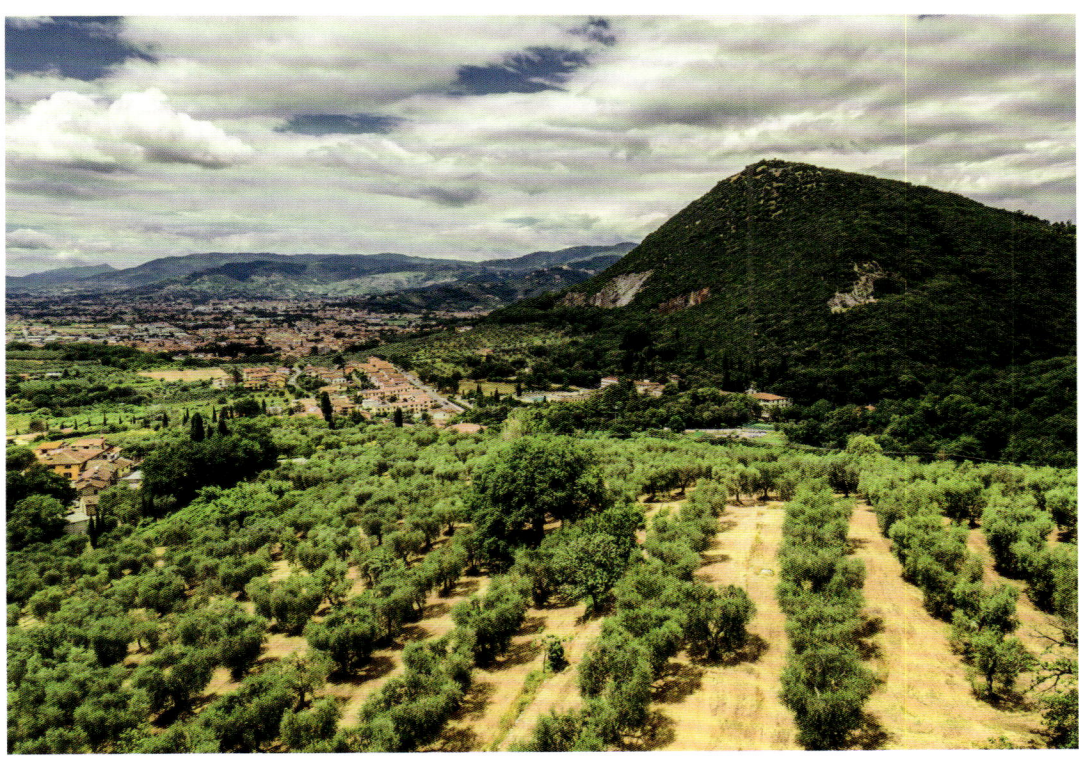

Monsummano Terme

Provincias de Pistoia y Prato

En el noroeste de la Toscana,
al pie de los Alpes Apuanos,
se encuentran las provincias
de Pistoia y Prato. Especialmente
en la zona de Abetone, sus paisajes
se caracterizan por montañas
y bosques que alternan con colinas
llenas de olivares y monumentos
como las aguas termales
de Monsummano y Montecatini.

Províncias de Pistoia e Prato

No noroeste da Toscana, aos pés
dos Alpes Apuanos, encontram-se
as províncias de Pistoia e Prato.
As suas paisagens são
caracterizadas por montanhas
e bosques que se alternam
com colinas cheias de olivais
e monumentos, como as termas
de Monsummano e Montecatini,
especialmente na área de Abetone.

Provincies Pistoia en Prato

In het noordwesten van Toscane,
aan de voet van de Apuaanse
Alpen, liggen de provincies Pistoia
en Prato. Vooral in de omgeving
van Abetone worden de
landschappen getekend door
bergen en bossen, die worden
afgewisseld met heuvels vol
olijfgaarden en
bezienswaardigheden zoals
de thermale bronnen van
Monsummano en Montecatini.

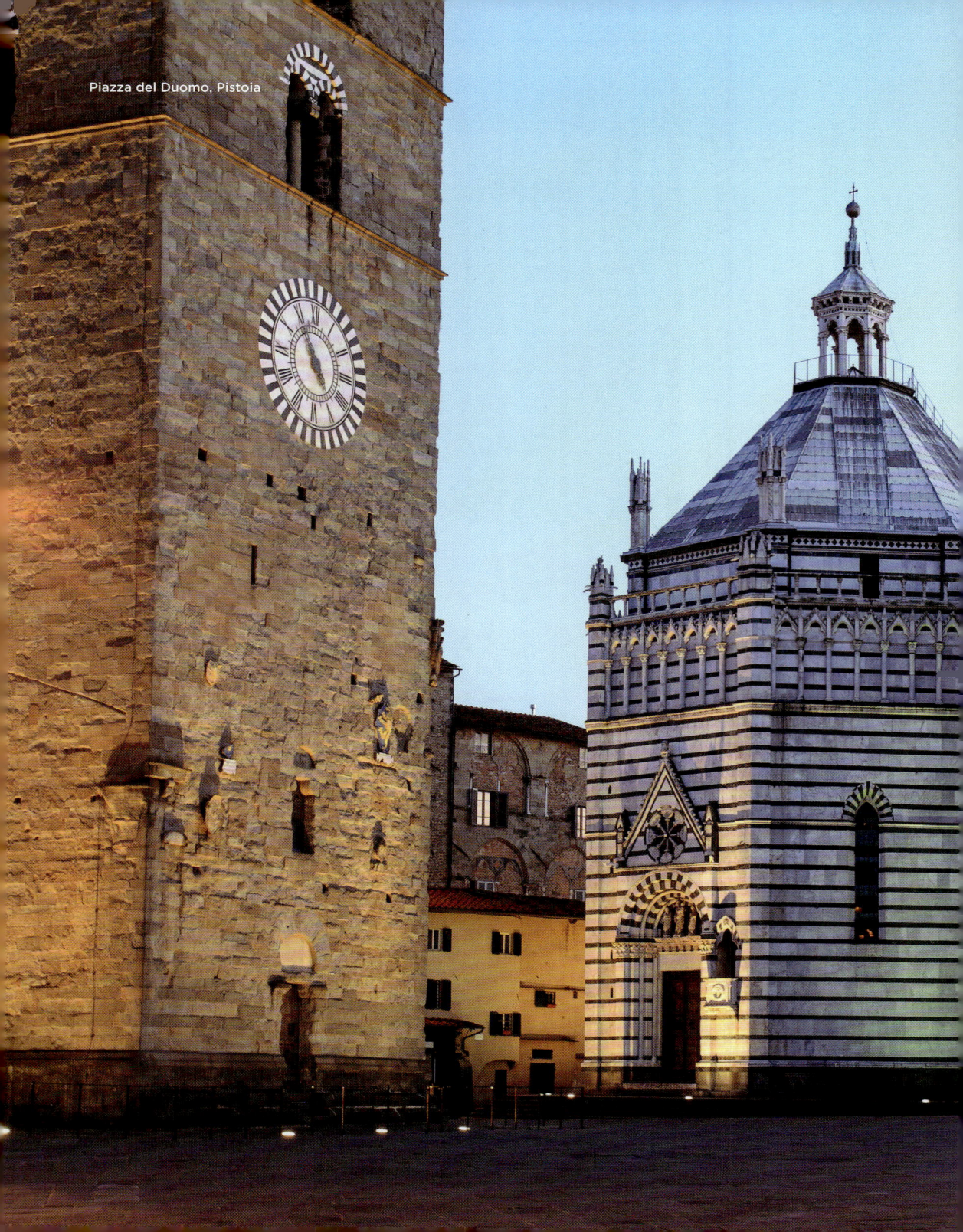

Piazza del Duomo, Pistoia

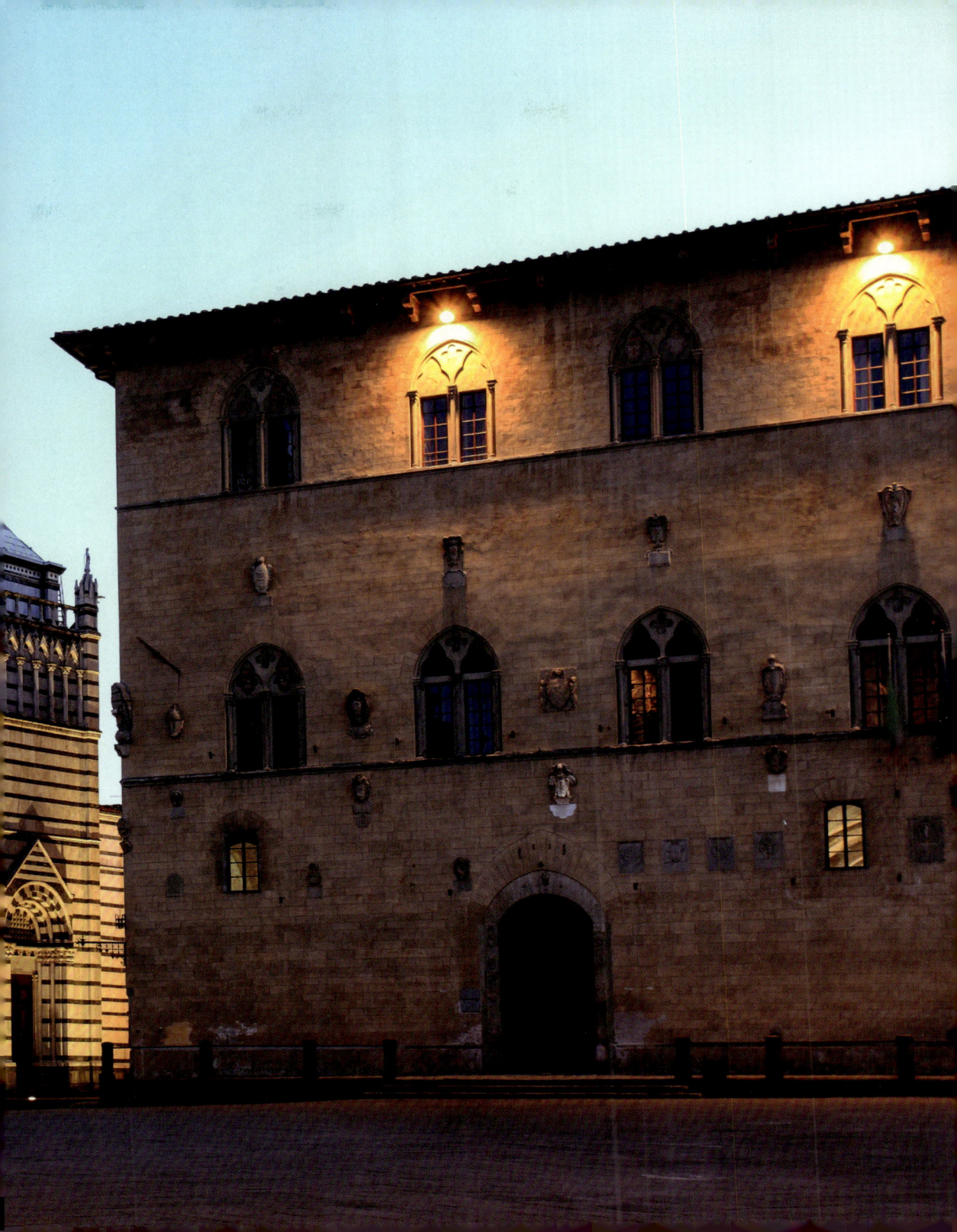

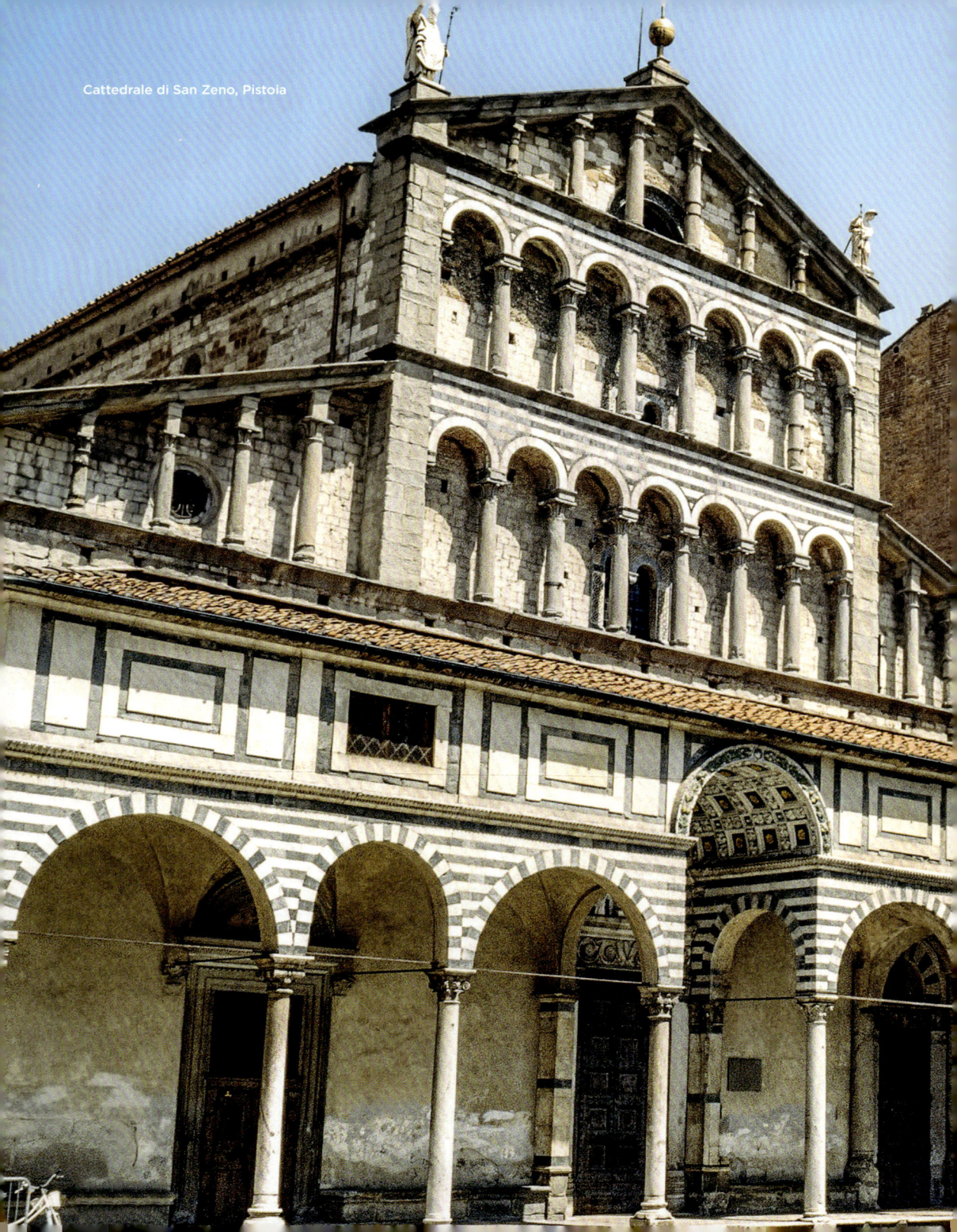
Cattedrale di San Zeno, Pistoia

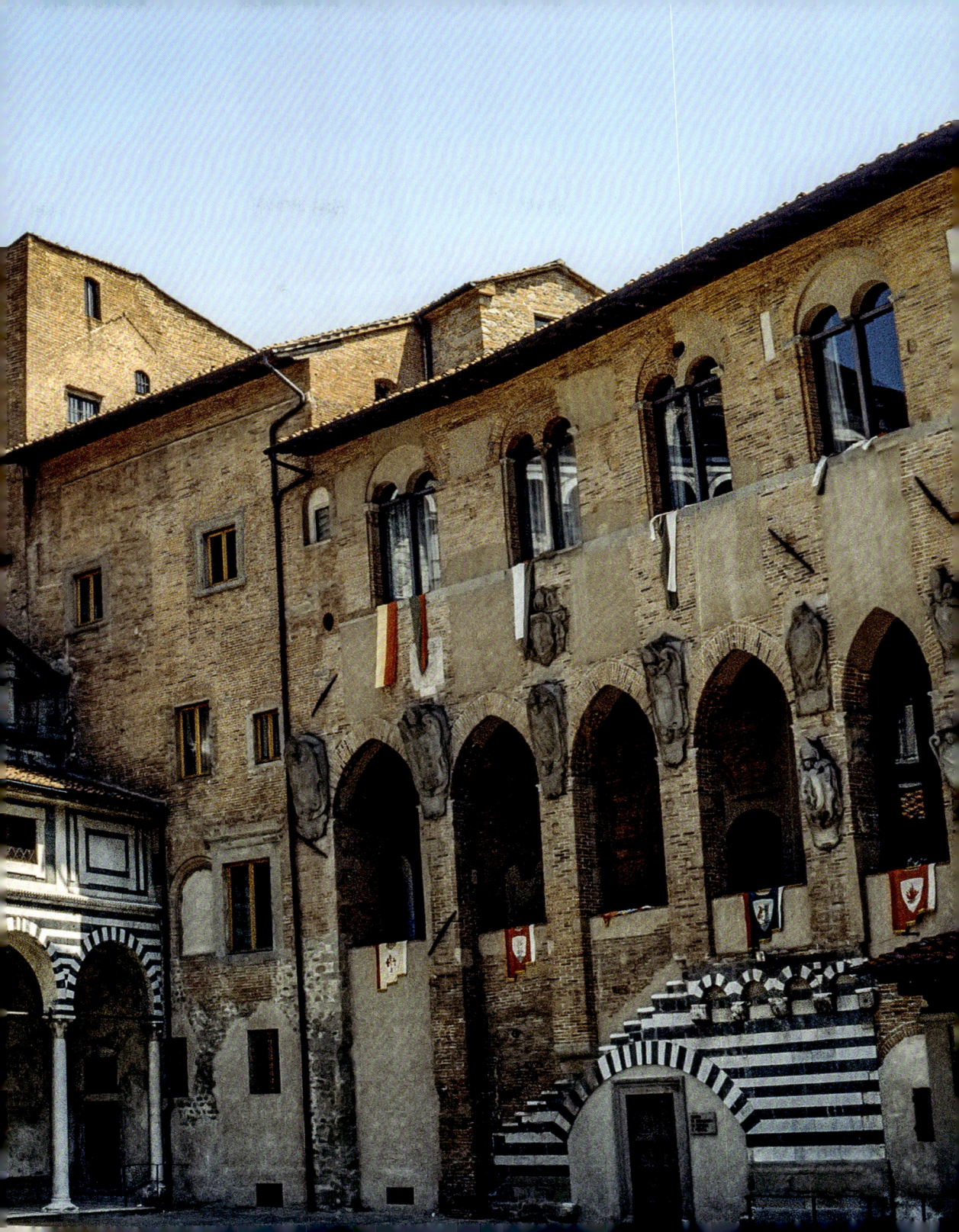

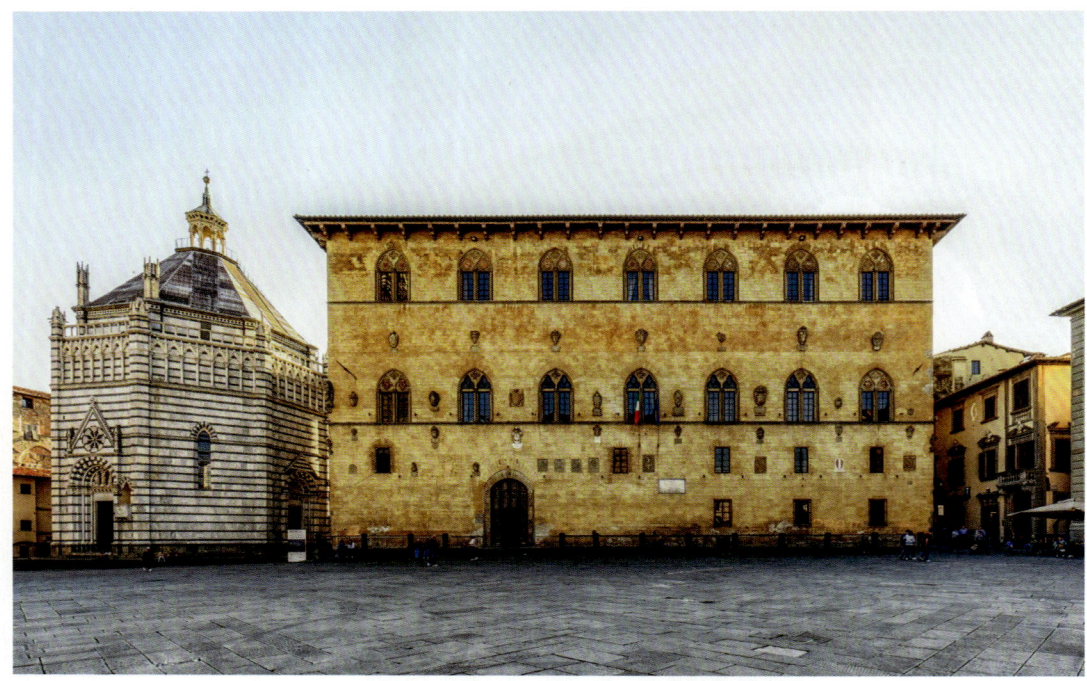

Palazzo Pretorio

Pistoia

The 14th century town wall protects the historical centre of the small town with its Romanesque and Gothic buildings. Piazza Doumo is dominated by the imposing bell tower of San Zeno Cathedral.

Pistoia

La muralla del siglo XIV protege el centro histórico de la pequeña ciudad con sus edificios románicos y góticos. La Piazza Doumo está dominada por el imponente campanario de la Catedral de San Zeno.

Pistoia

Pistoia est une petite ville à l'architecture romane et gothique dont le petit centre historique est protégé d'une muraille du XIVᵉ siècle. La Piazza Duomo est dominée par l'imposant campanile de la cathédrale de San Zeno.

Pistoia

O centro histórico da pequena cidade com os seus edifícios românicos e góticos, é protegida pela muralha do século XIV. A Piazza Doumo é dominada pela imponente torre sineira da Catedral de San Zeno.

Pistoia

Die Stadtmauer aus dem 14. Jahrhundert schützt das historische Zentrum der kleinen Stadt mit ihren romanischen und gotischen Bauten. Die Piazza Doumo wird vom imposanten Glockenturm der Kathedrale San Zeno überragt.

Pitoia

De 14ᵉ-eeuwse stadsmuur beschermt het historische centrum van het stadje met zijn romaanse en gotische gebouwen. Piazza Doumo wordt gedomineerd door de imposante klokkentoren van de kathedraal van San Zeno.

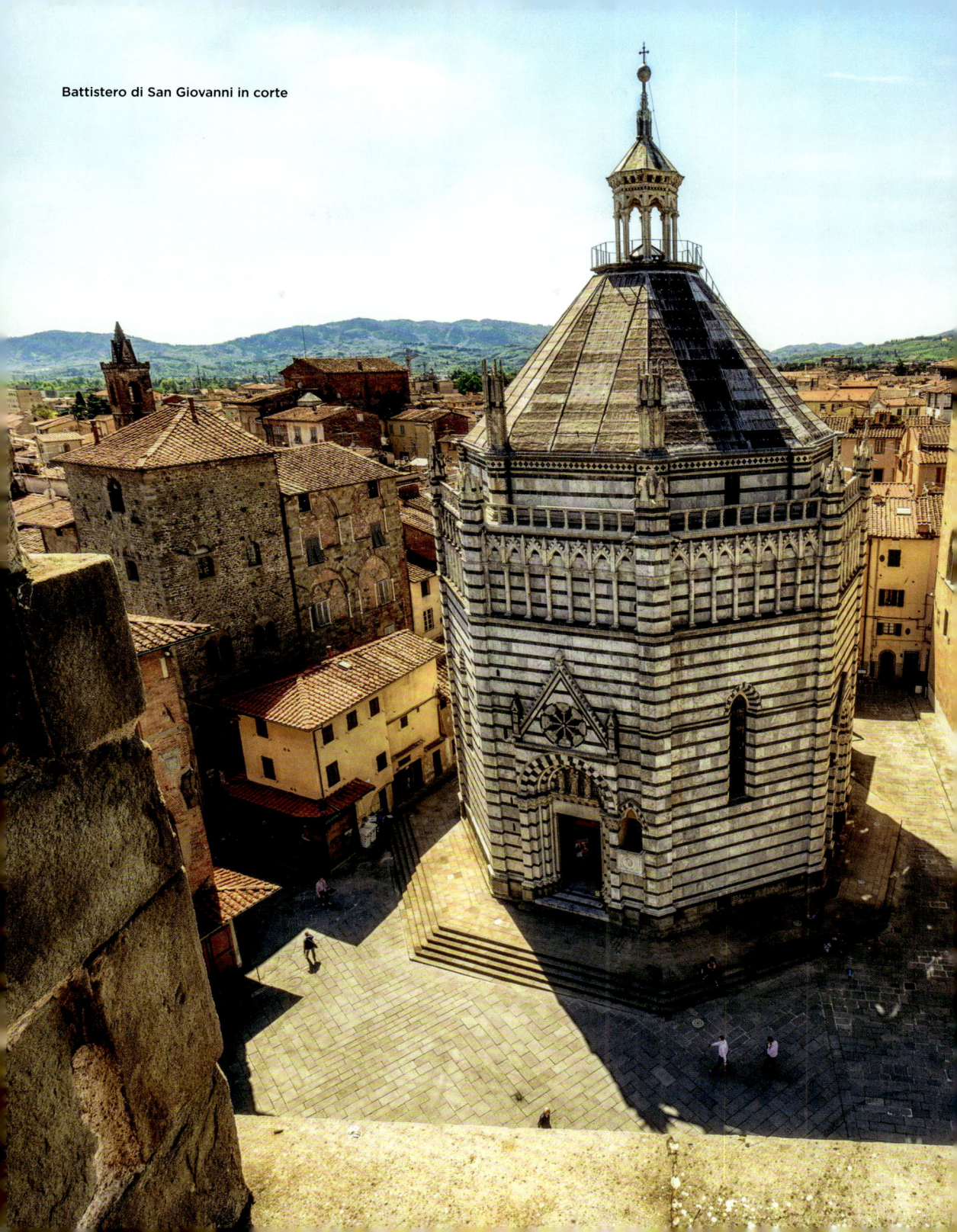

Battistero di San Giovanni in corte

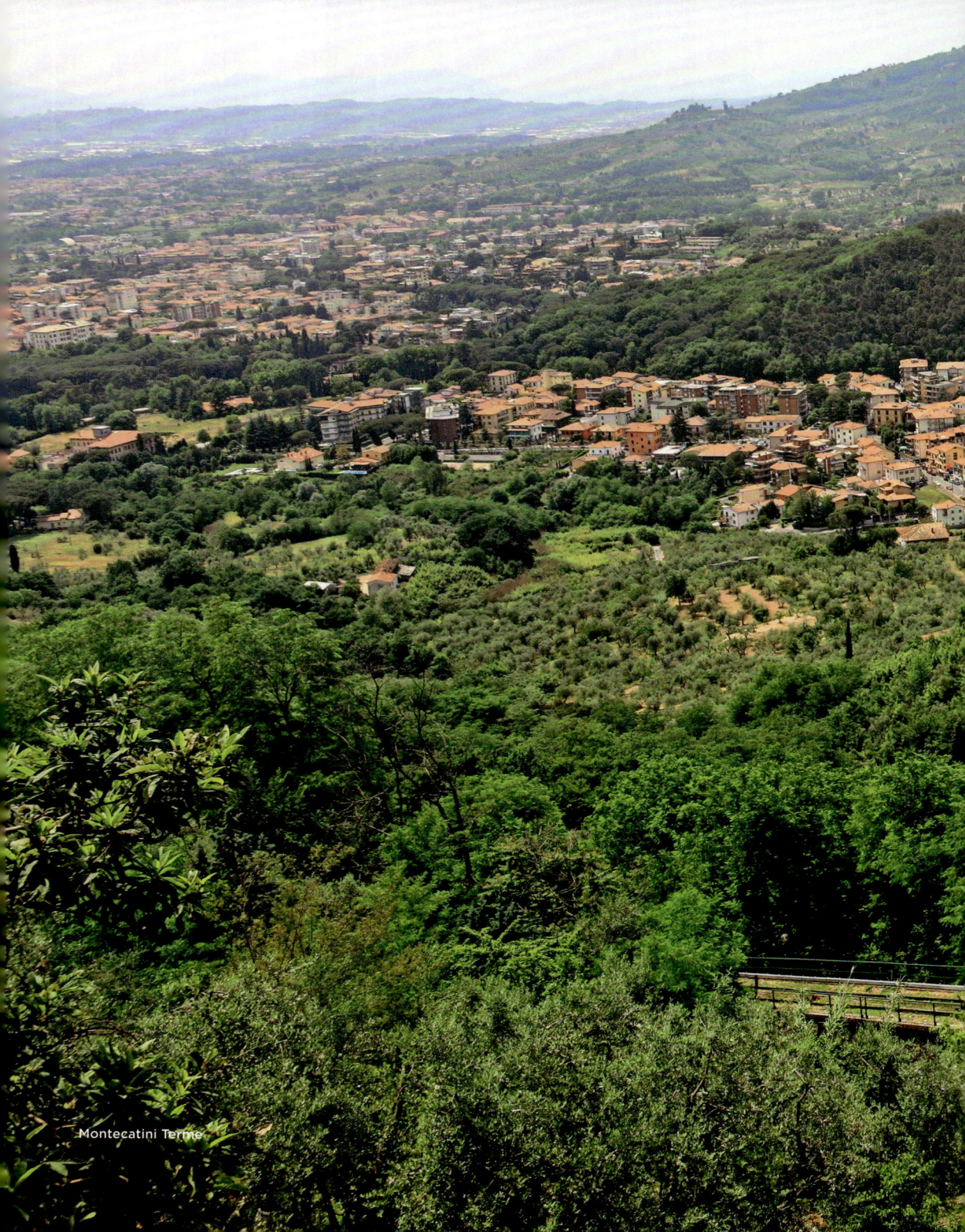
Montecatini Terme

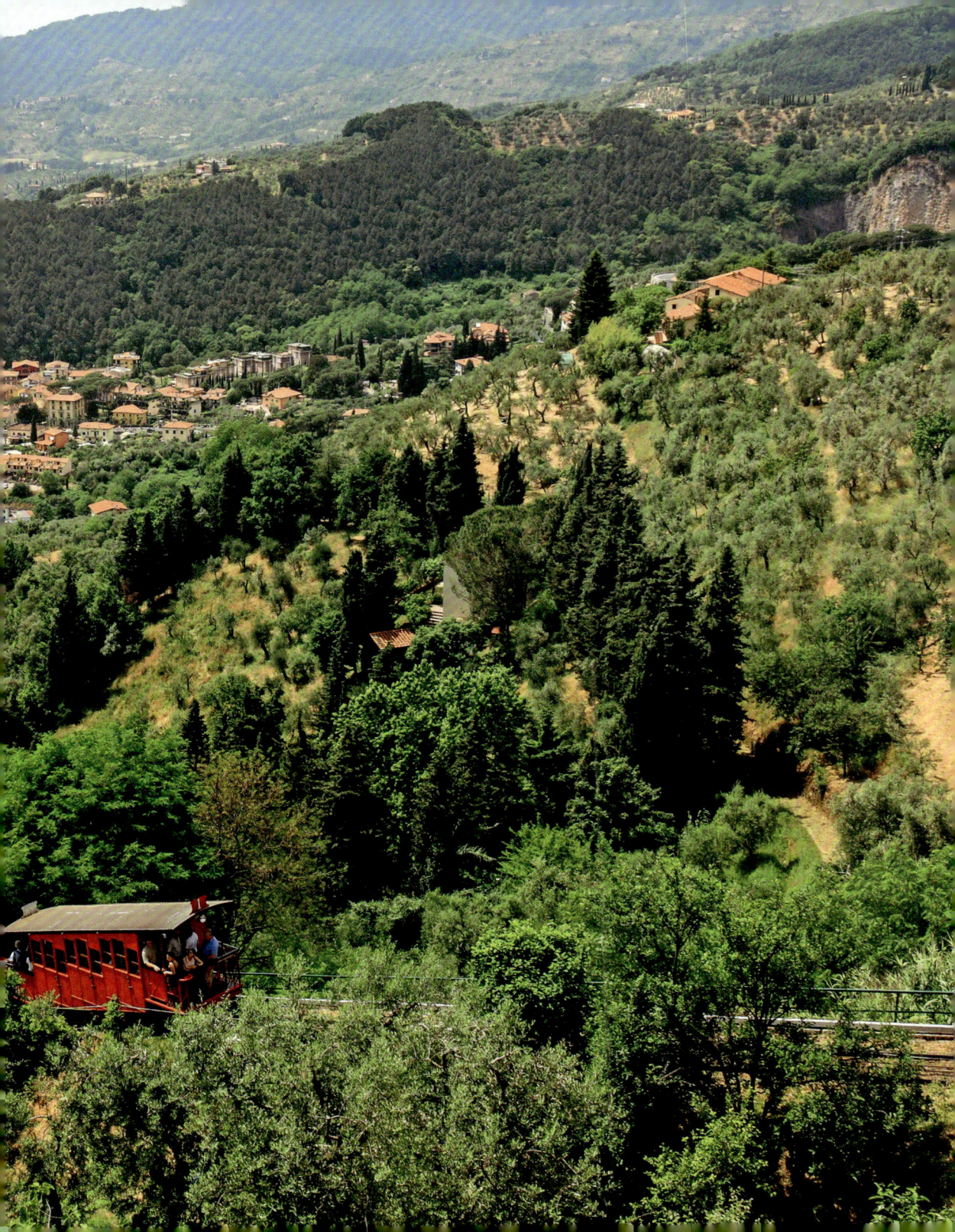

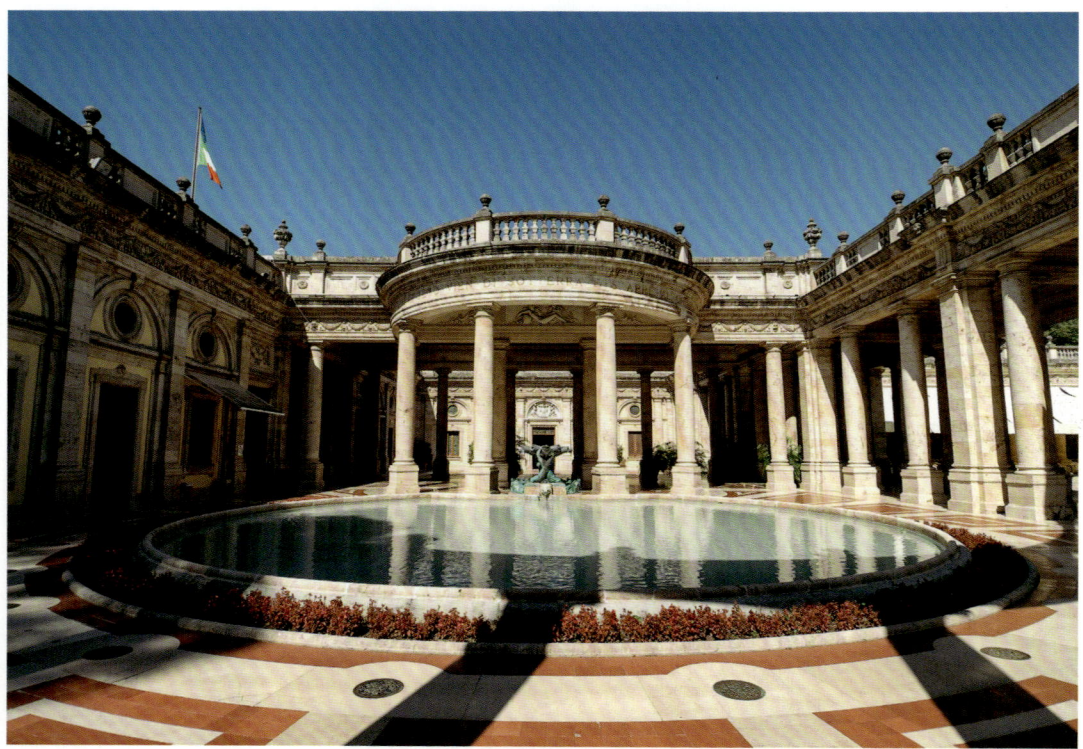

Montecatini Terme

Thermal springs of Montecatini

The famous thermal springs of Montecatini Alto can be reached by funicular railway from the main town below. The spa park houses nine thermal baths, which were restored in the 1920s in Art Nouveau style.

Thermes de Montecatini

La célèbre station balnéaire est nichée en haut d'une colline, à Montecatini Alto, accessible par funiculaire depuis la ville basse. Les neufs établissements de cure thermale, restaurés dans les années 1920 dans le style Liberty, se situent dans le Parc des thermes.

Thermalquellen von Montecatini

Die berühmten Thermalquellen in Montecatini Alto sind durch eine Standseilbahn von dem unterhalb gelegenen Hauptort aus erreichbar. Der Kurpark beherbergt die neun Thermalbäder, die in den 1920er-Jahren im Jugendstil restauriert wurden.

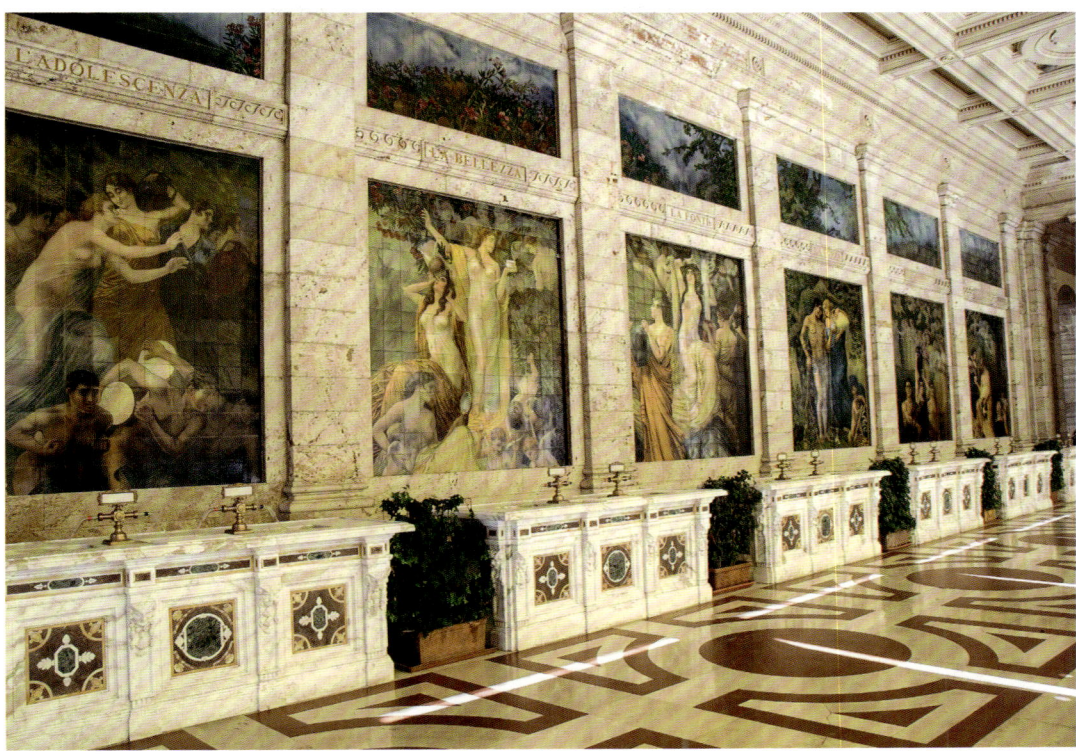

Montecatini Terme

Aguas termales de Montecatini

A las famosas aguas termales de Montecatini Alto se puede llegar en funicular desde la ciudad principal situada debajo. El parque termal alberga los nueve baños termales, que fueron restaurados en la década de 1920 en estilo modernista.

Termas de Montecatini

As famosas fontes termais de Montecatini Alto podem ser alcançadas por funicular ferroviário a partir da cidade principal abaixo. O parque termal abriga os nove banhos termais, que foram restaurados na década de 1920 em estilo Art Nouveau.

Warmwaterbronnen van Montecatini

De beroemde thermale bronnen van Montecatini Alto zijn vanuit de lager gelegen hoofdplaats te bereiken met een kabelbaan. Het kuurpark herbergt de negen thermale baden, die in de jaren twintig in jugendstil werden gerestaureerd.

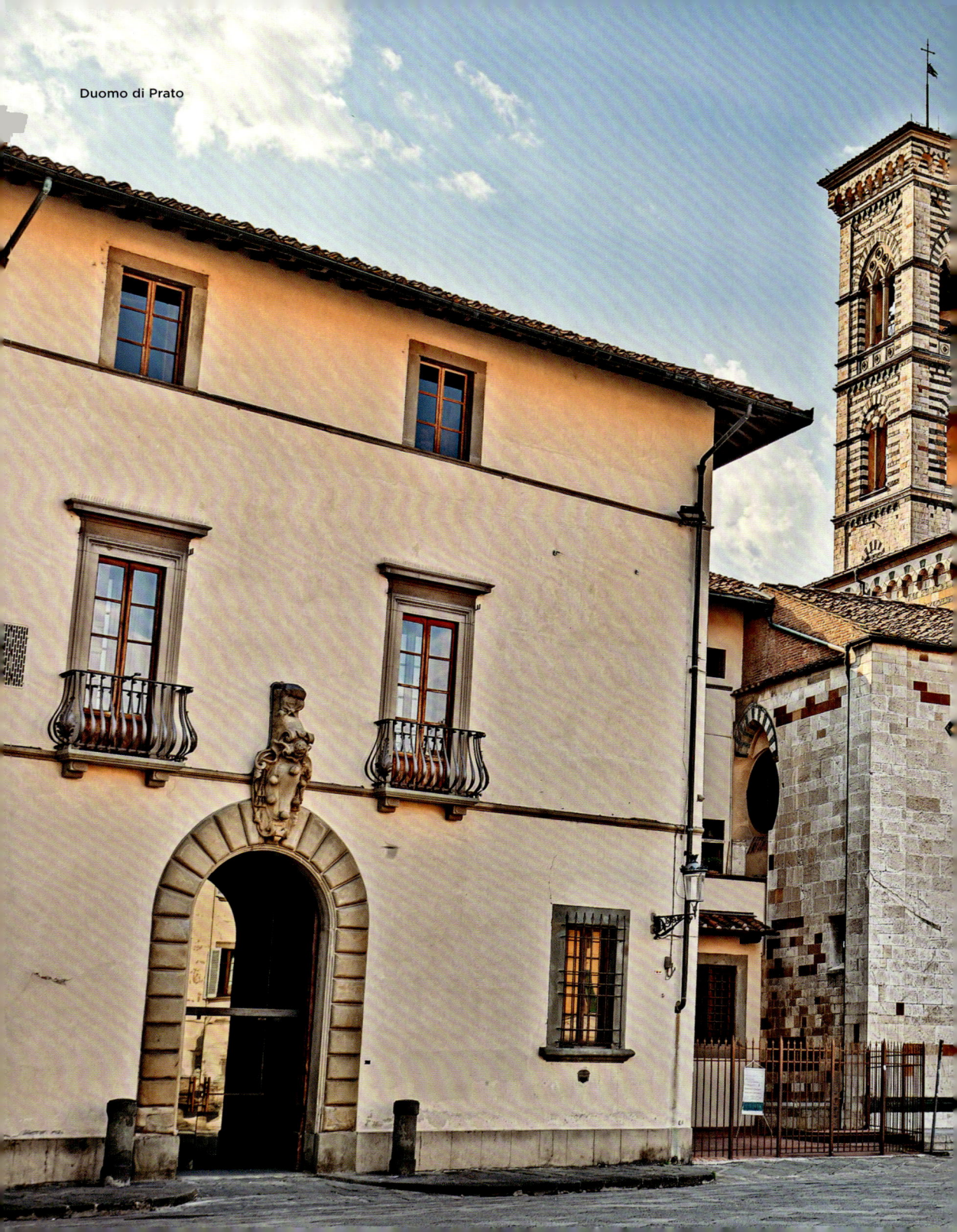

Duomo di Prato

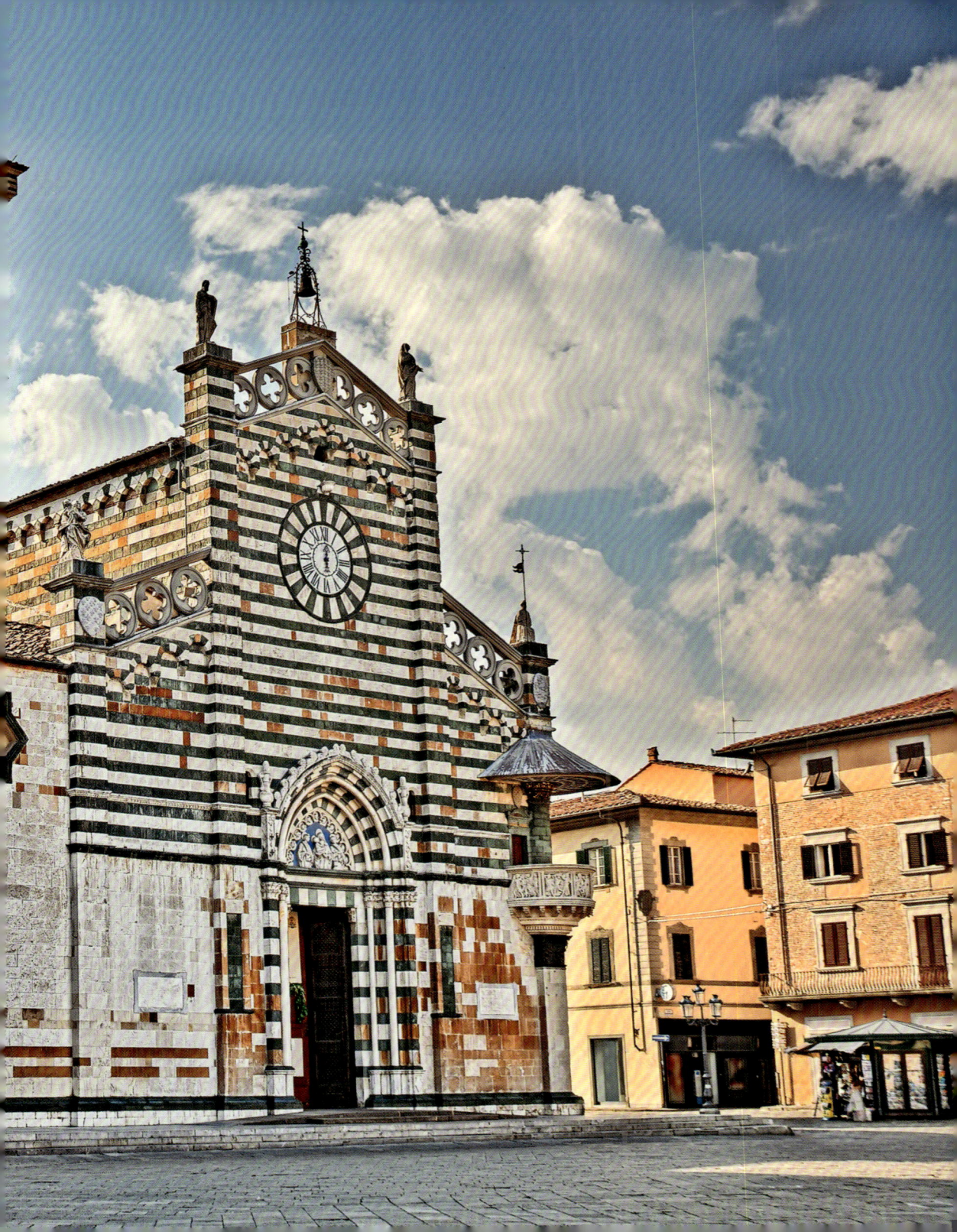

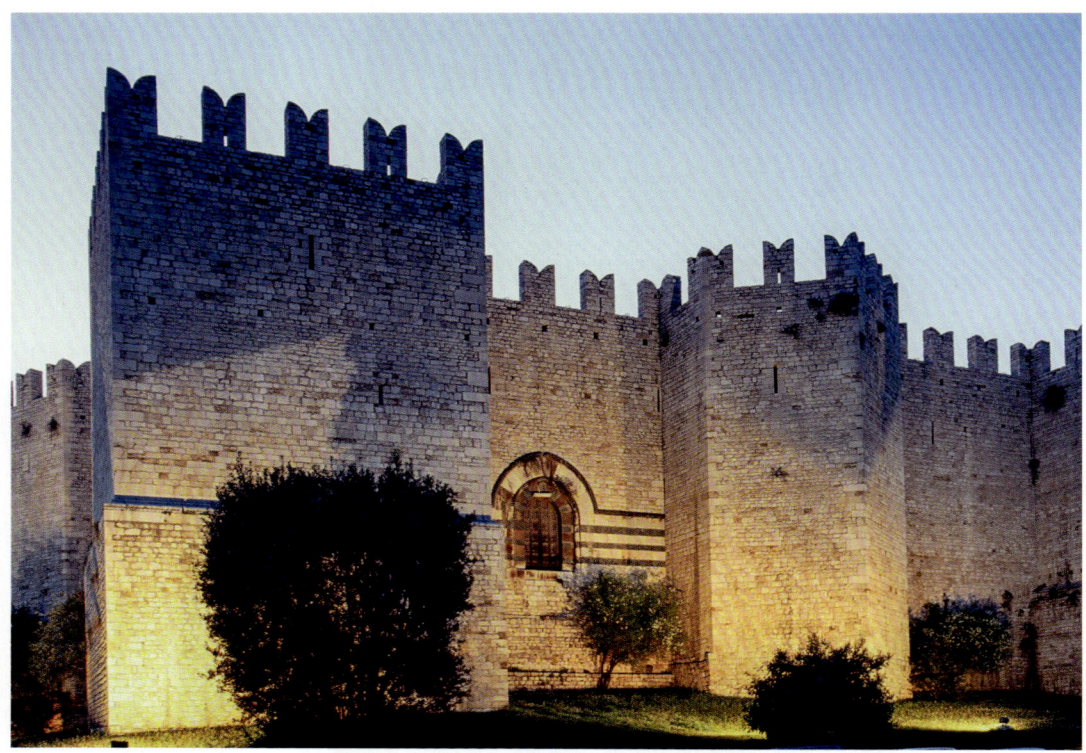

Castello dell'Imperatore

Prato

The historical centre of Prato is surrounded by a 14ᵗ century wall. Among the attractions of the old town, which is crossed by the river Bisenzio, a tributary of the Arno, are the Castello dell'Imperatore, the Cathedral and the Palazzo Pretorio.

Prato

Le centre historique de Prato, est entouré d'une muraille érigée au XIVᵉ siècle. À l'intérieur de la vieille ville, traversée par le fleuve Bisenzio, un affluent de l'Arno, on peut admirer, entres autres, le Castello dell'Imperatore ainsi que le dôme et le Palazzo Pretorio.

Prato

Das historische Zentrum von Prato wird von einer Stadtmauer aus dem 14. Jahrhundert umgeben. Zu den Attraktionen der Altstadt, die vom Fluss Bisenzio, einem Nebenfluss des Arno, durchquert wird, zählen unter anderem das Castello dell'Imperatore, der Dom und der Palazzo Pretorio.

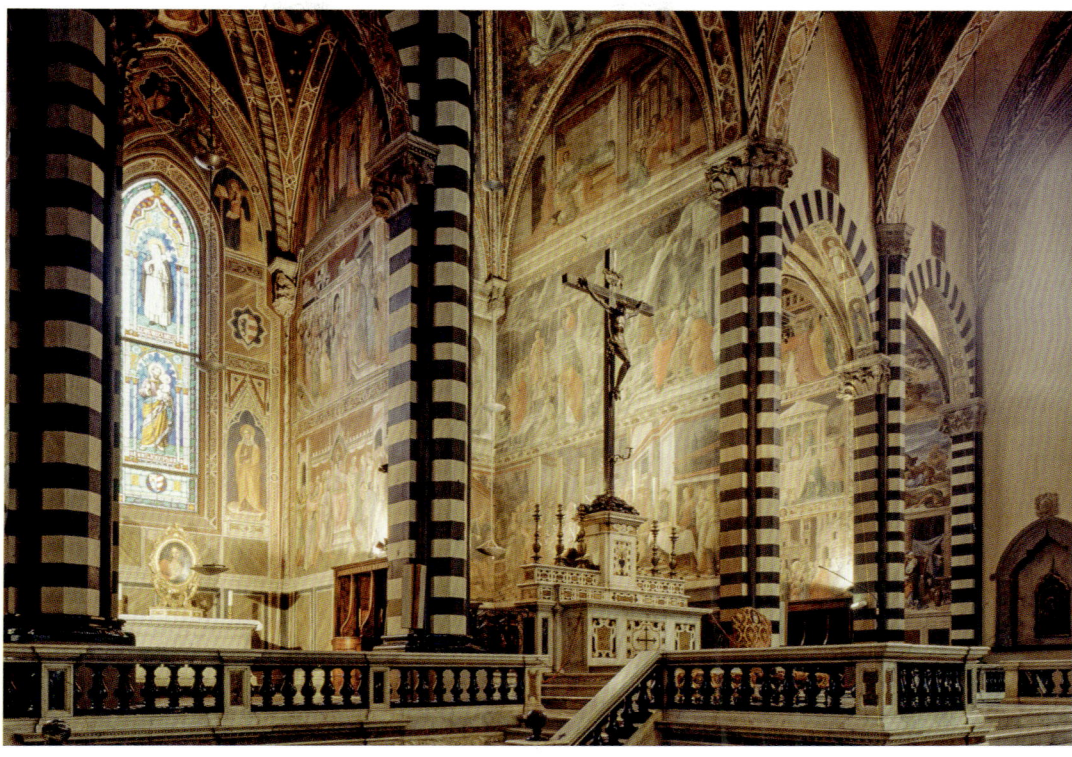

Duomo di Prato

Prato

El centro histórico de Prato está rodeado por una muralla del siglo XIV. Entre los atractivos del casco antiguo, atravesado por el río Bisenzio, afluente del Arno, se encuentran el Castillo dell'Imperatore, la Catedral y el Palacio Pretorio.

Prato

O centro histórico de Prato está rodeado por uma muralha do século XIV. Entre as atrações da cidade velha, que é atravessada pelo rio Bisenzio, um afluente do Arno, estão o Castello dell'Imperatore, a Catedral e o Palazzo Pretorio.

Prato

Het historische centrum van Prato is omgeven door een 14ᵉ-eeuwse muur. Tot de bezienswaardigheden van de oude stad, die wordt doorkruist door de Bisenzio, een zijrivier van de Arno, behoren het Castello dell'Imperatore, de kathedraal en het Palazzo Pretorio.

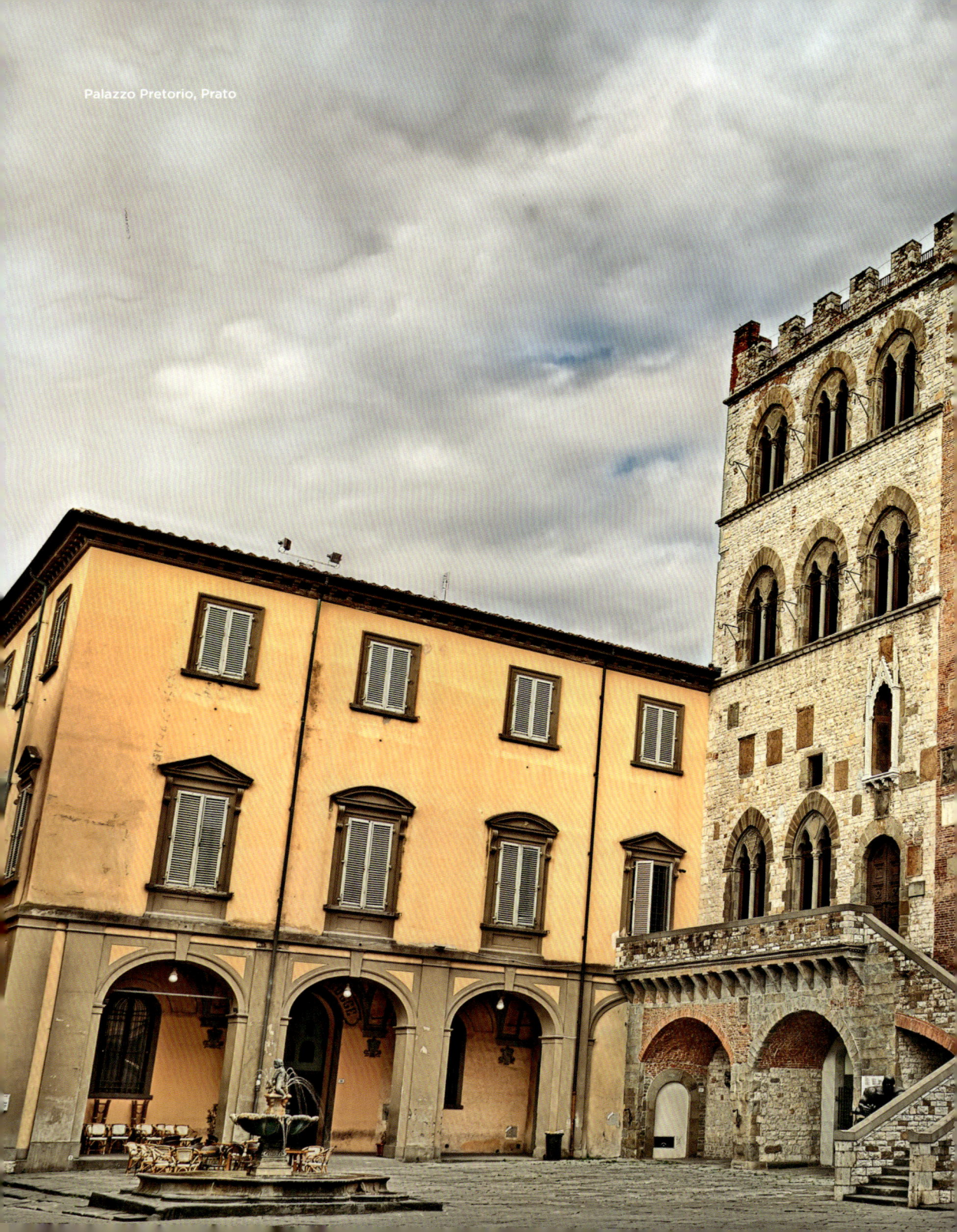

Palazzo Pretorio, Prato

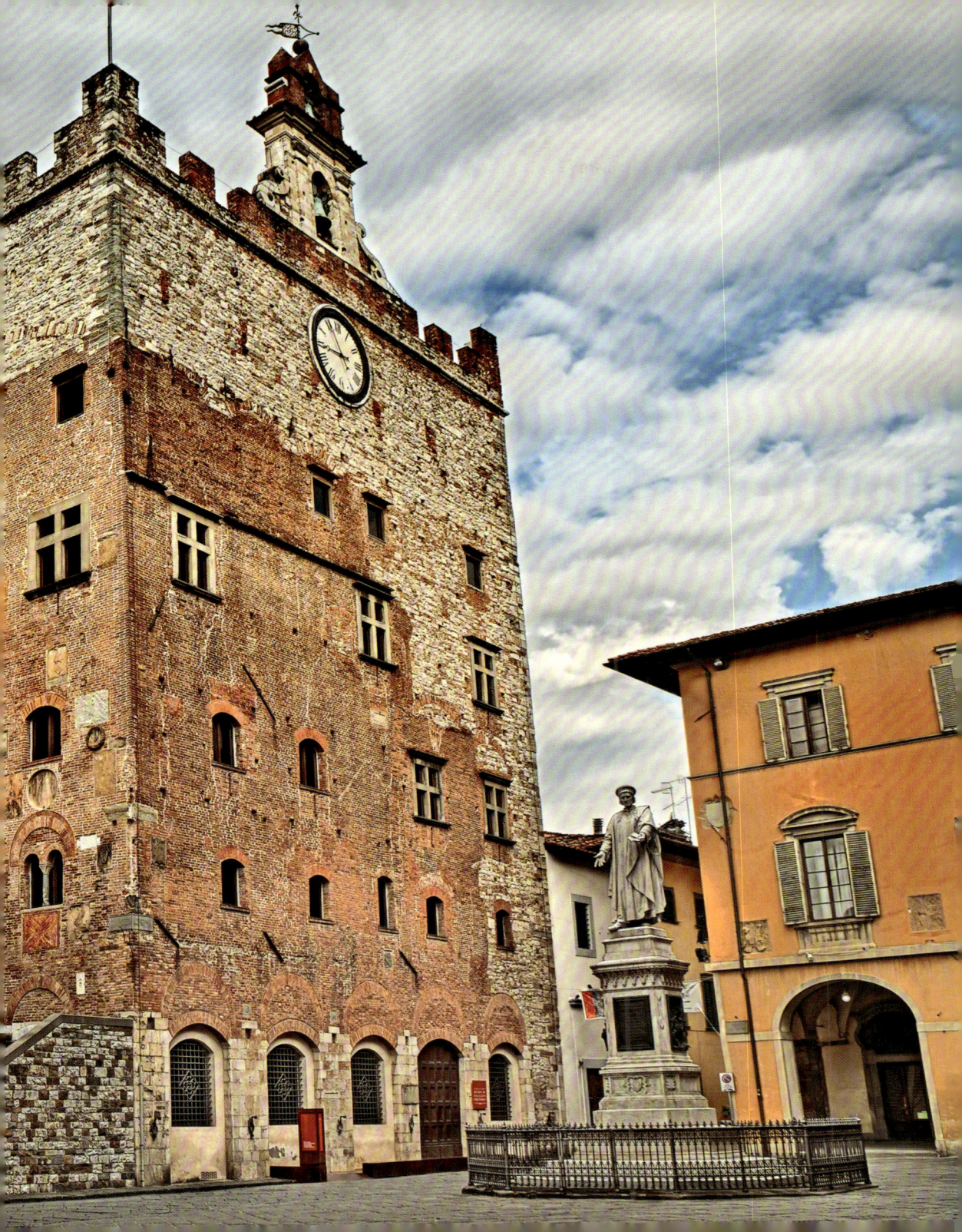

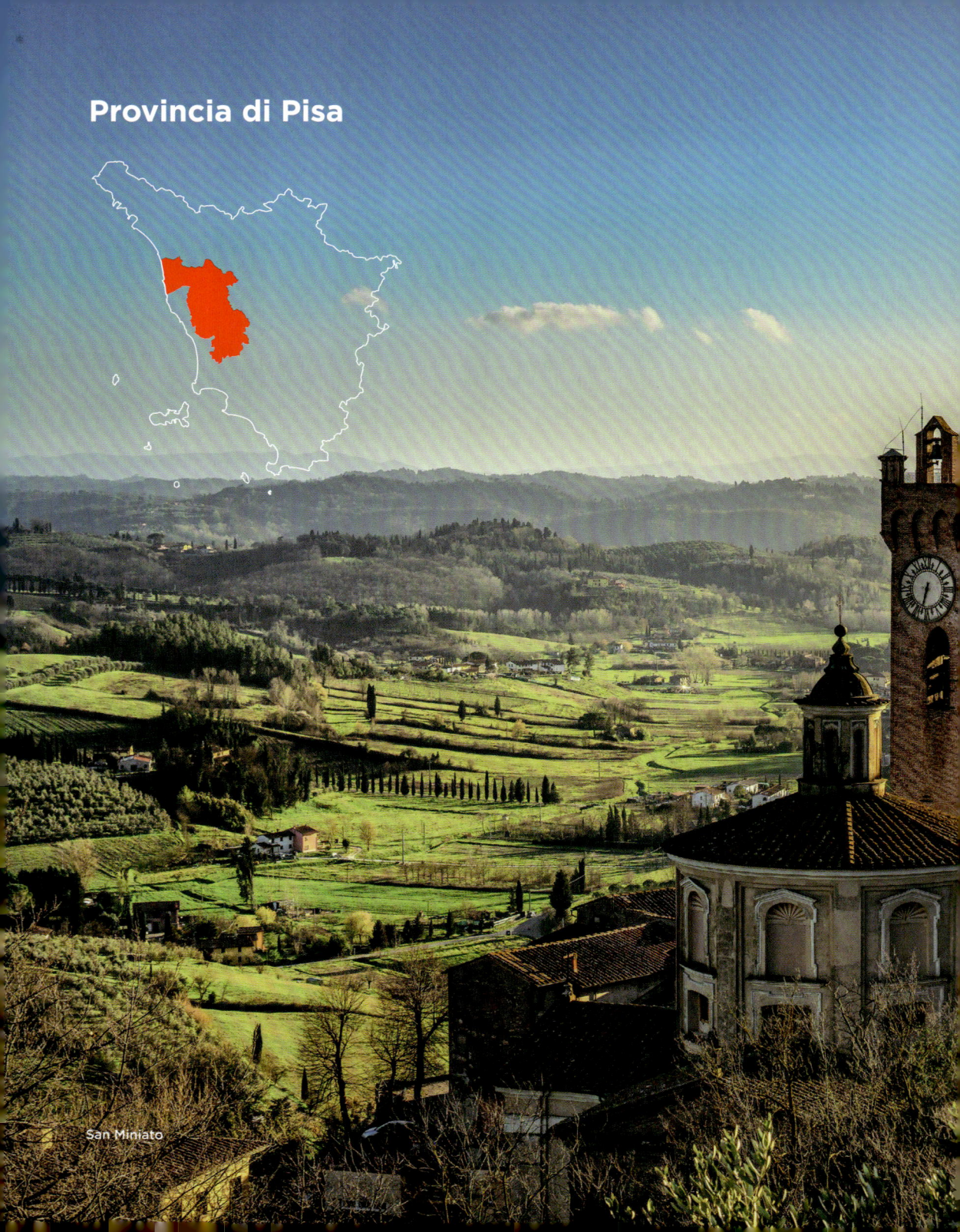

Provincia di Pisa

San Miniato

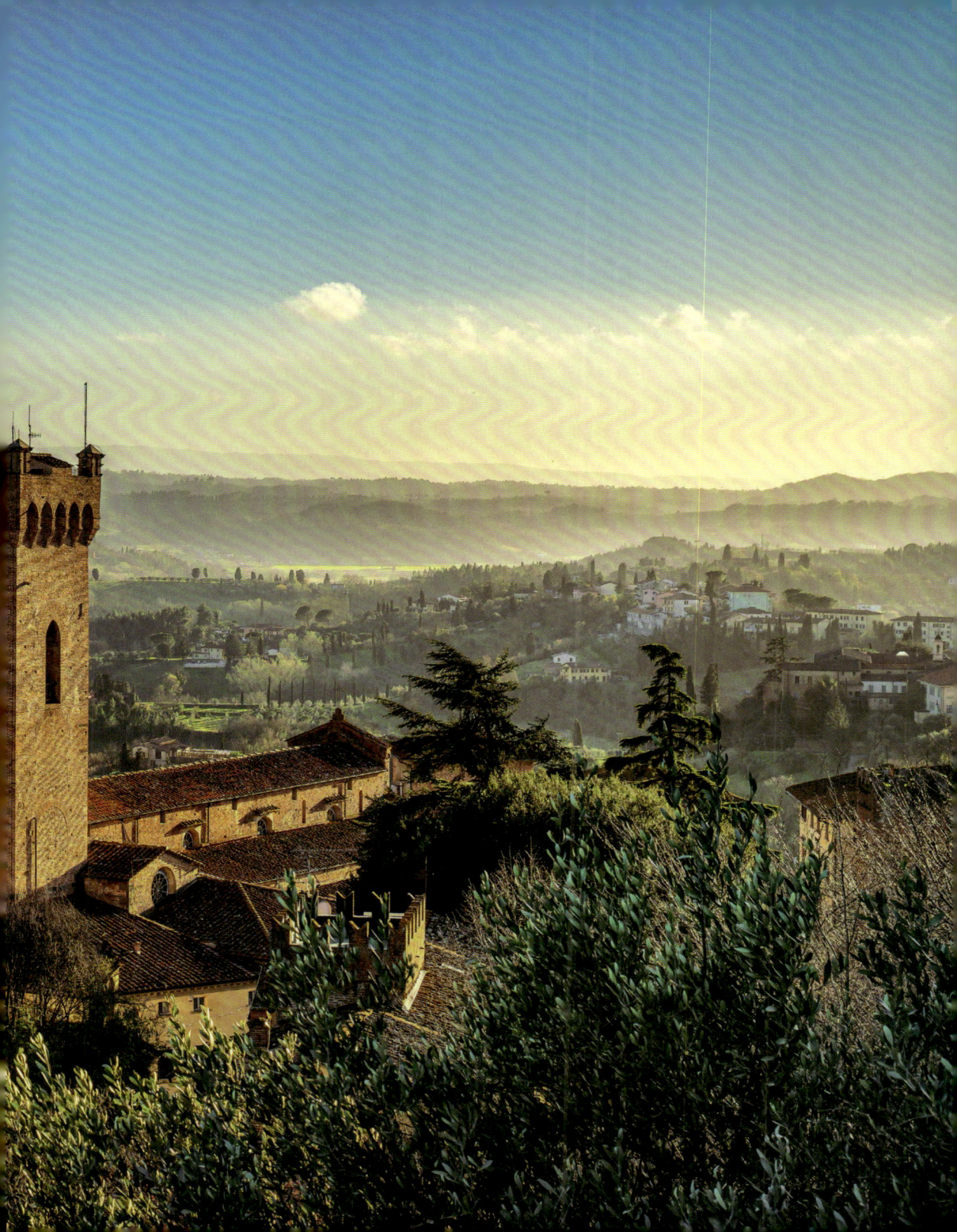

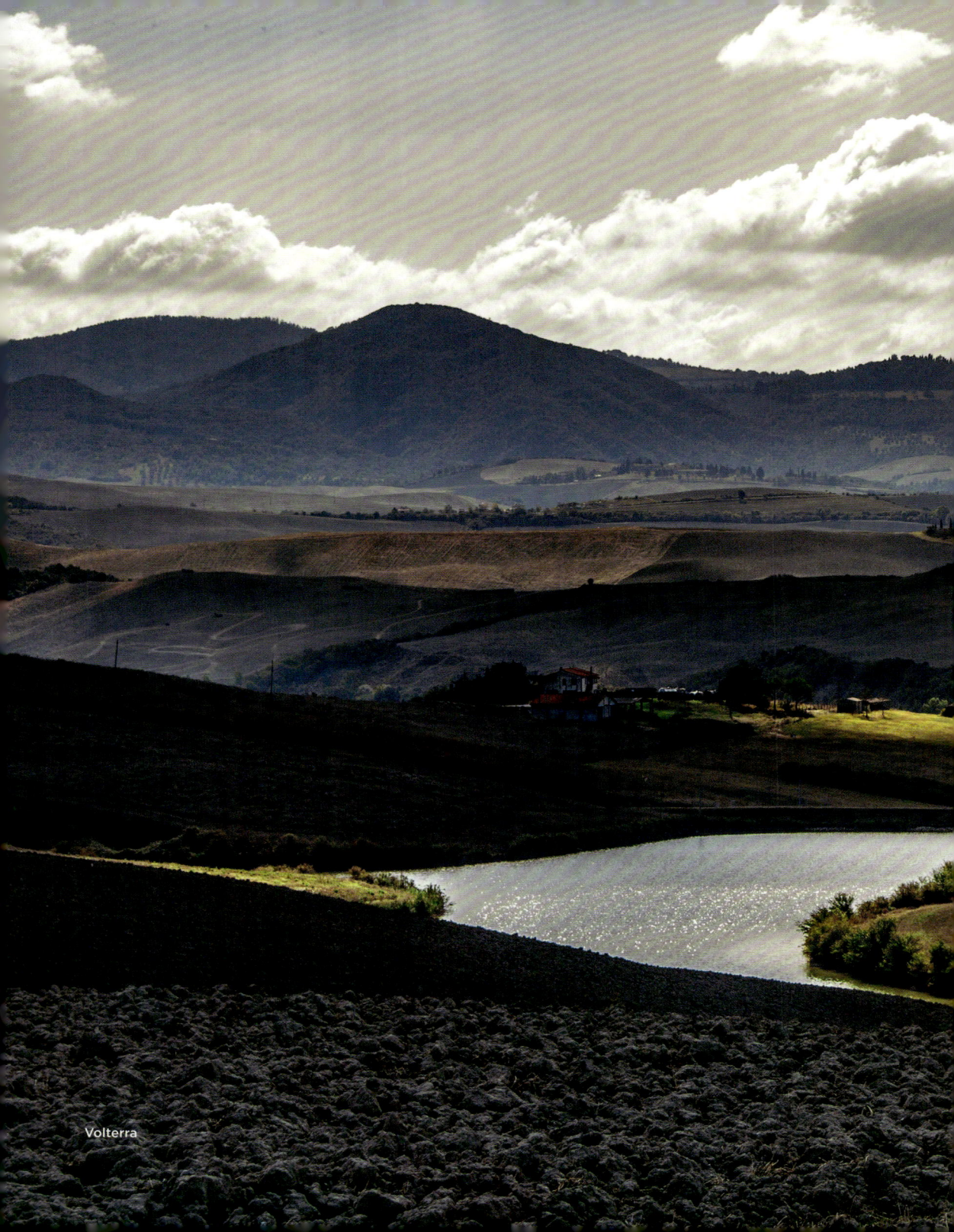

Volterra

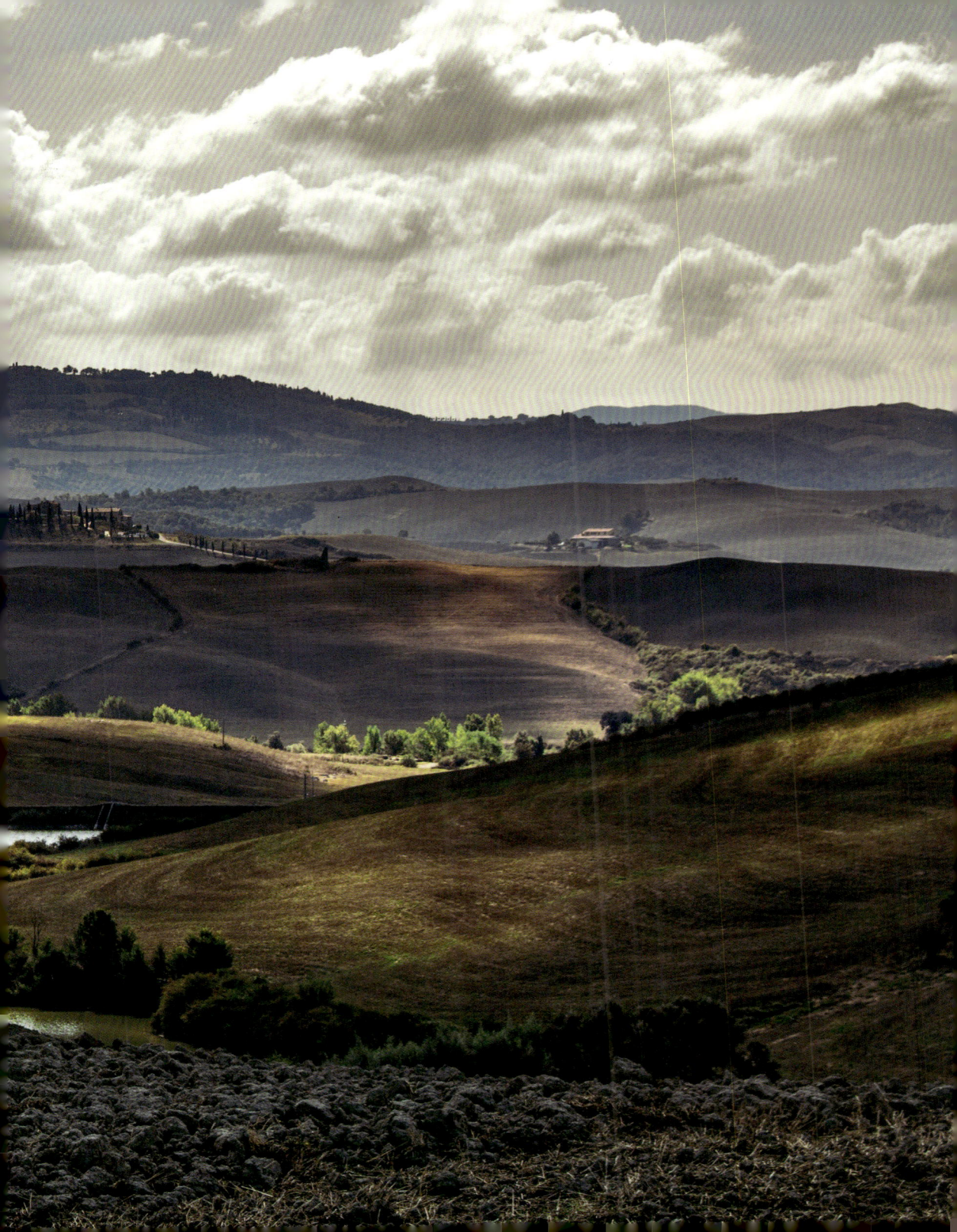

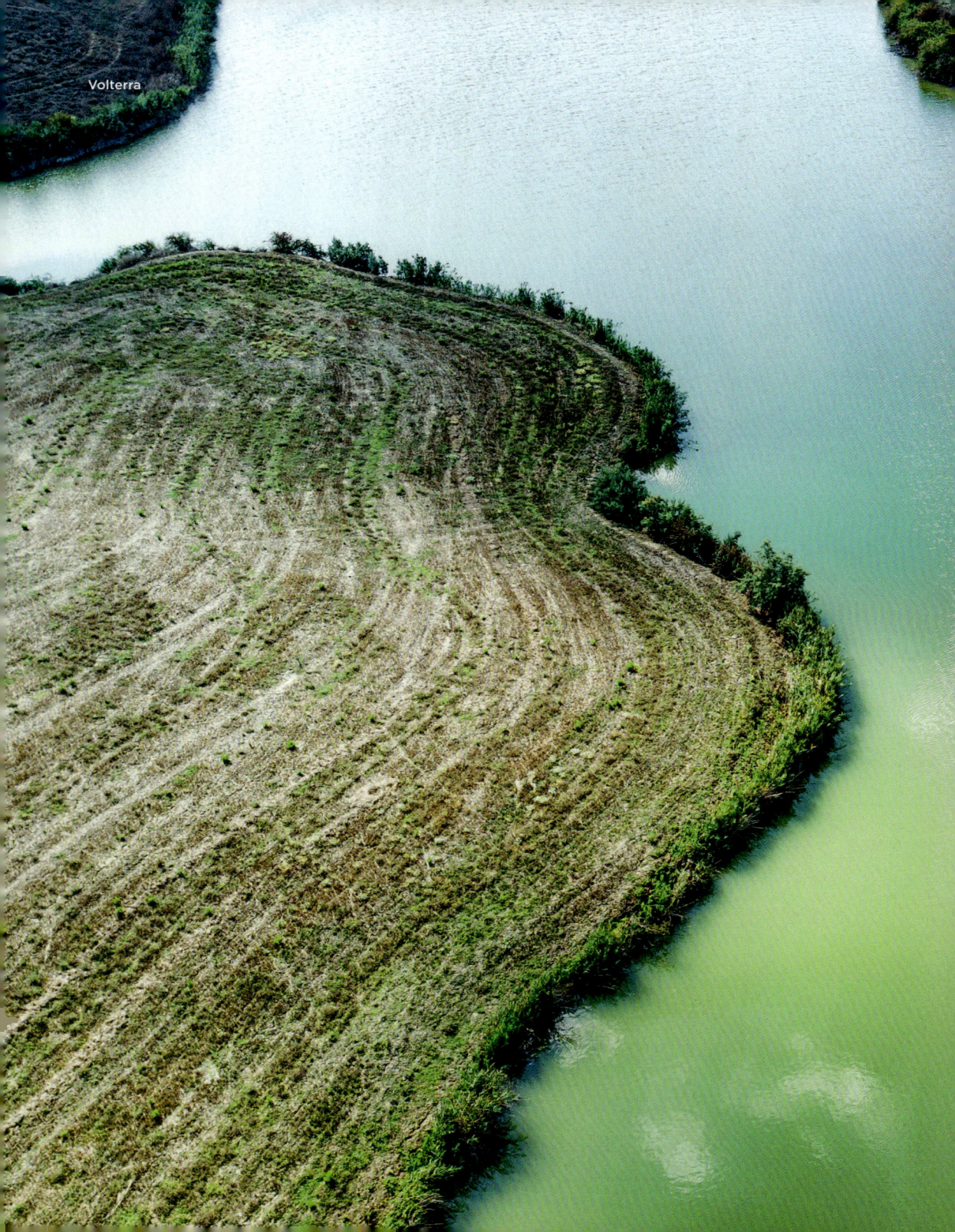
Volterra

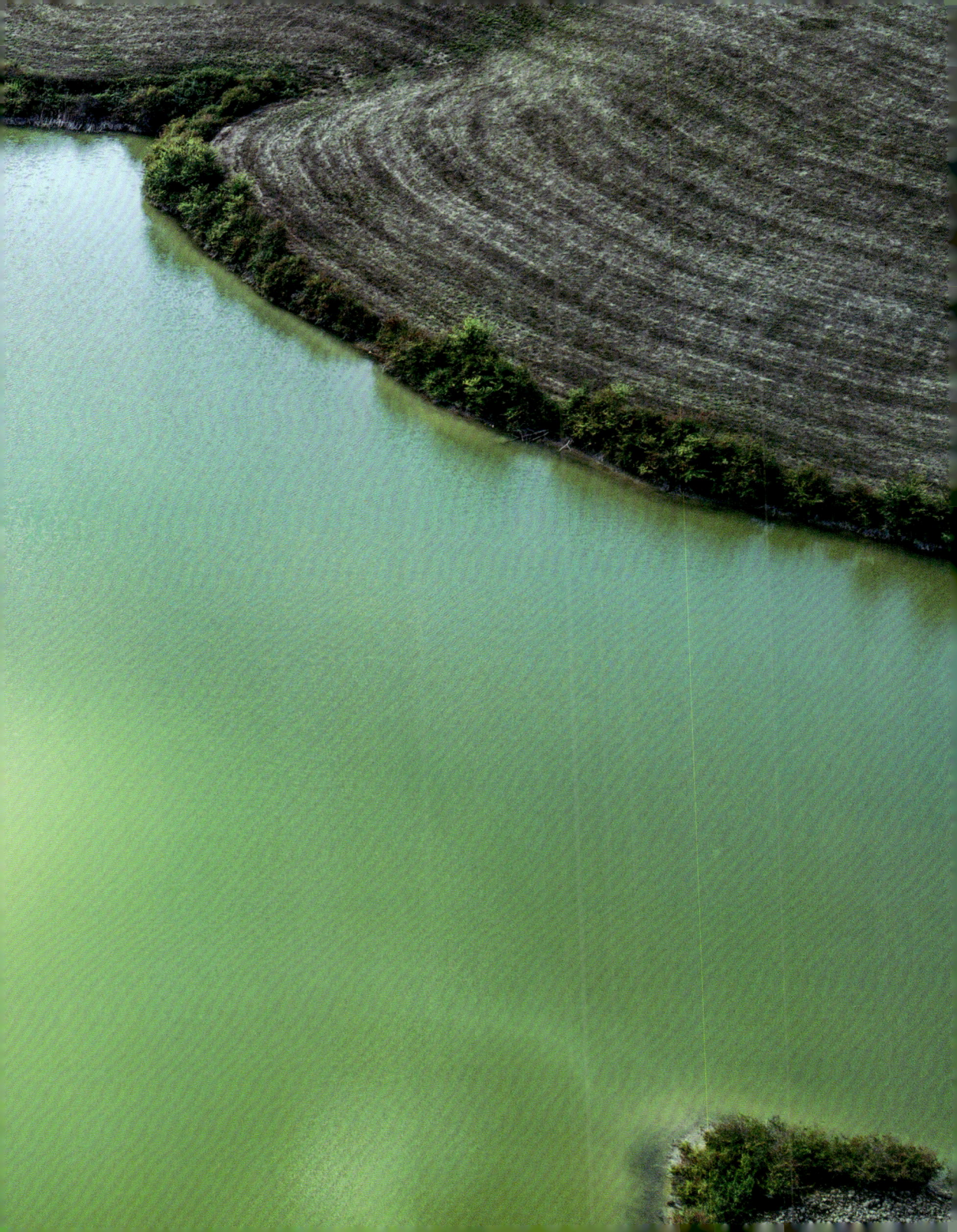

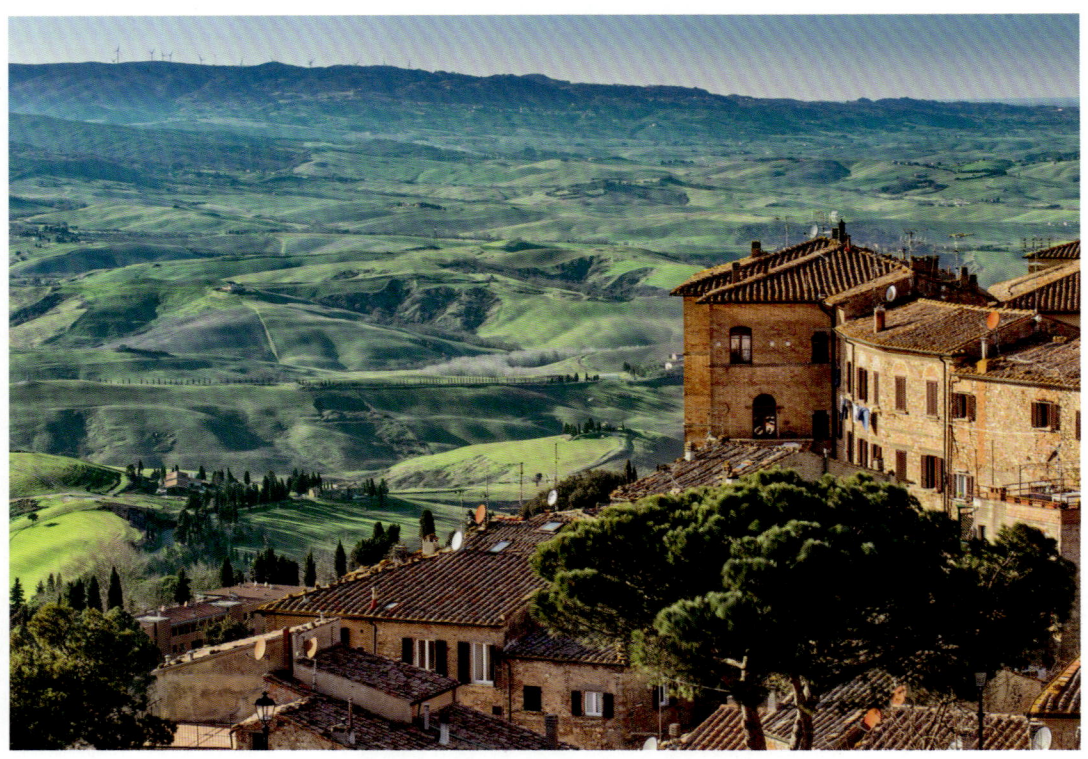

Volterra

Province of Pisa

The province of Pisa is home to a mixture of coasts, plains and gentle hills. While the beaches along the coast are kilometres long, the hinterland offers a variety of landscapes – from the lush vegetation of the plains to the volcanic soils of the Val di Cecina to the forests of the Migliarino San Rossore Massaciuccoli Regional Park.

Province de Pise

La province de Pise est un doux mélange de littoral, de plaines et de reliefs. Alors que la côte s'étend sur des kilomètres de plages, l'arrière-pays offre des paysages très variés, de ses plaines à la végétation luxuriante aux sols volcaniques du Val di Cecina, en passant par les forêts du Parc régional Migliarino-San-Rossore-Massaciuccoli.

Provinz Pisa

Die Provinz Pisa beherbergt eine Mischung aus Küsten, Ebenen und sanften Erhebungen. Während sich an der Küste kilometerlange Strände erstrecken, bietet das Hinterland eine landschaftliche Vielfalt – von der üppigen Vegetation der Ebenen über die vulkanischen Böden des Val di Cecina bis hin zu den Wäldern des Regionalparks Migliarino San Rossore Massaciuccoli.

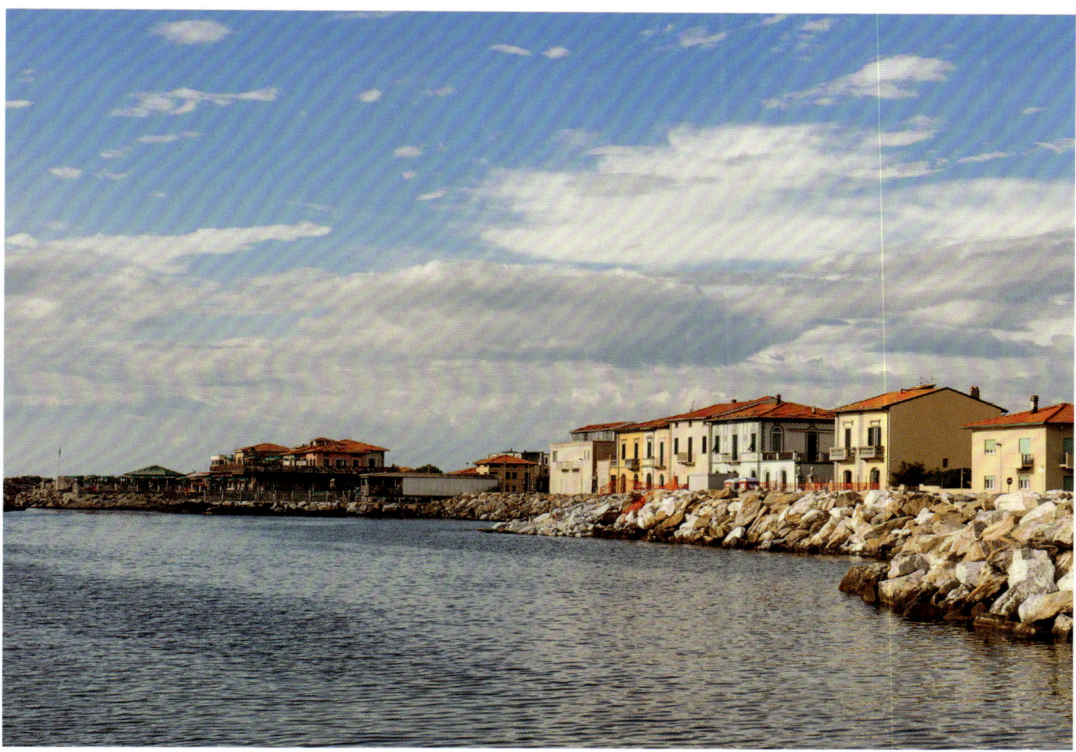

Marina di Pisa

Provincia de Pisa

La provincia de Pisa alberga una mezcla de costas, llanuras y suaves colinas. Mientras que las playas a lo largo de la costa tienen kilómetros de longitud, el interior ofrece una gran variedad de paisajes, desde la exuberante vegetación de las llanuras hasta los suelos volcánicos de la Val di Cecina, pasando por los bosques del Parque Regional Migliarino San Rossore Massaciuccoli.

Província de Pisa

Pisa é o lar de uma mistura de costas, planícies e colinas suaves. Enquanto as praias ao longo da costa têm quilómetros de comprimento, o interior oferece uma variedade de paisagens - desde a vegetação exuberante das planícies, passando pelos solos vulcânicos do Val di Cecina, até às florestas do Parque Regional Migliarino San Rossore Massaciuccoli.

Provincie Pisa

De provincie Pisa omvat een mengeling van kusten, vlakten en glooiende heuvels. Terwijl zich langs de kust kilomslange stranden uitstrekken, biedt het achterland een grote landschappelijke verscheidenheid: van de weelderige vegetatie op de vlakten tot de vulkanische bodem van het Val di Cecina en de bossen van het regionale park Migliarino San Rossore Massaciuccoli.

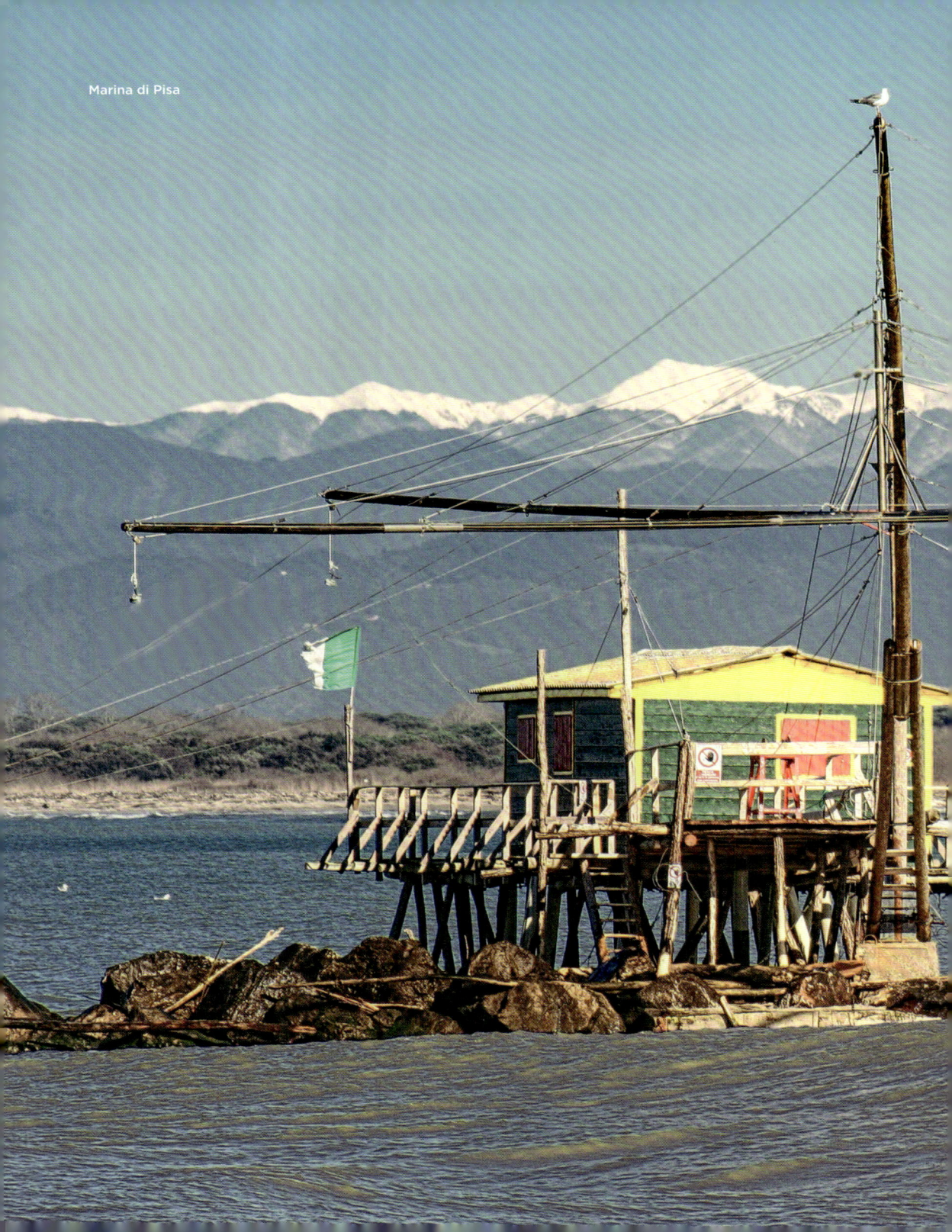

Marina di Pisa

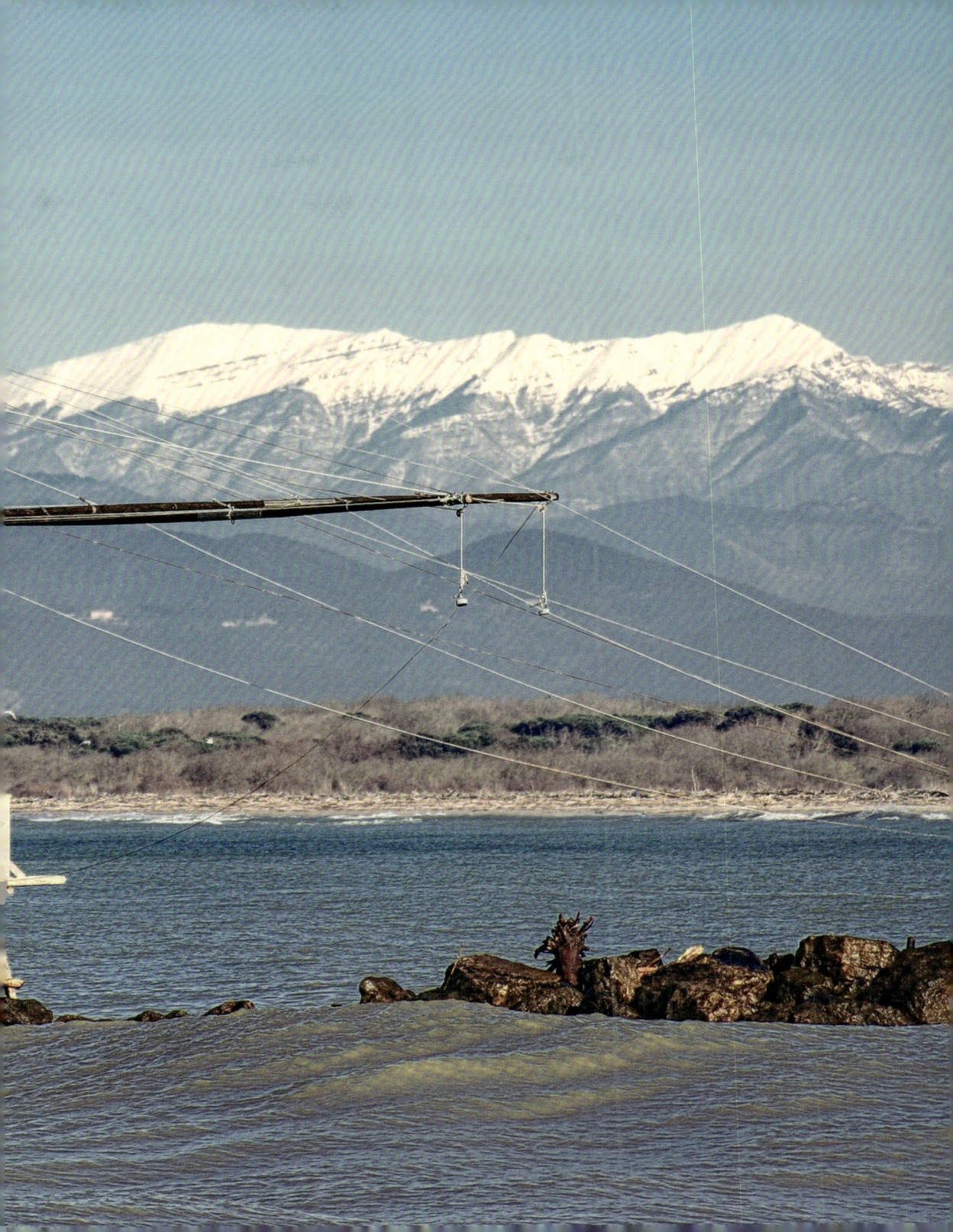

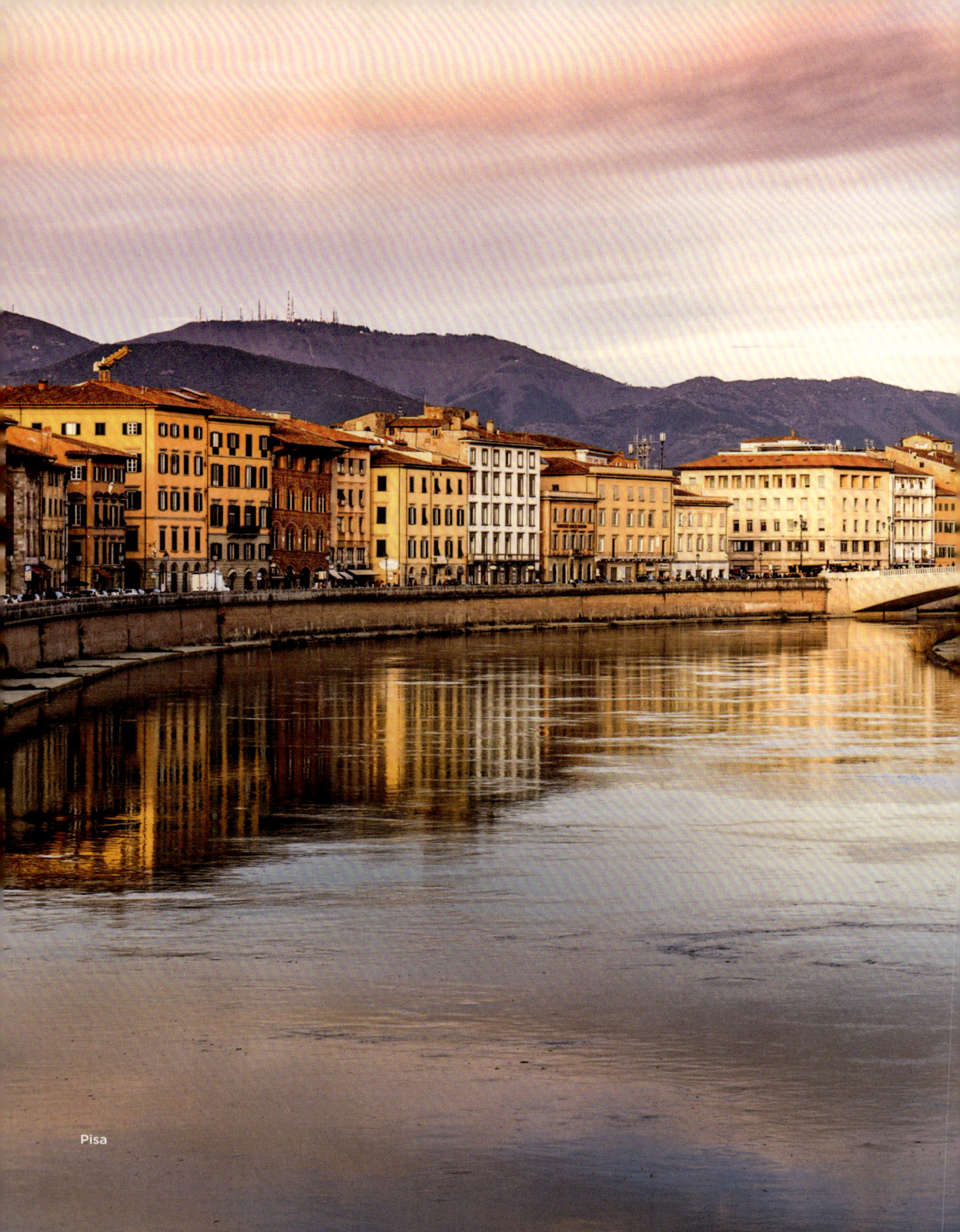

Pisa

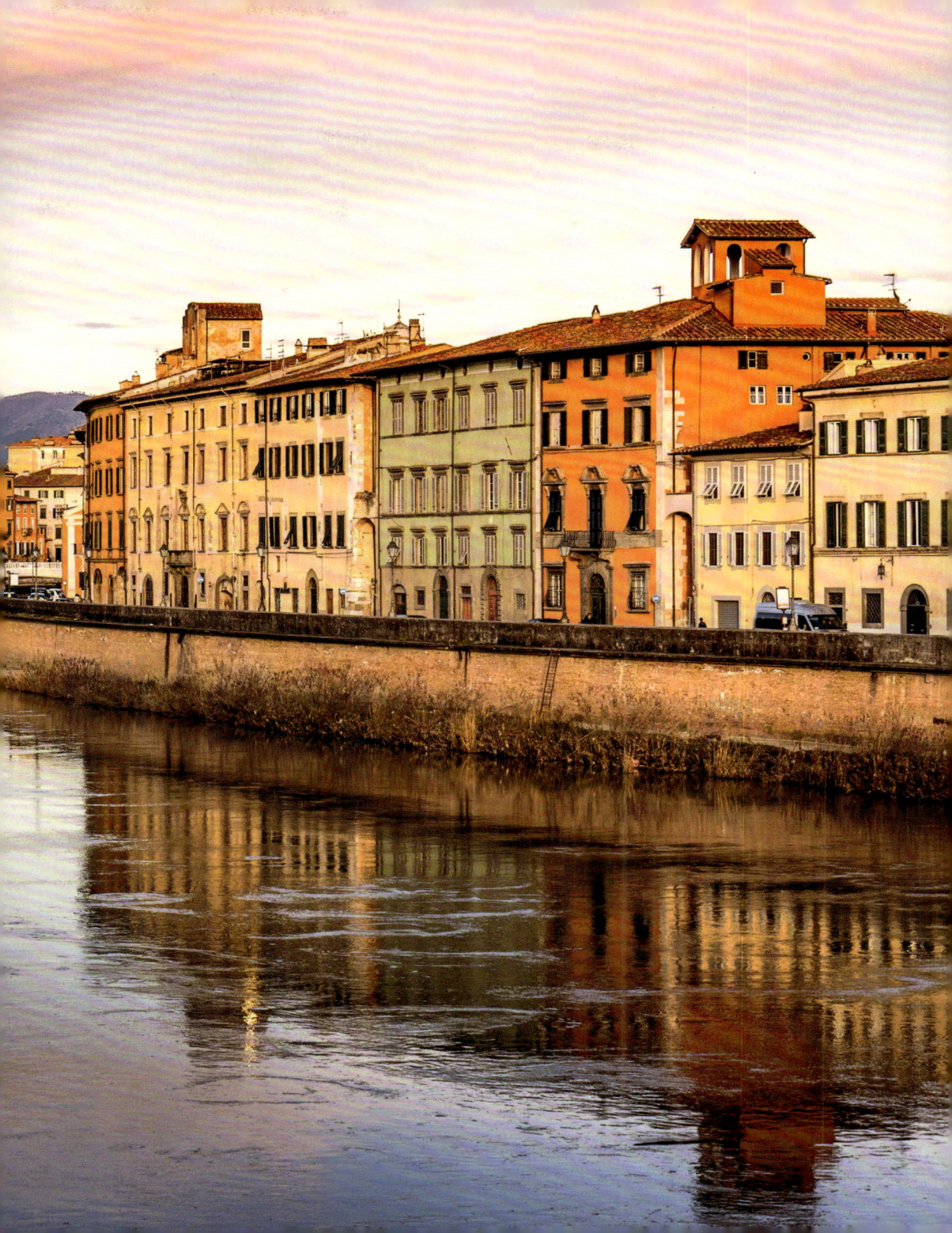

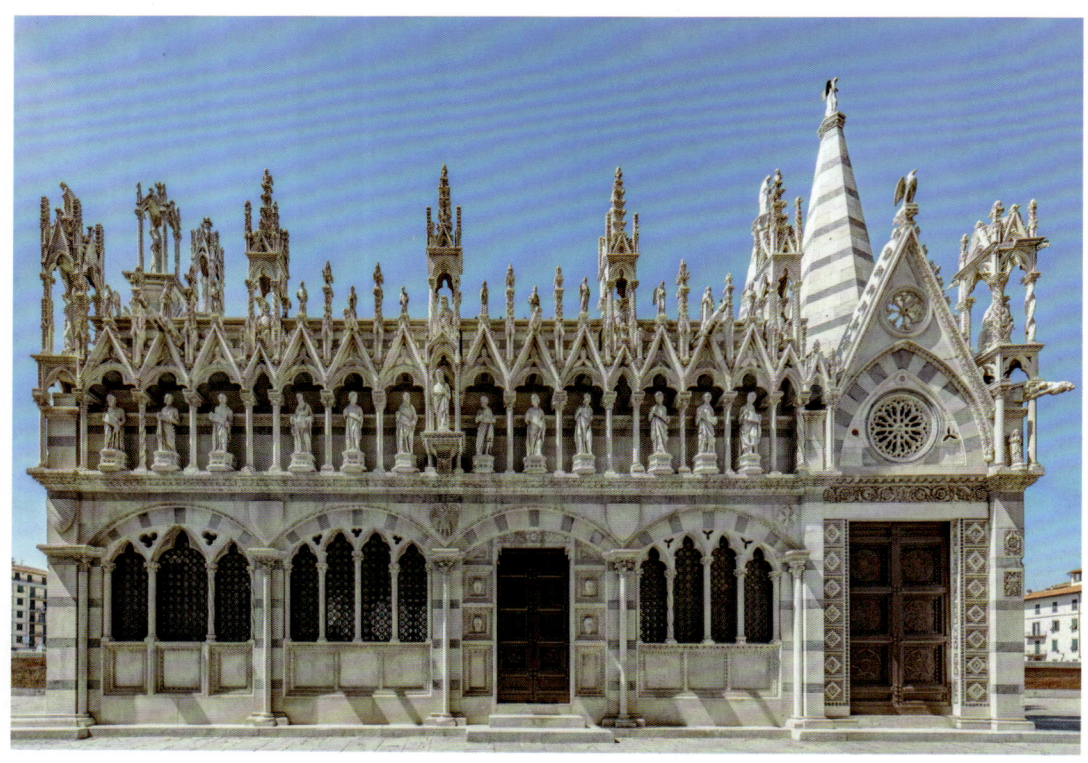

Chiesa di Santa Maria della Spina

Pisa

The Piazza dei Cavalieri with
its many adjoining palaces attracts
visitors to the historic centre
of the city. A little further along
the Arno is the small church
of Santa Maria della Spina, first built
at river level and moved to the
promenade in 1871. On the outskirts
of the city is the seaside resort
of Marina di Pisa, famous
for its Art Nouveau buildings.

Pise

Dans le centre historique, on peut
admirer la Piazza dei Cavalieri
et ses nombreux palais. Plus loin,
sur les rives de l'Arno, repose
la surprenante petite église Santa
Maria della Spina édifiée dans un
premier temps au niveau du fleuve,
puis remontée sur la rive en 1871.
À la sortie de la ville, la Marina
di Pisa est une station balnéaire au
style Liberty très réputée.

Pisa

Im historischen Zentrum der Stadt
lockt die Piazza dei Cavalieri mit
ihren vielen angrenzenden Palais.
Etwas entfernt am Arno befindet
sich die kleine Kirche Santa Maria
della Spina, die zuerst auf
Flusshöhe errichtet und 1871 auf die
Uferpromenade verlegt wurde. Am
Rande der Stadt liegt der Badeort
Marina di Pisa, der für seine
Jugendstilgebäude bekannt ist.

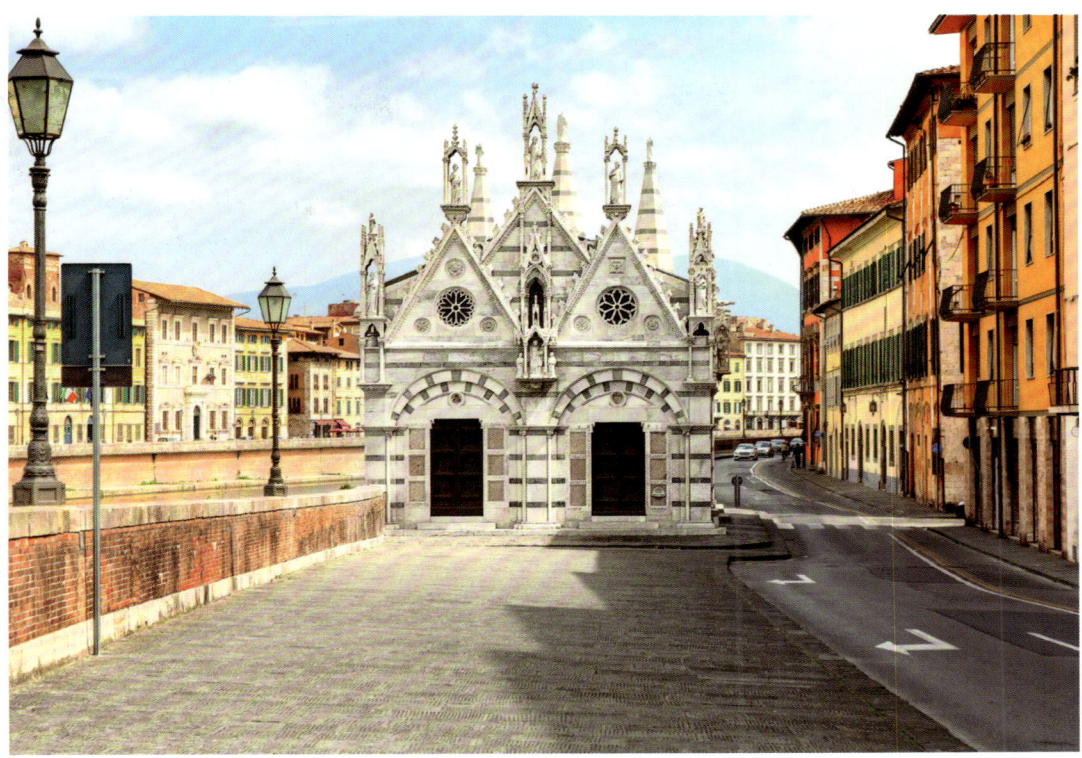

Chiesa di Santa Maria della Spina

Pisa

La Piazza dei Cavalieri, con sus numerosos palacios contiguos, atrae a los visitantes al centro histórico de la ciudad. Un poco más adelante en el Arno se encuentra la pequeña iglesia de Santa Maria della Spina, construida por primera vez a nivel del río y trasladada al paseo marítimo en 1871. En las afueras de la ciudad se encuentra la estación balnearia de Marina di Pisa, famosa por sus edificios modernistas.

Pisa

A Piazza dei Cavalieri, com os seus muitos palácios adjacentes, atrai os visitantes ao centro histórico da cidade. Um pouco mais adiante, no Arno, está a pequena igreja de Santa Maria della Spina, construída pela primeira vez ao nível do rio e transferida para o passeio em 1871. Na periferia da cidade está a estância balnear de Marina di Pisa, famosa pelos seus edifícios Art Nouveau.

Pisa

Het Piazza dei Cavalieri met zijn vele aangrenzende paleizen trekt bezoekers naar het historische centrum van de stad. Iets verderop aan de Arno staat de kleine kerk van Santa Maria della Spina, die eerst op rivierniveau gebouwd was en later, in 1871, werd verplaatst naar de promenade. Aan de rand van de stad ligt de badplaats Marina di Pisa, die beroemd is vanwege zijn jugendstilgebouwen.

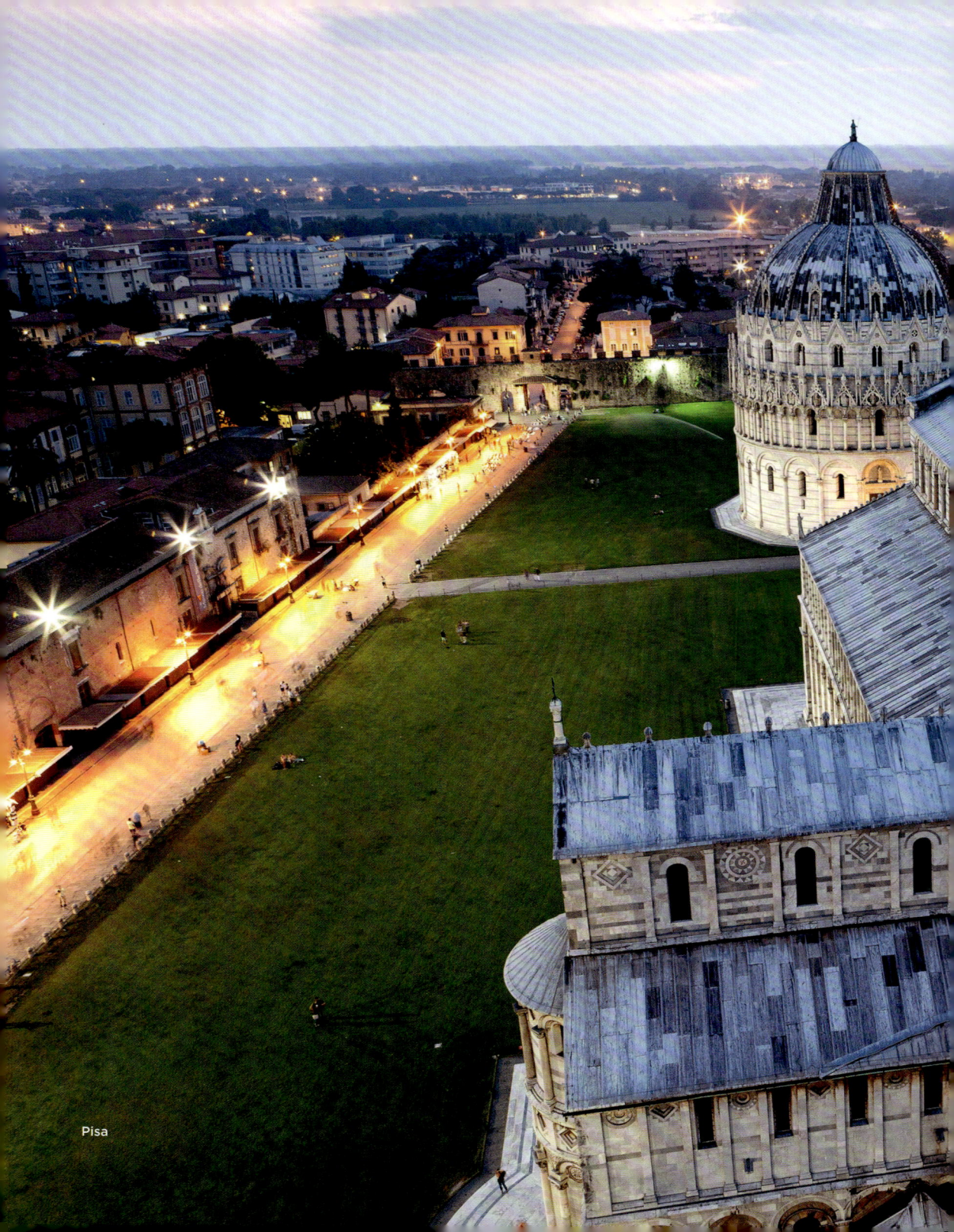
Pisa

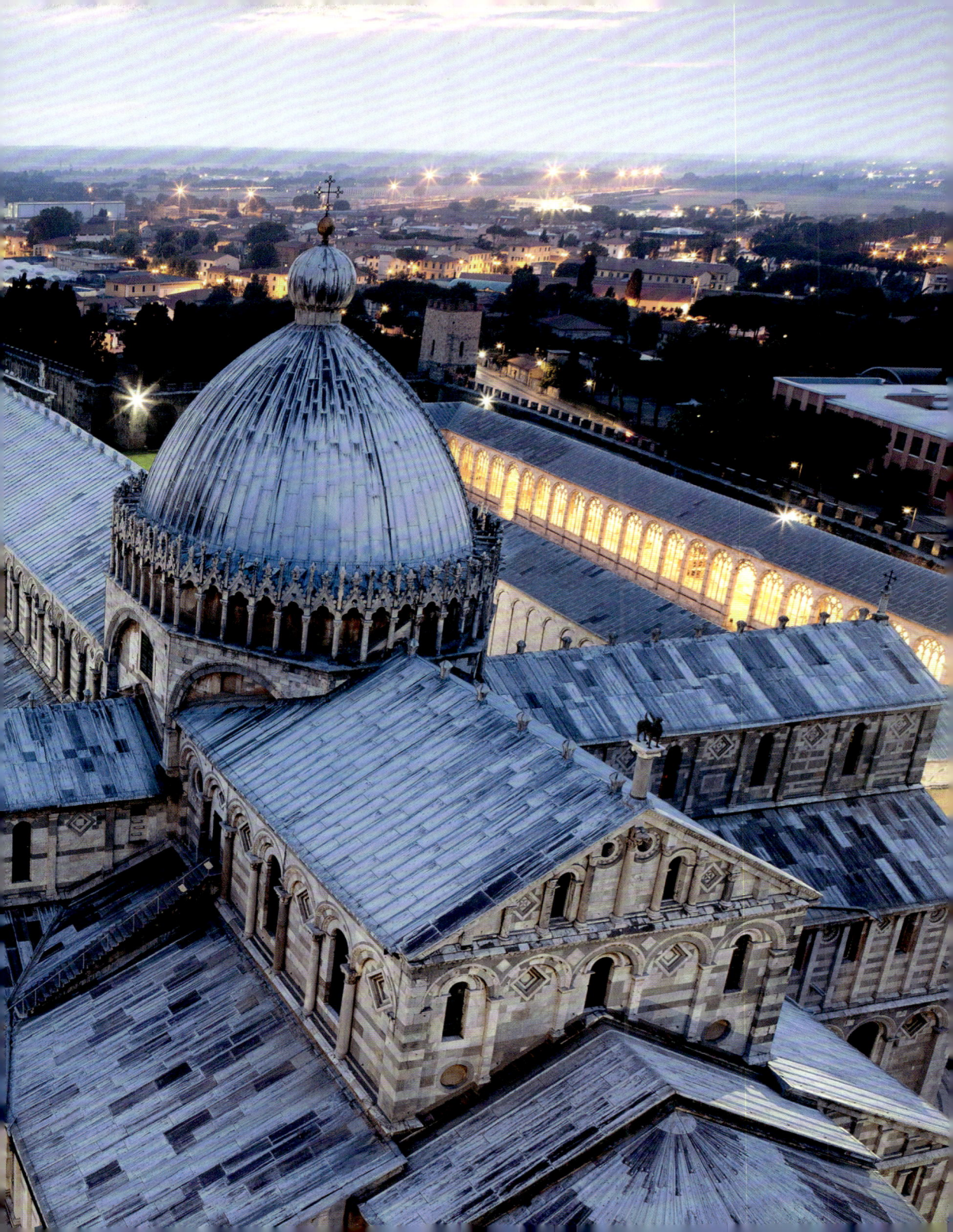

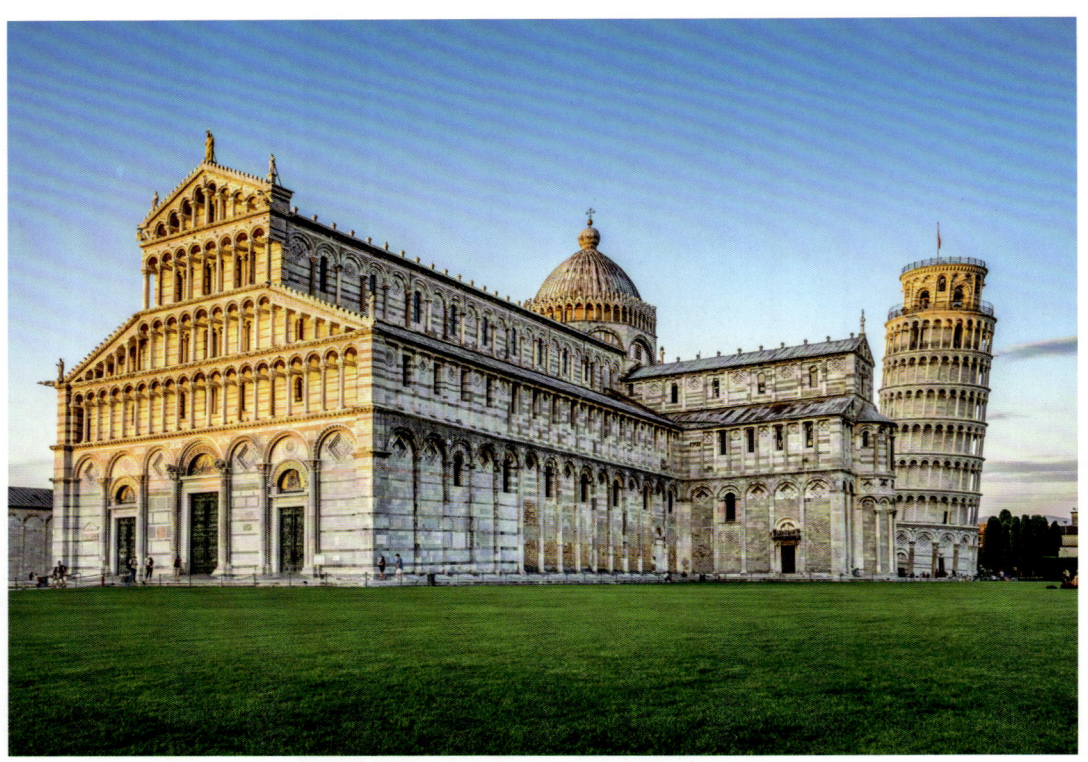

Piazza del Duomo

Piazza del Duomo

Piazza del Duomo or formerly
Piazza dei Miracoli is home to the
four most famous monuments in
Pisa: the Baptistery in white marble
with a perim of 110m,
the Camposanto cemy built
in the shape of a monastery,
and the Romanesque Cathedral
with its famous 58-metre high bell
tower – the Leaning Tower of Pisa.

Piazza del Duomo

La Piazza del Duomo,
anciennement Piazza dei Miracoli,
accueille fièrement les quatre
bâtiments les plus emblématiques
de la ville de Pise : le dôme, de style
roman, et son célèbre campanile
de 58 m de haut – la Tour de Pise –,
le baptistère de marbre blanc et
ses 110 m de circonférence, et enfin
le « Camposanto » (cimetière)
en forme de cloître.

Piazza del Duomo

Die Piazza del Duomo oder ehemals
Piazza dei Miracoli beherbergt
die vier bekanntesten
Sehenswürdigkeiten von Pisa: das
Baptisterium aus weißem Marmor
mit seinem Umfang von 110 m, den in
Form eines Klosters erbauten
Friedhof Camposanto und den
romanischen Dom mit seinem
berühmten 58 m hohen Glockenturm
– dem schiefen Turm von Pisa.

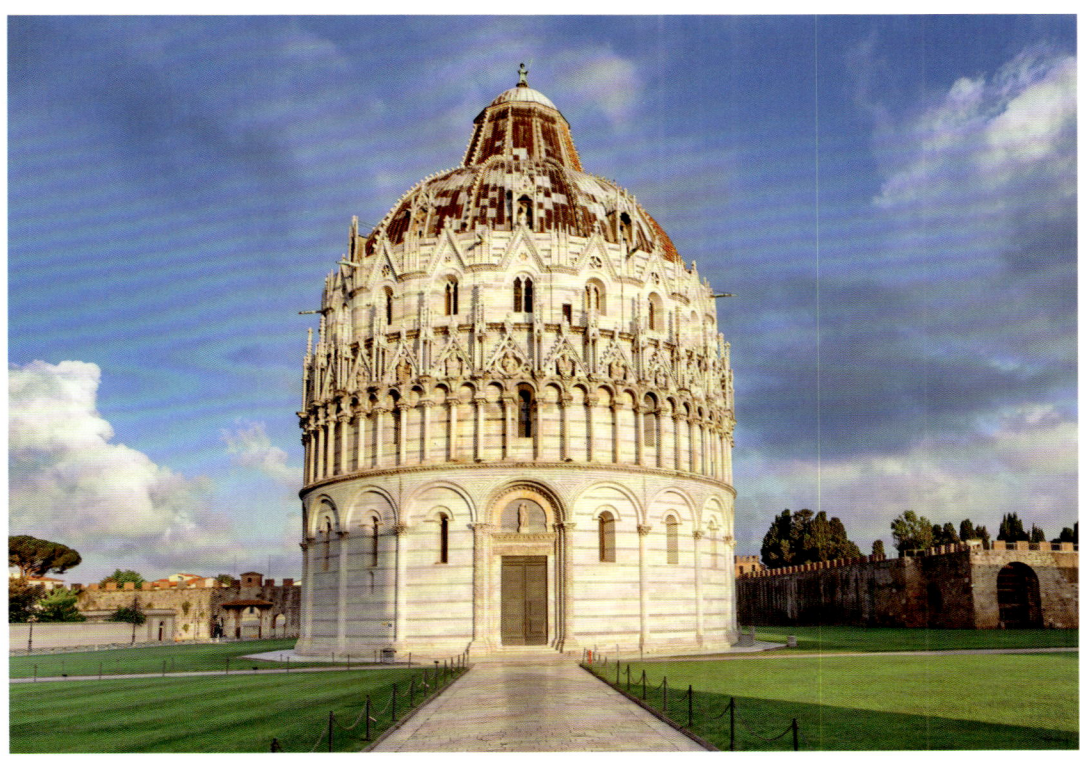

Battistero di San Giovanni, Piazza del Duomo

Piazza del Duomo

Piazza del Duomo o antes Piazza dei Miracoli alberga los cuatro monumentos más famosos de Pisa: el Baptisterio de mármol blanco, de 110 m de circunferencia; el cementerio del Camposanto, construido en forma de monasterio; y la catedral románica, con su famoso campanario de 58 m de altura: la Torre Inclinada de Pisa.

Piazza del Duomo

A Piazza del Duomo ou antiga Piazza dei Miracoli abriga os quatro monumentos mais famosos de Pisa: o Batistério em mármore branco com 110 m de circunferência, o cemitério de Camposanto, construído em forma de mosteiro e a Catedral Românica com sua famosa torre sineira de 58 m de altura - a Torre Inclinada de Pisa.

Piazza del Duomo

Op het Piazza del Duomo of het voormalige Piazza dei Miracoli staan de vier bekendste bezienswaardigheden van Pisa: het witmarmeren baptisterium met een omtrek van 110 m, de in de vorm van een klooster gebouwde begraafplaats Camposanto en de romaanse dom met zijn beroemde 58 m hoge klokkentoren, de scheve toren van Pisa.

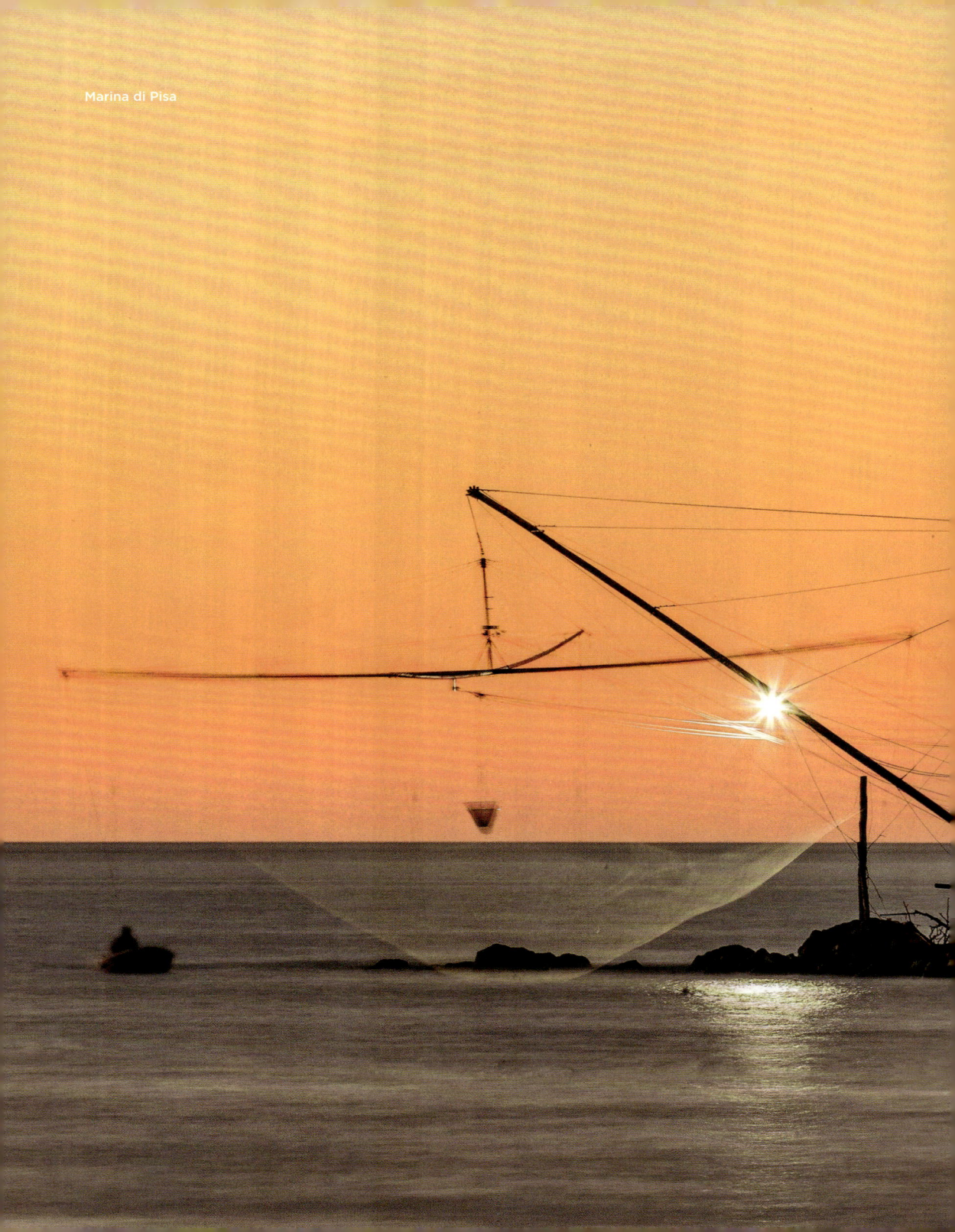

Marina di Pisa

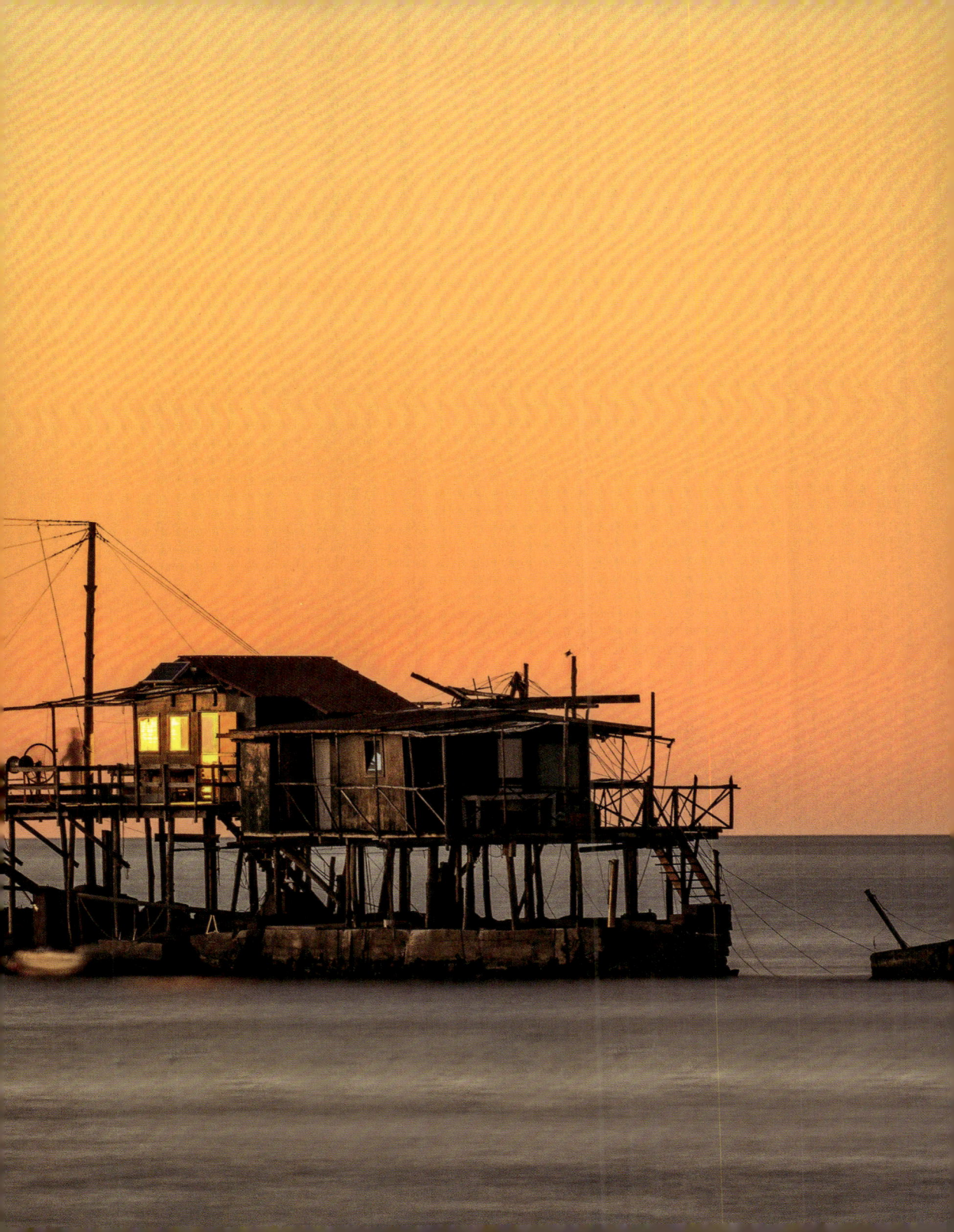

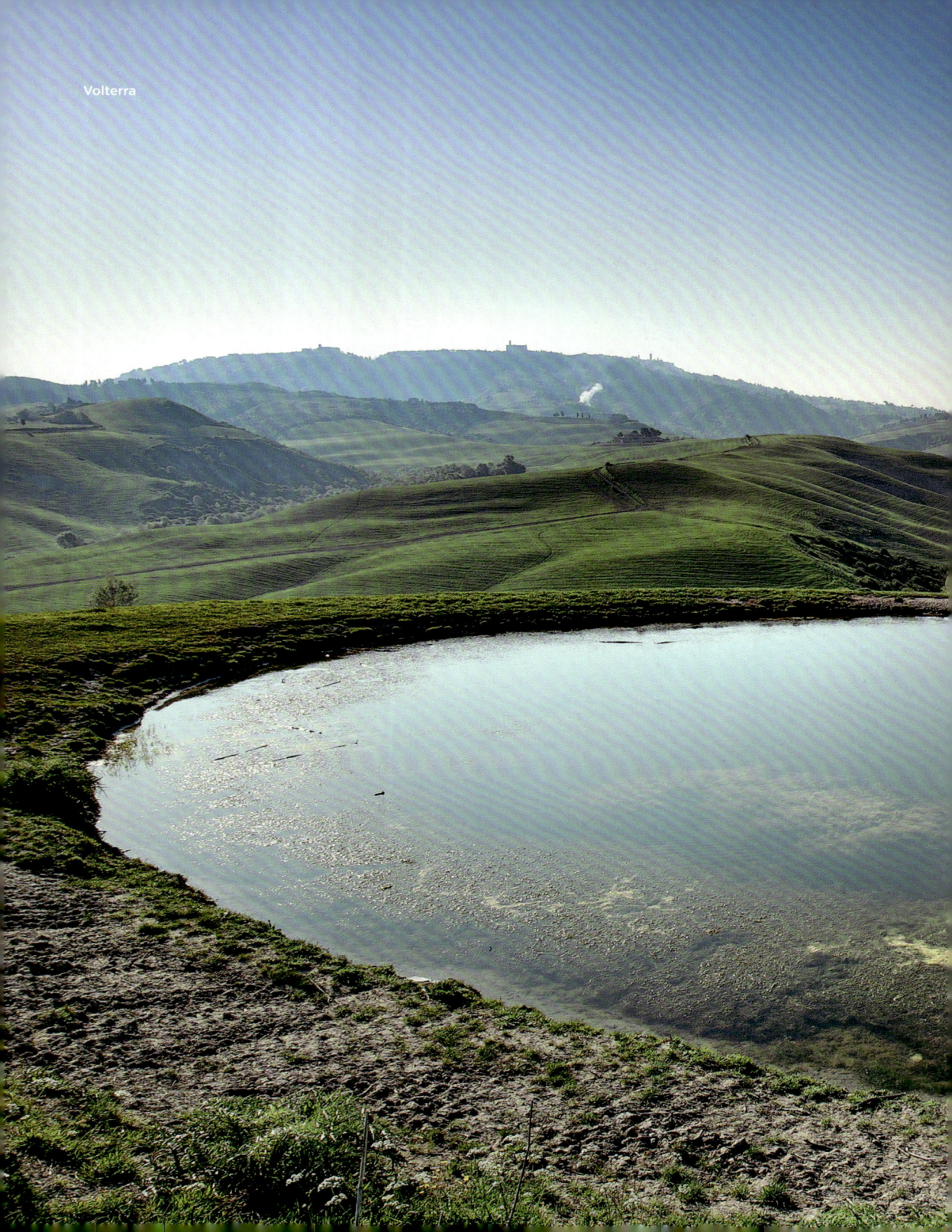

Volterra

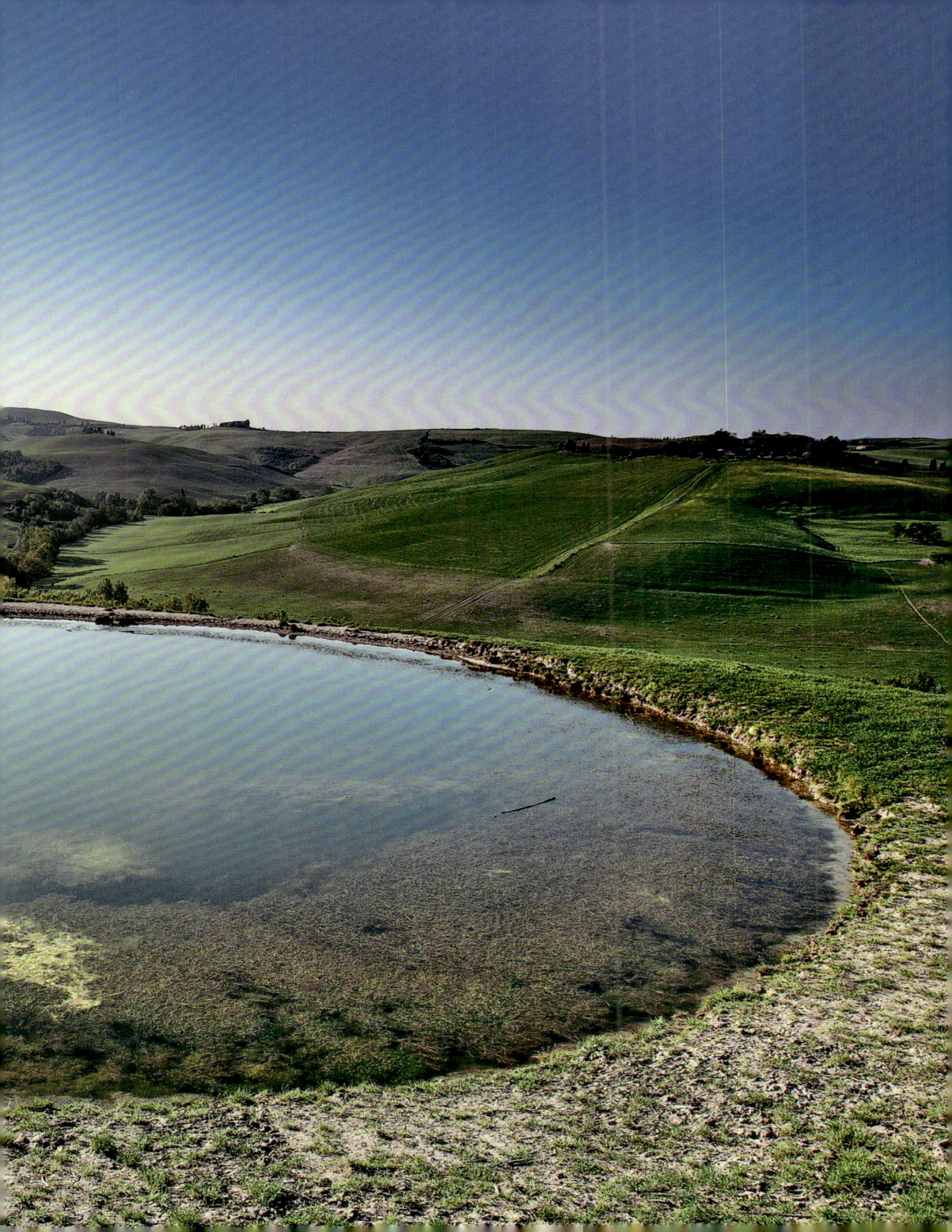

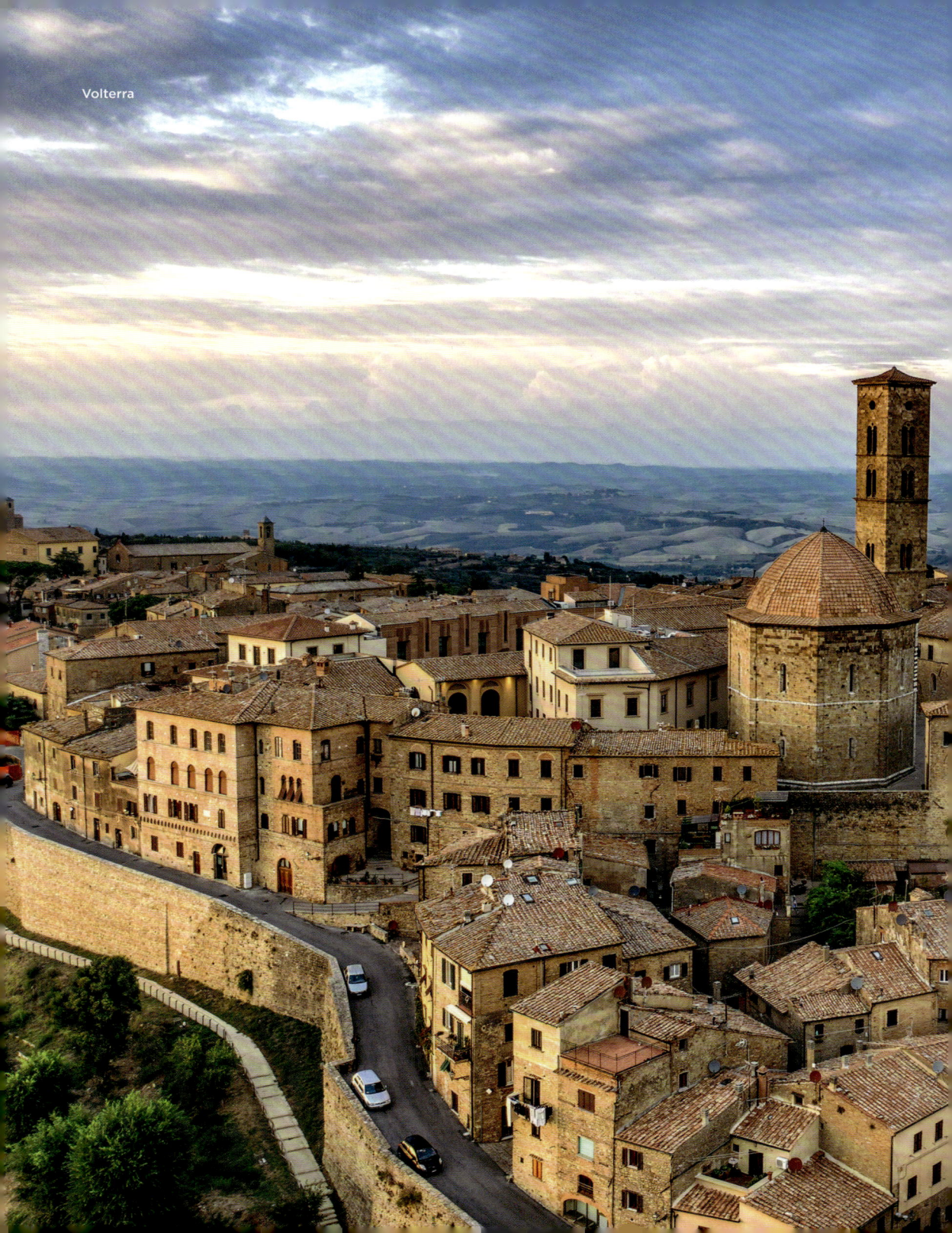

Volterra

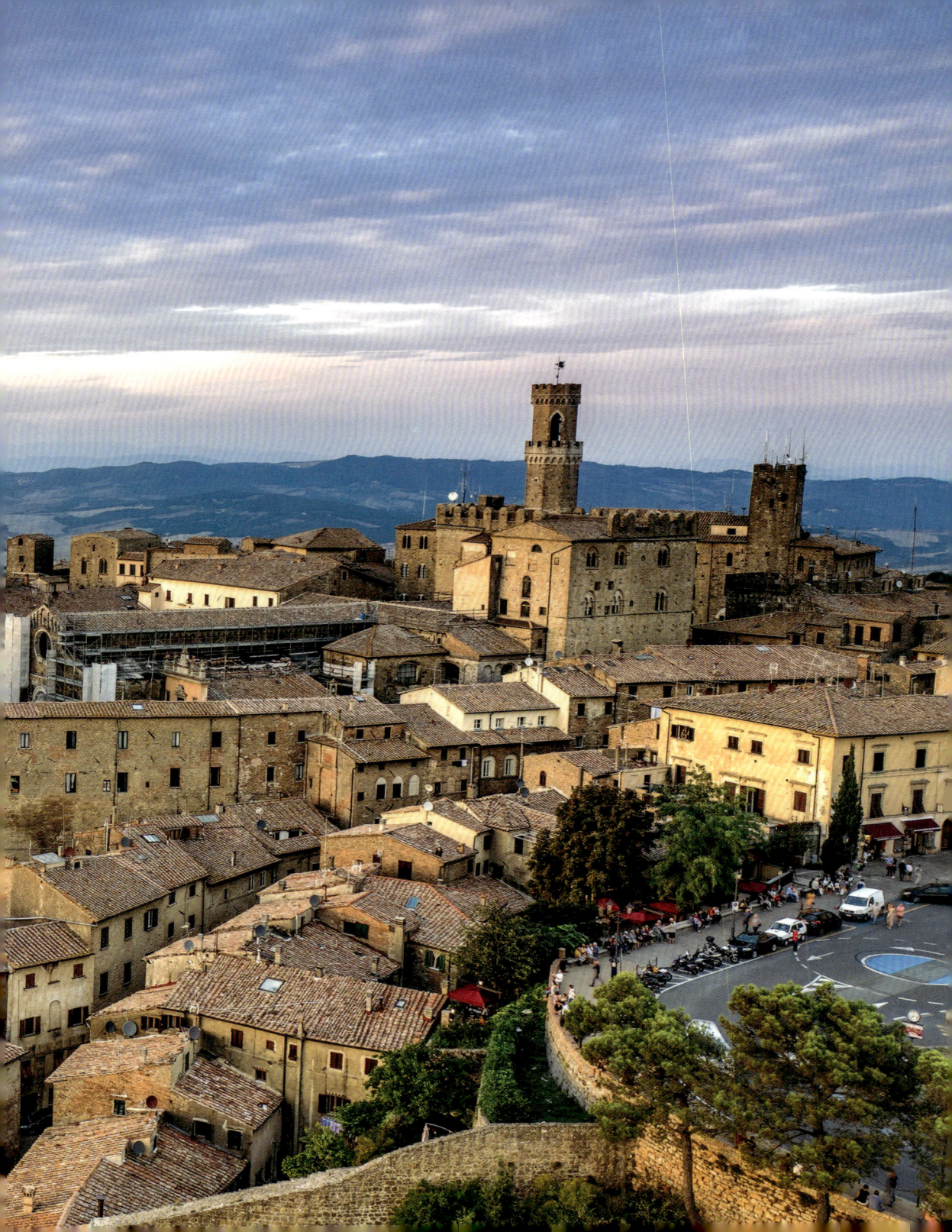

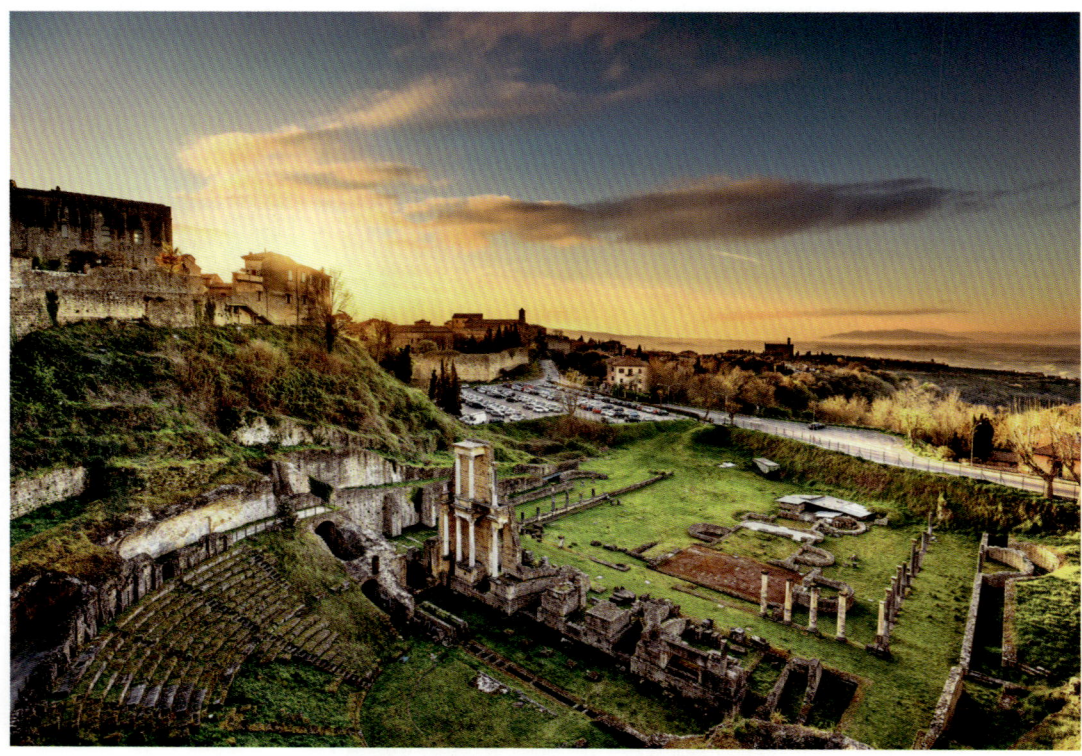

Volterra

Volterra

This medieval town with its Etruscan walls sits on the top of a hill above the valleys of the Cecina and the Era. On the main square are the Palazzo dei Priori from the Renaissance period and the Romanesque Cathedral of Santa Maria Assunta. Further down, the ruins of a Roman amphitheatre complete the architectural ensemble.

Volterra

La cité médiévale, qui a gardé son enceinte étrusque, est perchée en haut d'une colline dominant les vallées de Cecina et Era. Sur la place principale, on trouve le Palazzo dei Priori datant de la Renaissance, et le dôme de Santa Maria Assunta, de style roman. En contrebas, les ruines de l'amphithéâtre romain complètent ce voyage dans le temps.

Volterra

Die mittelalterliche Stadt mit ihrer etruskischen Stadtmauer thront auf der Spitze eines Hügels über den Tälern der Cecina und des Era. Am Hauptplatz befinden sich der Palazzo dei Priori aus der Zeit der Renaissance und der romanische Dom Santa Maria Assunta. Weiter unten runden die Ruinen eines römischen Amphitheaters das architektonische Ensemble ab.

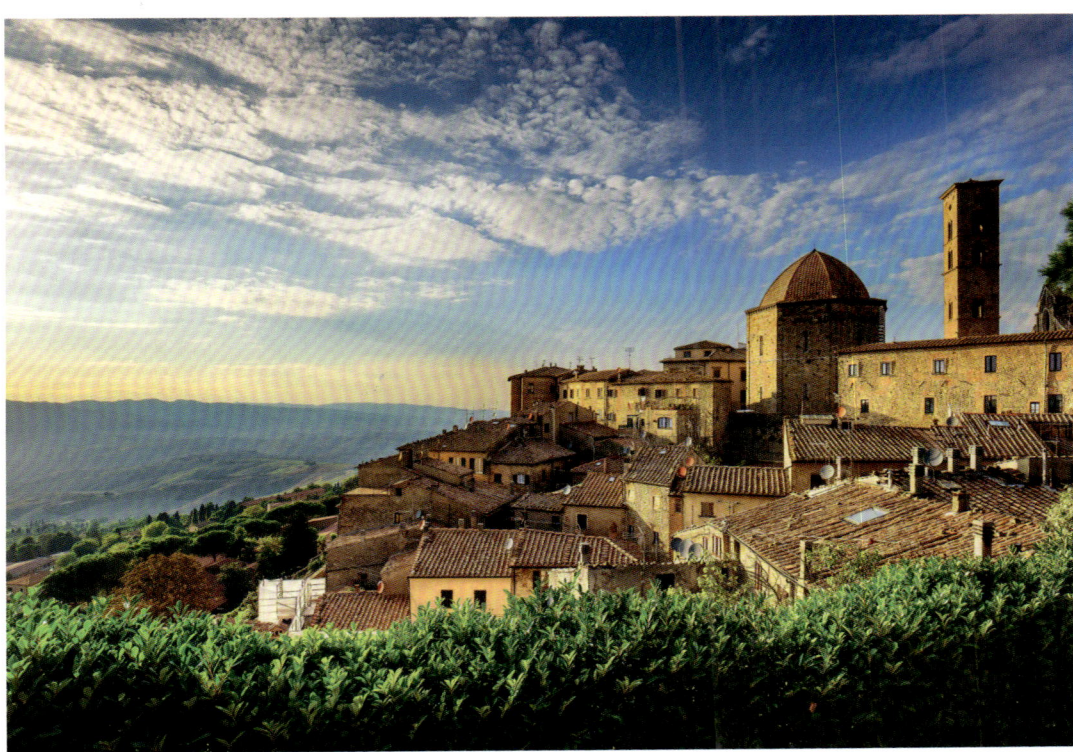

Volterra

Volterra

La ciudad medieval con sus murallas etruscas se asienta en la cima de una colina sobre los valles de Cecina y de Era. En la plaza principal se encuentran el Palazzo dei Priori de la época renacentista y la Catedral románica de Santa Maria Assunta. Más abajo, las ruinas de un anfiteatro romano completan el conjunto arquitectónico.

Volterra

A cidade medieval com as suas muralhas etruscas, fica no topo de uma colina acima dos vales da Cecina e da Era. Na praça principal estão o Palazzo dei Priori do período renascen-tista e a Catedral Românica de Santa Maria Assunta. Mais abaixo, as ruínas de um anfiteat-ro romano completam o conjunto arquitetônico.

Volterra

De middeleeuwse stad met zijn Etruskische stadsmuren ligt op de top van een heuvel boven de valleien van de Cecina en de Era. Op het hoofdplein staan het Palazzo dei Priori uit de renaissance en de romaanse kathedraal van Santa Maria Assunta. Verder naar beneden maken de ruïnes van een Romeins amfitheater het architectonische ensemble compleet.

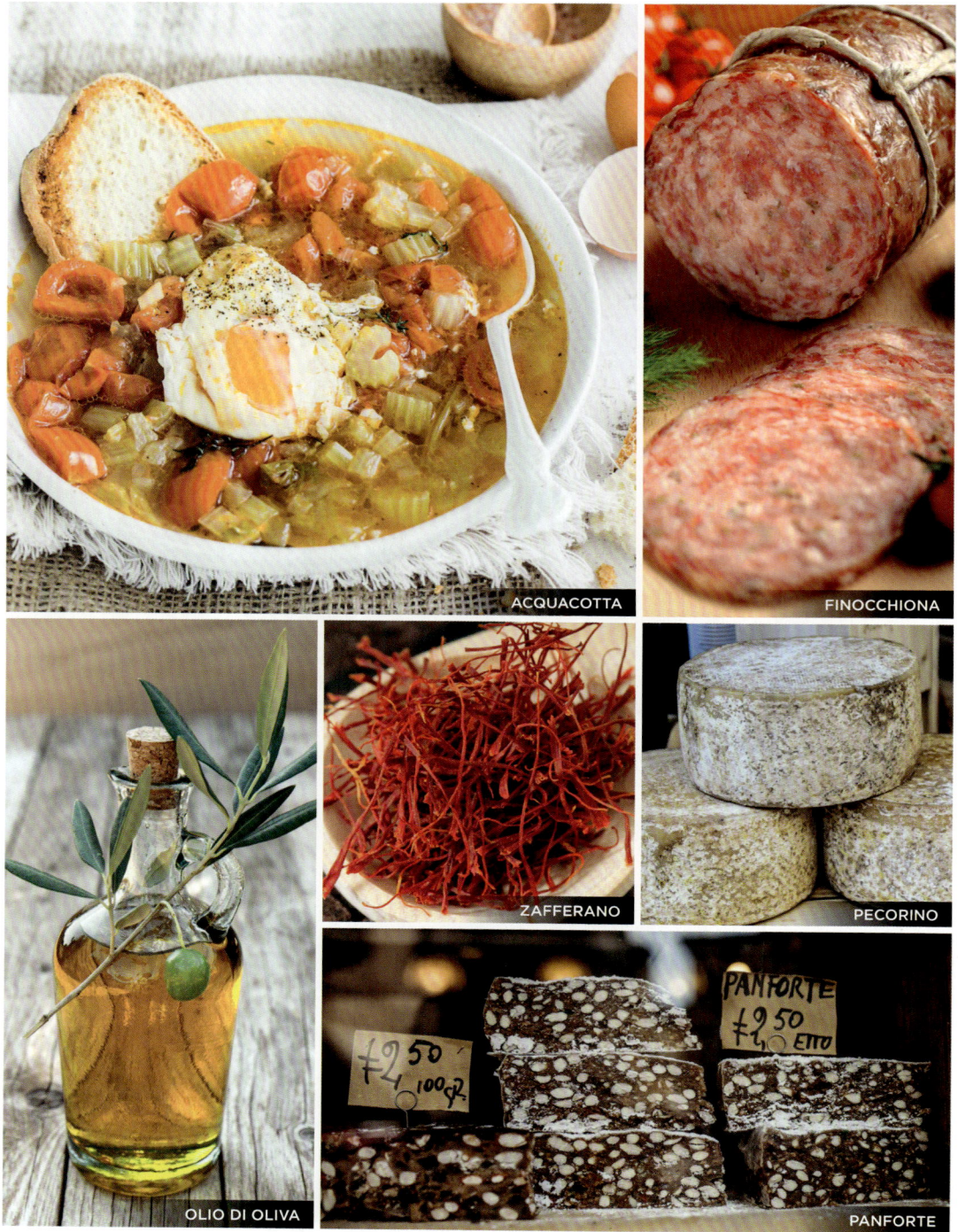

ACQUACOTTA

FINOCCHIONA

ZAFFERANO

PECORINO

OLIO DI OLIVA

PANFORTE

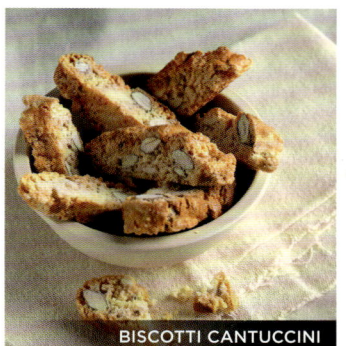

BISCOTTI CANTUCCINI

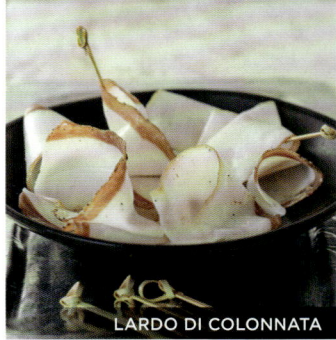

LARDO DI COLONNATA

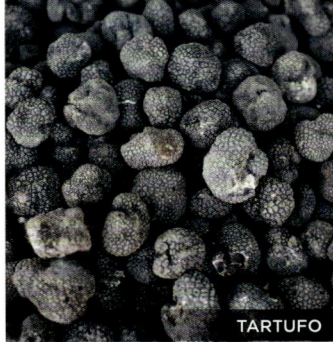

TARTUFO

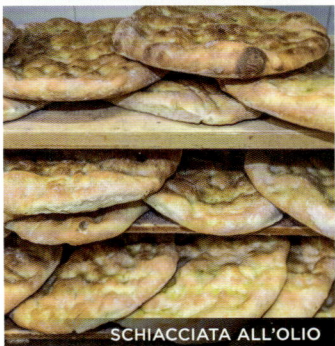

SCHIACCIATA ALL'OLIO

GASTRONOMY

Tuscany is rich in culinary delicacies, the names of which make your mouth water. From bistecca alla fiorentina with fagioli cannellini (white beans) to Tuscan focaccia schiacciata or desserts such as the traditional panforte, to regional products such as olive oil, truffles or saffron – there are no limits to enjoyment.

GASTRONOMIE

La région toscane regorge de mets gastronomiques à s'en lécher les doigts. Du bistecca alla fiorentina accompagné de ces fagioli cannellini (haricots blancs) ; en passant par des petits plaisirs sucrés comme le traditionnel Panforte ou le Schiacciata, sans oublier les produits issus du terroir, comme l'huile d'olive, la truffe ou le safran, les fins gourmets seront ravis.

GASTRONOMIE

Die Toskana ist reich an kulinarischen Köstlichkeiten, deren Namen das Wasser im Munde zusammenlaufen lassen. Von Bistecca alla fiorentina mit Fagioli cannellini (weißen Bohnen) über die toskanische Focaccia Schiacciata oder Süßspeisen, wie dem traditionellen Panforte, bis hin zu regionalen Produkten, wie Olivenöl, Trüffeln oder Safran – dem Genuss sind keine Grenzen gesetzt.

GASTRONOMÍA

La Toscana es rica en exquisiteces culinarias, cuyos nombres hacen que se te haga la boca agua. Desde la bistecca alla fiorentina con fagioli canellini (judías blancas) hasta la focaccia schiacciata toscana o postres como el tradicional panforte, pasando por productos regionales como el aceite de oliva, las trufas o el azafrán; no hay límites para el disfrute.

GASTRONOMIA

A Toscana é rica em iguarias culinárias, cujos nomes dão água na boca. De Bistecca alla fiorentina com Fagioli cannellini (feijão branco) a focaccia schiacciata toscana ou sobremesas como o tradicional panforte, a produtos regionais como azeite, trufas ou açafrão - não há limites para o prazer.

GASTRONOMIE

Toscane is rijk aan culinaire hoogstandjes, waarvan alleen de namen al je het water in de mond doen lopen. Van bistecca alla fiorentina met fagioli cannellini (witte bonen), focaccia schiacciata en desserts zoals de traditionele panforte tot regionale producten zoals olijfolie, truffels en saffraan – het culinaire genot is onbegrensd.

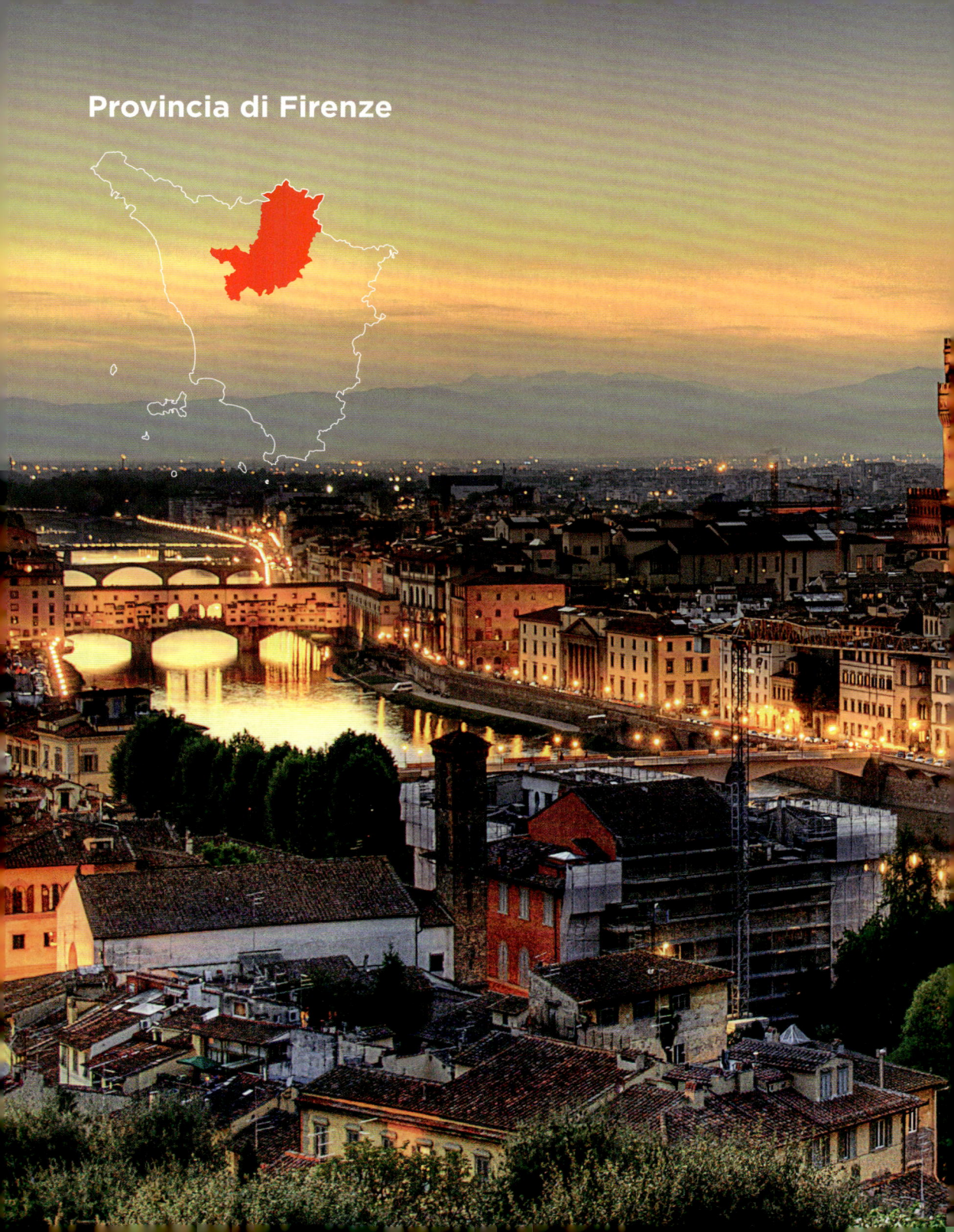

Provincia di Firenze

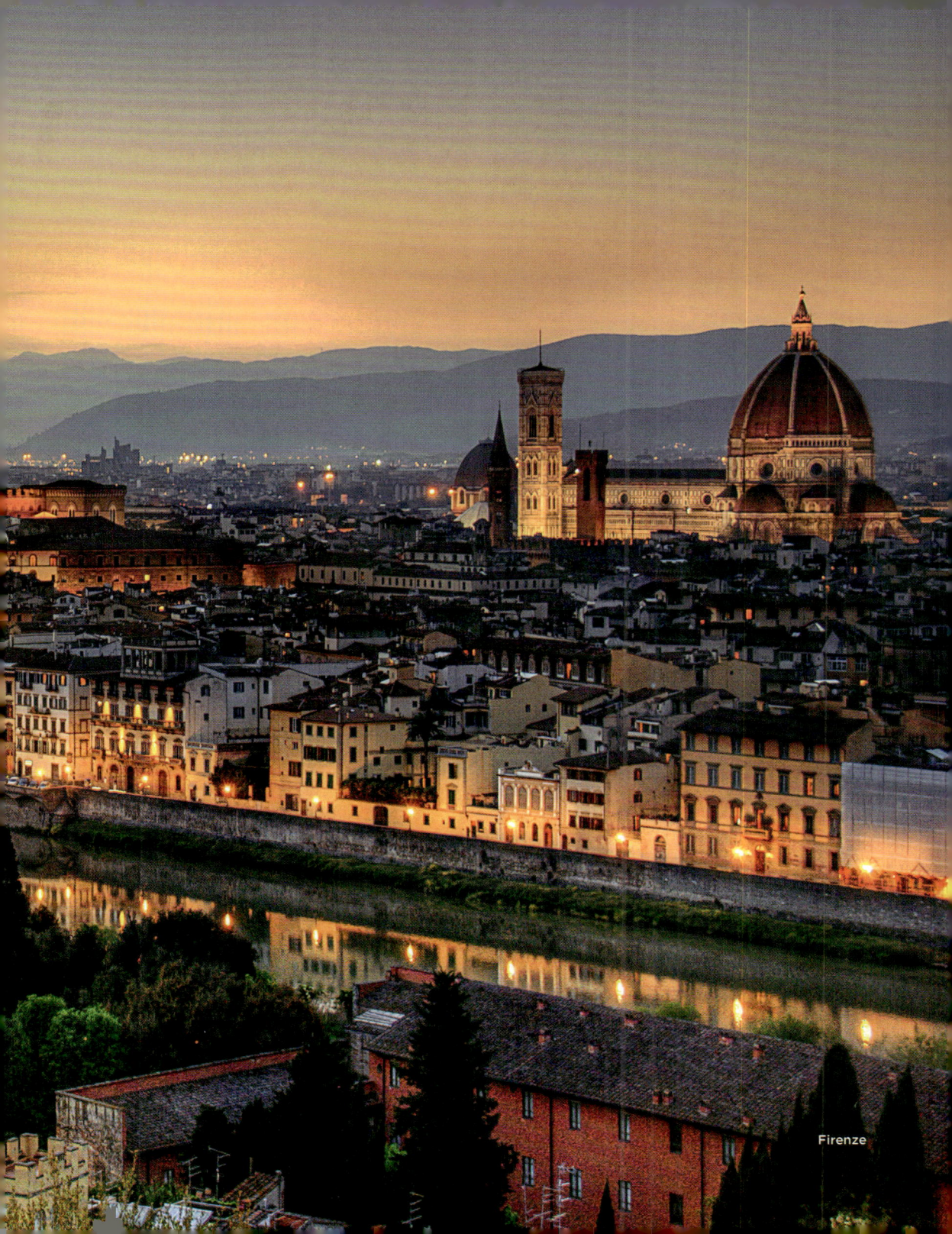

Firenze

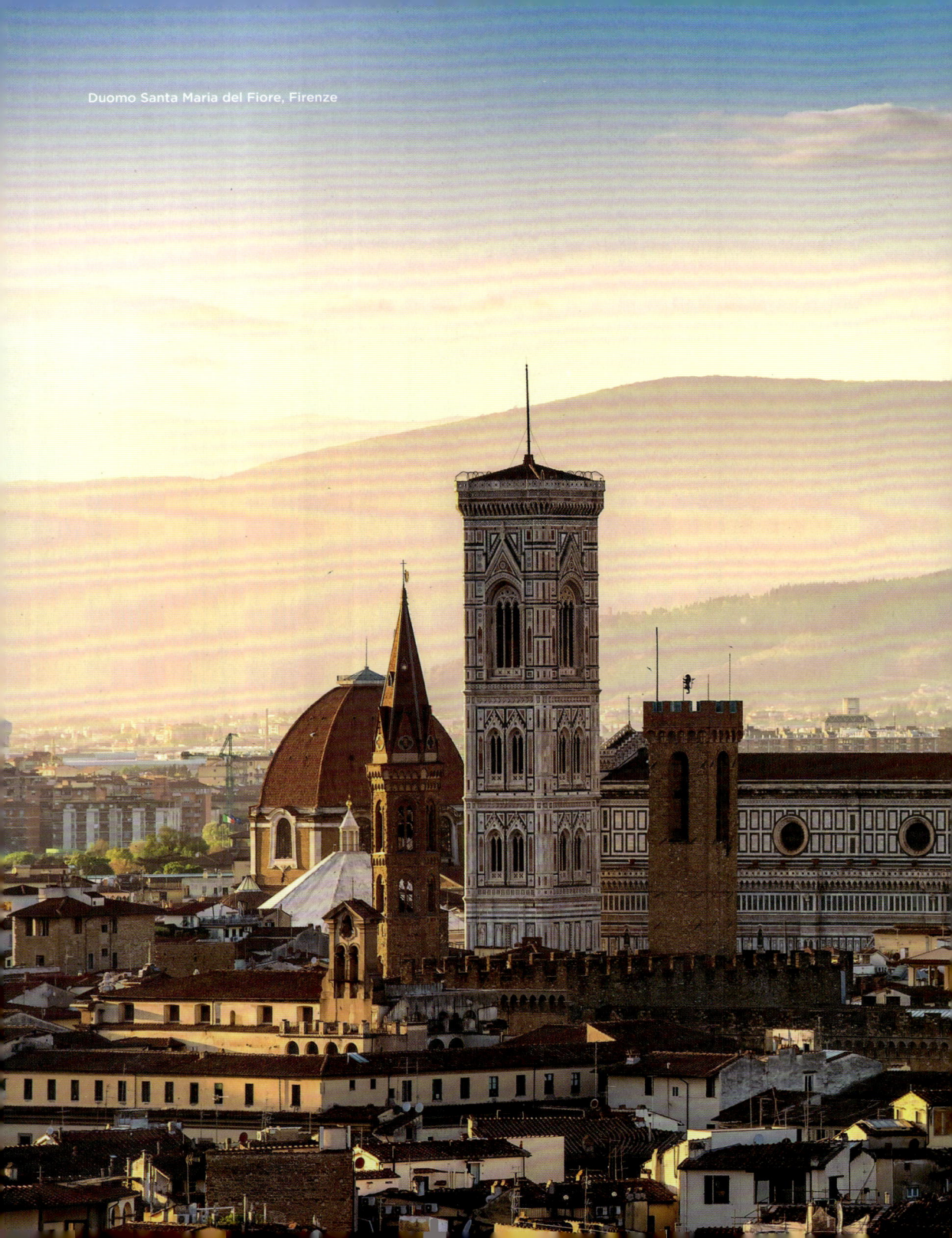

Duomo Santa Maria del Fiore, Firenze

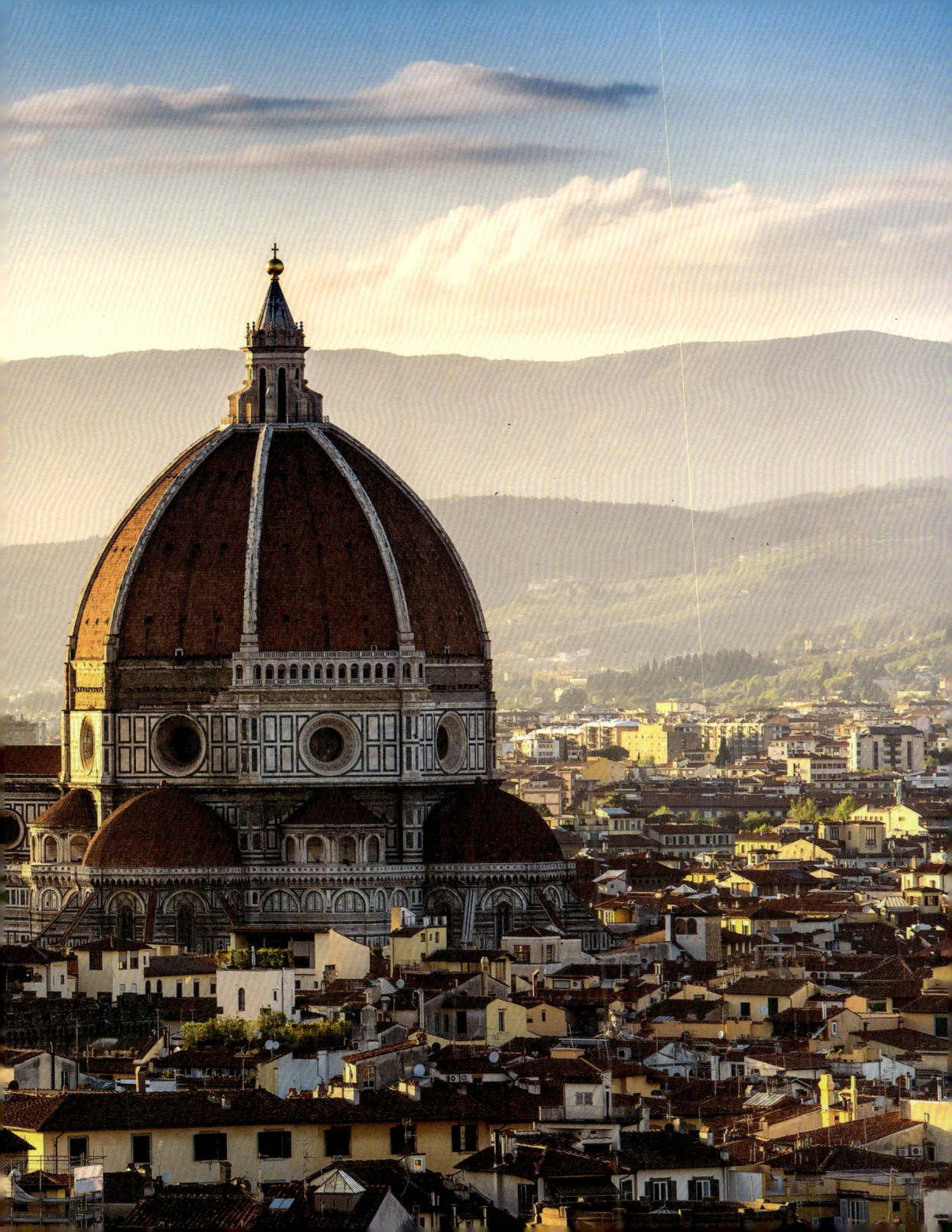

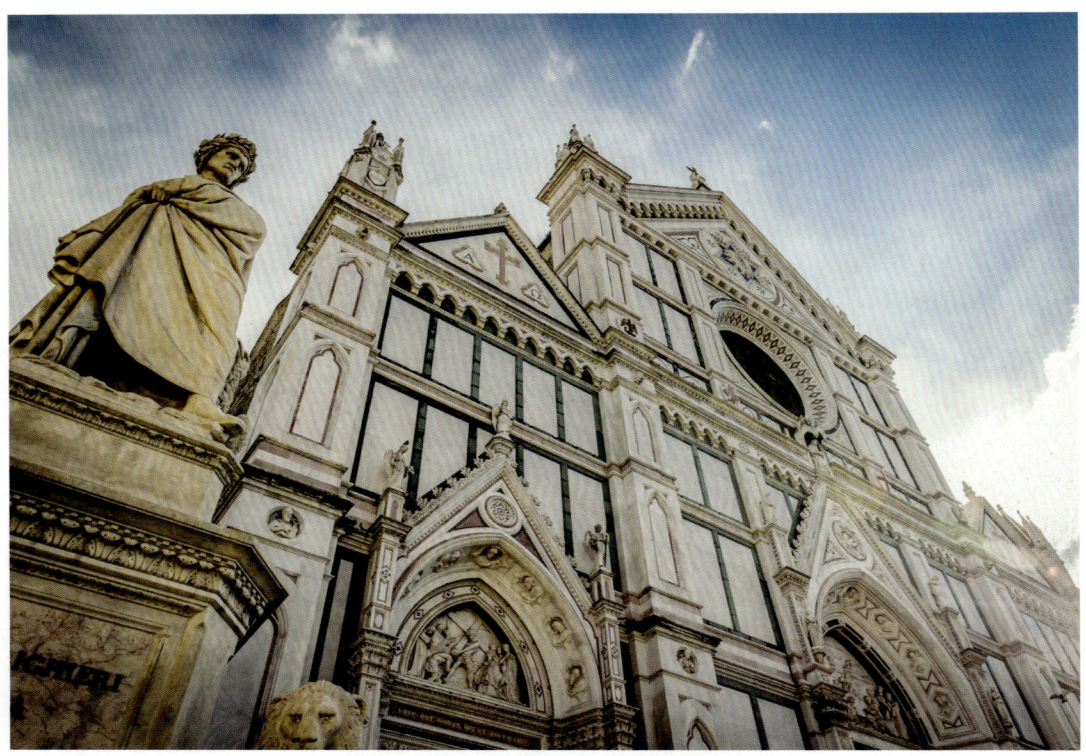

Basilica di Santa Croce

Florence

Florence, the capital of Tuscany,
offers numerous sights.
A city of the Medici and a city of art
and the cradle of the Renaissance,
the UNESCO World Heritage Site
impresses not only with its
magnificent architecture, but also
with its cultural and artistic diversity.

Florence

Florence, cité des Médicis, ville
d'art et berceau de la Renaissance
regorge de merveilles. La capitale
toscane, inscrite au Patrimoine
mondial de l'humanité de l'Unesco,
impressionne avec l'architecture
grandiose de ces monuments
mais aussi par sa richesse culturelle
et artistique.

Florenz

Florenz, die Hauptstadt der
Toskana, bietet zahlreiche
Sehenswürdigkeiten. Als Stadt der
Medici, Stadt der Kunst und Wiege
der Renaissance beeindruckt das
UNESCO-Welterbe nicht nur durch
seine prächtige Architektur,
sondern auch durch seine kulturelle
und künstlerische Vielfalt.

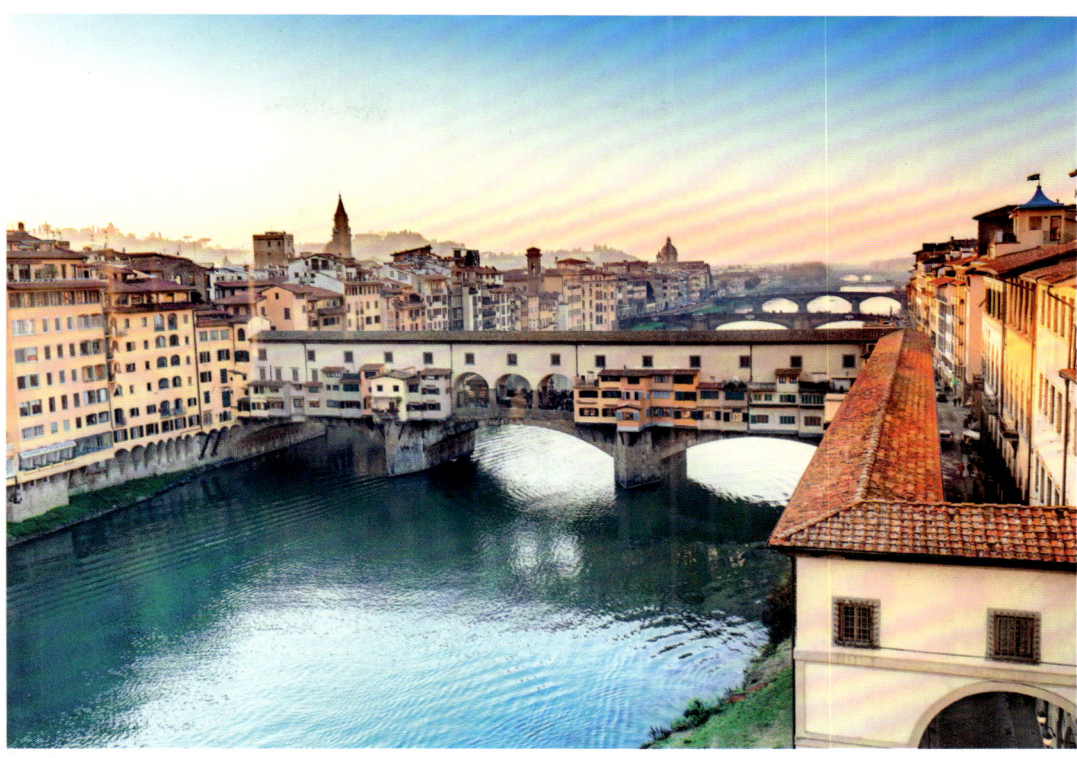

Ponte Vecchio

Florencia

Florencia, la capital de la Toscana, ofrece numerosos lugares de interés. Como ciudad de los Médicis, ciudad de arte y cuna del Renacimiento, el patrimonio mundial de la UNESCO impresiona no solo por su magnífica arquitectura, sino también por su diversidad cultural y artística.

Florença

Florença, a capital da Toscana, oferece inúmeras atracções turísticas. Como a cidade dos Medici, a cidade da arte e o berço do Renascimento, o Patrimônio Mundial da UNESCO impressiona não só pela sua magnífica arquitetura, mas também pela sua diversidade cultural e artística.

Florence

Florence, de hoofdstad van Toscane, biedt veel bezienswaardigs. Als woonplaats van de Medici, centrum van de kunst en bakermat van de renaissance maakt deze stad, die door de Unesco op de werelderfgoedlijst is gezet, niet alleen indruk met zijn prachtige architectuur, maar ook met zijn culturele en artistieke diversiteit.

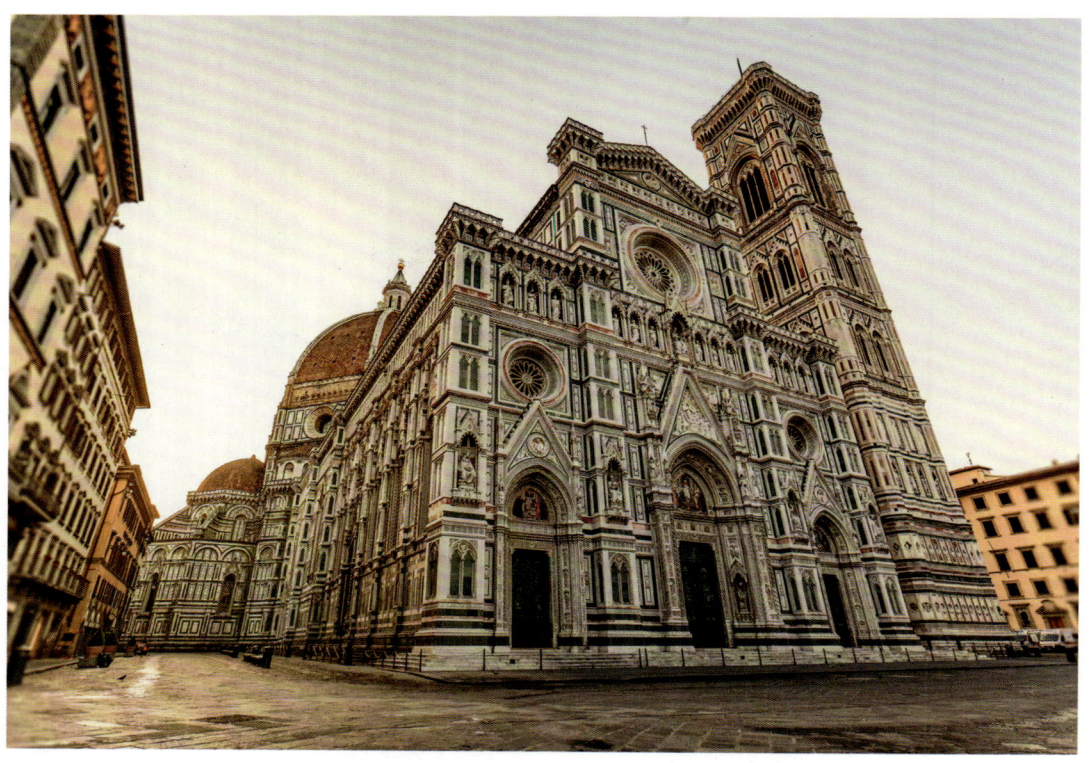

Duomo di Santa Maria del Fiore

Piazza del Duomo

Piazza del Duomo is the religious centre of the city. The Cathedral of Santa Maria del Fiore with its imposing dome and Giotto's bell tower clad in white, green and red marble are located here. The Baptistery of San Giovanni is an outstanding example of the Florentine-Romanesque style.

Piazza del Duomo

Au cœur de la ville, la Piazza del Duomo est le principal pôle religieux. Ici trônent majestueusement l'imposant dôme de Santa Maria del Fiore et le campanile de Giotto, tous deux revêtus de marbre blanc, vert et rouge. Quant au baptistère roman San Giovanni, c'est un exemple du style roman florentin.

Piazza del Duomo

Die Piazza del Duomo ist das religiöse Zentrum der Stadt. Hier befindet sich die Kathedrale Santa Maria del Fiore mit ihrer imposanten Kuppel und dem Glockenturm von Giotto, mit seiner Verkleidung aus weißem, grünem und rotem Marmor. Das Baptisterium San Giovanni ist ein herausragendes Beispiel des florentinisch-romanischen Stils.

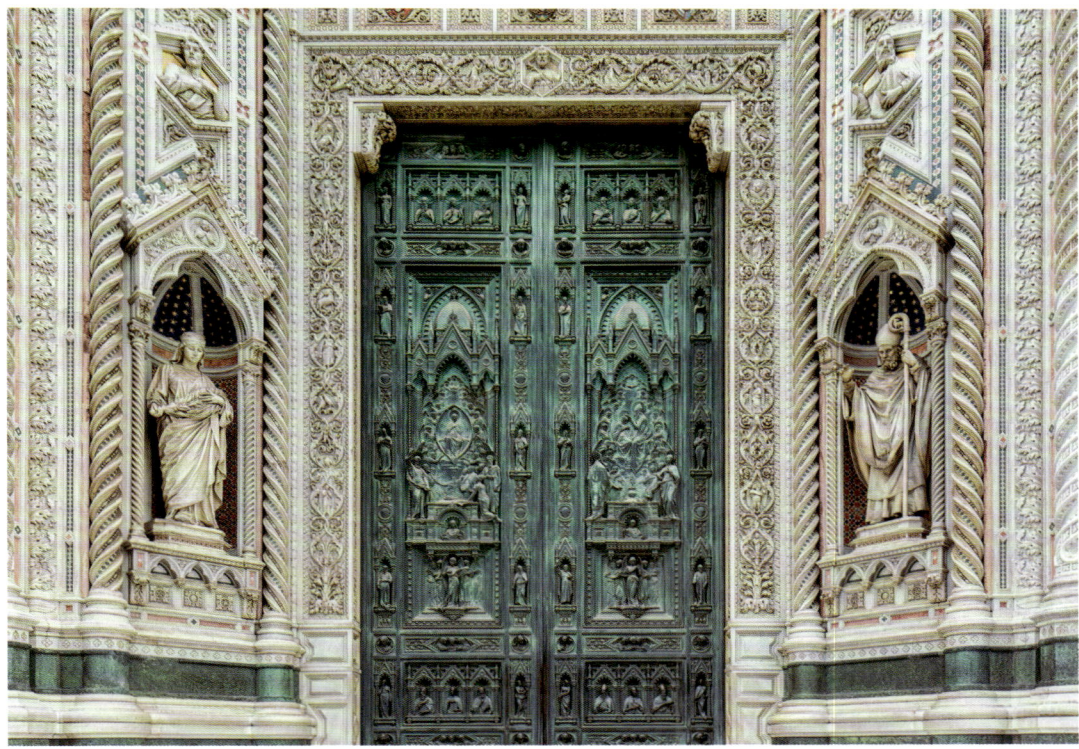

Duomo di Santa Maria del Fiore

Piazza del Duomo

La Piazza del Duomo es el centro religioso de la ciudad. Aquí se encuentra la Catedral de Santa Maria del Fiore, con su imponente cúpula; y el campanario de Giotto, revestido de mármol blanco, verde y rojo. El Baptisterio de San Giovanni es un ejemplo destacado del estilo romántico florentino.

Piazza del Duomo

Piazza del Duomo é o centro religioso da cidade. Aqui está a Catedral de Santa Maria del Fiore com sua imponente cúpula e a torre sineira de Giotto, revestida de mármore branco, verde e vermelho. O Batistério de San Giovanni é um excelente exemplo do estilo florentino-românico.

Piazza del Duomo

Het Piazza del Duomo vormt het religieuze centrum van de stad. Hier staat de kathedraal van Santa Maria del Fiore met zijn imposante koepel en de klokkentoren van Giotto, bekleed met wit, groen en rood marmer. Het baptisterium van San Giovanni is een uitstekend voorbeeld van de Florentijnse romaanse stijl.

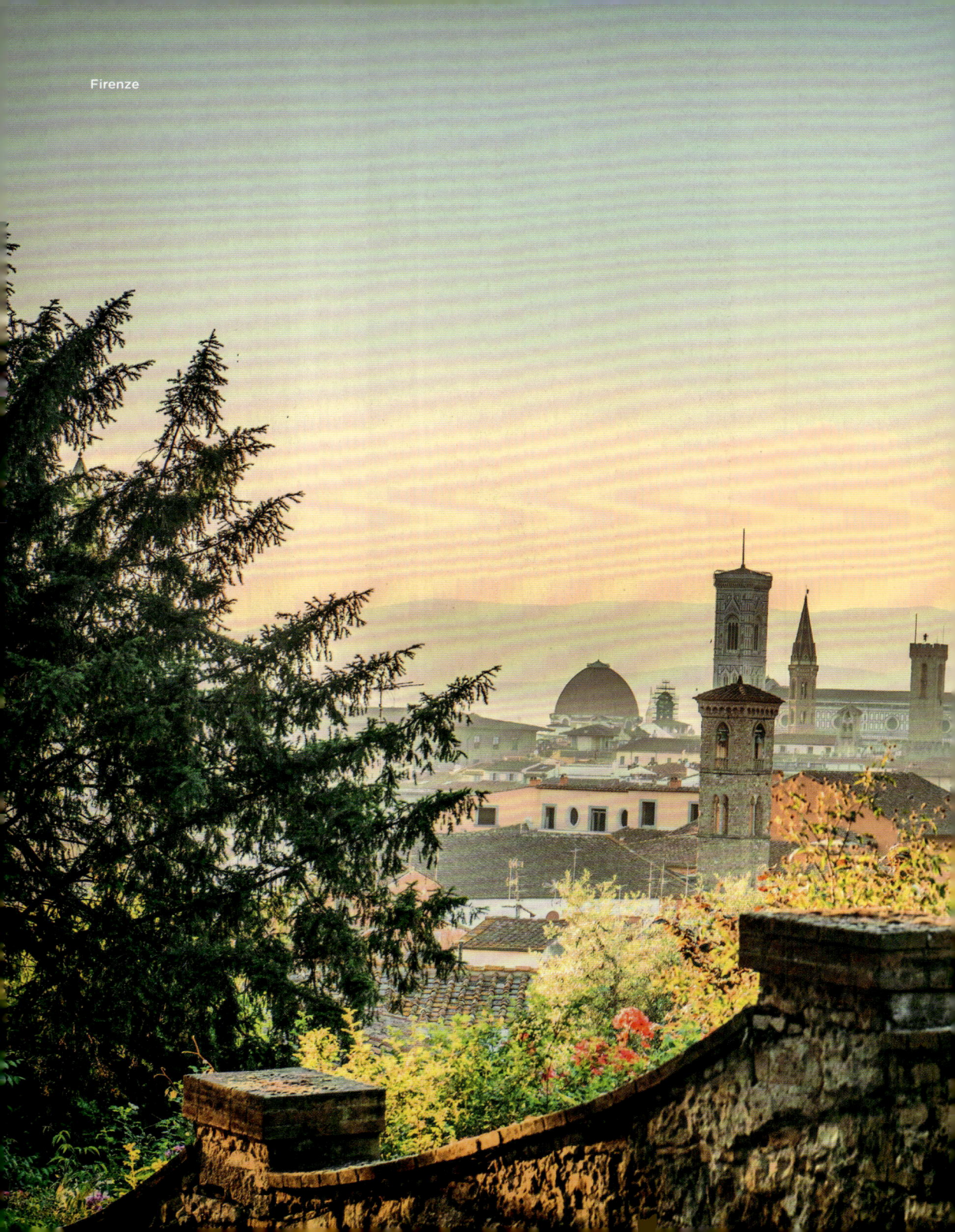

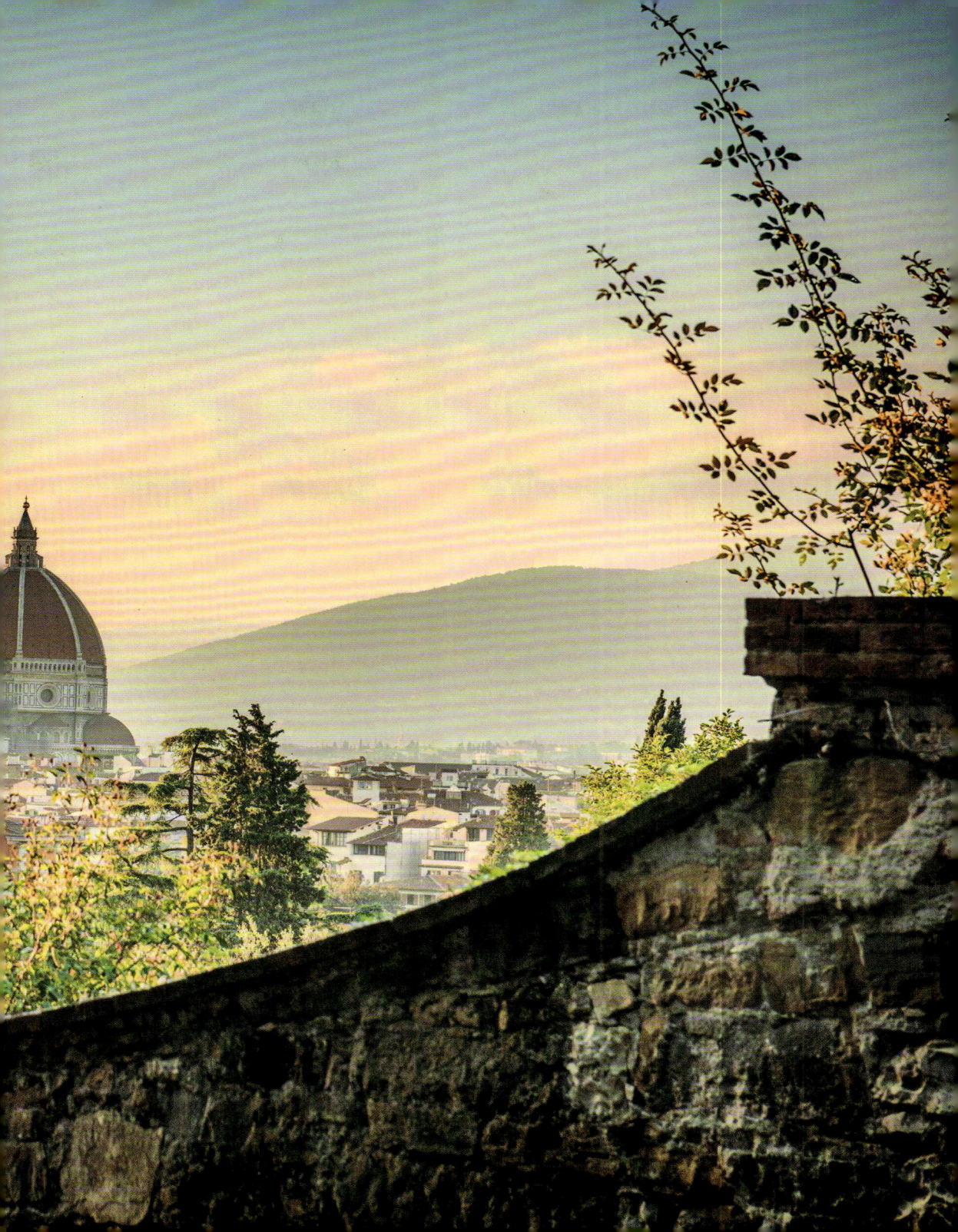

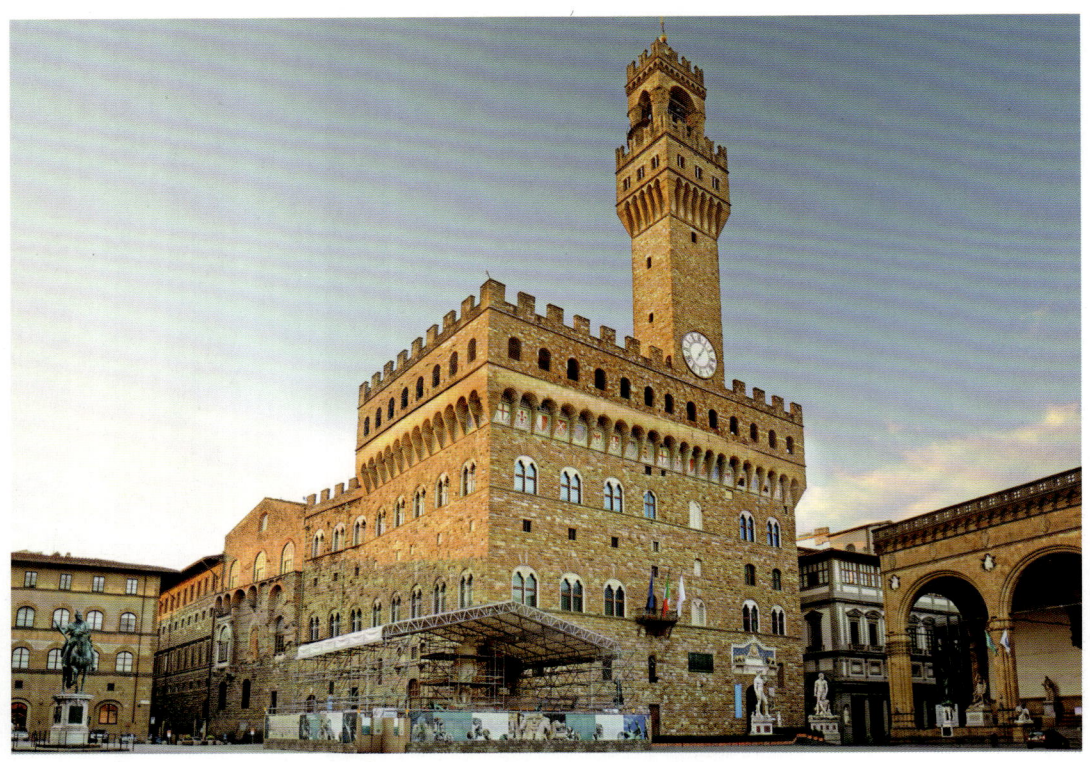

Palazzo Vecchio

Piazza della Signoria

The main square of Florence
is located between the Arno
and Piazza Duomo. Here is one
of the most famous buildings
of the city: the Palazzo Vecchio.
The square is also bordered
by the Uffizi Gallery, which
houses the Galleria degli Uffizi -
one of the most famous museums
in the world with works
by Botticelli, Michelangelo
and Leonardo da Vinci.

Place de la Seigneurie

Située entre l'Arno et la Piazza
Duomo, c'est la place principale de
Florence. Elle accueille un des
édifices les plus emblématiques de
la ville : le Palazzo Vecchio. La place
est également bordée par la galerie
des Offices qui est l'un des musées
les plus connus au monde avec des
œuvres de Botticelli, Michel-Ange
ou encore Léonard de Vinci.

Piazza della Signoria

Der Hauptplatz von Florenz liegt
zwischen dem Arno und der Piazza
Duomo. Hier befindet sich eines der
bekanntesten Gebäude der Stadt:
der Palazzo Vecchio. An den Platz
grenzen auch die Uffizien an,
welche die Galleria degli Uffizi
beherbergen – eines der
berühmtesten Museen der Welt mit
Werken von Botticelli, Michelangelo
und Leonardo da Vinci.

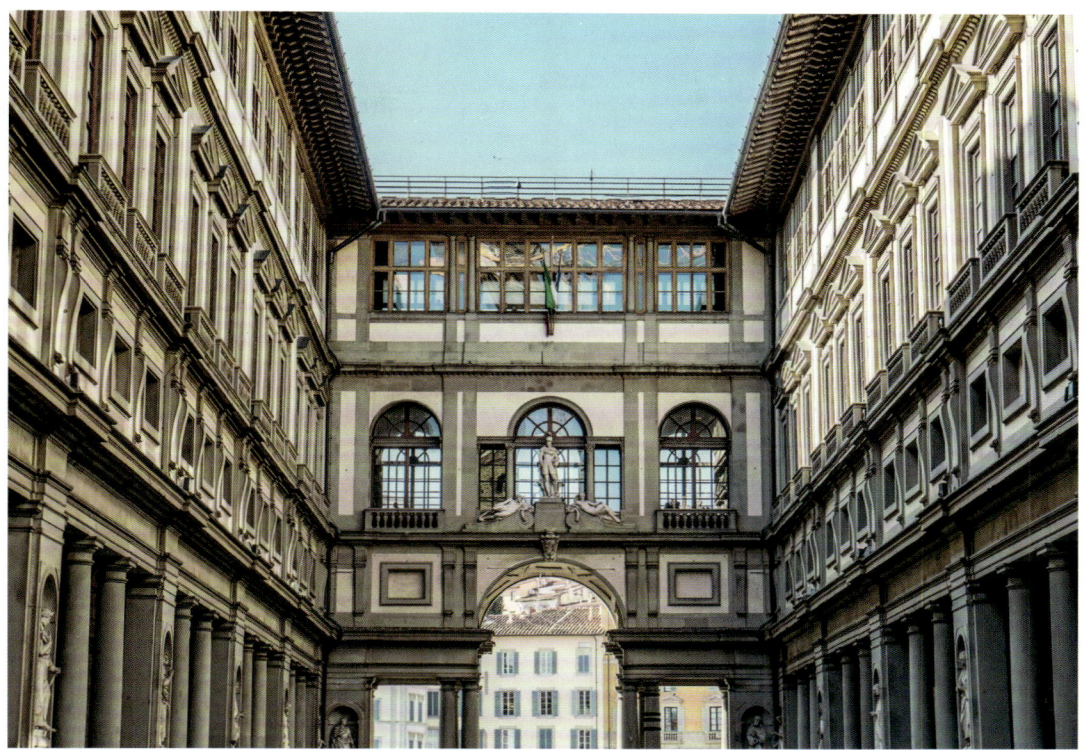

Galleria degli Uffizi

Piazza della Signoria

La plaza principal de Florencia está situada entre el Arno y la Piazza Duomo. Aquí se encuentra uno de los edificios más famosos de la ciudad: el Palazzo Vecchio. La plaza también está rodeada por el Museo de los Uffizi, que alberga la Galleria degli Uffizi (uno de los museos más famosos del mundo con obras de Botticelli, Miguel Ángel y Leonardo da Vinci).

Piazza della Signoria

A praça principal de Florença está localizada entre o Arno e a Piazza Duomo. Aqui está um dos edifícios mais famosos da cidade: o Palazzo Vecchio. A praça também é cercada pela Galeria Uffizi, que abriga a Galleria degli Uffizi - um dos mais famosos museus do mundo com obras de Botticelli, Michelangelo e Leonardo da Vinci.

Piazza della Signoria

Het belangrijkste plein van Florence ligt tussen de Arno en het Piazza Duomo. Hier staat een van de bekendste gebouwen van de stad: het Palazzo Vecchio. Het plein wordt begrensd door de Gallerie degli Uffizi, die een van de beroemdste musea ter wereld herbergen met werken van Botticelli, Michelangelo en Leonardo da Vinci.

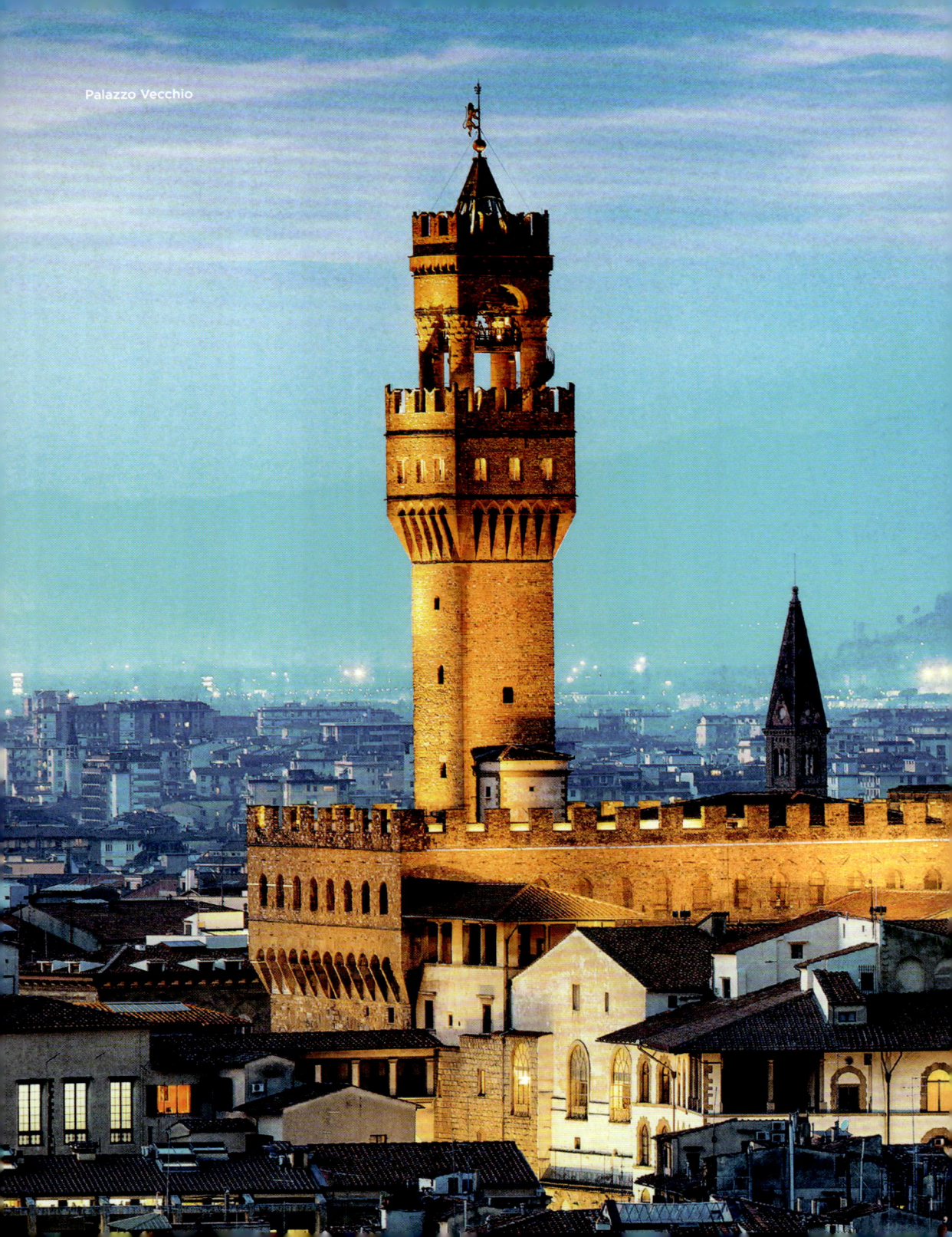

Palazzo Vecchio

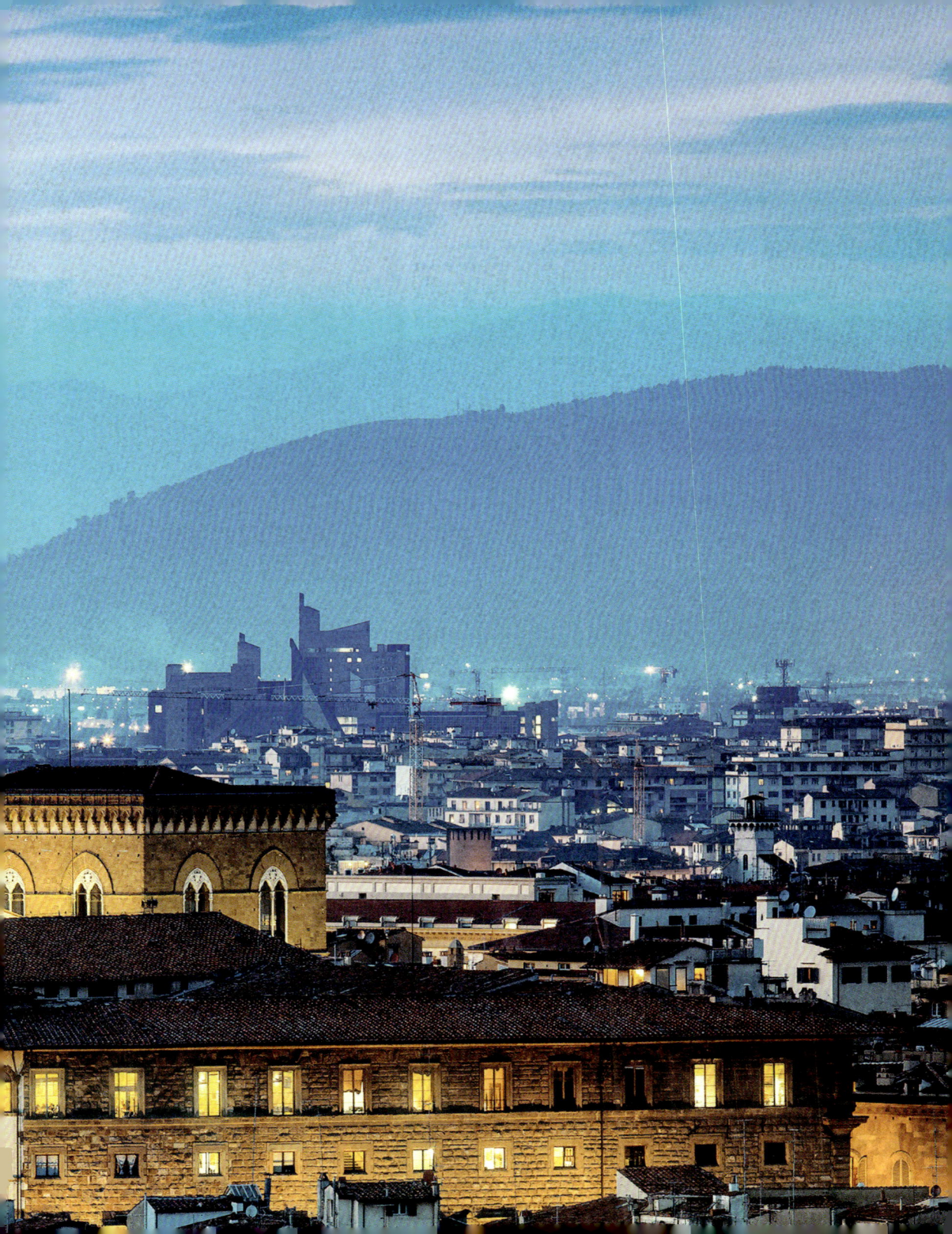

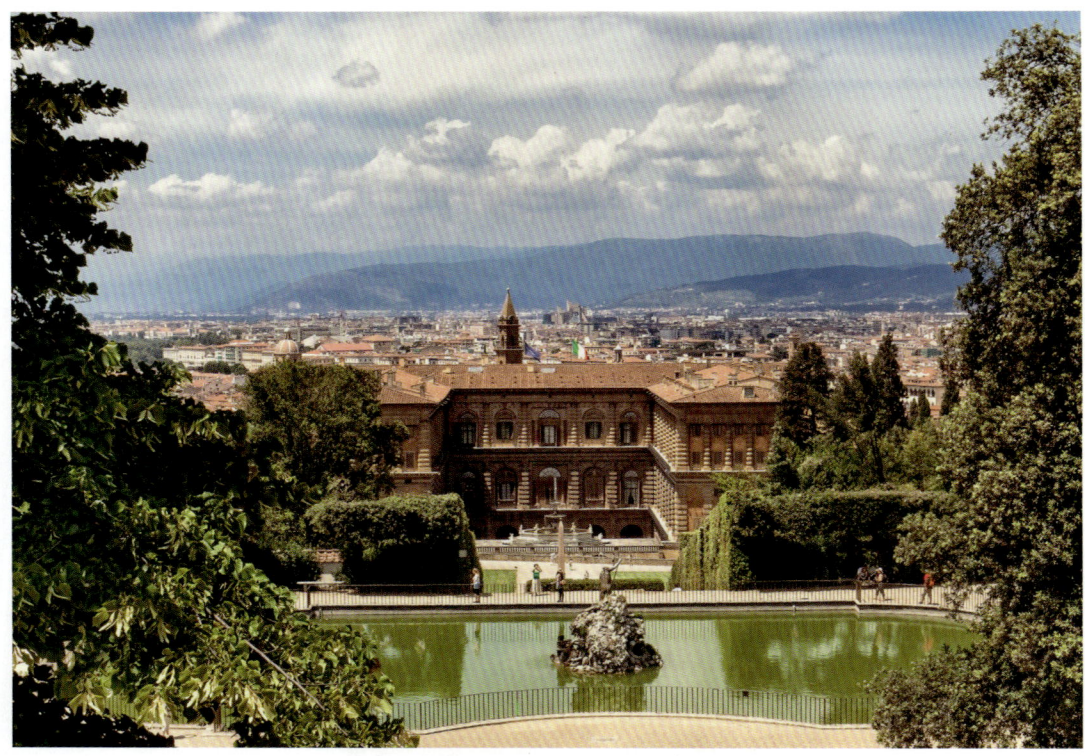

Palazzo Pitti

Palazzo Vecchio

The interior of Palazzo Vecchio houses the Hall of the Five Hundred with its gigantic fresco by Michelangelo. The Vasari Corridor connects Palazzo Vecchio with Palazzo Pitti.

Palazzo Vecchio

El interior del Palazzo Vecchio alberga el Salón de los Quinientos, con su gigantesco fresco de Miguel Ángel. El Corredor de Vasari conecta el Palazzo Vecchio con el Palazzo Pitti.

Palazzo Vecchio

À l'intérieur du Palazzo Vecchio, la Salle des Cinq-Cents est décorée d'une gigantesque fresque signée Michel-Ange. Le corridor de Vasari relie la Palazzo Vecchio au Palazzo Pitti.

Palazzo Vecchio

O interior do Palazzo Vecchio abriga o Salão dos Cinco Cem com o seu gigantesco afresco de Michelangelo. O Corredor Vasari liga o Palazzo Vecchio ao Palazzo Pitti.

Palazzo Vecchio

Das Innere des Palazzo Vecchio beherbergt den Saal der Fünfhundert mit seinem gigantischen Fresko von Michelangelo. Der Vasarikorridor verbindet den Palazzo Vecchio mit dem Palazzo Pitti.

Palazzo Vecchio

In het Palazzo Vecchio bevindt zich de Salone dei Cinquecento met zijn gigantische fresco van Michelangelo. De Corridoio Vasariano, een lange passage, verbindt het Palazzo Vecchio met Palazzo Pitti.

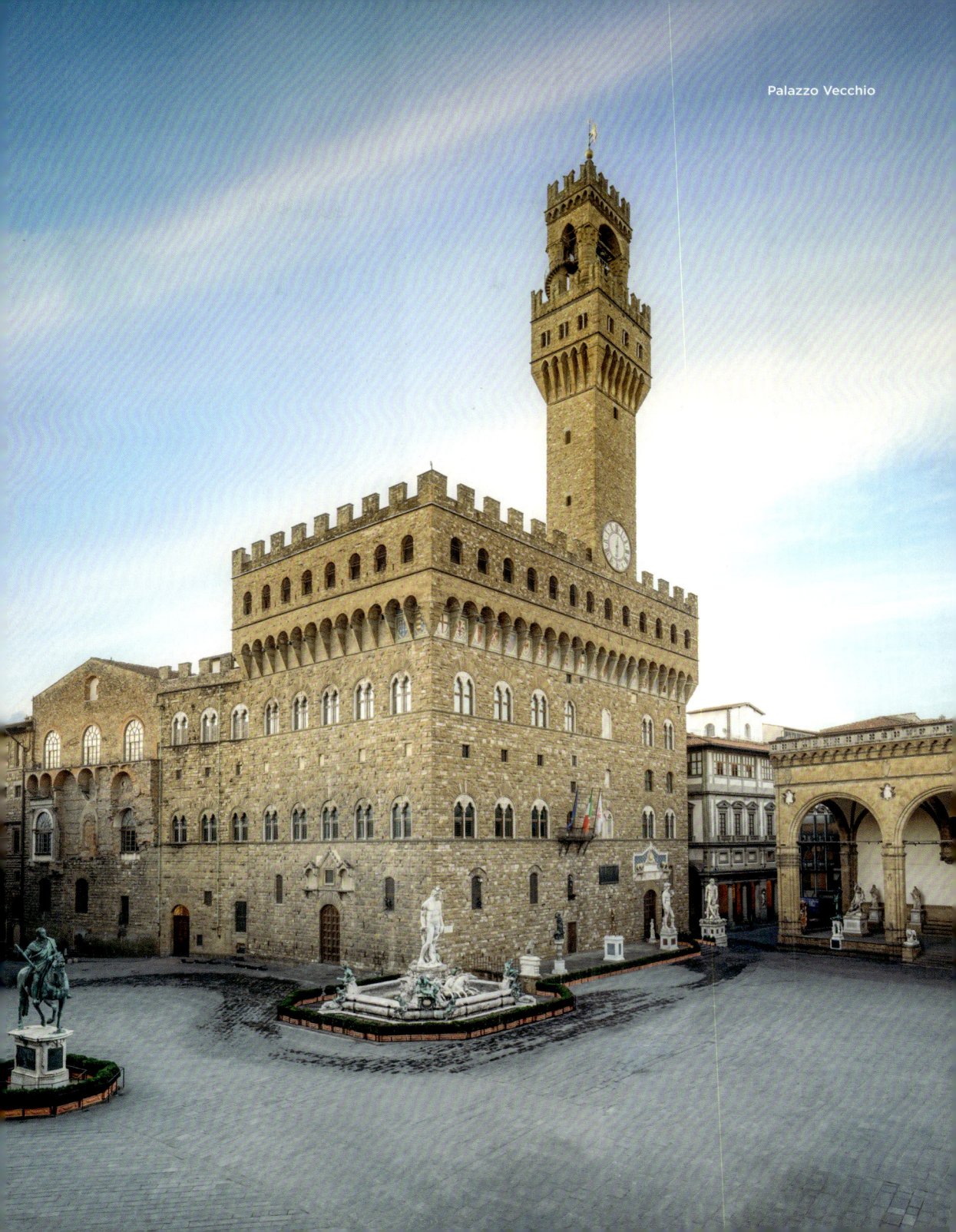

Palazzo Vecchio

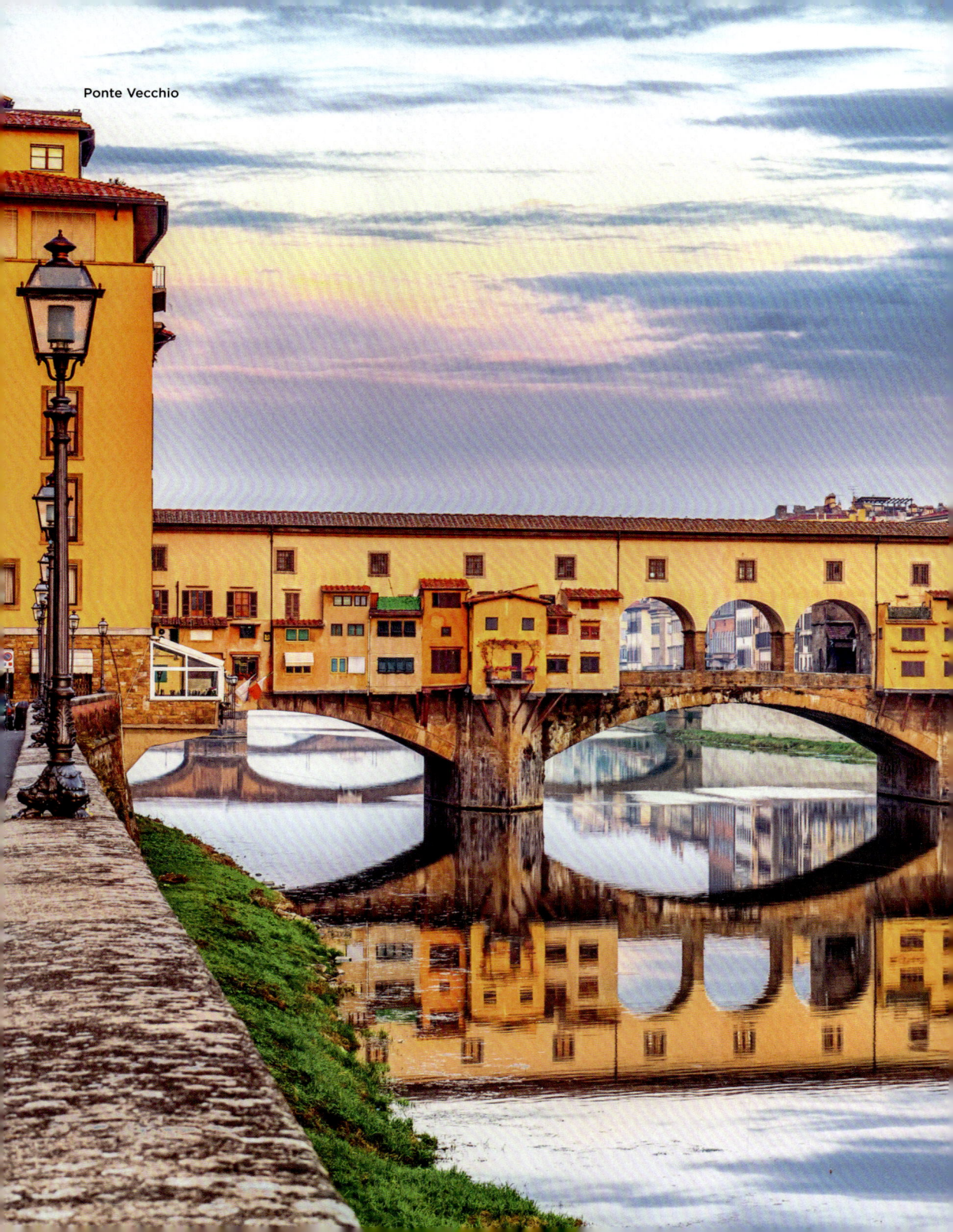

Ponte Vecchio

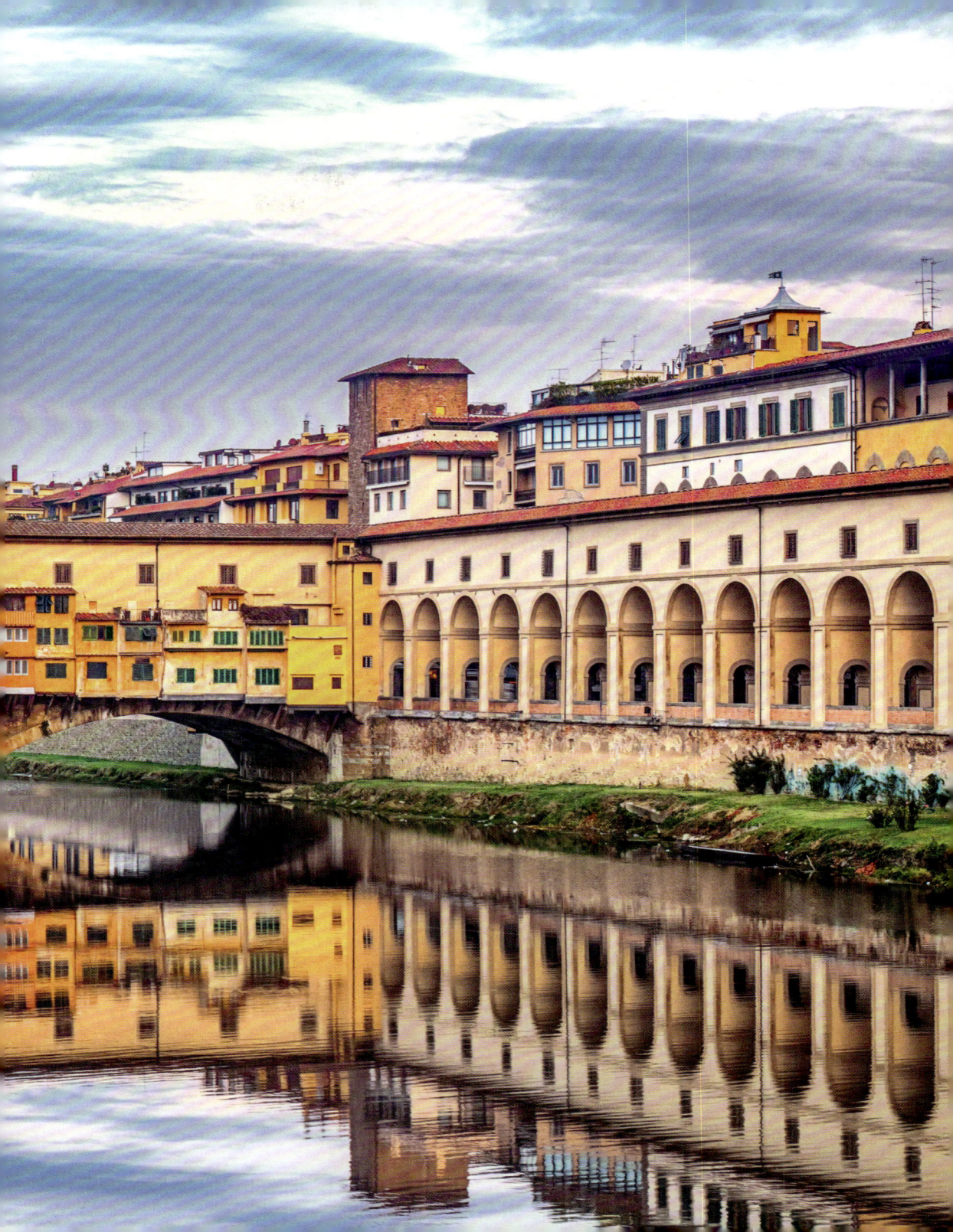

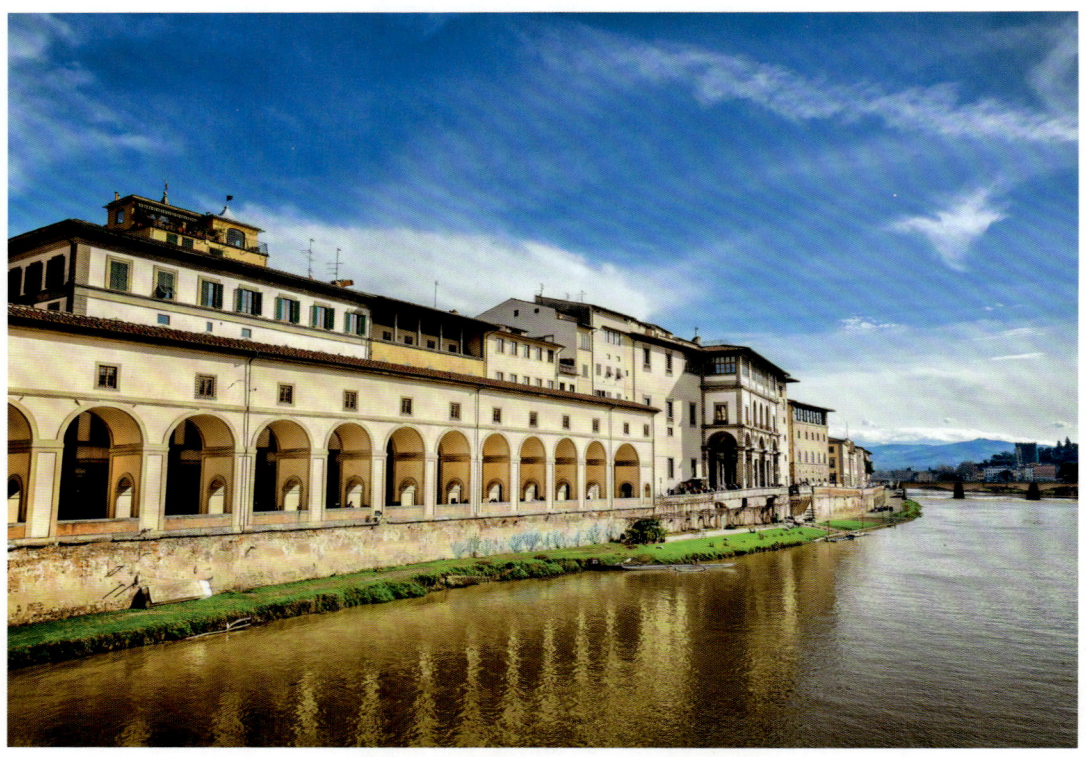

Corridoio Vasariano e Galleria degli Uffizi

Ponte Vecchio

The origins of the Ponte Vecchio or "old bridge" date back to Roman times. It was given its present form in 1345 and crosses the Arno River in the form of a gallery, both the landmark and the oldest bridge in Florence. Its sides are lined with numerous jewellers and goldsmiths. In the middle, a small square offers views of the river.

Pont Vecchio

Le Ponte Vecchio, qui signifie « vieux pont », date de l'époque romaine, bien que sa structure actuelle date de 1345. Le plus vieux pont de Florence, et emblème de la ville, traverse l'Arno sous forme de galerie marchande avec des boutiques spécialisées dans la bijouterie et l'orfèvrerie. Au milieu du pont, une petite place offre une vue dégagée sur le fleuve.

Ponte Vecchio

Die Ursprünge der Ponte Vecchio oder „alten Brücke" reichen bis zu den Römern zurück. Ihre heutige Gestalt erhielt sie 1345. In Form einer Galerie überquert das Wahrzeichen und die zugleich älteste Brücke von Florenz den Arno. Ihre Seiten sind gesäumt von zahlreichen Juwelieren und Goldschmieden. In der Mitte ermöglicht ein kleiner Platz Ausblicke auf den Fluss.

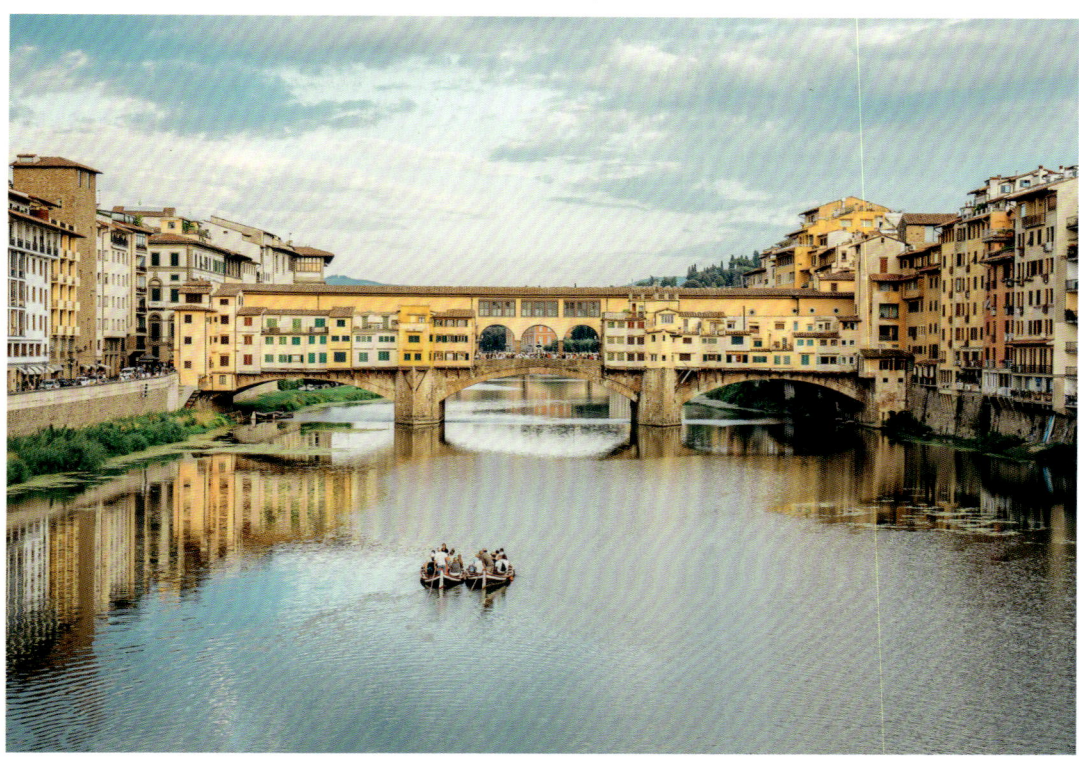

Ponte Vecchio

Ponte Vecchio

Los orígenes del Ponte Vecchio o «puente viejo» se remontan a los romanos. Este punto de referencia que es también el puente más antiguo de Florencia recibió su forma actual en 1345 y cruza el río Arno en forma de galería. A sus lados está lleno de joyeros y orfebres, y en el centro hay una pequeña plaza con vistas al río.

Ponte Vecchio

As origens da Ponte Vecchio ou «ponte velha» remontam aos Romanos. A sua forma actual foi-lhe dada em 1345 e atravessa o rio Arno sob a forma de uma galeria, tanto o marco como a ponte mais antiga de Florença. As suas passagens estão repletas de numerosos joalheiros e ourivesaria. No meio, uma pequena praça oferece vistas do rio.

Ponte Vecchio

De oorsprong van de Ponte Vecchio of 'oude brug' gaat terug tot de Romeinen. Hij kreeg zijn huidige vorm in 1345. In de vorm van een galerij overbrugt dit herkenningspunt, dat tevens de oudste brug van Florence is, de rivier de Arno. De galerij is aan weerszijden omzoomd met talrijke winkeltjes van juweliers en goudsmeden. In het midden biedt een klein plaatsje uitzicht op de rivier.

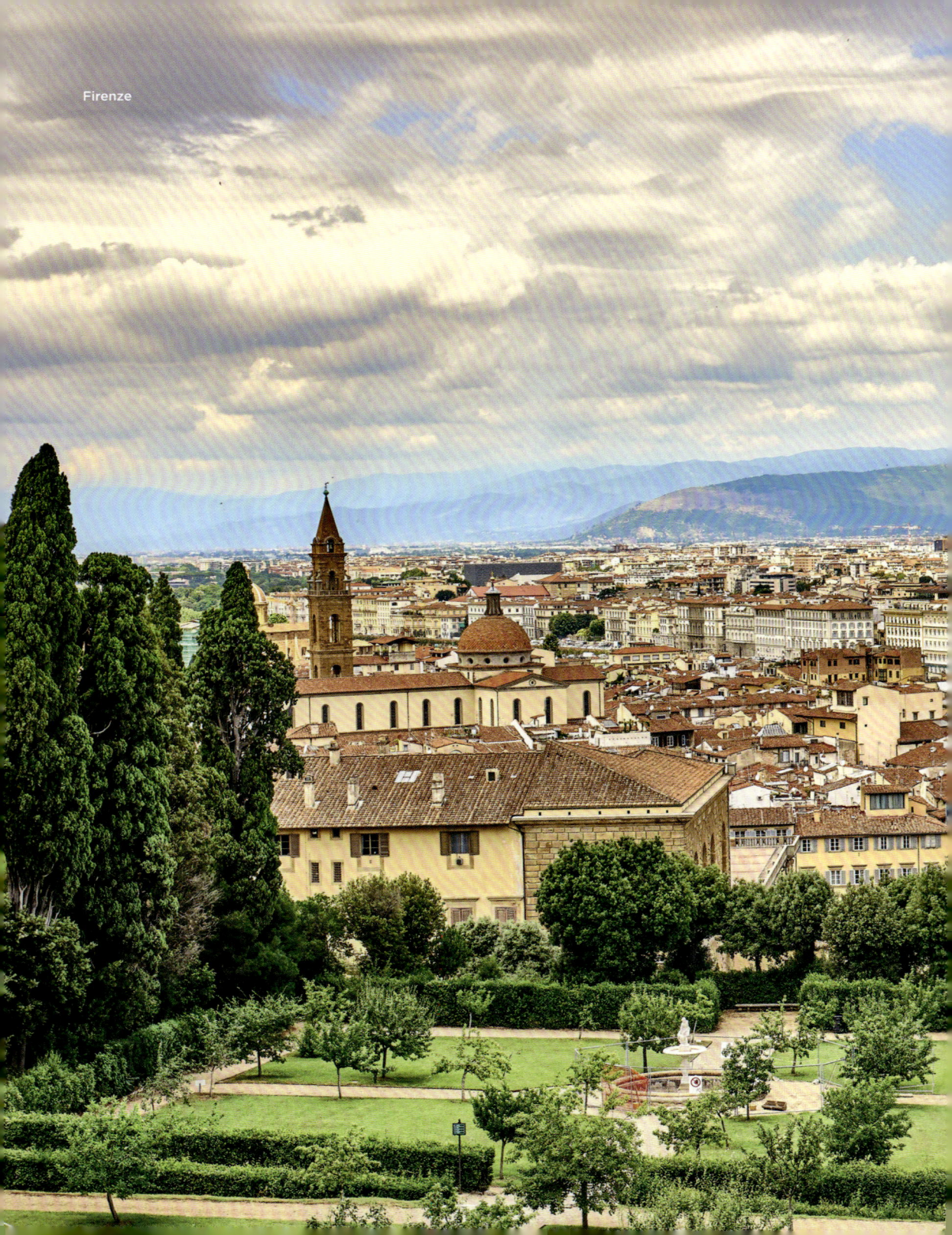

Firenze

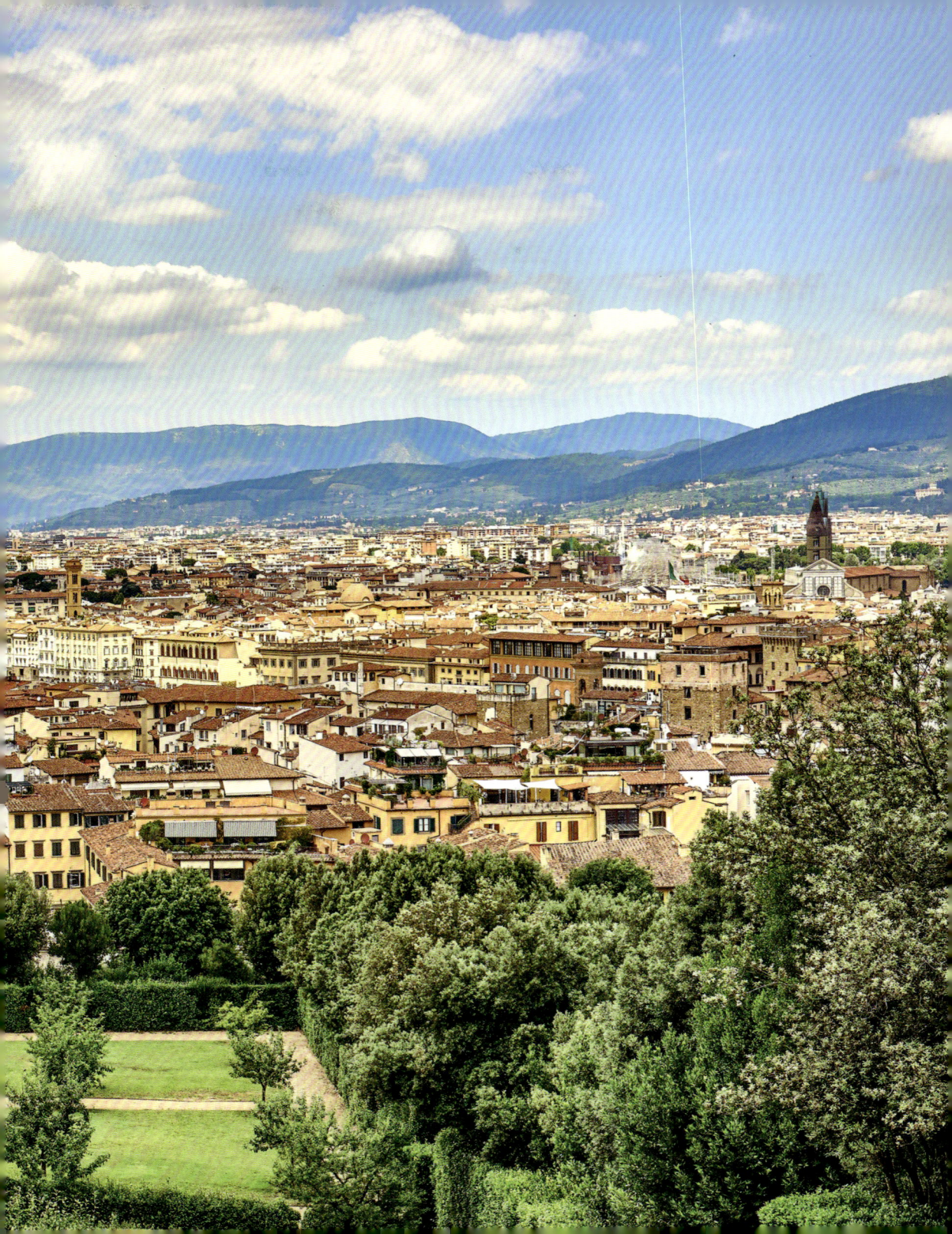

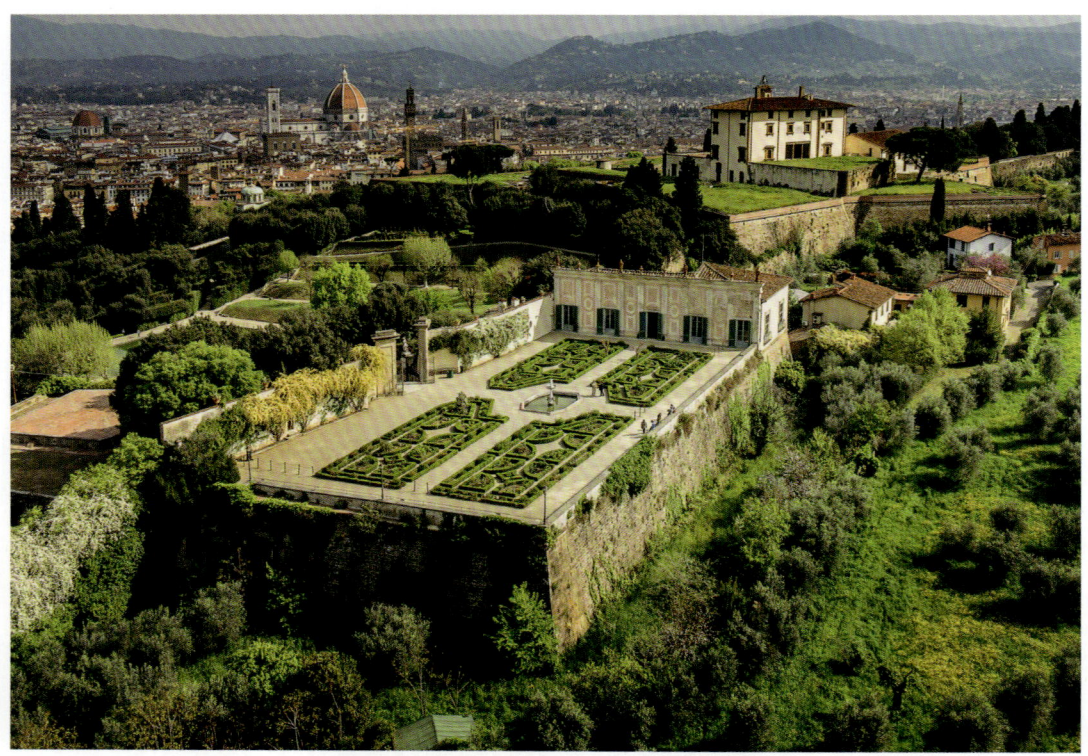

Giardino di Boboli

Boboli Garden

Behind Palazzo Pitti is the Boboli Garden, acquired by the Medici in the 16th century. From its terraces, it offers a breathtaking view of Florence. The 45-hectare complex with its fountains, statues, stairs, grottos, a small lake and an irrigation system fed by the Arno River is a prime example of Italian garden art.

Jardin de Boboli

Situé sur la colline derrière le Palazzo Pitti, acquis par les Médicis au XVIᵉ siècle, le jardin de Boboli offre une vue imprenable sur Florence depuis le belvédère. Les 45 ha de terrasses, fontaines, statues, escaliers, grottes, un petit lac, et le système d'irrigation depuis le fleuve Arno, font du jardin de Boboli un modèle de jardin à l'italienne.

Boboli-Garten

Hinter dem Palazzo Pitti, der im 16. Jahrhundert von den Medici erworben wurde, liegt der Boboli-Garten. Von seinen Terrassen aus bietet er einen atemberaubenden Blick auf Florenz. Die 45 ha große Anlage mit ihren Brunnen, Statuen, Treppen, Grotten, einem kleinen See und dem vom Arno gespeisten Bewässerungssystem ist ein Paradebeispiel italienischer Gartenkunst.

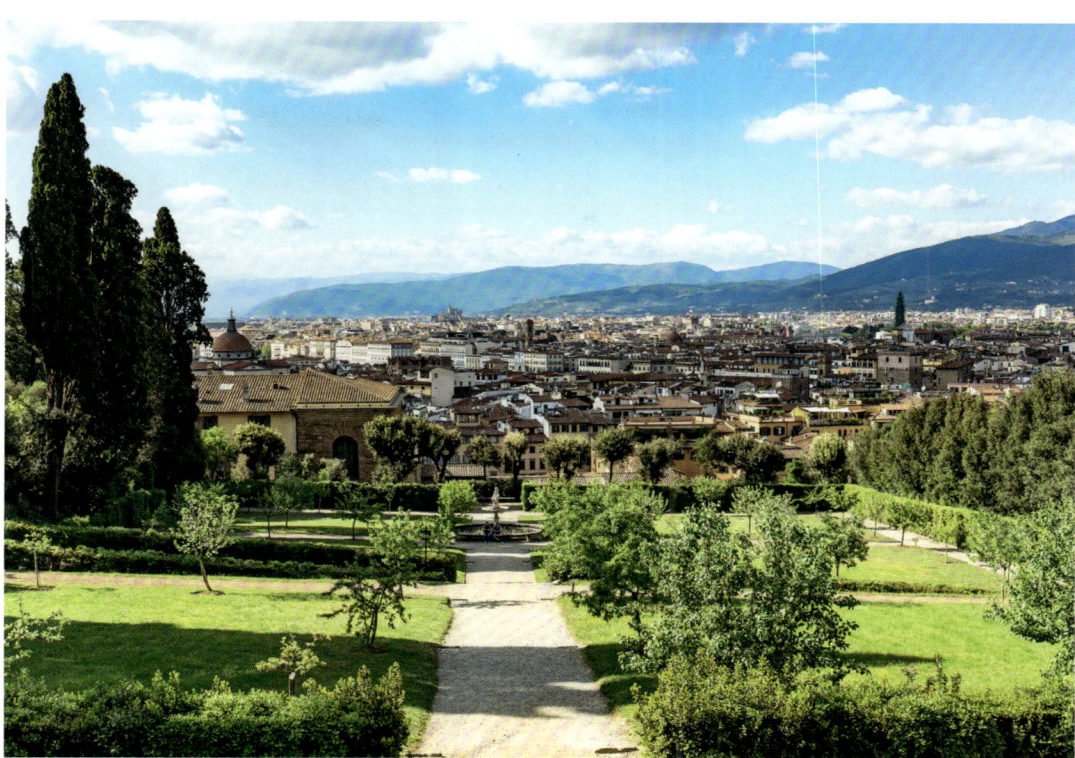

Giardino di Boboli

Jardín de Bobolì

Detrás del Palazzo Pitti, que fue adquirido por los Médici en el siglo XVI, se encuentra el Jardín de Boboli. Desde sus terrazas ofrece una vista impresionante de Florencia. El complejo de 45 ha con sus fuentes, estatuas, escaleras, grutas, un pequeño lago y el sistema de riego alimentado por el río Arno es un excelente ejemplo del diseño de los jardines italianos.

Jardim de Boboli

Atrás do Palazzo Pitti, adquirido pelos Médici no século XVI, encontrase o Jardim de Boboli. Os seus terraços, oferecem uma vista deslumbrante de Florença. O complexo de 45 hectares com suas fontes, estátuas, escadas, grutas, um pequeno lago e o sistema de irrigação alimentado pelo rio Arno é um excelente exemplo de arte do jardim italiano.

Jardin de Bobolì

Achter het Palazzo Pitti, dat in de 16e eeuw door de Medici werd gekocht, liggen de Boboli-tuinen. Vanaf de terrassen bieden ze een adembenemend uitzicht over Florence. Het 45 hectare grote park met zijn fonteinen, beelden, trappen, grotten, een meertje en een bewateringssysteem dat door de rivier de Arno wordt gevoed, is een fraai voorbeeld van Italiaanse tuinkunst.

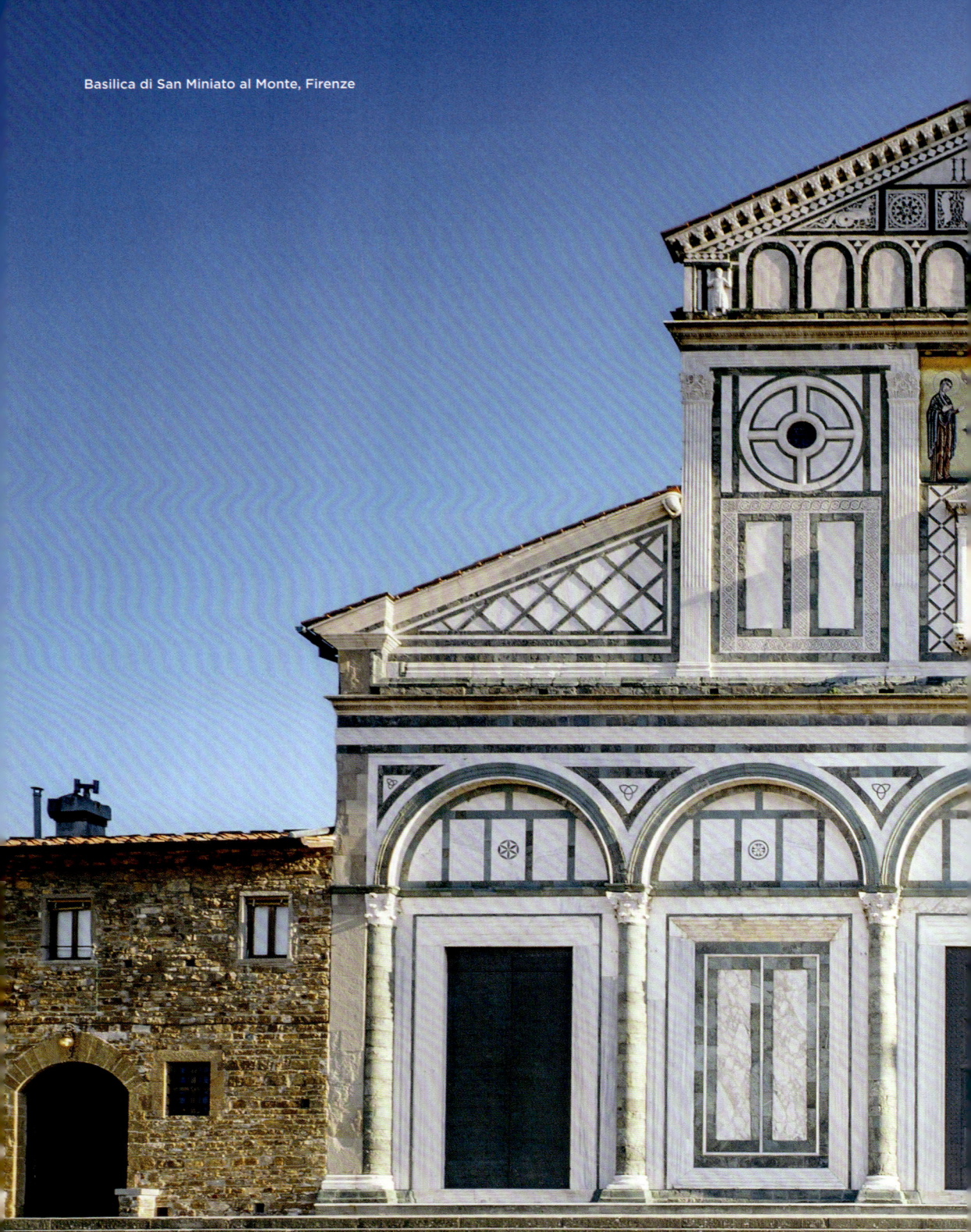

Basilica di San Miniato al Monte, Firenze

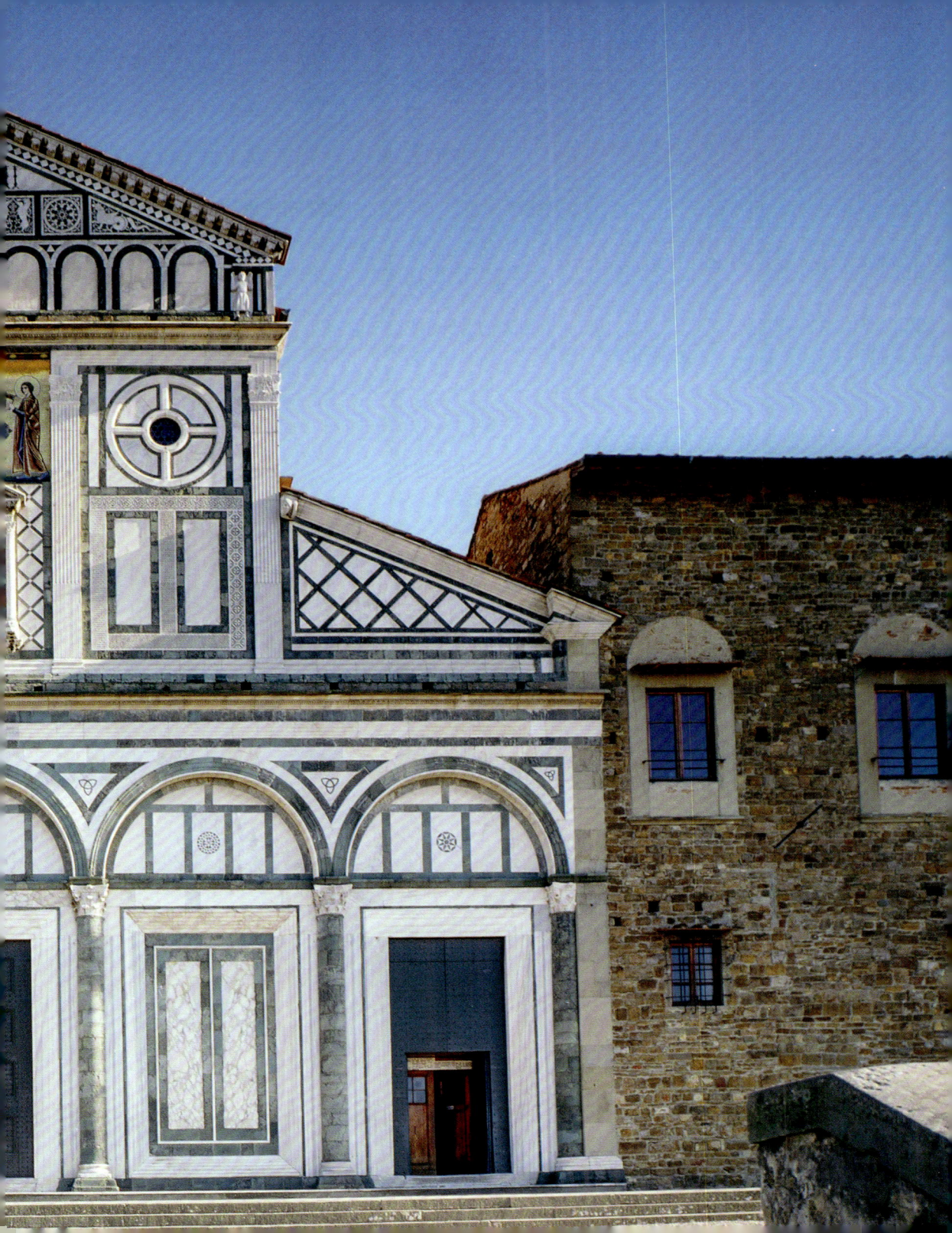

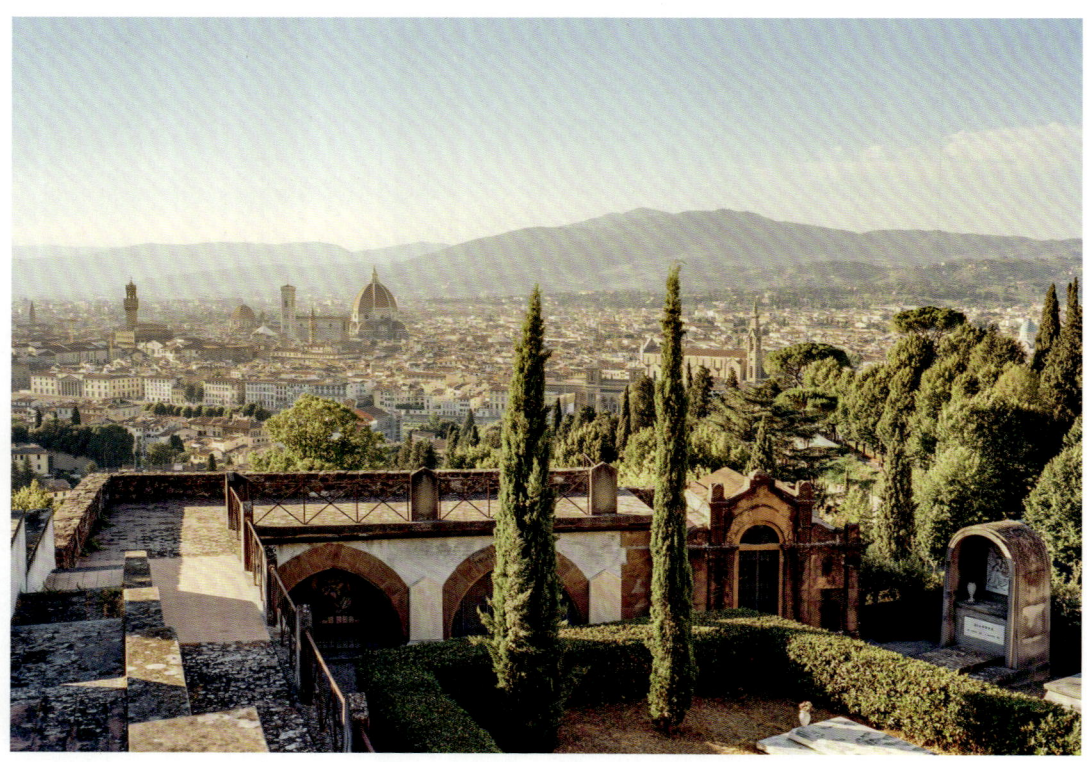

Piazzale Michelangelo

Piazzale Michelangelo

Piazzale Michelangelo was designed at the end of the 19th century by the architect Giuseppe Poggi. The square, situated on a hill, offers a panoramic view over Florence. In homage to Michelangelo, bronze copies of "David" and allegories from the "New Sacristy" of the Church of San Lorenzo adorn it.

Piazzale Michelangelo

L'esplanade Michel-Ange (Piazzale Michelangelo, en italien) été créée par l'architecte Giuseppe Poggi, à la fin du XIXᵉ siècle. Construite sur une colline, le belvédère offre une vue panoramique de Florence. En hommage à Michel-Ange, l'esplanade est ornée de copies en bronze du *David* et des statues allégoriques de la *Nouvelle Sacristie* de San Lorenzo.

Piazzale Michelangelo

Der Aussichtsplatz Piazzale Michelangelo wurde Ende des 19. Jahrhunderts von dem Architekten Giuseppe Poggi entworfen. Der auf einem Hügel gelegene Platz bietet einen Panoramablick über Florenz. Als Hommage an Michelangelo schmücken ihn Bronzekopien des Davids und der Allegorien aus der Neuen Sakristei der Kirche San Lorenzo.

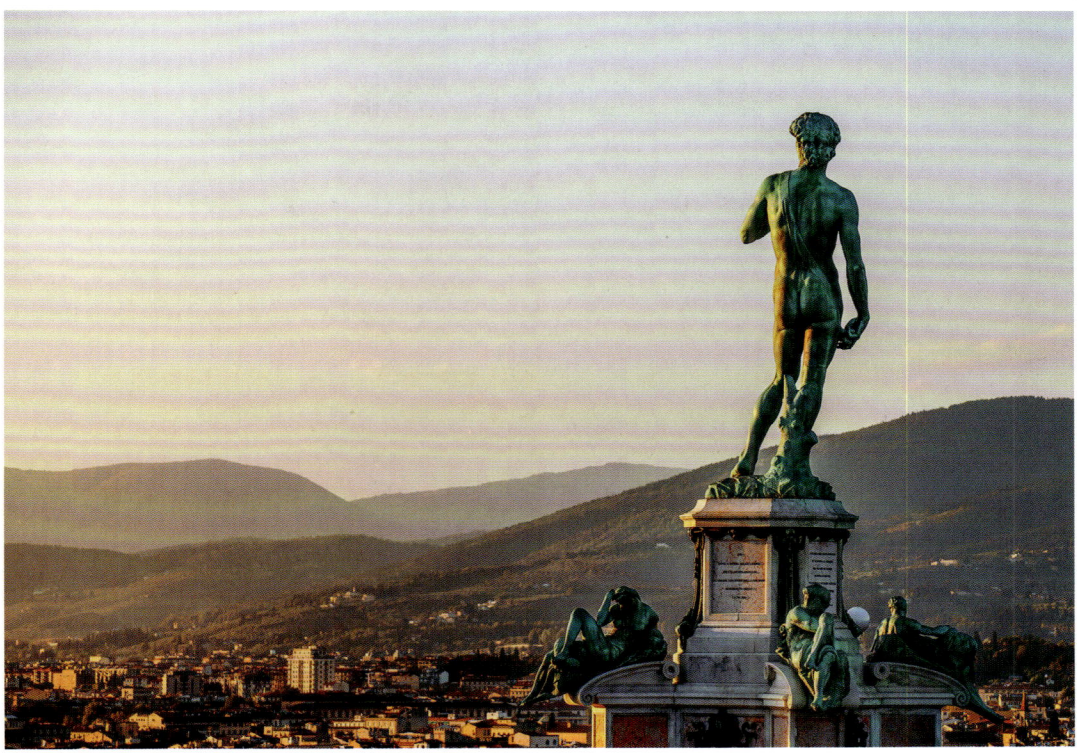

Piazzale Michelangelo

Piazzale Michelangelo

La Piazzale Michelangelo fue diseñada a finales del siglo XIX por el arquitecto Giuseppe Poggi. La plaza, situada en una colina, ofrece una vista panorámica de Florencia. En homenaje a Miguel Ángel, la adornan copias en bronce del David y alegorías de la Nueva Sacristía de la Iglesia de San Lorenzo.

Piazzale Michelangelo

A Piazzale Michelangelo foi projetada no final do século XIX pelo arquiteto Giuseppe Poggi. A praça, situada numa colina, oferece uma vista panorâmica sobre Florença. Em homenagem a Michelangelo, cópias em bronze de David e alegorias da Nova Sacristia da Igreja de São Lourenço adornam-na.

Piazzale Michelangelo

Het Piazzale Michelangelo werd eind 19e eeuw ontworpen door de architect Giuseppe Poggi. Het op een heuvel gelegen plein biedt een panoramisch uitzicht over Florence. Als eerbetoon aan Michelangelo sieren bronzen kopieën van zijn David en allegorieën uit de Nieuwe Sacristie van de kerk San Lorenzo het plein.

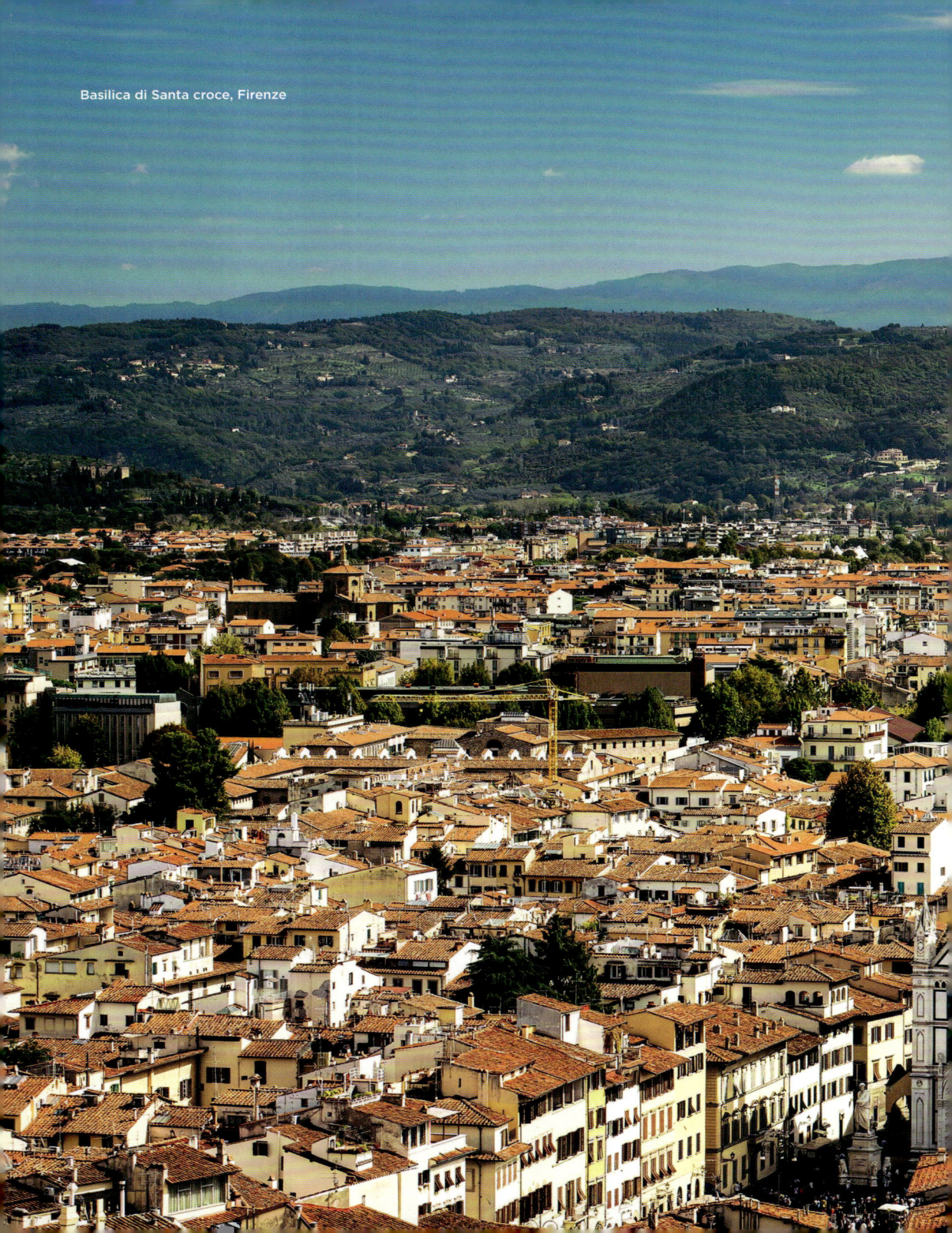
Basilica di Santa croce, Firenze

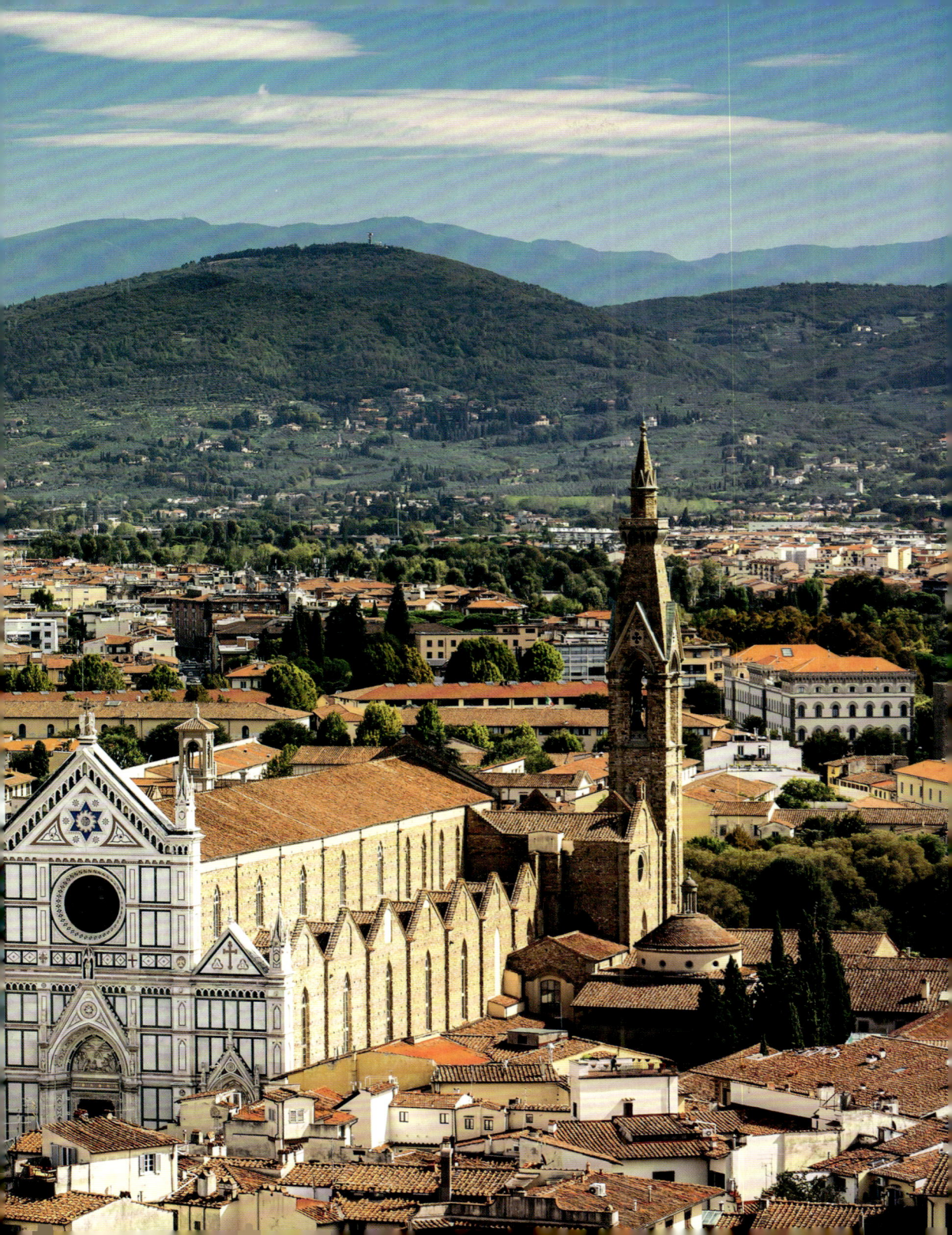

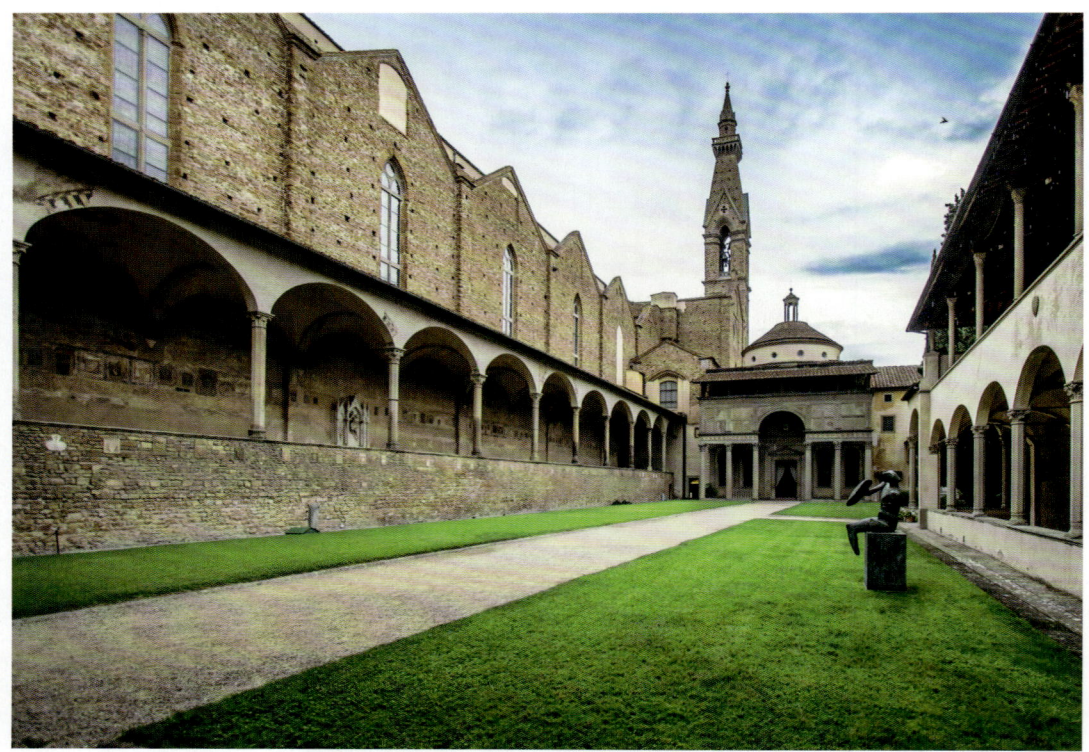

Basilica di Santa Croce

The Basilica of Santa Croce

The Basilica of Santa Croce was built in 1294. The Gothic masterpiece is the largest Franciscan church in the world. It is also known as the "Italian Pantheon" and houses around 300 tombs, including the tombs of famous figures such as Michelangelo, Machiavelli, Rossini and Galileo Galilei.

Basilique Santa Croce

Symbole de l'art gothique, l'édification de la basilique Santa Croce date de 1294. C'est la plus vaste église franciscaine au monde. Considérée comme le « Panthéon italien », la basilique abrite quelques 300 tombes parmi lesquelles celles de grands personnages tels que Michel-Ange, Machiavel, Rossini ou encore Galilée.

Basilica di Santa Croce

Die Basilica di Santa Croce wurde 1294 erbaut. Das Meisterwerk der Gotik ist die größte Franziskanerkirche der Welt. Sie wird auch als „italienisches Pantheon" bezeichnet und beherbergt rund 300 Gräber, darunter die Grabstätten von Persönlichkeiten wie Michelangelo, Machiavelli, Rossini und Galileo Galilei.

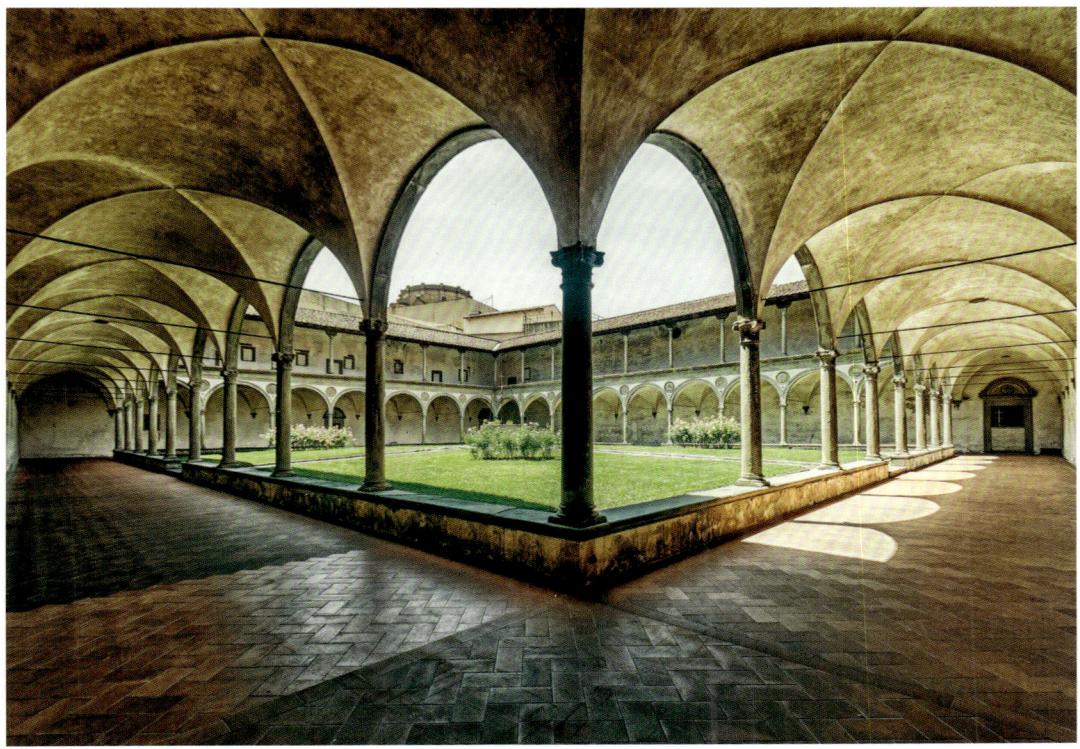

Basilica di Santa Croce

Basilica de Santa Croce

La Basílica de Santa Croce fue construida en 1294. La obra maestra gótica es la mayor iglesia franciscana del mundo. También conocida como el «Panteón Italiano», alberga alrededor de 300 tumbas, entre las que se encuentran las tumbas de personalidades como Miguel Ángel, Maquiavelo, Rossini y Galileo Galilei.

Basílica de Santa Croce

A obra-prima gótica é a maior igreja franciscana do mundo. A Basílica de Santa Croce foi construída em 1294. É também conhecida como o «Panteão Italiano» e abriga cerca de 300 túmulos, incluindo os túmulos de personalidades como Michelangelo, Maquiavel, Rossini e Galileu Galilei.

Basilica di Santa Croce

De Basilica di Santa Croce werd in 1294 gebouwd. Het gotische meesterwerk is de grootste franciscaner kerk ter wereld. Hij is ook bekend als het 'Italiaanse Pantheon' en herbergt ongeveer 300 graven, waaronder de graven van mensen als Michelangelo, Machiavelli, Rossini en Galileo Galilei.

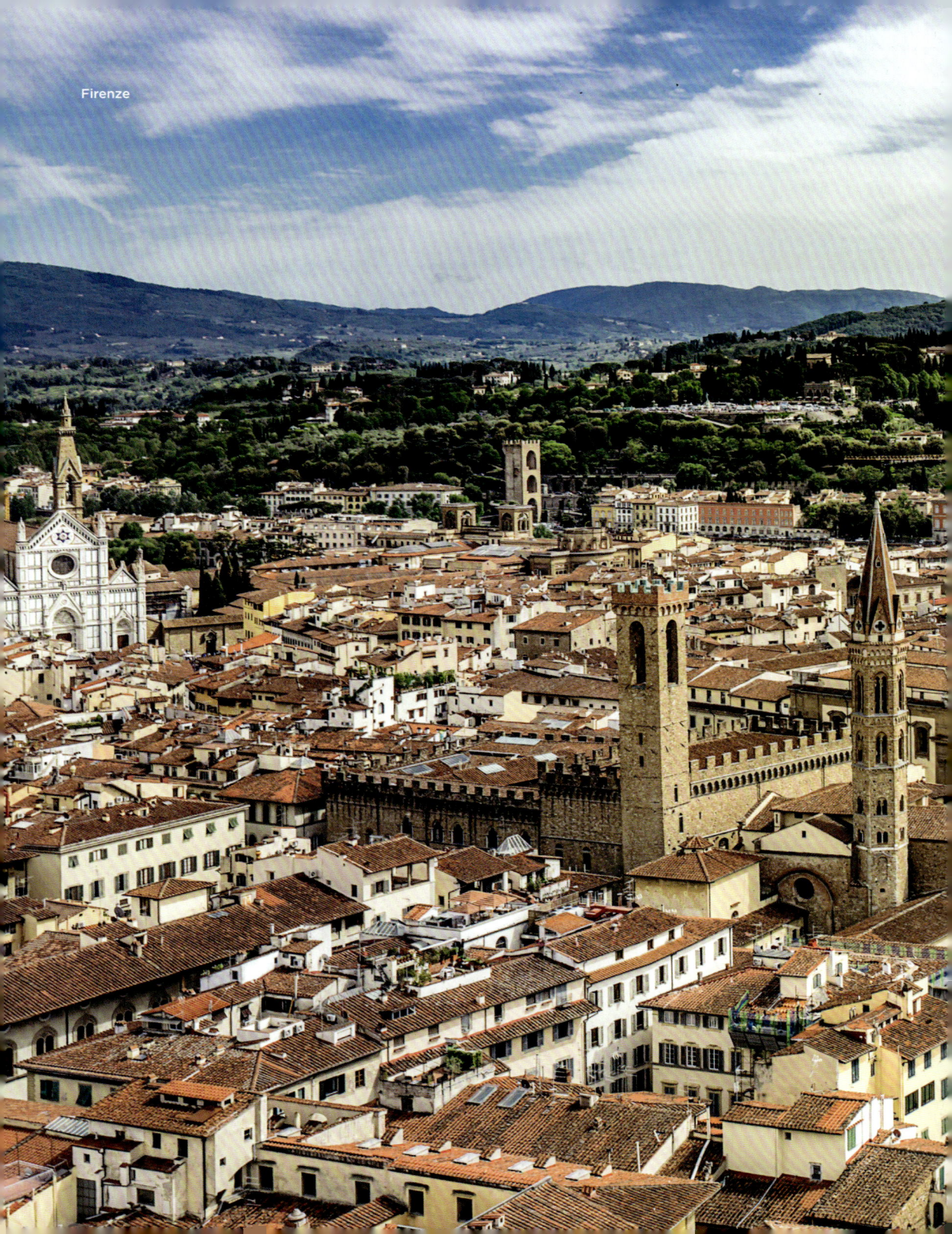
Firenze

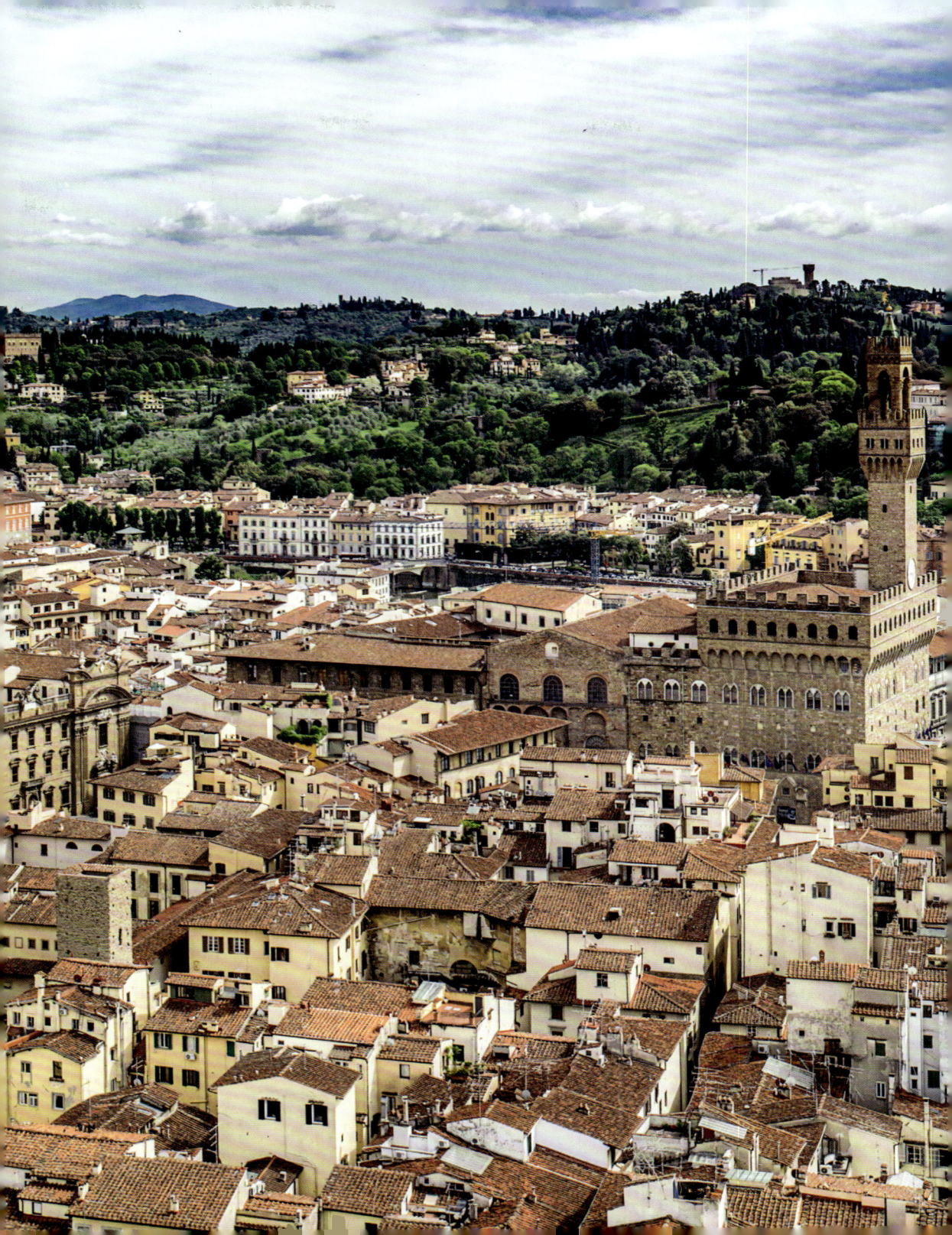

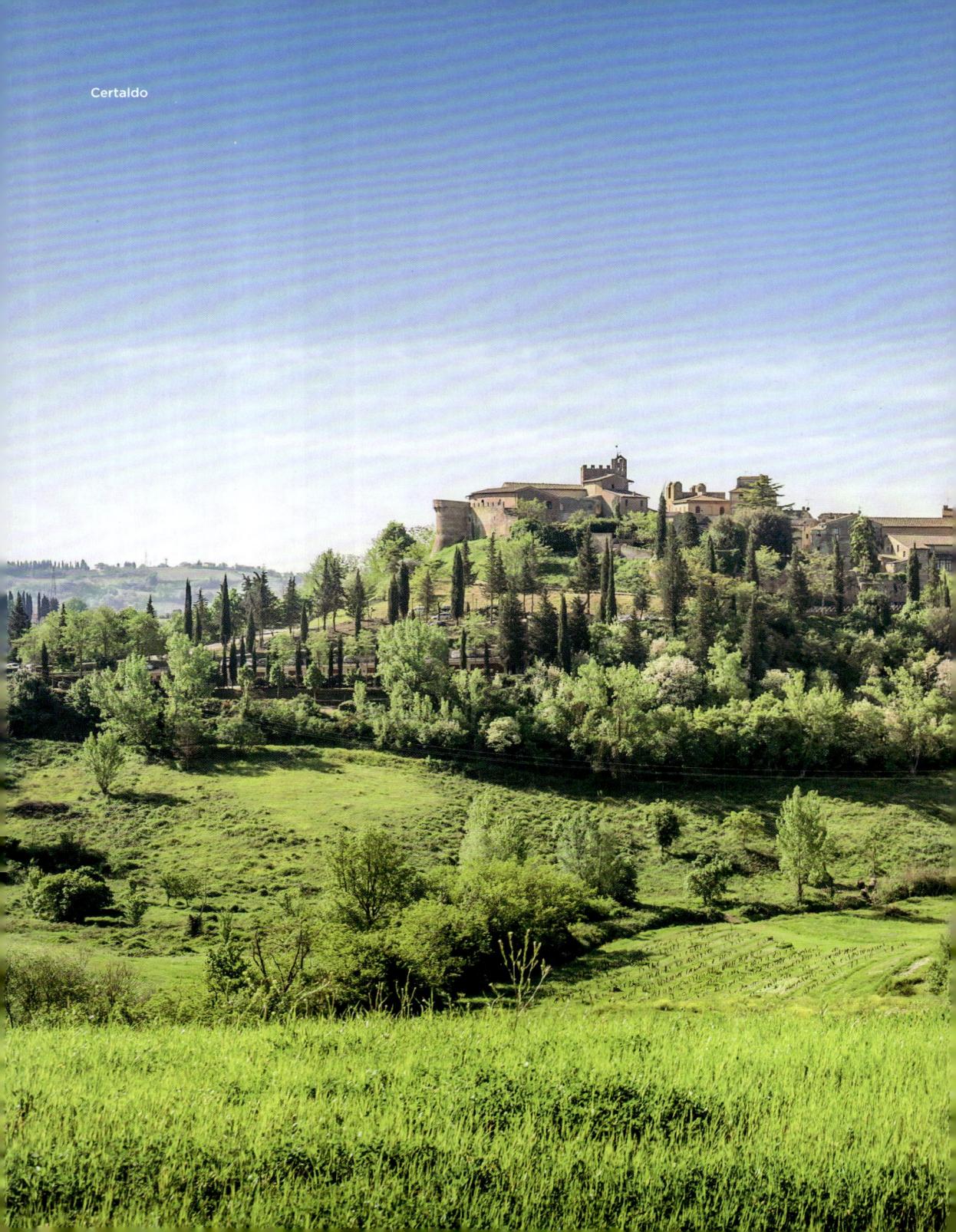
Certaldo

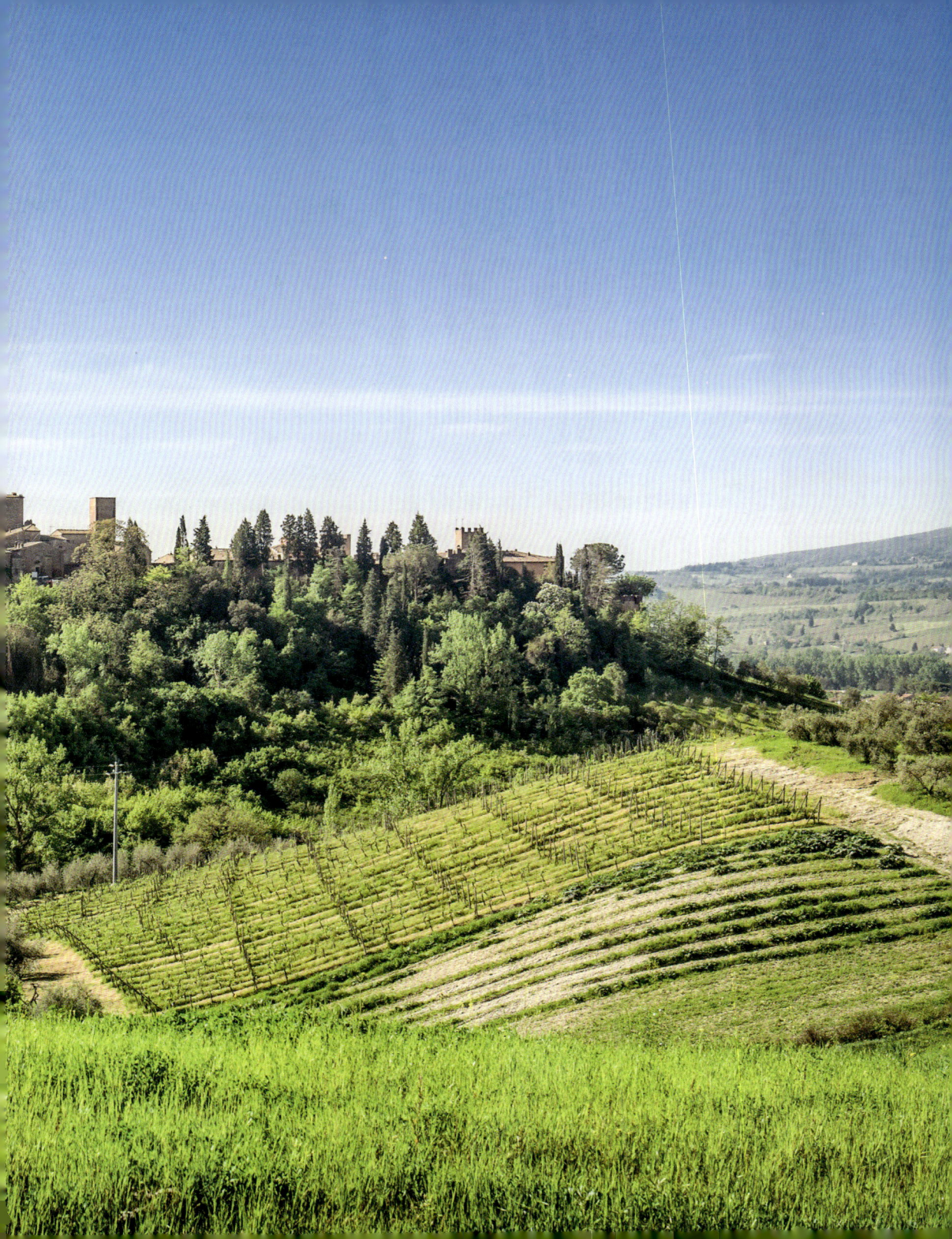

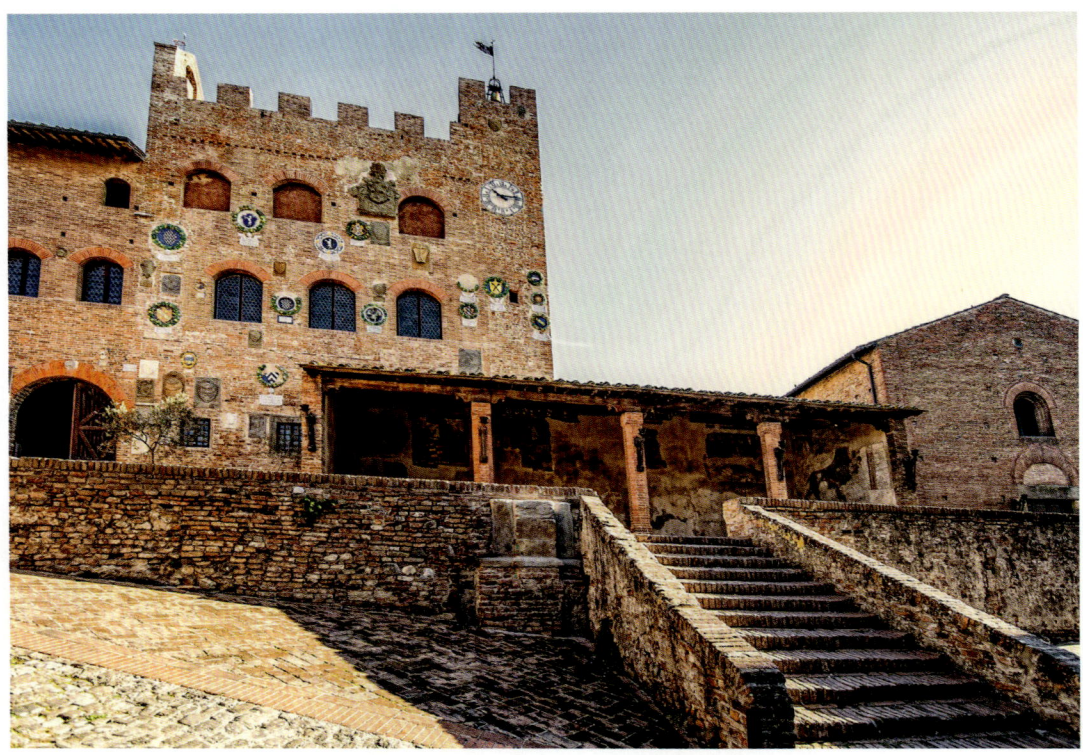

Palazzo Pretorio

Certaldo Alto

This medieval village of red bricks, surrounded by fortified walls, can be reached by funicular railway. Its centre is the 16th century Palazzo Pretorio, whose façade is decorated with the coats of arms of the curates. The Casa di Boccaccio, birthplace of the writer Boccaccio, is also worth a visit.

Certaldo Alto

Accessible depuis la ville basse par un funiculaire, Certaldo Alto est un village médiéval de brique rouge ceinturé de remparts. L'édifice principal est le Palazzo Pretorio (xvie siècle) dont la façade est ornée des blasons des vicaires. On peut également visiter la Casa di Boccaccio, où naquit le célèbre écrivain Boccace.

Certaldo Alto

Das von Befestigungsmauern umgebene mittelalterliche Dorf aus roten Ziegeln ist mit einer Standseilbahn erreichbar. Sein Zentrum bildet der Palazzo Pretorio aus dem 16. Jahrhundert, dessen Fassade mit den Wappen der Vikare geschmückt ist. Auch die Casa di Boccaccio, das Geburtshaus des Schriftstellers Boccaccio, lädt zu einem Besuch ein.

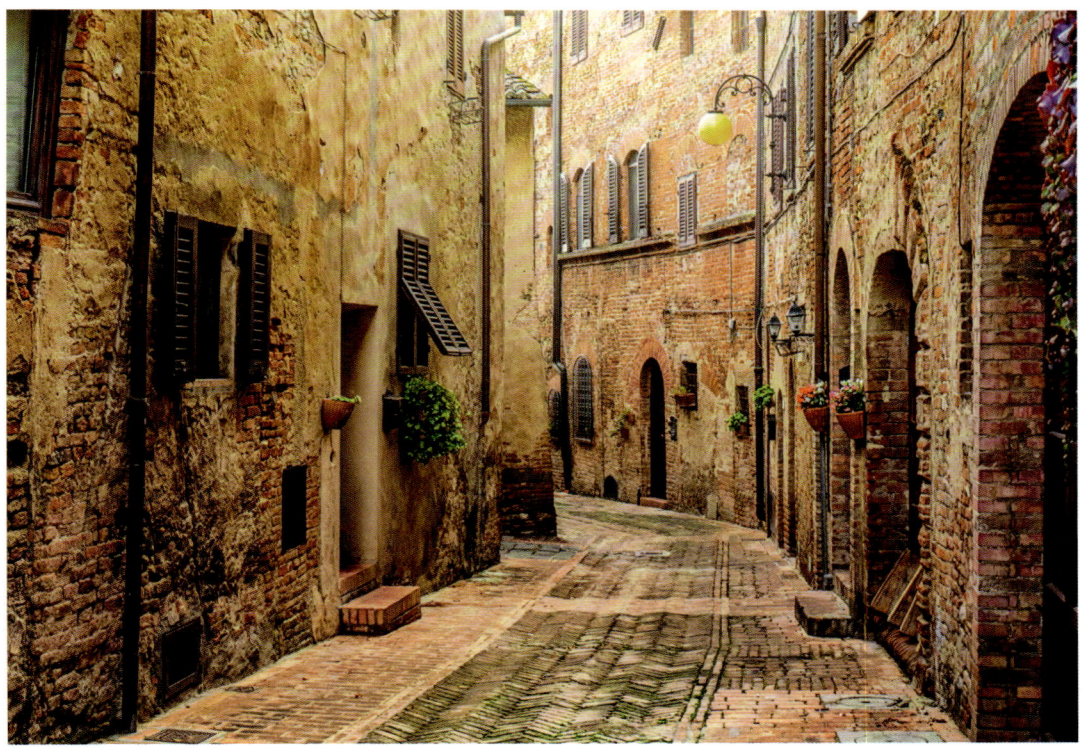

Certaldo Alto

Certaldo Alto

Al pueblo medieval de ladrillos rojos, rodeado de murallas de defensa, se puede llegar en funicular. Su centro lo conforma el Palazzo Pretorio del siglo XVI, cuya fachada está decorada con los escudos de los vicarios. También la Casa di Boccaccio, lugar de nacimiento del escritor Boccaccio, invita a una visita.

Certaldo Alto

A vila medieval de tijolos vermelhos, cercada por muralhas fortificadas, pode ser alcançada por via funicular. Seu centro é o Palazzo Pretorio do século XVI, cuja fachada é decorada com os brasões dos vigários. Também a Casa di Boccaccio, berço do escritor Boccaccio, convida a uma visita.

Certaldo Alto

Het door vestingmuren omgeven middeleeuwse dorp van rode bakstenen is bereikbaar met een kabelbaan. Het centrum wordt gevormd door het 16e-eeuwse Palazzo Pretorio met zijn gevel versierd met de wapenschilden van vicarissen. Ook het Casa di Boccaccio, het geboortehuis van de schrijver Boccaccio, nodigt uit tot een bezoek.

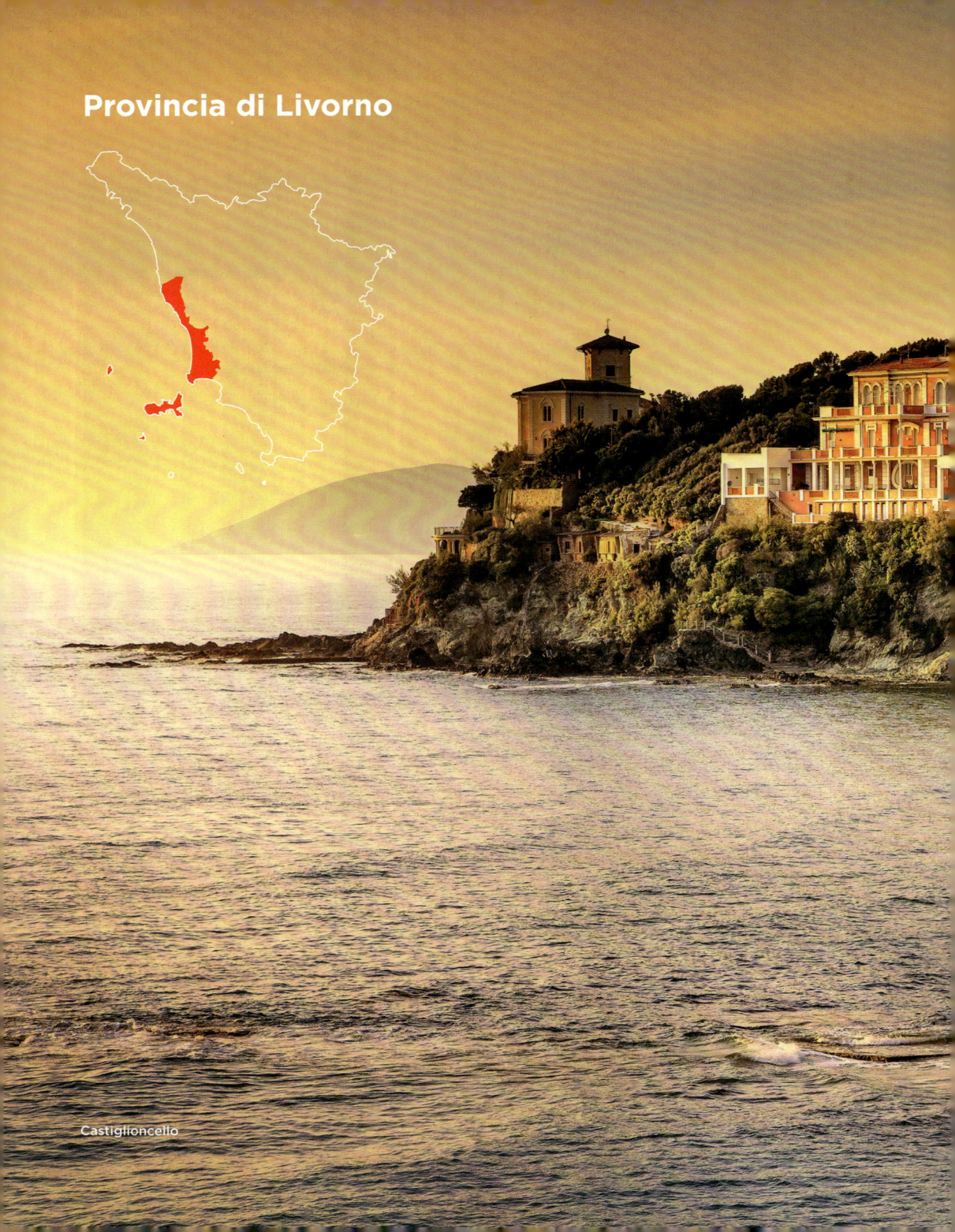

Provincia di Livorno

Castiglioncello

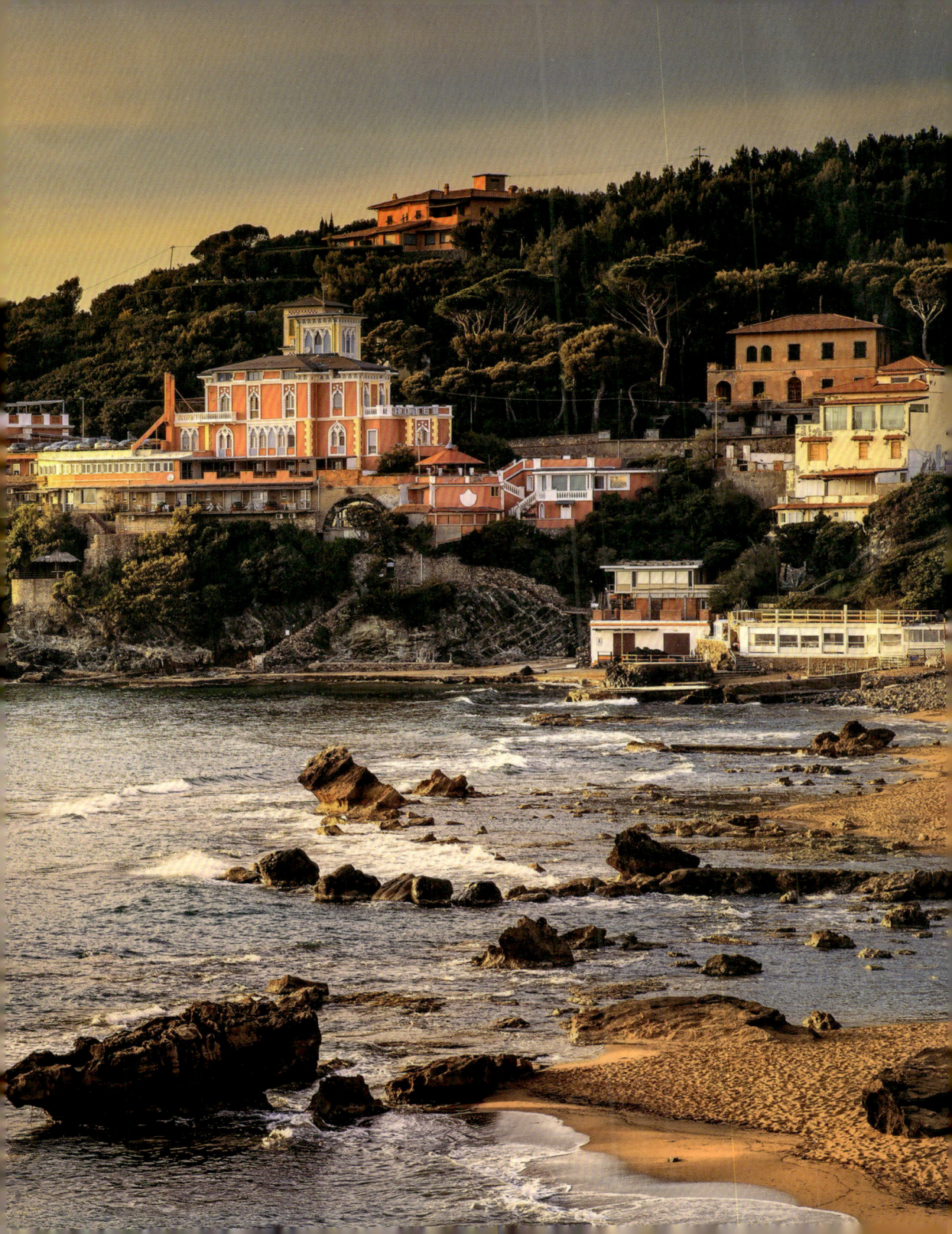

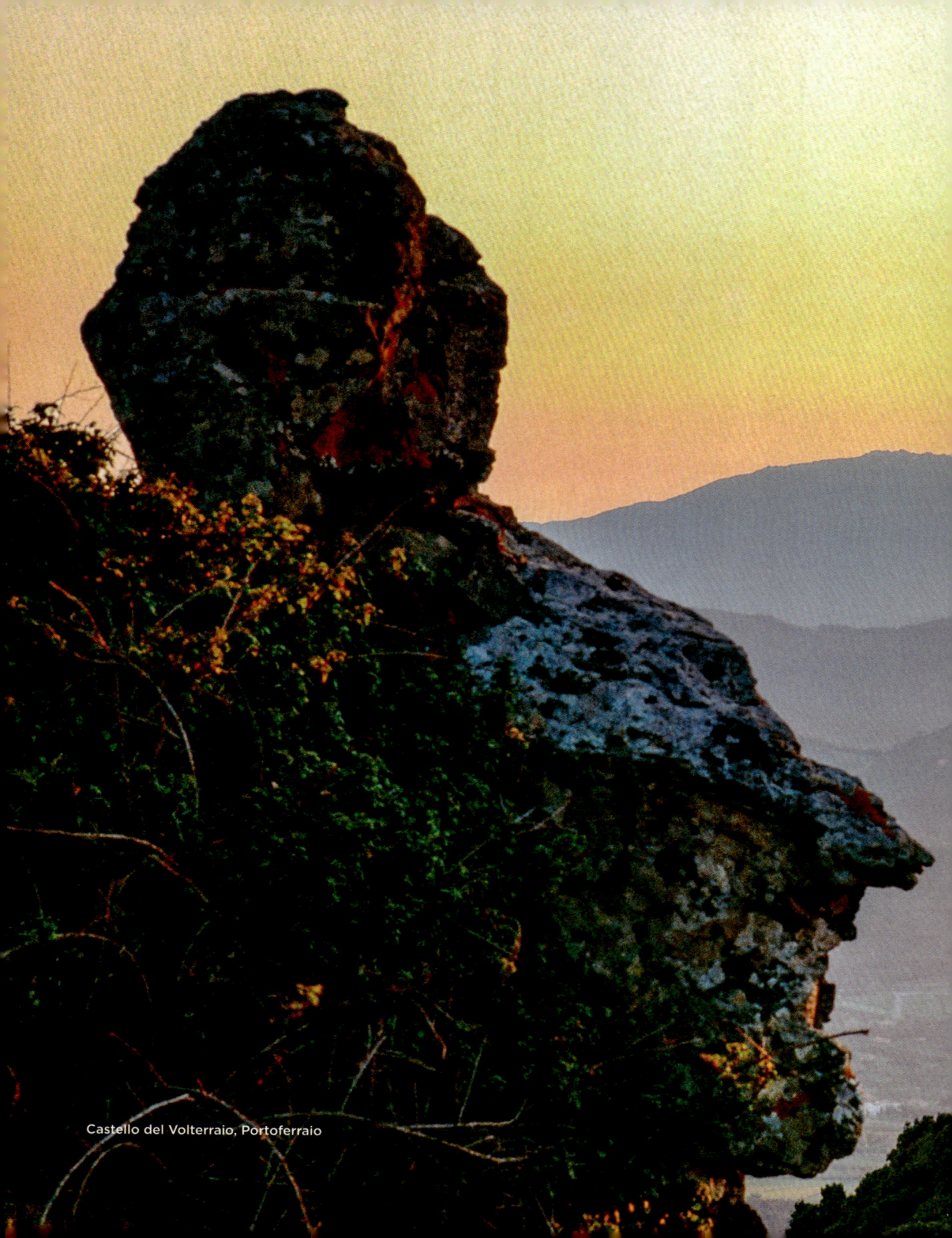

Castello del Volterraio, Portoferraio

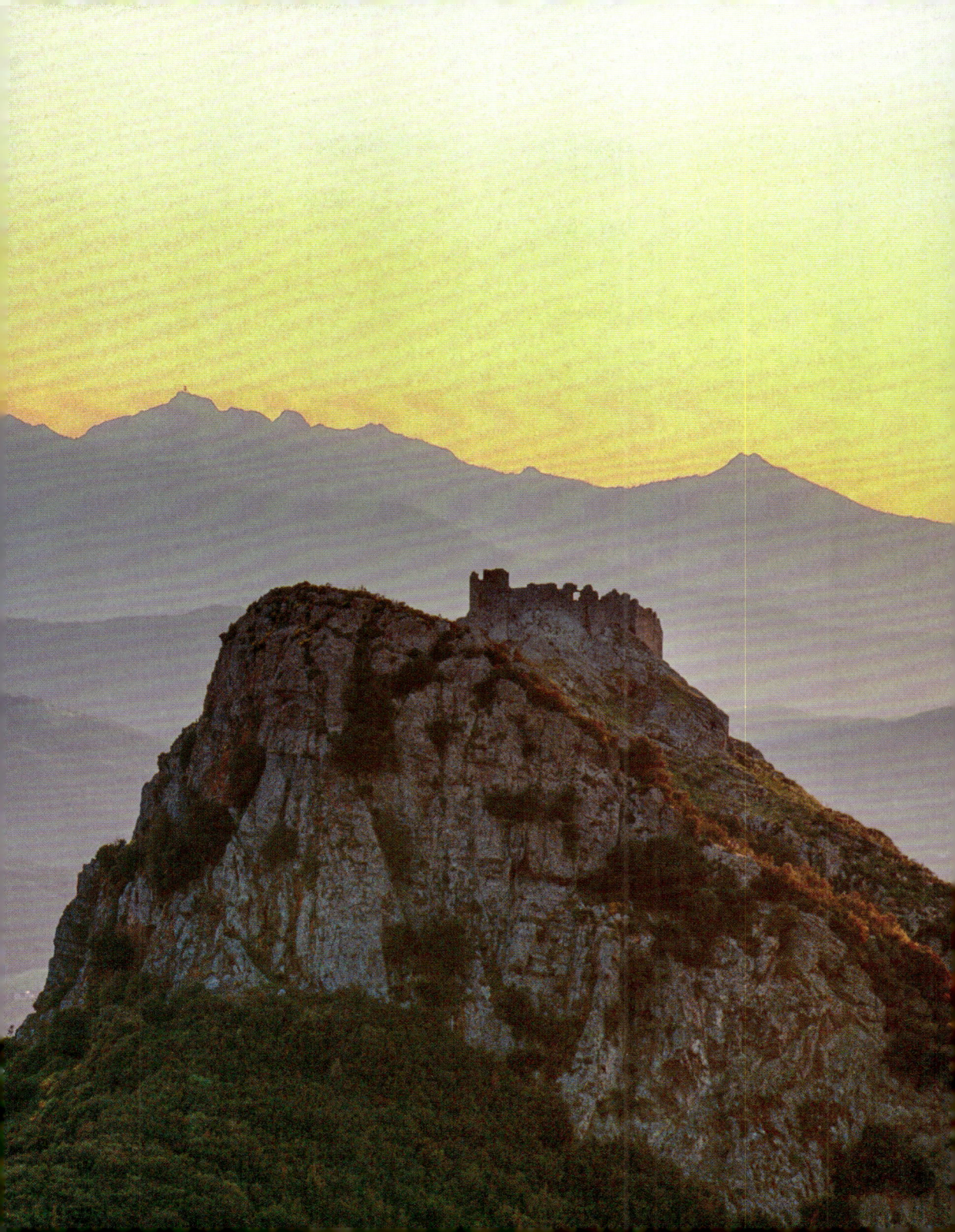

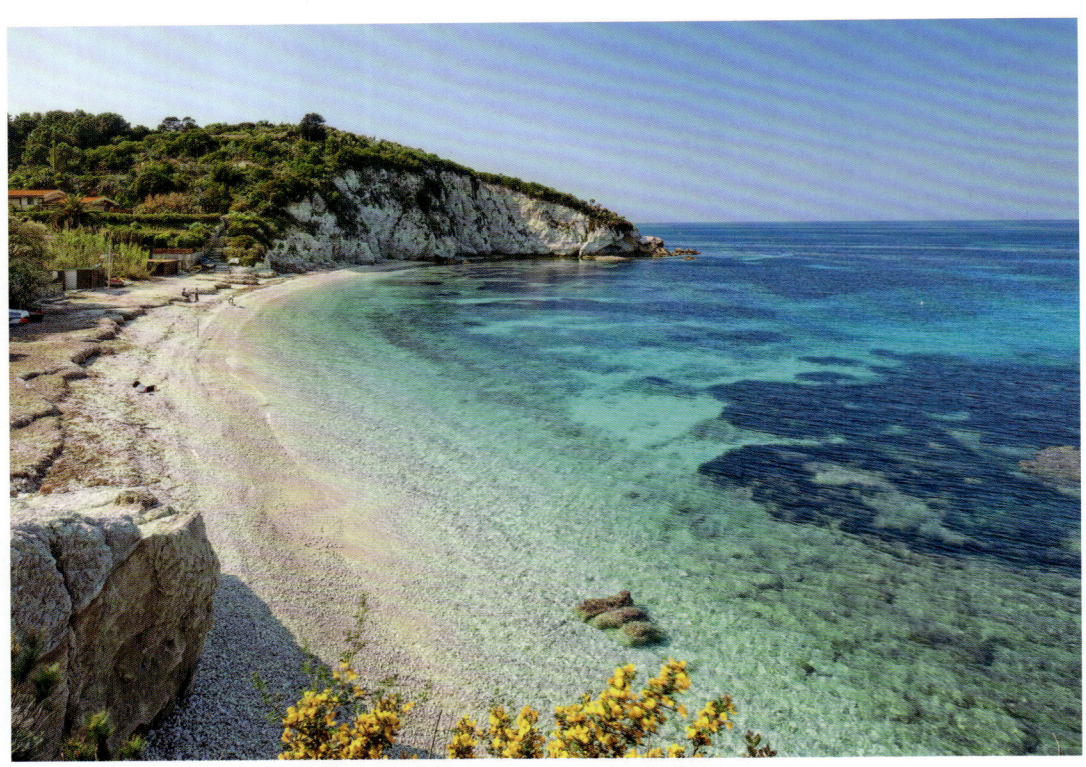

Spiaggia Padulella, Isola d'Elba

Province of Livorno

The province of Livorno, with its seaside resorts of Castiglioncello and Rosignano Marittimo, extends along a narrow stretch of coast between Livorno and Piombino. The "Etruscan Riviera" as the province is also called also includes the Tuscan archipelago, with the islands of Elba, Capraia, Pianosa and the famous Montecristo.

Province de Livourne

La province de Livourne, ou « Côtes des Étrusques », s'étend étroitement le long du littoral toscan de Livourne jusqu'à Piombino, en passant par Castiglioncello et Rosignano Marittimo. L'archipel d'îles qui l'accompagne comprend les îles d'Elbe, Capria, la non moins connue Montecristo, ou encore Pianosa.

Provinz Livorno

Die Provinz Livorno mit ihren Badeorten Castiglioncello und Rosignano Marittimo erstreckt sich über einen schmalen Streifen an der Küste zwischen Livorno und Piombino. Zu der „Etruskischen Riviera", wie die Provinz auch genannt wird, zählt auch der Toskanische Archipel mit den Inseln Elba, Capraia, Pianosa und dem berühmten Montecristo.

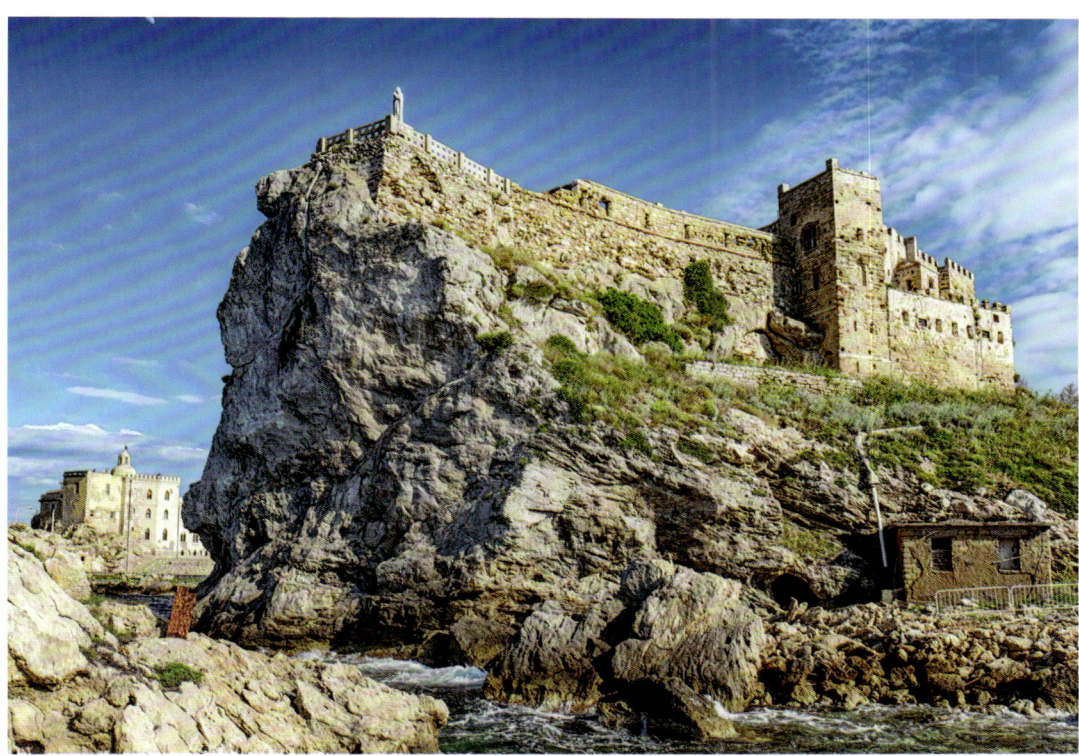

Forte Teglia, Isola di Pianosa

Provincia de Livorno

La provincia de Livorno, con sus balnearios de Castiglioncello y Rosignano Marittimo, se extiende a lo largo de una estrecha franja de costa entre Livorno y Piombino. La «Riviera Etrusca», como también se llama la provincia, también incluye el archipiélago toscano con las islas de Elba, Capraia, Pianosa y el famoso Montecristo.

Província de Livorno

A província de Livorno, com as suas estâncias balneares de Castiglioncello e Rosignano Marittimo, estende-se ao longo de uma estreita faixa costeira entre Livorno e Piombino. A «Riviera Etrusca», como também é chamada a província, também inclui o arquipélago toscano com as ilhas de Elba, Capraia, Pianosa e a famosa Montecristo.

Provincie Livorno

De provincie Livorno, met de badplaatsen Castiglioncello en Rosignano Marittimo, strekt zich uit over een smalle kuststrook tussen Livorno en Piombino.
De 'Etruskische Rivièra', zoals de provincie ook wel wordt genoemd, omvat de Toscaanse Archipel met de eilanden Elba, Capraia, Pianosa en het beroemde Montecristo.

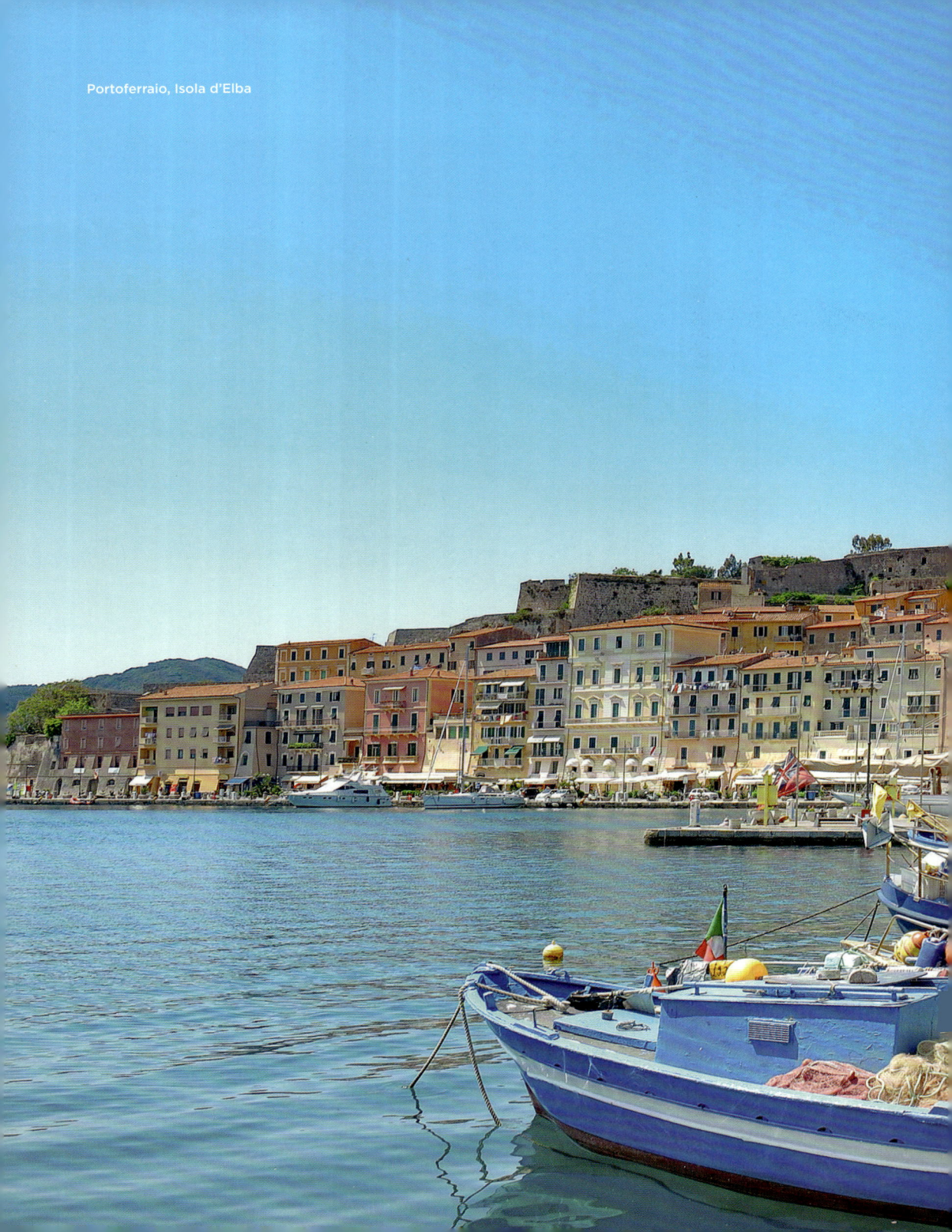

Portoferraio, Isola d'Elba

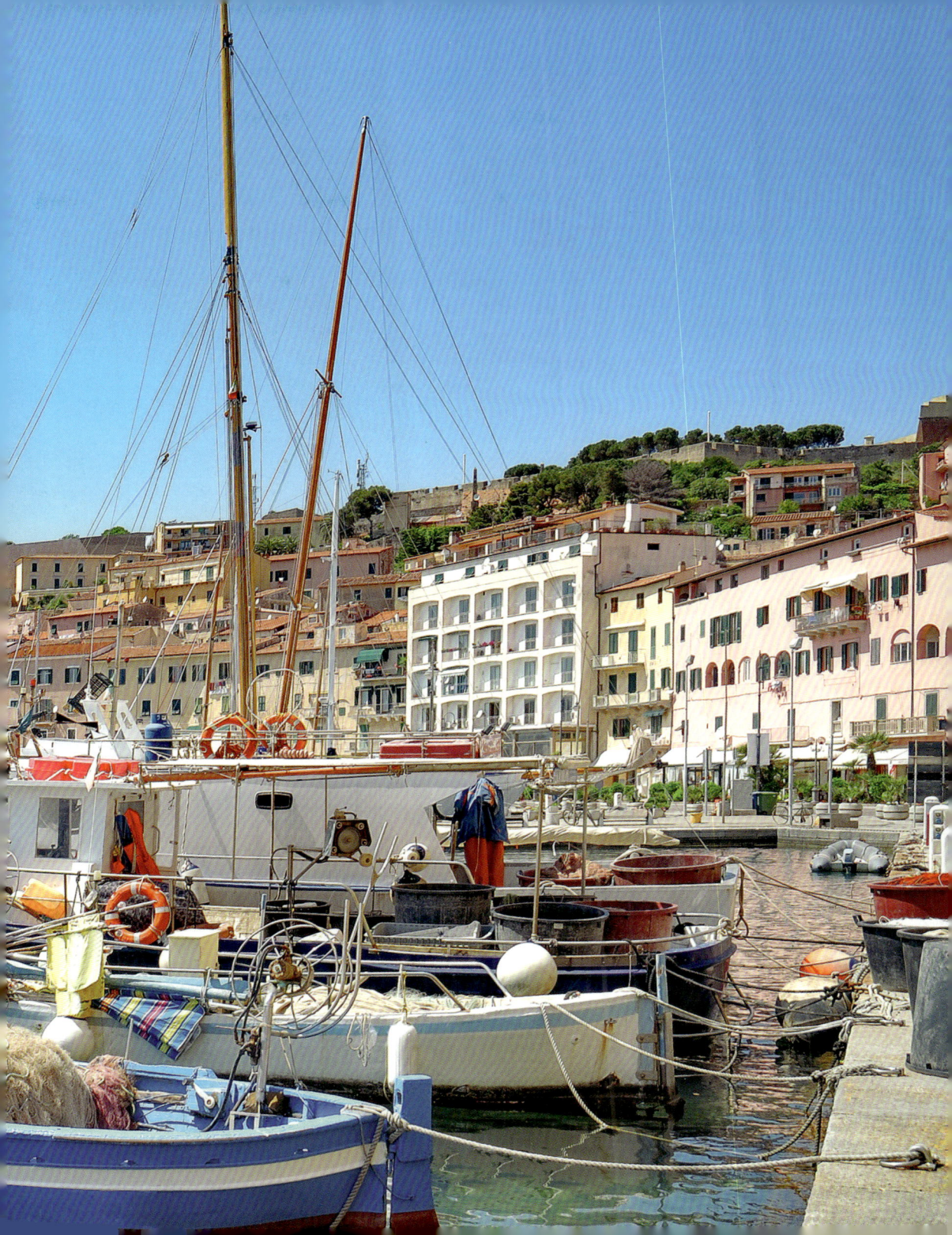

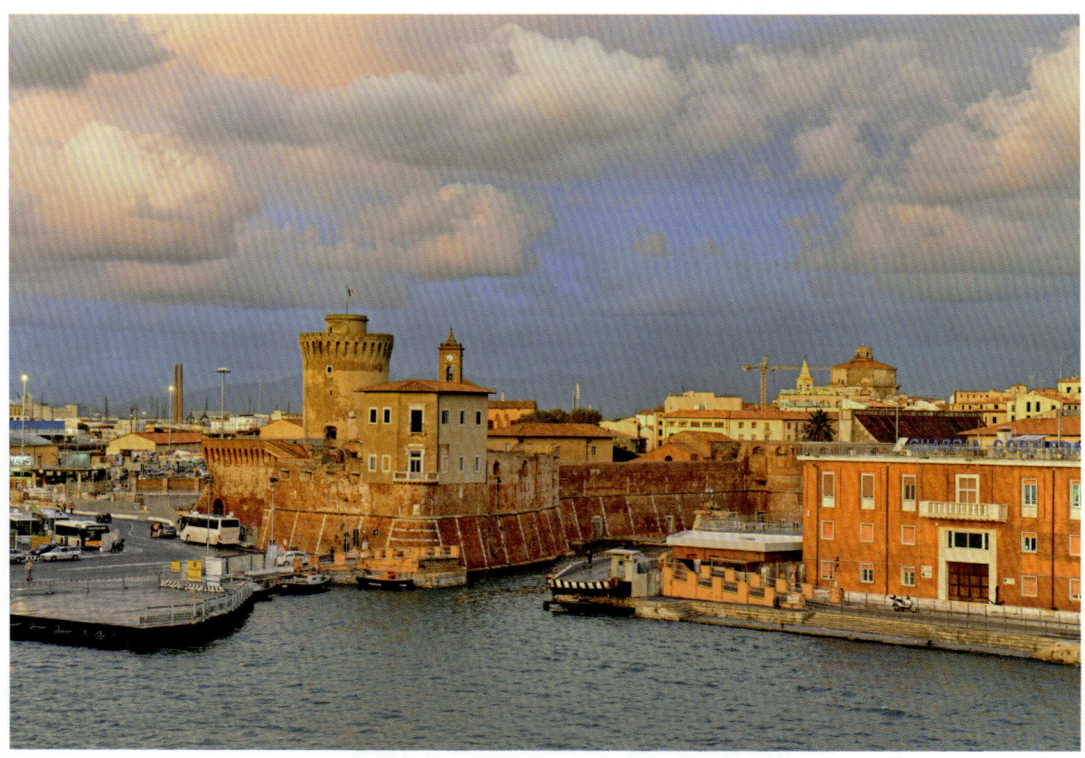

Livorno

Livorno

Livorno is one of the most important ports in Italy, but it has retained its 16th century charm. Bright red city walls surround the fortress and the old town with the district Venezia Nuova, which is crossed by small canals. The Terrazza Mascagni offers a magnificent view of the coast and the islands of the Tuscan Archipelago.

Livourne

Un des ports les plus importants d'Italie, Livourne a su, néanmoins, conserver son charme du XVIe siècle. Ses remparts rouge vif entourent sa forteresse et la vieille ville composée d'un réseau de petits canaux appelés « Venezia Nuova ». La Terrazza Mascagni, quant à elle, offre une vue splendide sur la côte et les îles de l'archipel toscan.

Livorno

Livorno ist einer der wichtigsten Häfen Italiens, hat sich aber seinen Charme aus dem 16. Jahrhundert bewahrt. Leuchtend rote Stadtmauern umgeben die Festung und die Altstadt mit dem Stadtviertel Venezia Nuova, das von kleinen Kanälen durchzogen ist. Die Terrazza Mascagni bietet einen herrlichen Blick auf die Küste und die Inseln des Toskanischen Archipels.

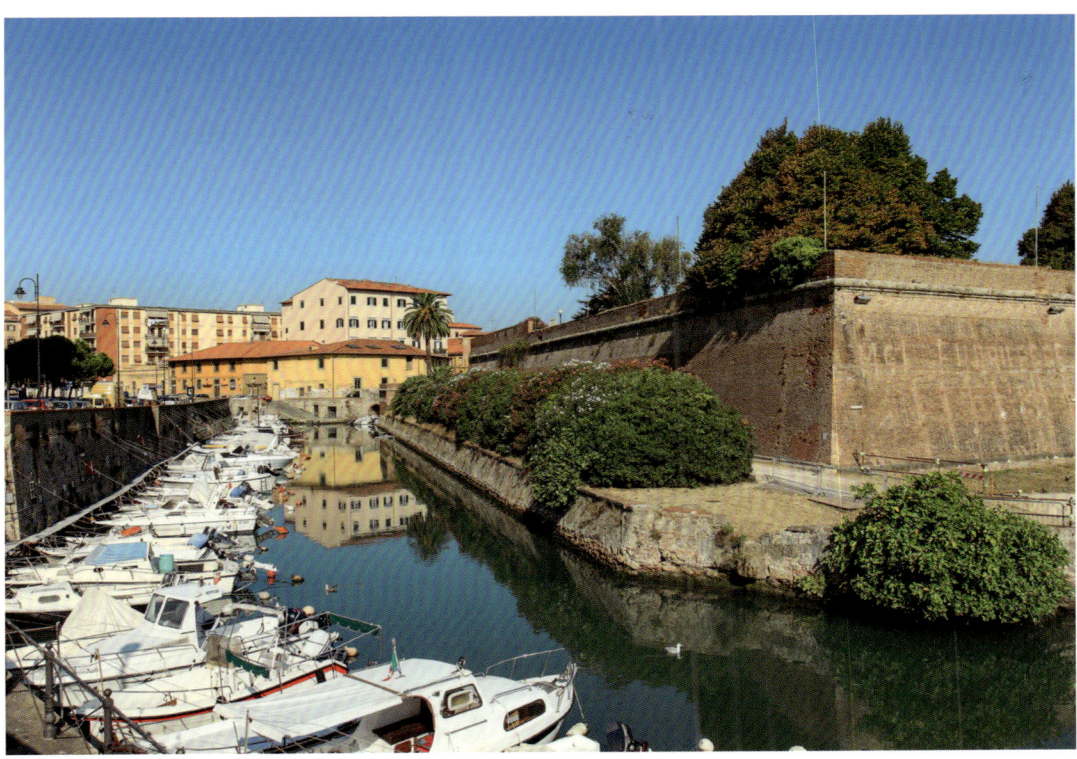

Livorno

Livorno

Livorno es uno de los puertos
más importantes de Italia,
pero ha conservado su encanto
del siglo XVI. Las murallas de color
rojo brillante rodean la fortaleza
y el casco antiguo con el distrito
de Venezia Nuova, que es
atravesado por pequeños canales.
La Terrazza Mascagni ofrece
una magnífica vista de la costa
y de las islas del archipiélago
toscano.

Livorno

Livorno é um dos portos mais
importantes da Itália, mantendo
o seu charme do século XVI.
As muralhas vermelhas brilhantes
da cidade cercam a fortaleza
e a cidade velha com o distrito
Venezia Nuova, que é atravessado
por pequenos canais. O Terrazza
Mascagni oferece uma vista
magnífica da costa e das ilhas
do arquipélago toscano.

Livorno

Livorno is een van de belangrijkste
havens van Italië, maar heeft zijn
16e-eeuwse charme behouden.
Helderrode stadsmuren omringen
de vesting en het oude centrum
met de wijk Venezia Nuova, waar
kleine grachten doorheen lopen.
Het Terrazza Mascagni biedt
een prachtig uitzicht op de kust
en de eilanden van de Toscaanse
Archipel.

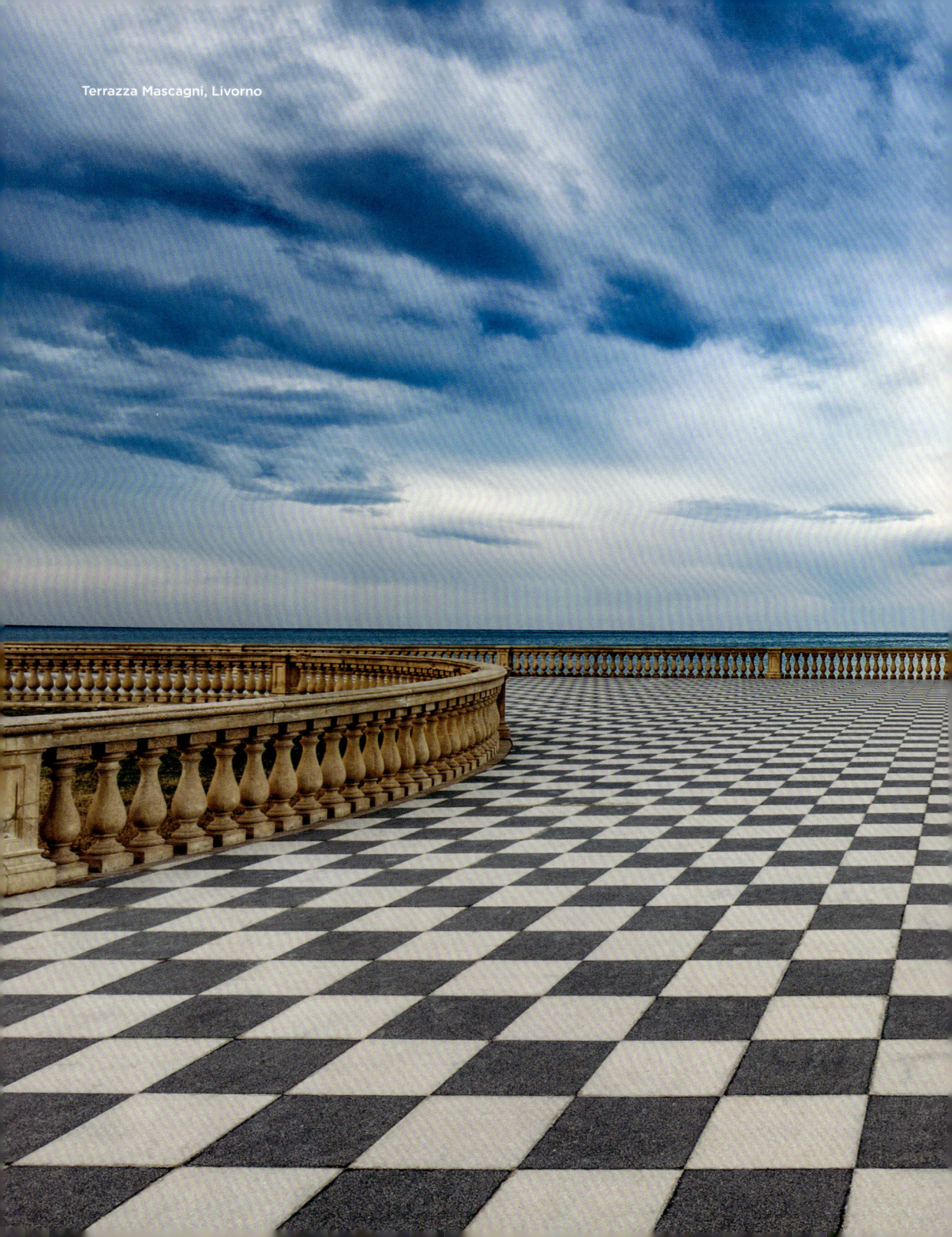

Terrazza Mascagni, Livorno

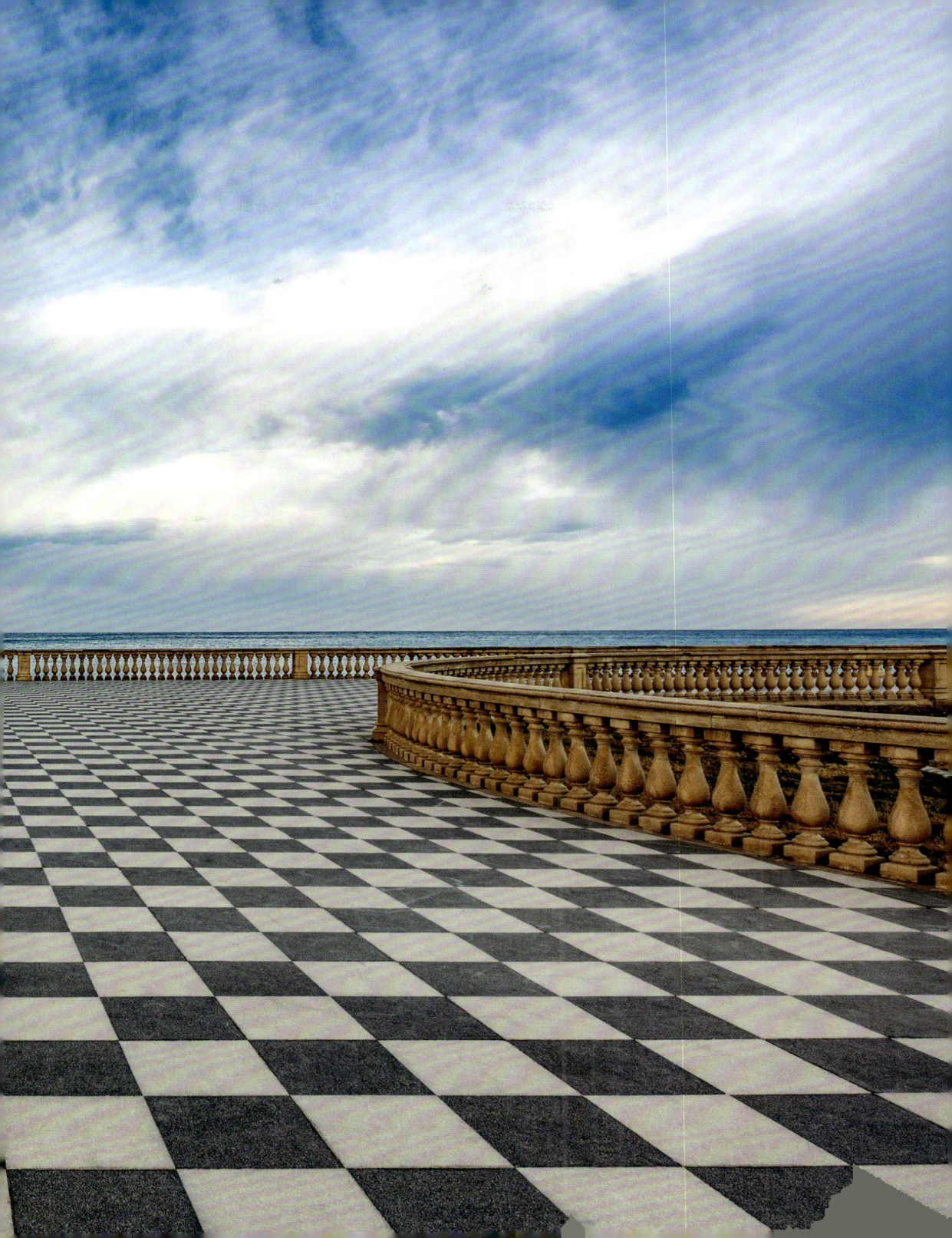

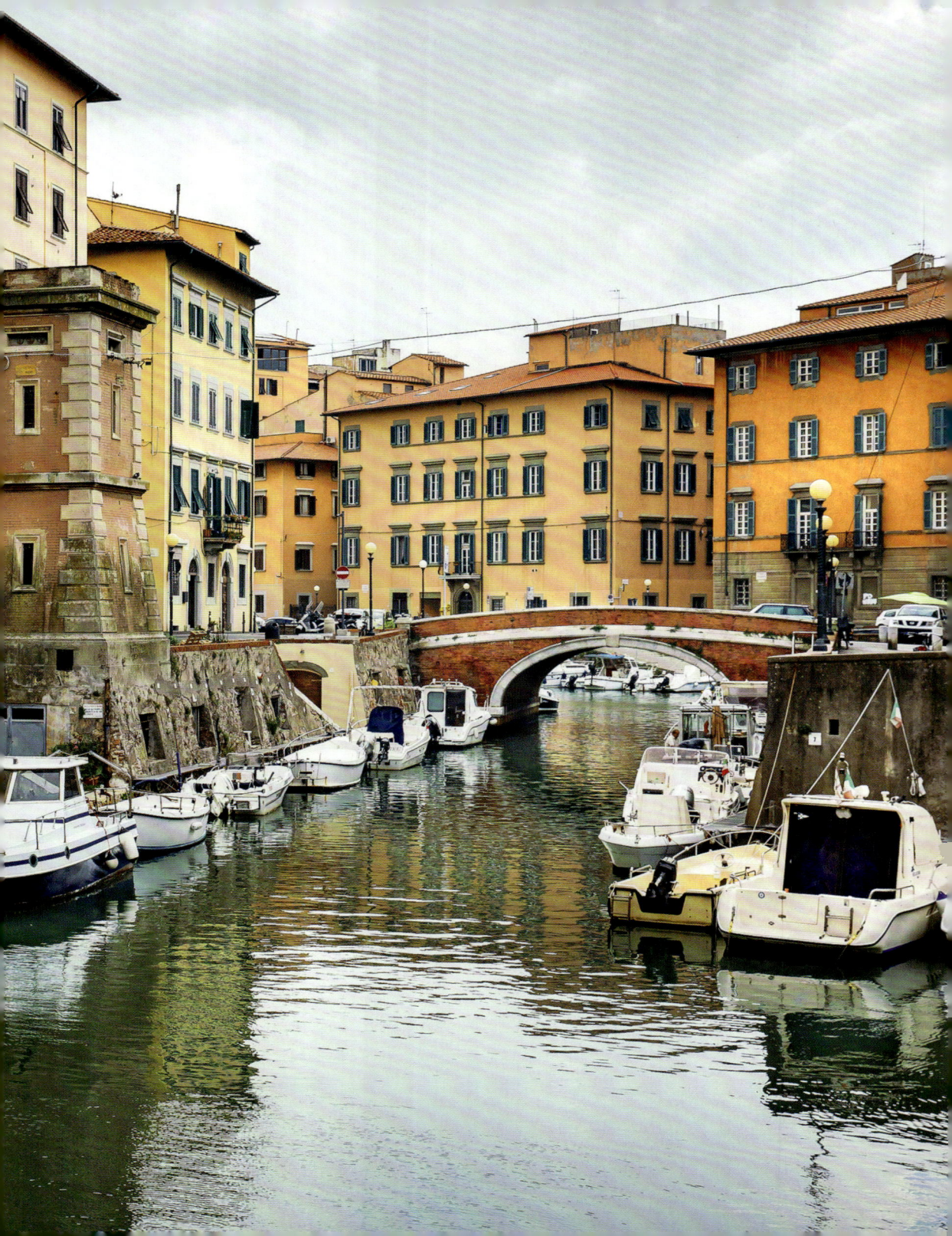

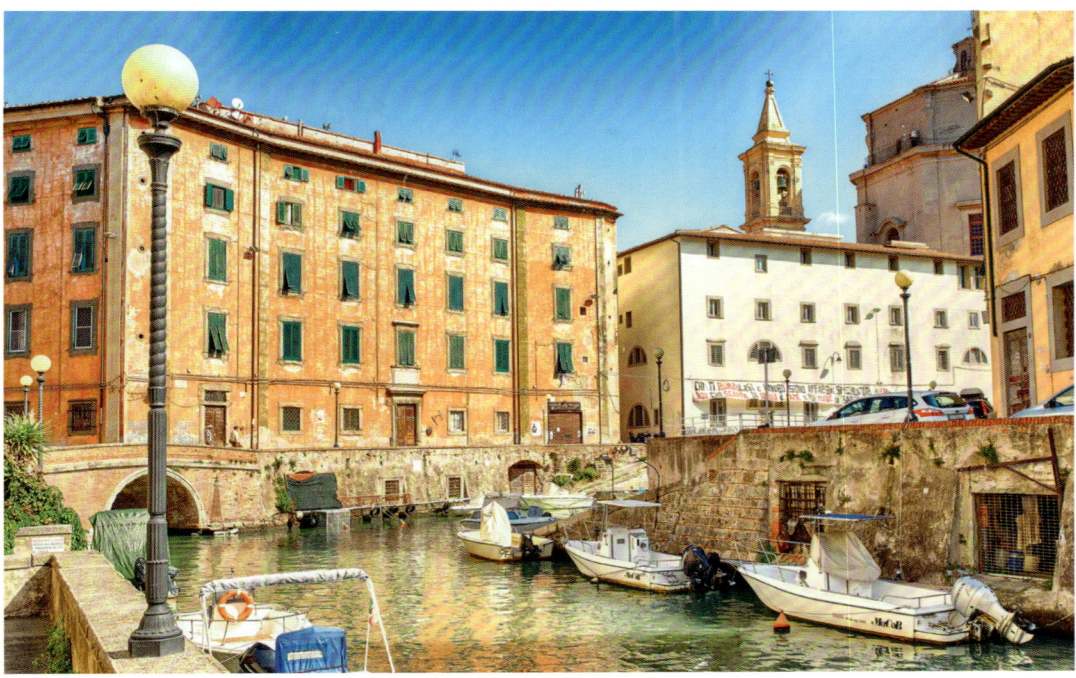
Venezia Nuova

Venezia Nuova

The 17th century quarter was named after Venice. It is characterised by small navigable canals which run through the entire old town, as well as by its historic bridges, palaces and restaurants.

Venezia Nuova

Le quartier Venezia Nuova, créé au XVIIe siècle et nommé en référence à Venise, est composé de multiples petits canaux navigables sillonnant la vieille ville de Livourne, de ponts et palais d'époque et de restaurants.

Venezia Nuova

Das Stadtviertel aus dem 17. Jahrhundert wurde nach Venedig benannt. Es ist geprägt durch kleine schiffbare Kanäle, welche die gesamte Altstadt durchziehen, sowie durch seine historischen Brücken, Paläste und Restaurants.

Venezia Nuova

El barrio del siglo XVII lleva el nombre de Venecia. Se caracteriza por sus pequeños canales navegables que recorren todo el casco antiguo, así como por sus históricos puentes, palacios y restaurantes.

Venezia Nuova

O quarto do século XVII foi nomeado em homenagem a Veneza. Caracteriza-se por pequenos canais navegáveis que percorrem toda a cidade velha, bem como pelas suas pontes históricas, palácios e restaurantes.

Venezia Nuova

De stadswijk uit de 17e eeuw is vernoemd naar Venetië. Hij wordt getekend door kleine bevaarbare grachten die door de hele oude stad lopen, evenals door historische bruggen, paleizen en restaurants.

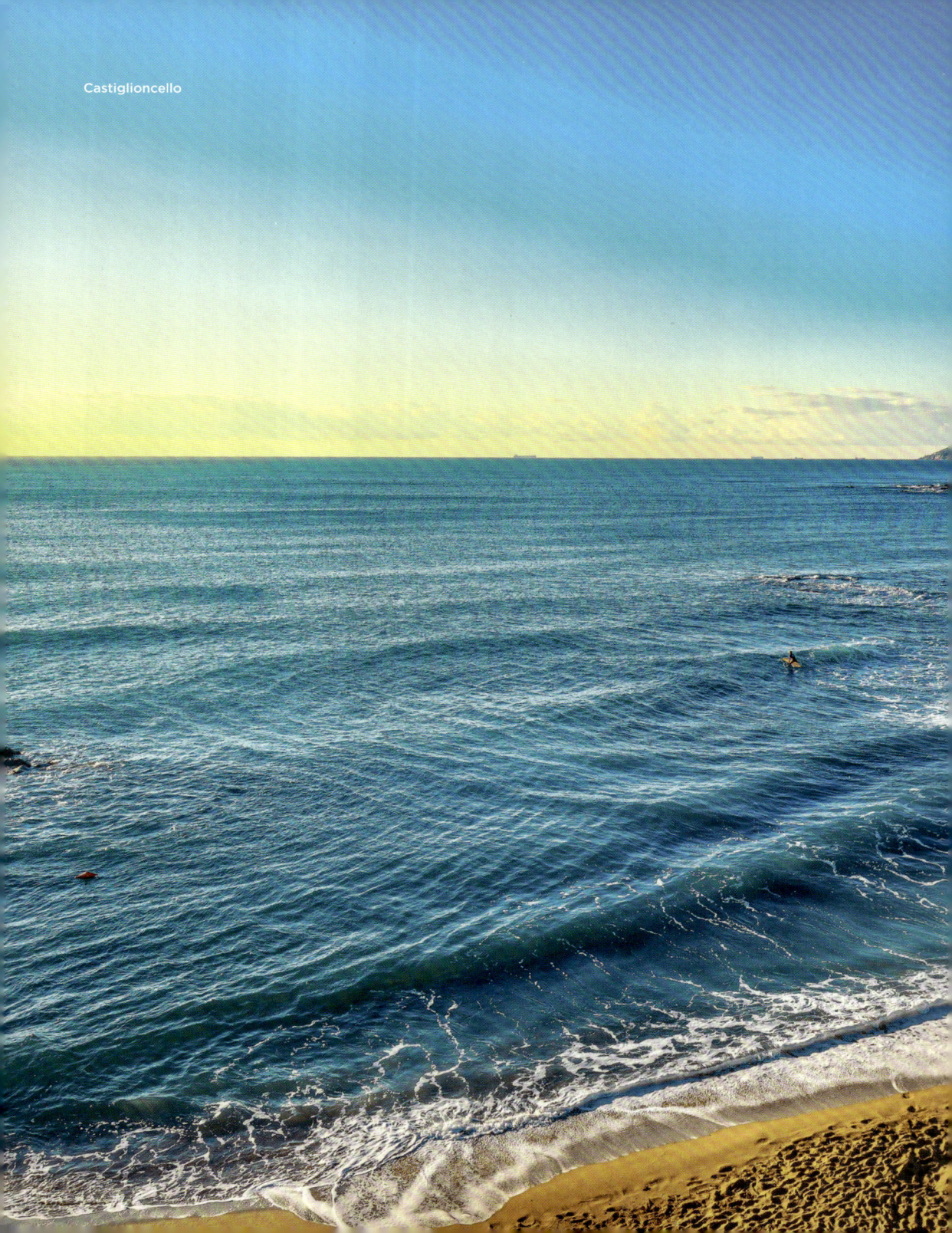

Castiglioncello

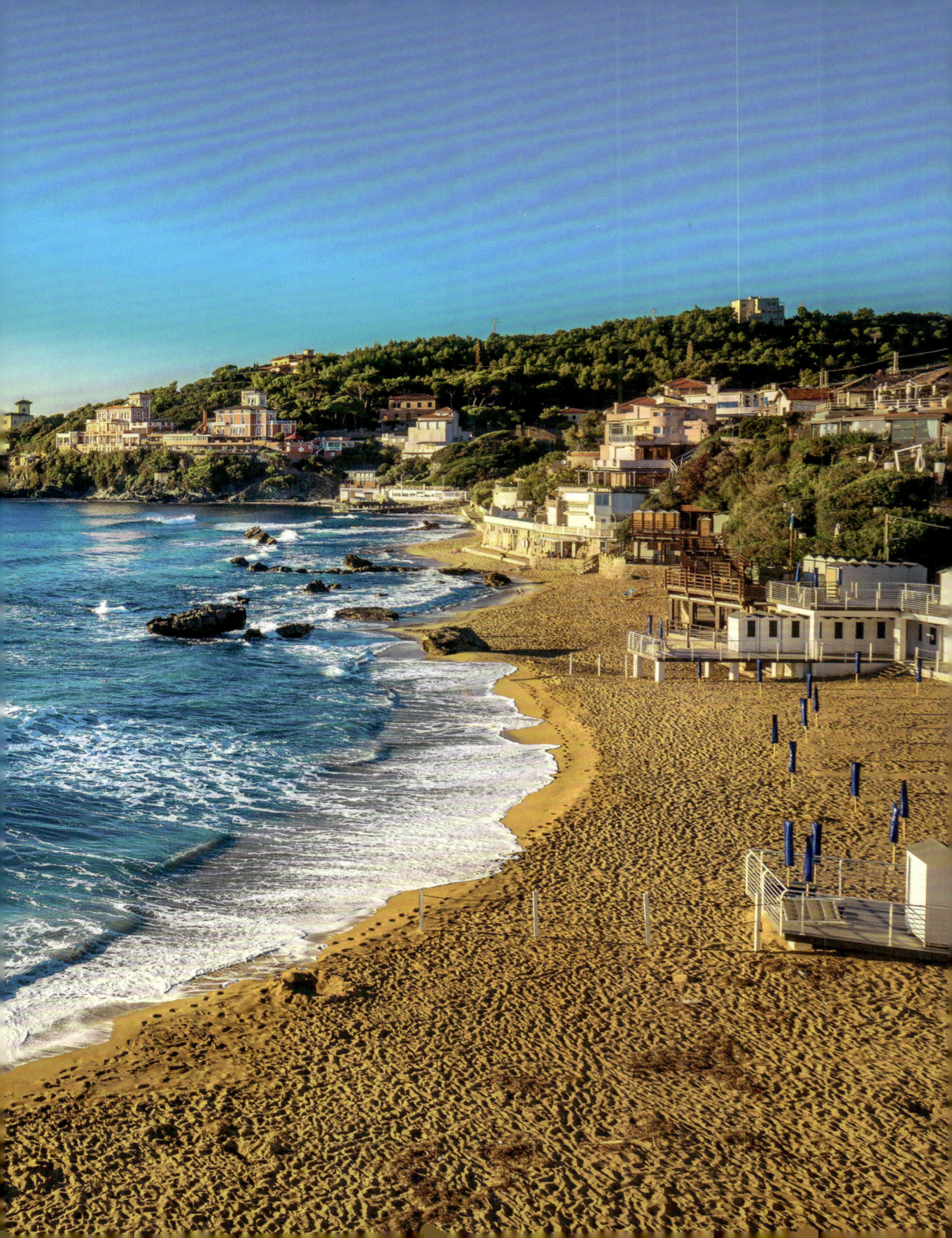

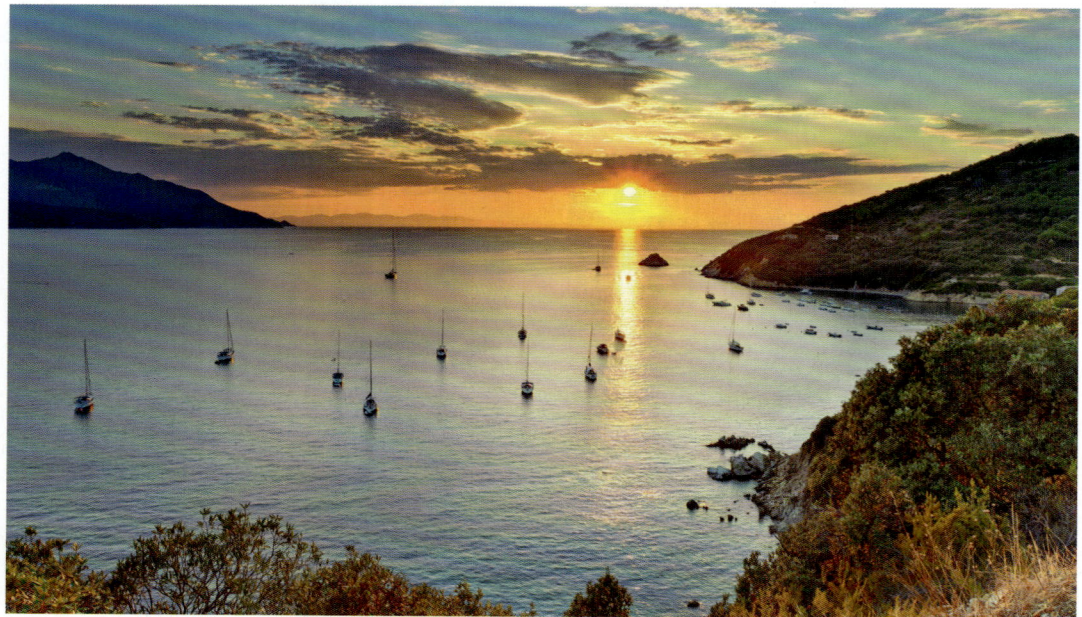

Capo d'Enfola

Island of Elba

Elba is the largest island of the Tuscan archipelago. It is dominated by Mont Capanne, and was once the place of exile of Napoleon Bonaparte. Its paradisiacal beaches are best reached via the charming port city of Portoferraio.

Isla de Elba

La isla de Elba es la más grande del archipiélago toscano. Está dominada por el monte Capanne y fue en su día el lugar exilio de Napoleón Bonaparte. Sus playas paradisíacas se encuentran mejor comunicadas a través de la encantadora ciudad portuaria de Portoferraio.

Île d'Elbe

L'île d'Elbe est la plus grande de l'archipel toscan. Dominée par le Mont Capanne, elle est connue pour avoir accueilli un célèbre captif, Napoléon Bonaparte. L'accès à ses plages paradisiaques accueillantes se fait par le charmant village portuaire de Portoferraio.

Ilha de Elba

A ilha de Elba é a maior do arquipélago toscano. É dominado pelo Mont Capanne e onde já foi exilado Napoleão Bonaparte. Suas praias paradisíacas e pequenas baías convidativas que são melhor alcançadas através da charmosa cidade portuária de Portoferraio.

Insel Elba

Die Insel Elba ist die größte des Toskanischen Archipels. Sie wird vom Mont Capanne überragt und war einst das Exil von Napoleon Bonaparte. Ihre paradiesischen Strände lassen sich am besten über die charmante Hafenstadt Portoferraio erreichen.

Eiland Elba

Het eiland Elba is het grootste van de Toscaanse Archipel. Het wordt gedomineerd door de Mont Capanne en was ooit het ballingsoord van Napoleon Bonaparte. De paradijselijke stranden zijn het best te bereiken via de charmante havenstad Portoferraio.

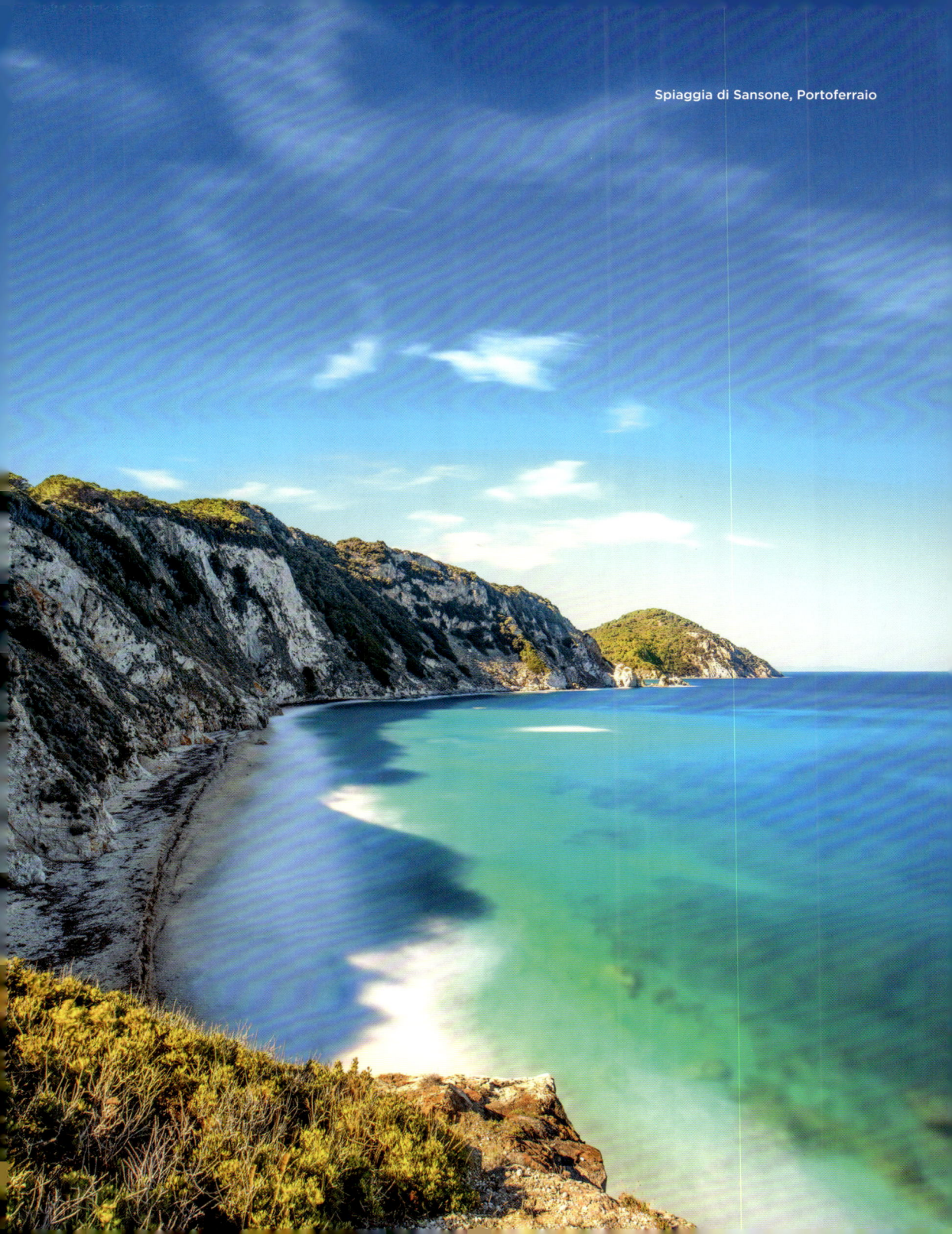

Spiaggia di Sansone, Portoferraio

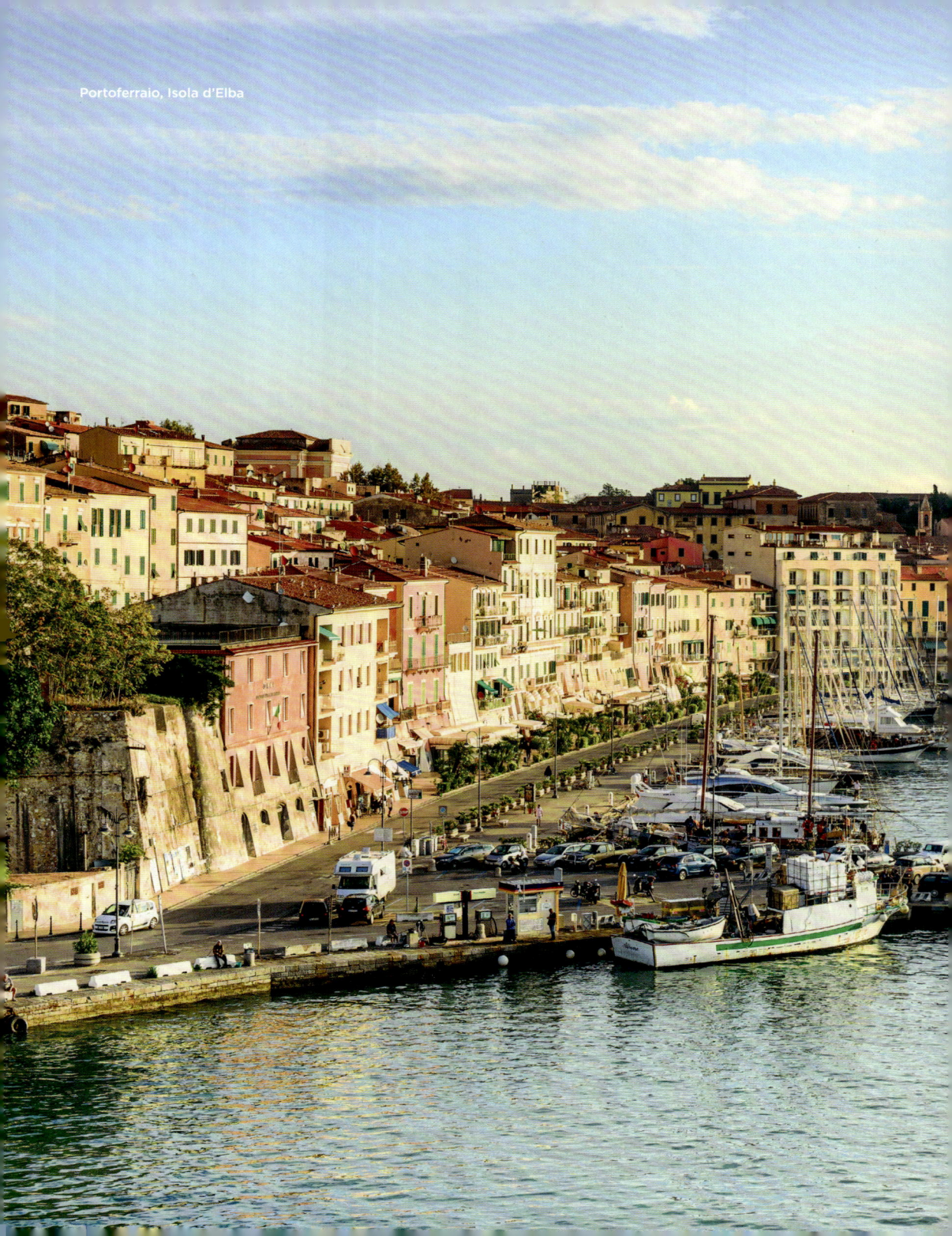

Portoferraio, Isola d'Elba

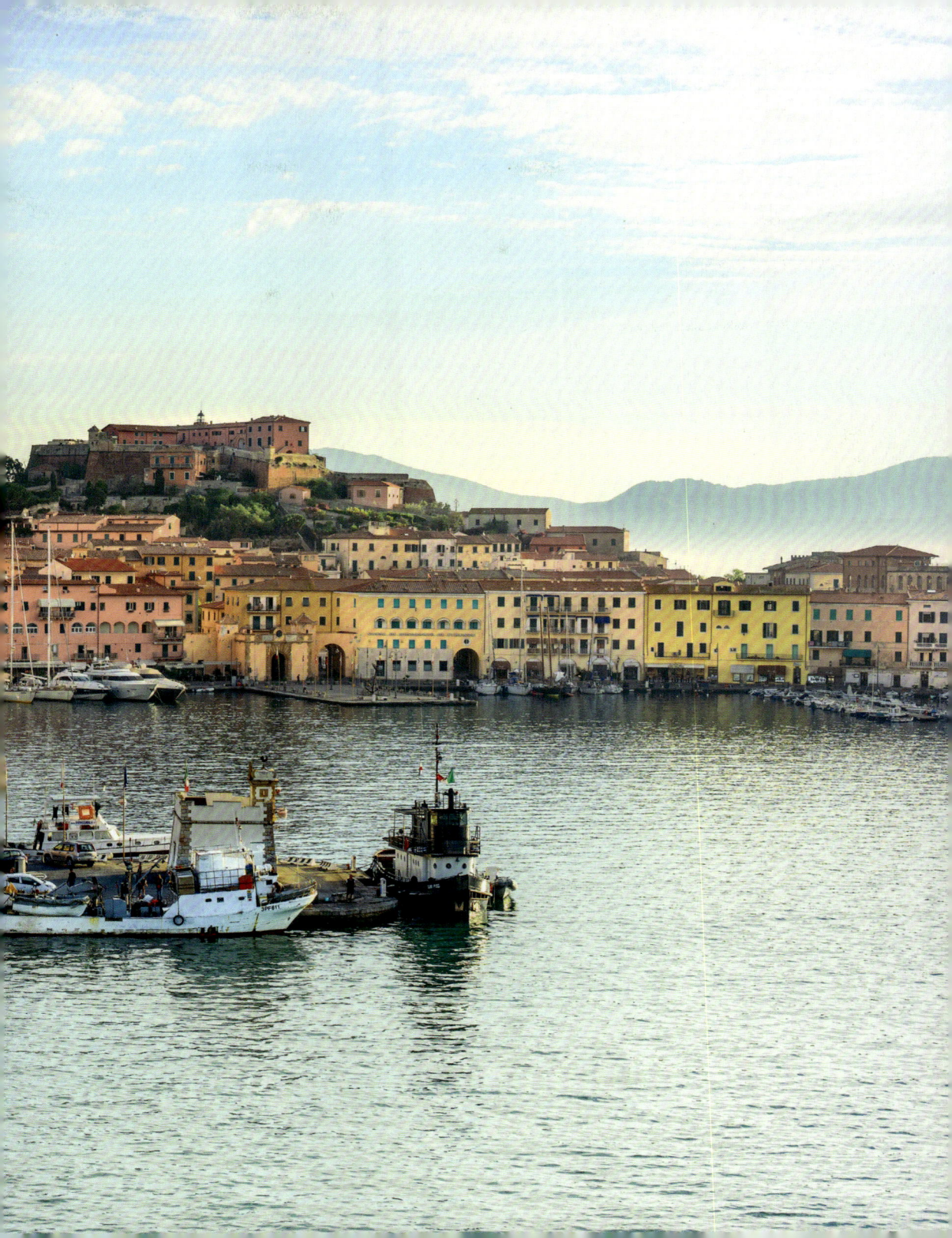

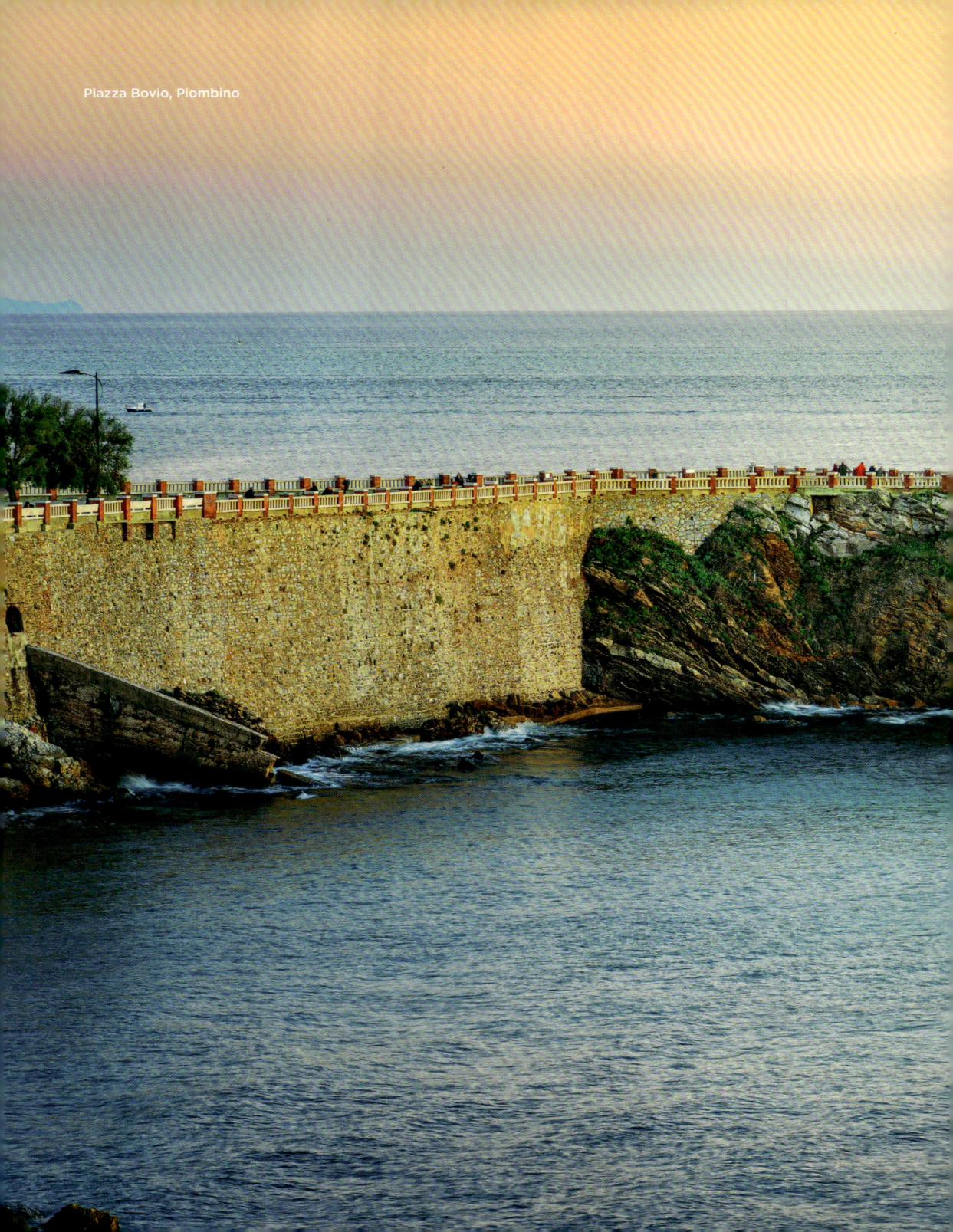

Piazza Bovio, Piombino

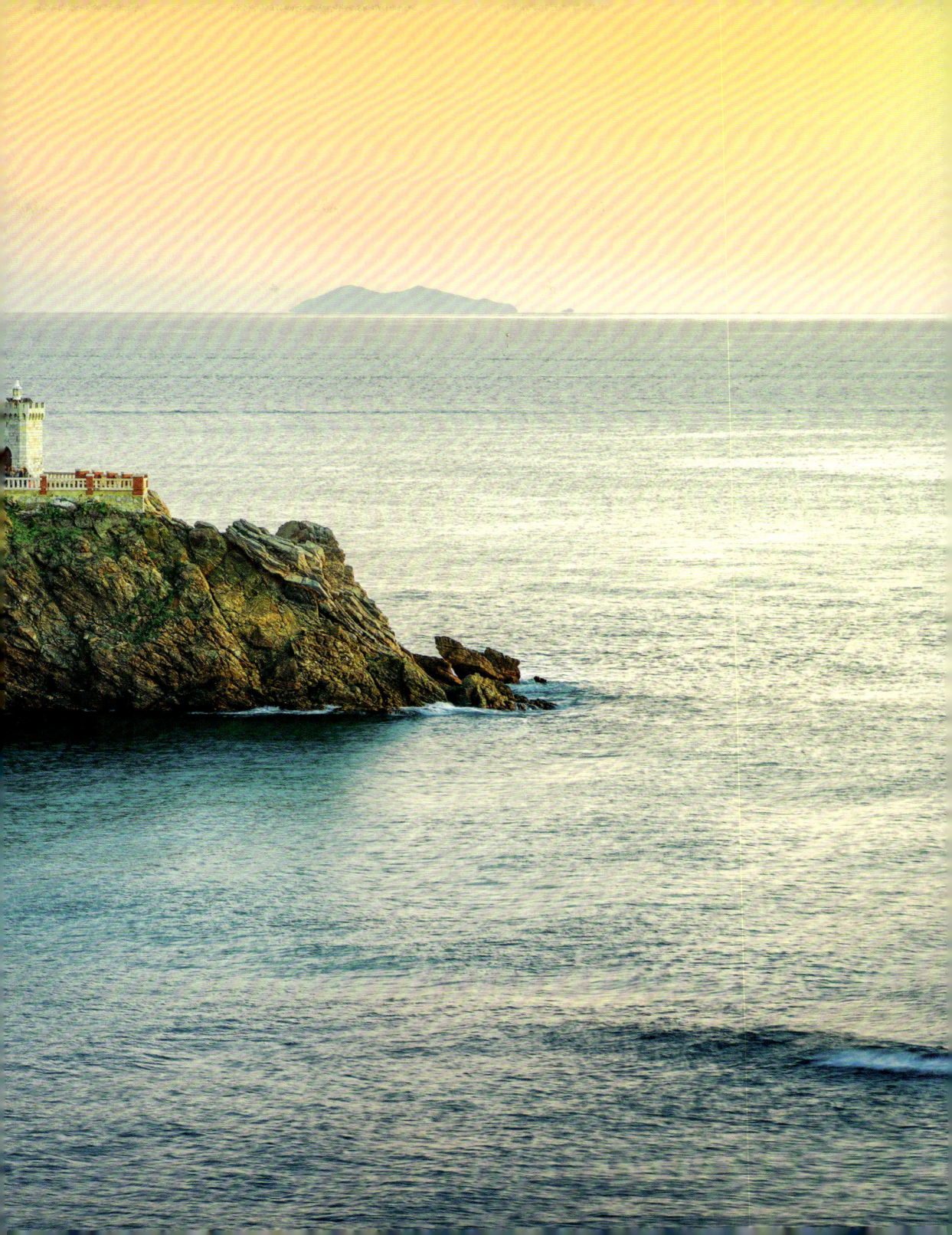

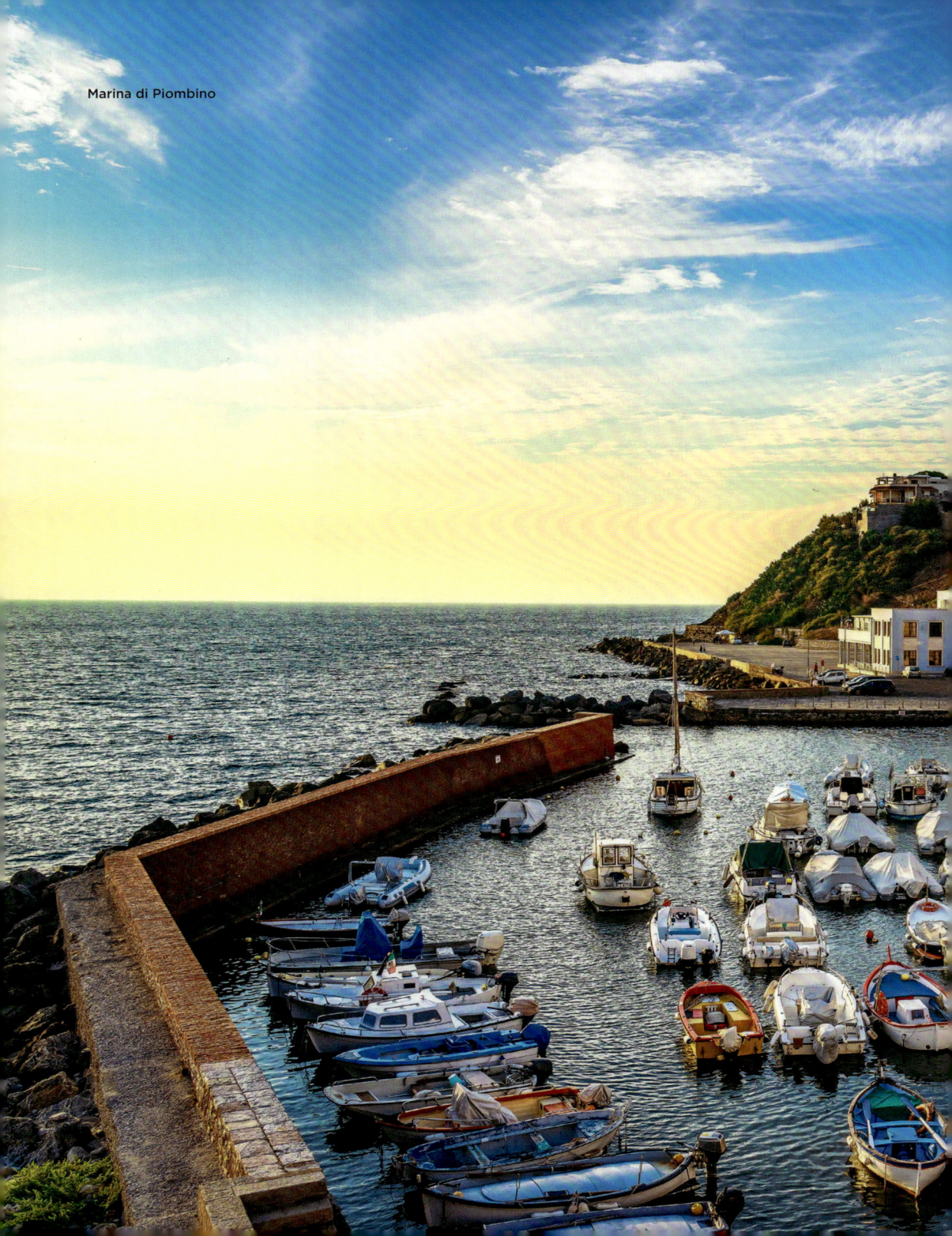

Marina di Piombino

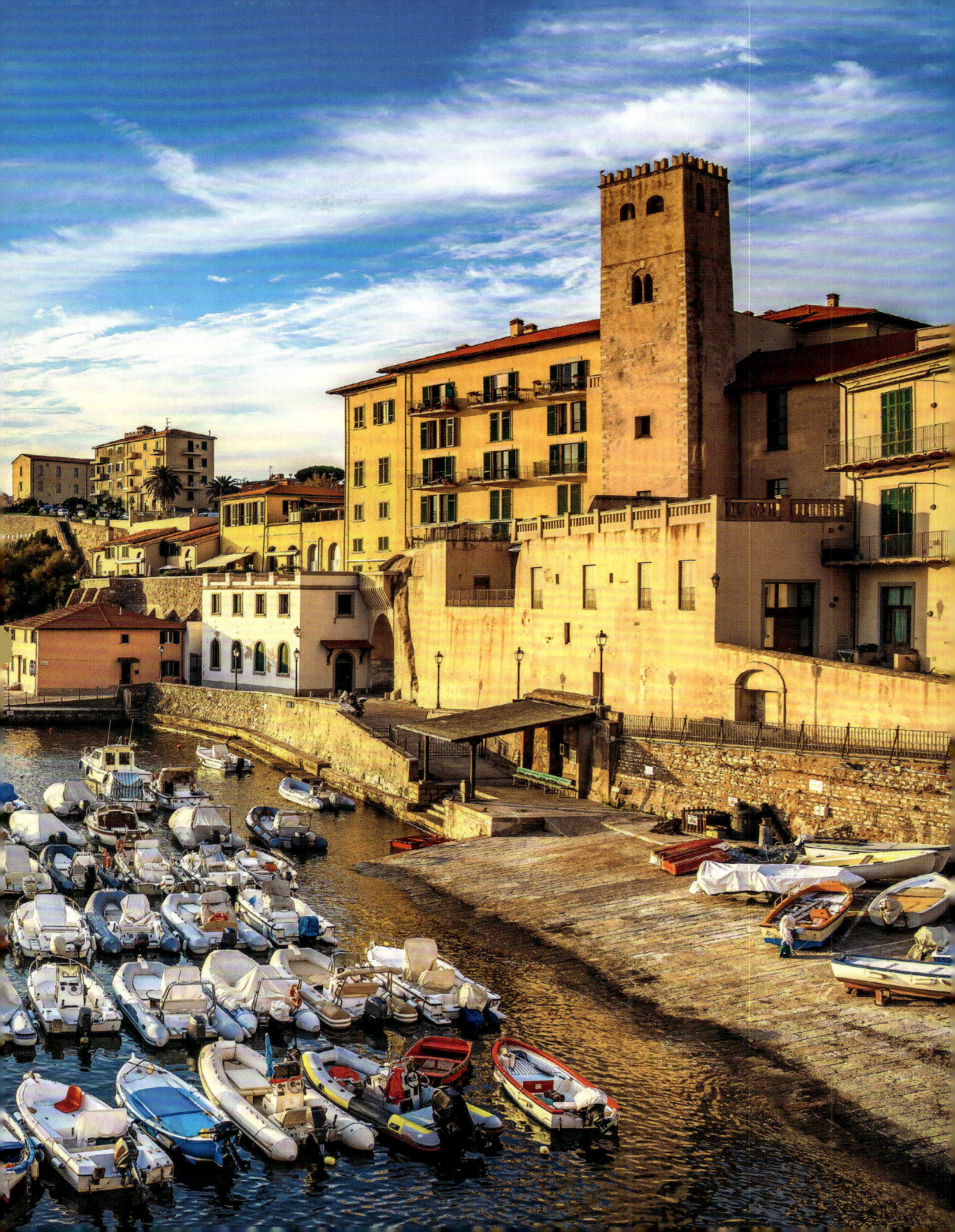

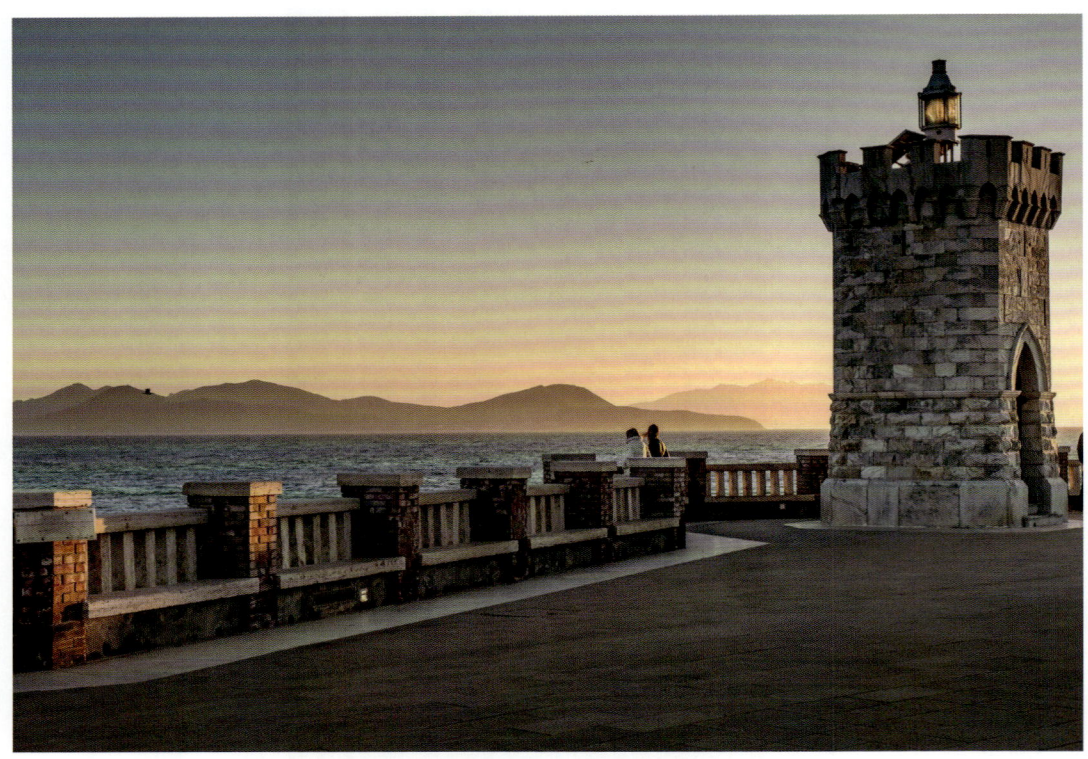

Piazza Bovio

Piombino

Opposite the island of Elba lies
the port city of Piombino,
with its historic centre around
the Esplanade Piazza Bovio.
A few kilometres from the port
there are the archaeological parks
of Baratti and Populonia, and
the beaches of Marina di Salivoli
and Buca delle Fate.

Piombino

Face à l'île d'Elbe, le centre
historique de la ville portuaire
de Piombino s'élance depuis
l'esplanade de la Piazza Bovio.
À quelques kilomètres de la ville
portuaire, le Parc archéologique
de Baratti Populonia et les plages
de la Marina di Salivoli et la Buca
delle Fate.

Piombino

Gegenüber der Insel Elba liegt die
Hafenstadt Piombino mit ihrem
historischen Zentrum um die
Esplanade Piazza Bovio. Wenige
Kilom von der Hafenstadt entfernt,
befinden sich der archäologische
Park von Baratti und Populonia, die
Strände von Marina di Salivoli und
die Buca delle Fate.

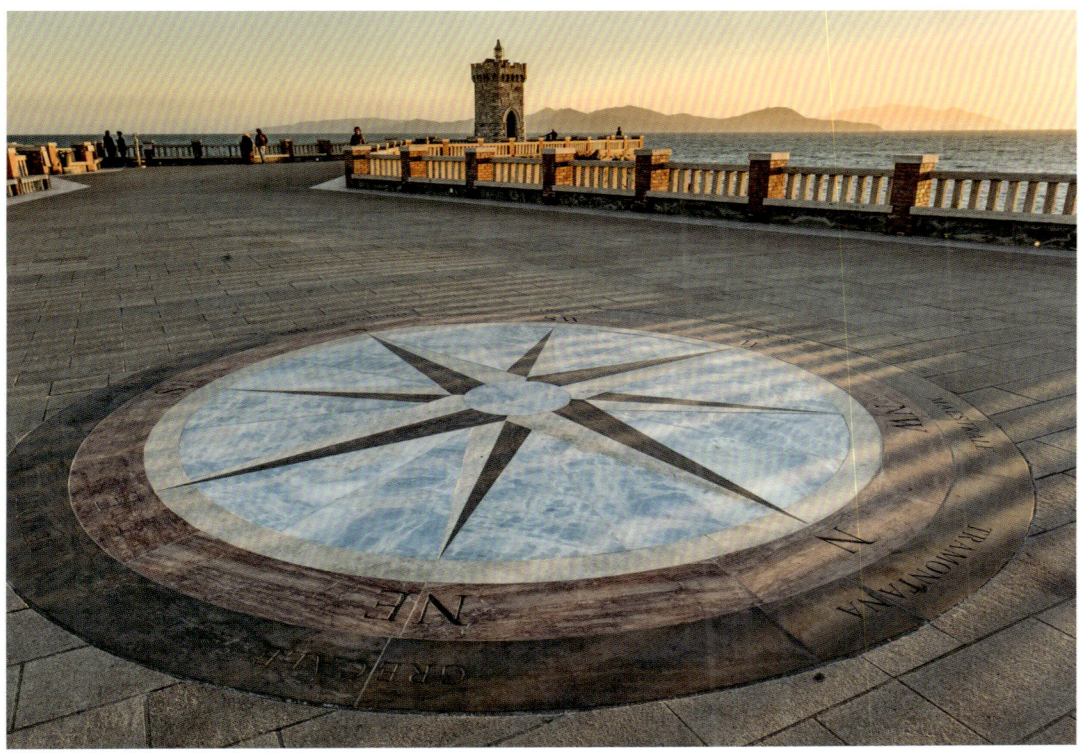

Piazza Bovio

Piombino

El pintoresco pueblo se eleva sobre el Golfo de Baratti con sus hermosas playas. Está dominada por la fortaleza del siglo XV y sus murallas. El parque arqueológico, con sus necrópolis etruscas, conduce al cabo Falcone, que ofrece una vista panorámica del archipiélago toscano.

Piombino

Em frente à ilha de Elba fica a cidade portuária de Piombino, com seu centro histórico em torno da Esplanada Piazza Bovio. A poucos quilómetros do porto estão o parque arqueológico de Baratti e Populonia, as praias de Marina di Salivoli e Buca delle Fate.

Piombino

Tegenover het eiland Elba ligt de havenstad Piombino met zijn historische centrum rond het voorplein Piazza Bovio. Op enkele kiloms van de haven bevinden zich het archeologische park van Baratti en Populonia, de stranden van Marina di Salivoli en de Buca delle Fate.

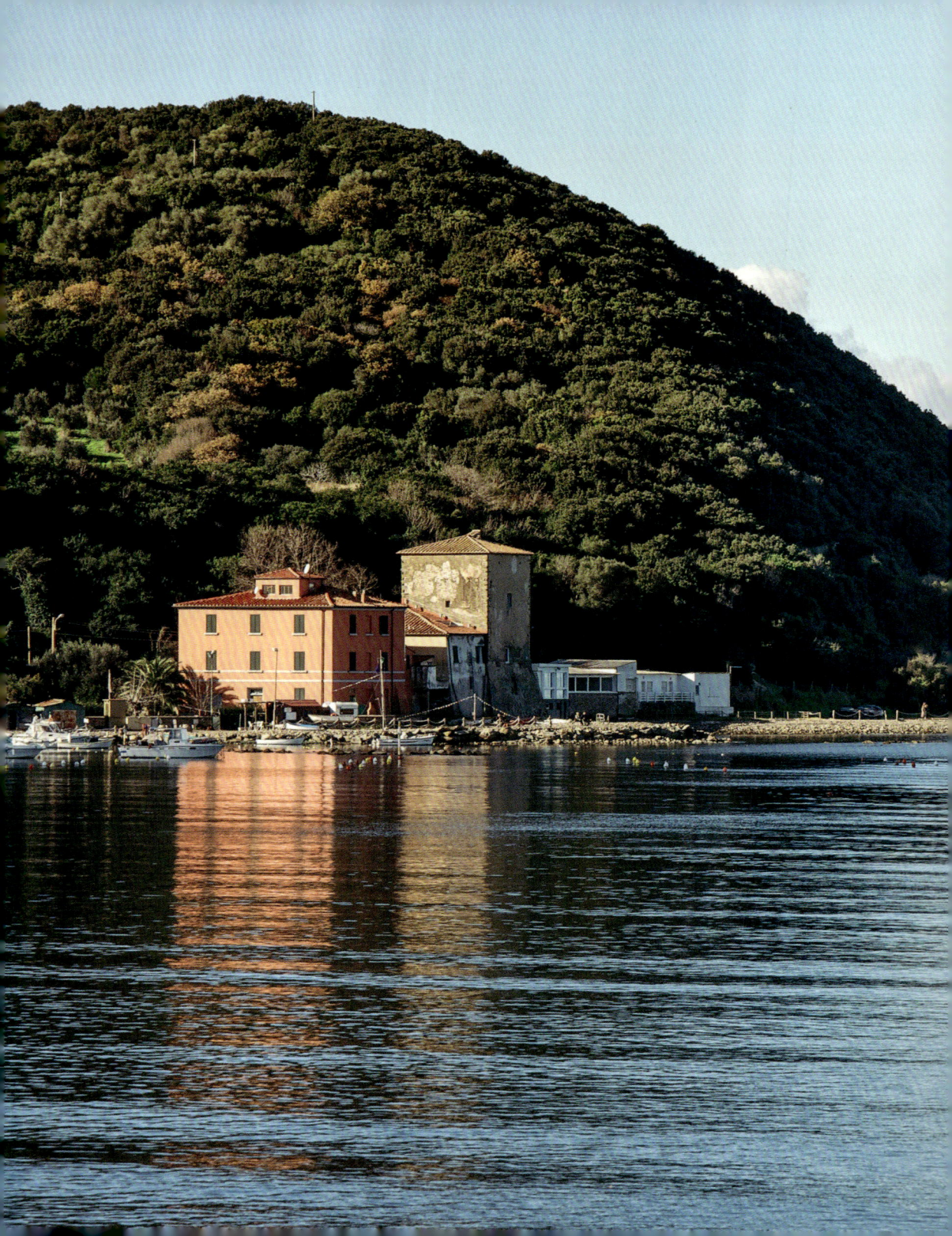

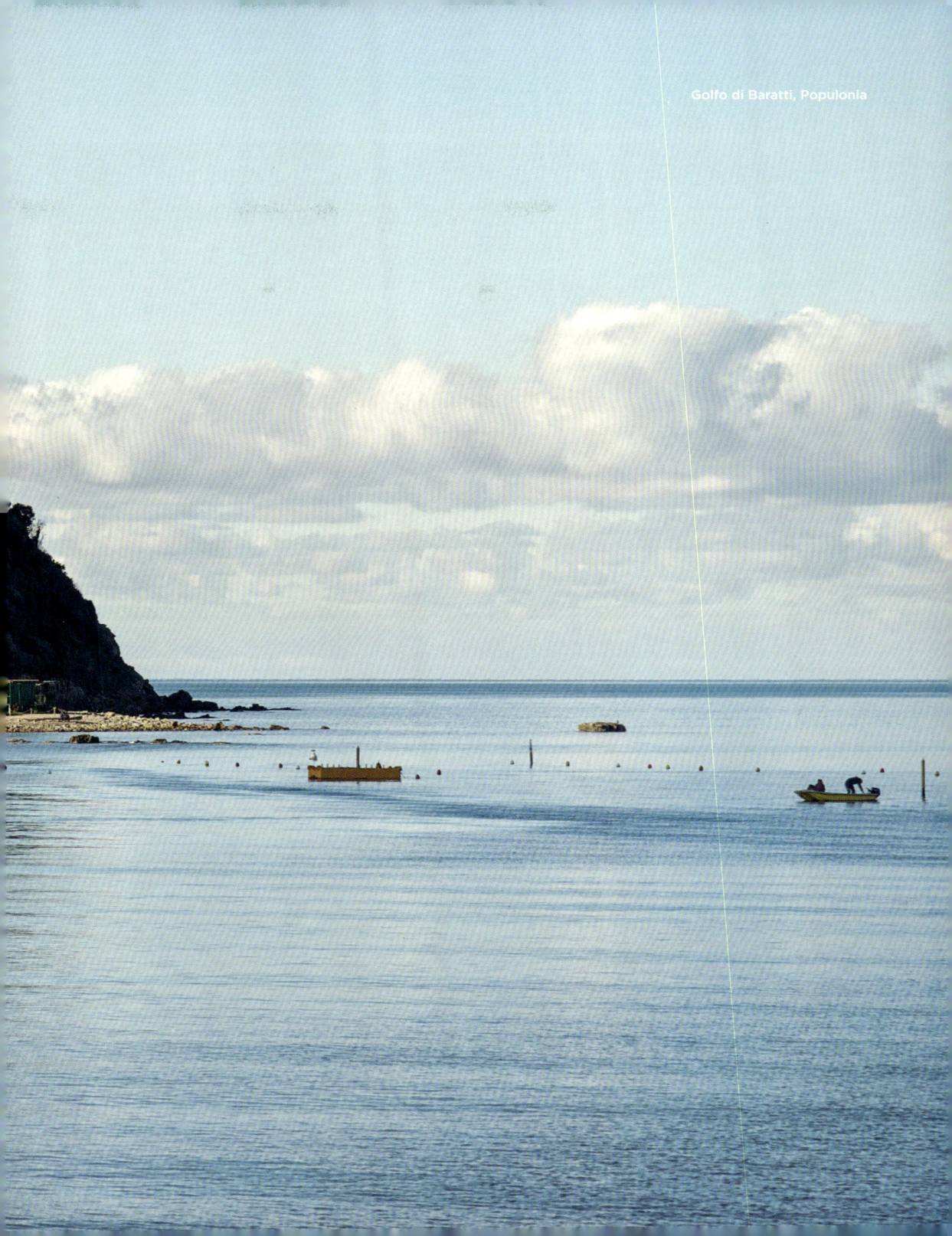

Golfo di Baratti, Populonia

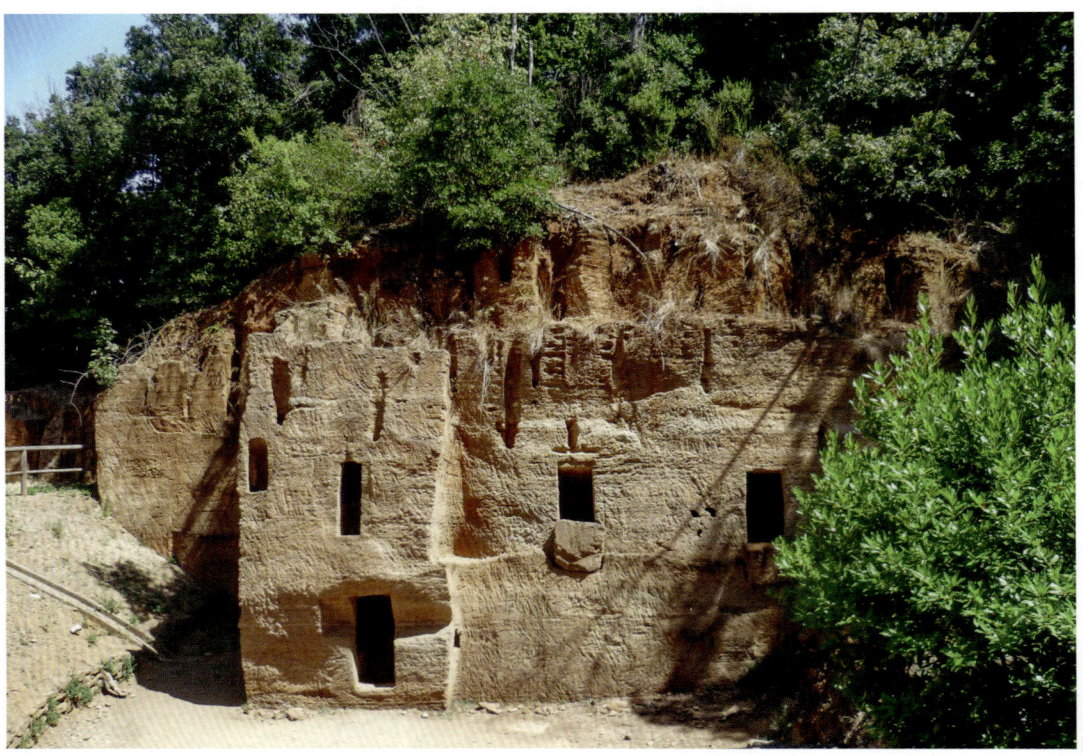

Populonia

Populonia

This picturesque village rises high
above the Gulf of Baratti with its
beautiful beaches. It is dominated
by the 15th century fortress and
its city walls. The archaeological
park with its Etruscan necropolises
leads to Cape Falcone, which offers
a panoramic view of the Tuscan
archipelago.

Populonia

Dominé par les ruines de la
forteresse du xve siècle et ses
remparts, Populonia est un petit
village pittoresque sur les
hauteurs du golfe de Baratti et sa
jolie plage. Le parc archéologique
et ses nécropoles étrusques
mènent au cap Falcone qui offre
un point de vue panoramique sur
l'archipel toscan.

Populonia

Das malerische Dorf erhebt sich
hoch über dem Golf von Baratti mit
seinen schönen Stränden. Es wird
von der Festung aus dem 15.
Jahrhundert und ihren Stadtmauern
dominiert. Der archäologische Park
mit seinen etruskischen Nekropolen
führt zum Kap Falcone, das einen
Panoramablick auf den
Toskanischen Archipel bietet.

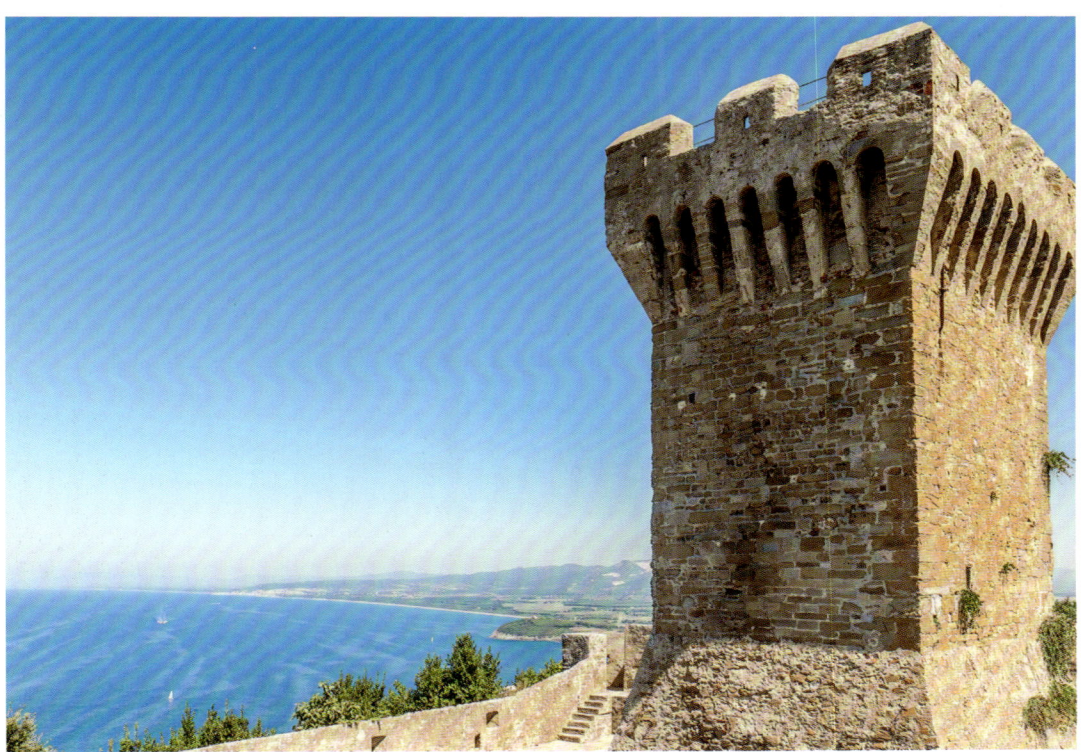

Populonia

Populonia

Frente a la isla de Elba se encuentra
la ciudad portuaria de Piombino,
con su centro histórico alrededor
de la Esplanade Piazza Bovio.
A pocos kilómetros de la ciudad
portuaria se encuentra el parque
arqueológico de Baratti y Populonia
y las playas de Marina di Salivoli
y Buca delle Fate.

Populonia

A pitoresca vila se eleva acima
do Golfo de Baratti com suas belas
praias. É dominada pela fortaleza
do século XV e as muralhas
da cidade. O parque arqueológico
com as suas necrópoles etruscas,
leva-nos ao Cabo Falcone,
que oferece uma vista panorâmica
do arquipélago toscano.

Populonia

Het pittoreske dorpje ligt hoog
boven de Golf van Baratti met zijn
prachtige stranden. Het wordt
gedomineerd door de 15e-eeuwse
vesting en de stadsmuren. Het
archeologische park met zijn
Etruskische necropolen leidt naar
Cape Falcone, die een panoramisch
uitzicht biedt over de Toscaanse
Archipel.

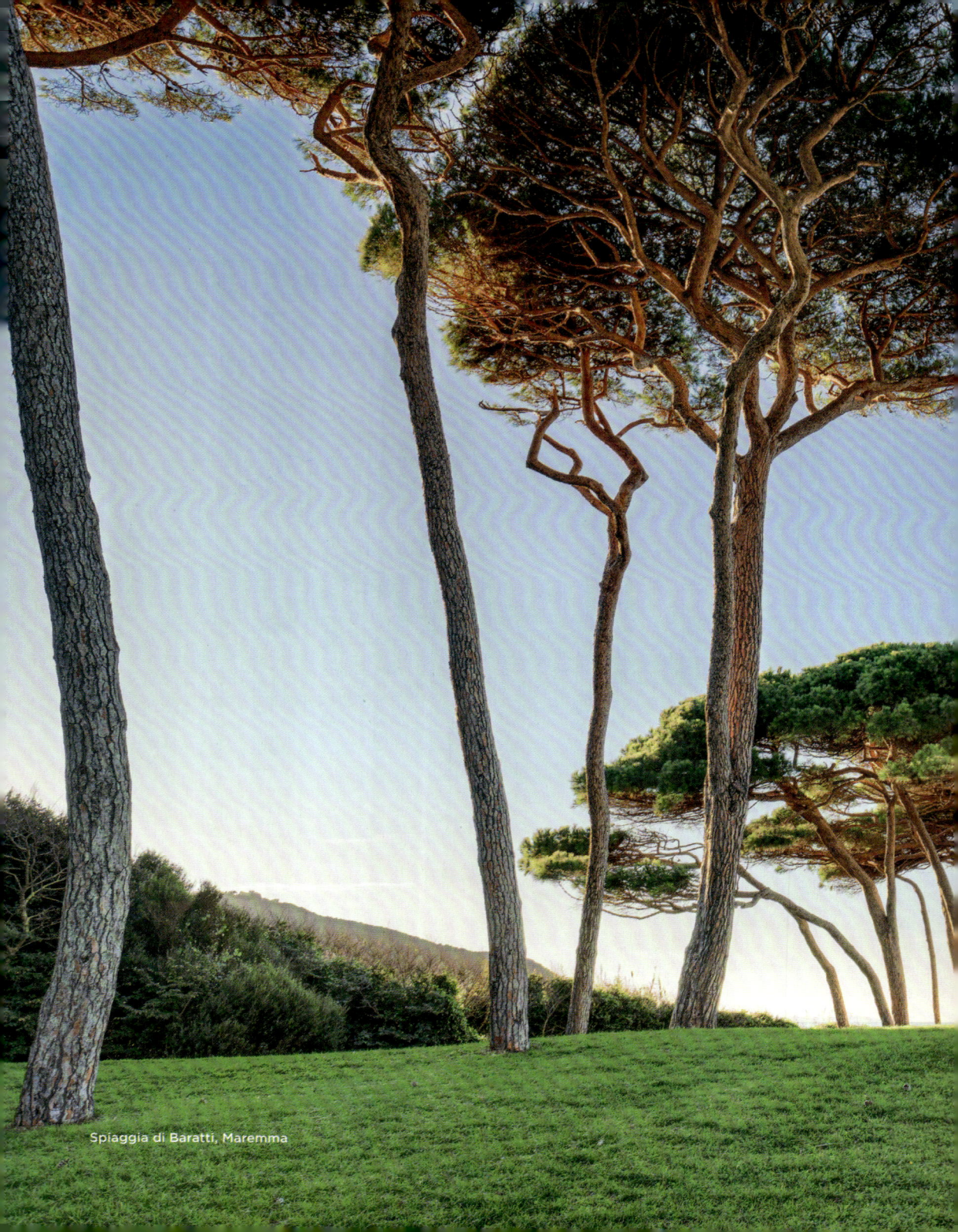

Spiaggia di Baratti, Maremma

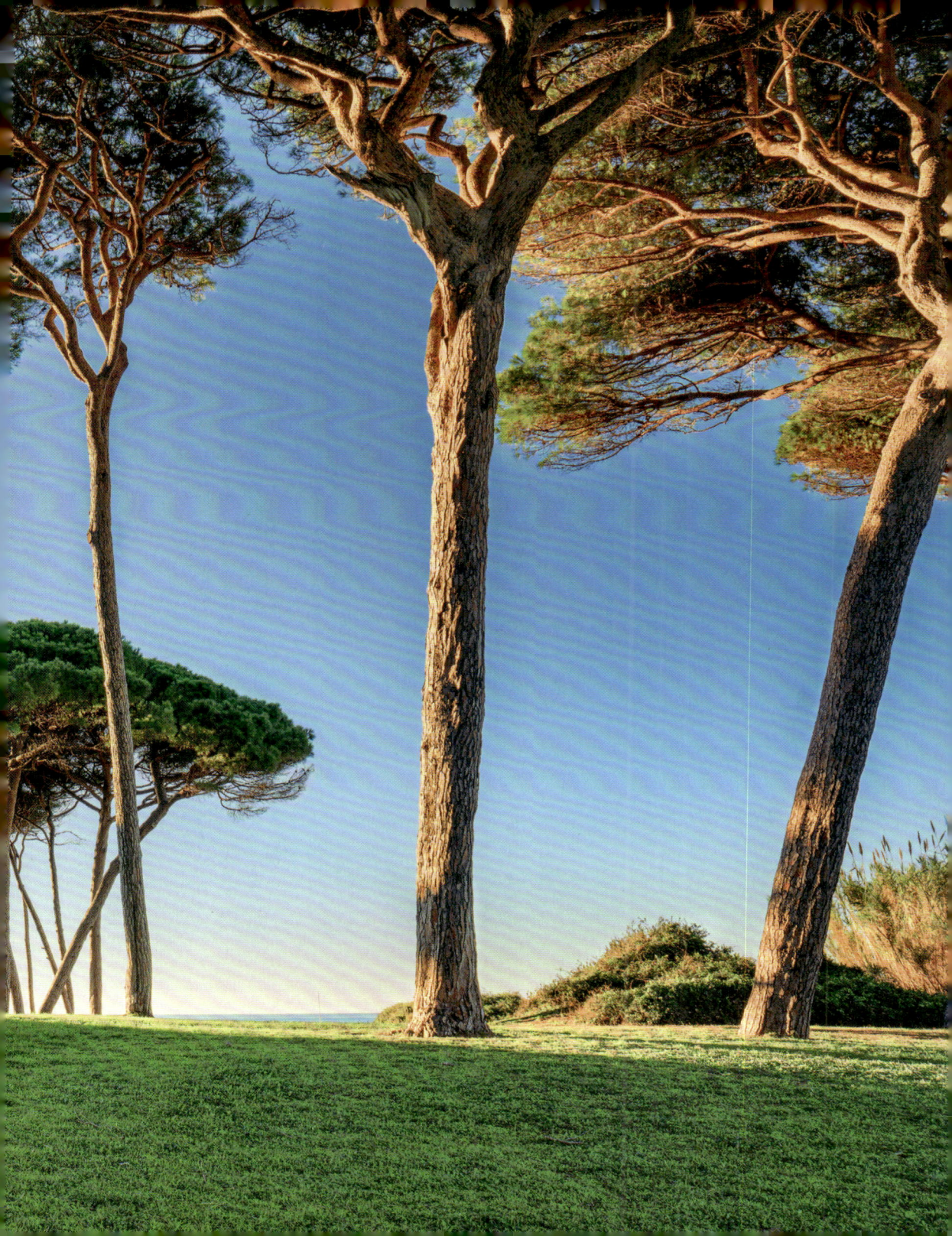

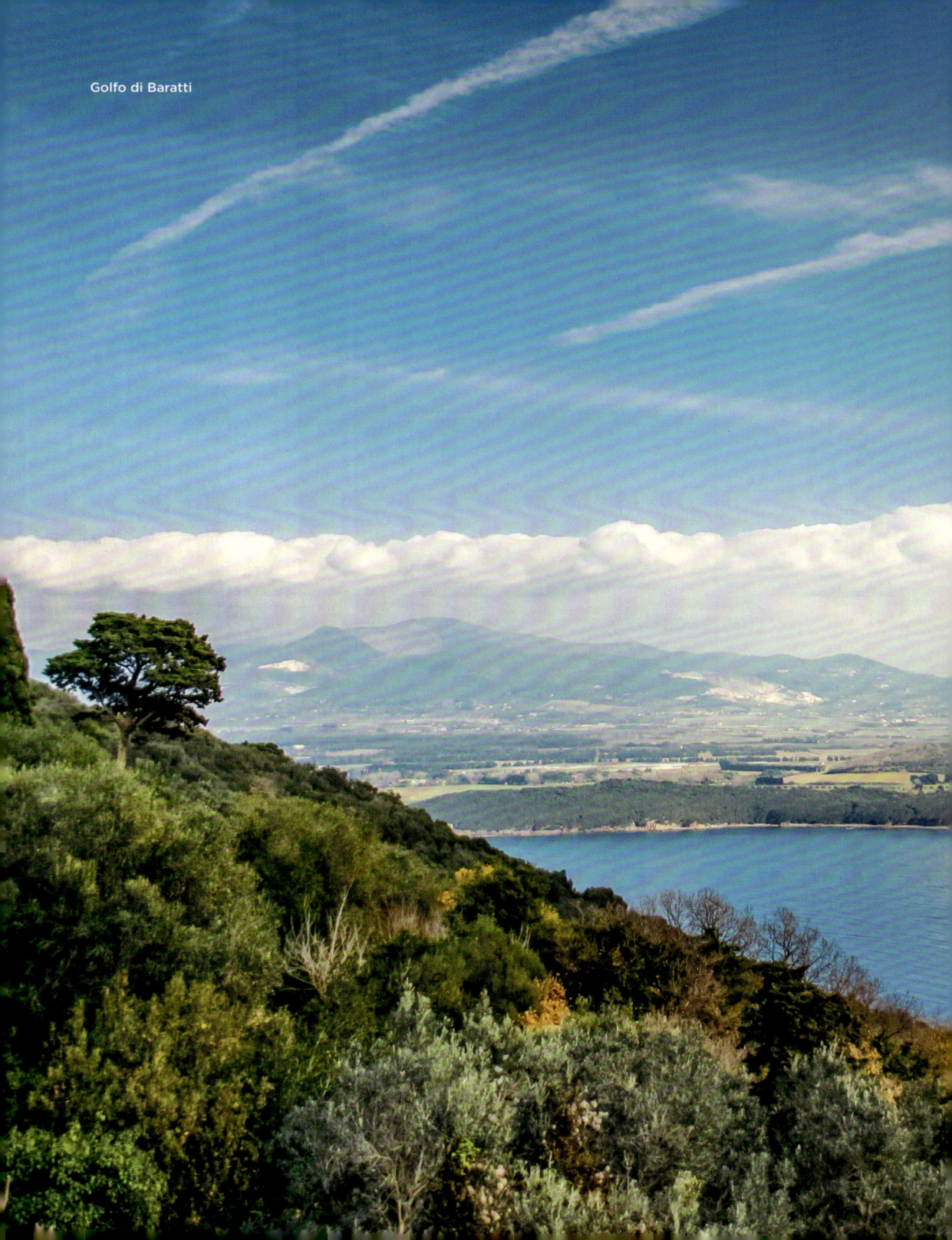

Golfo di Baratti

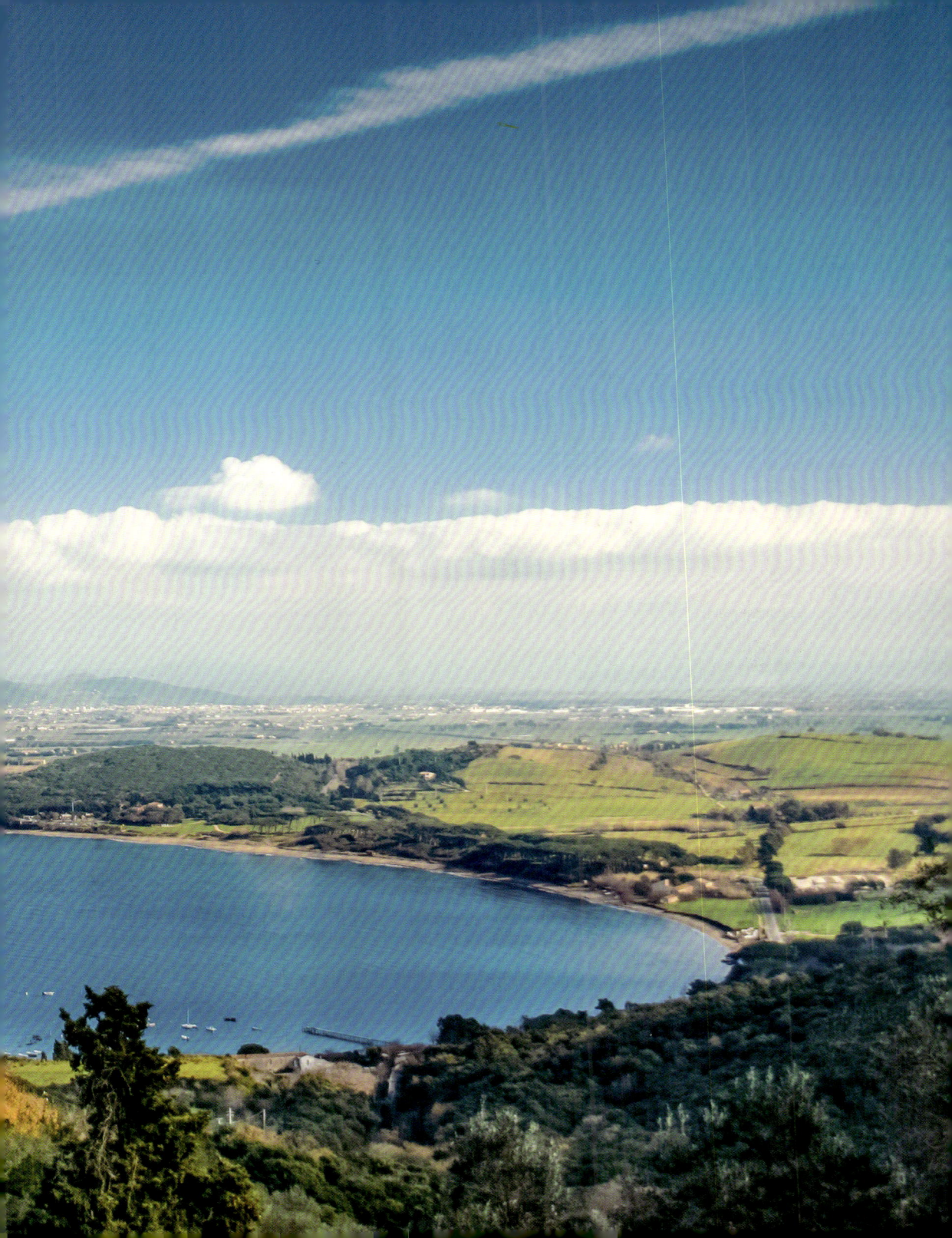

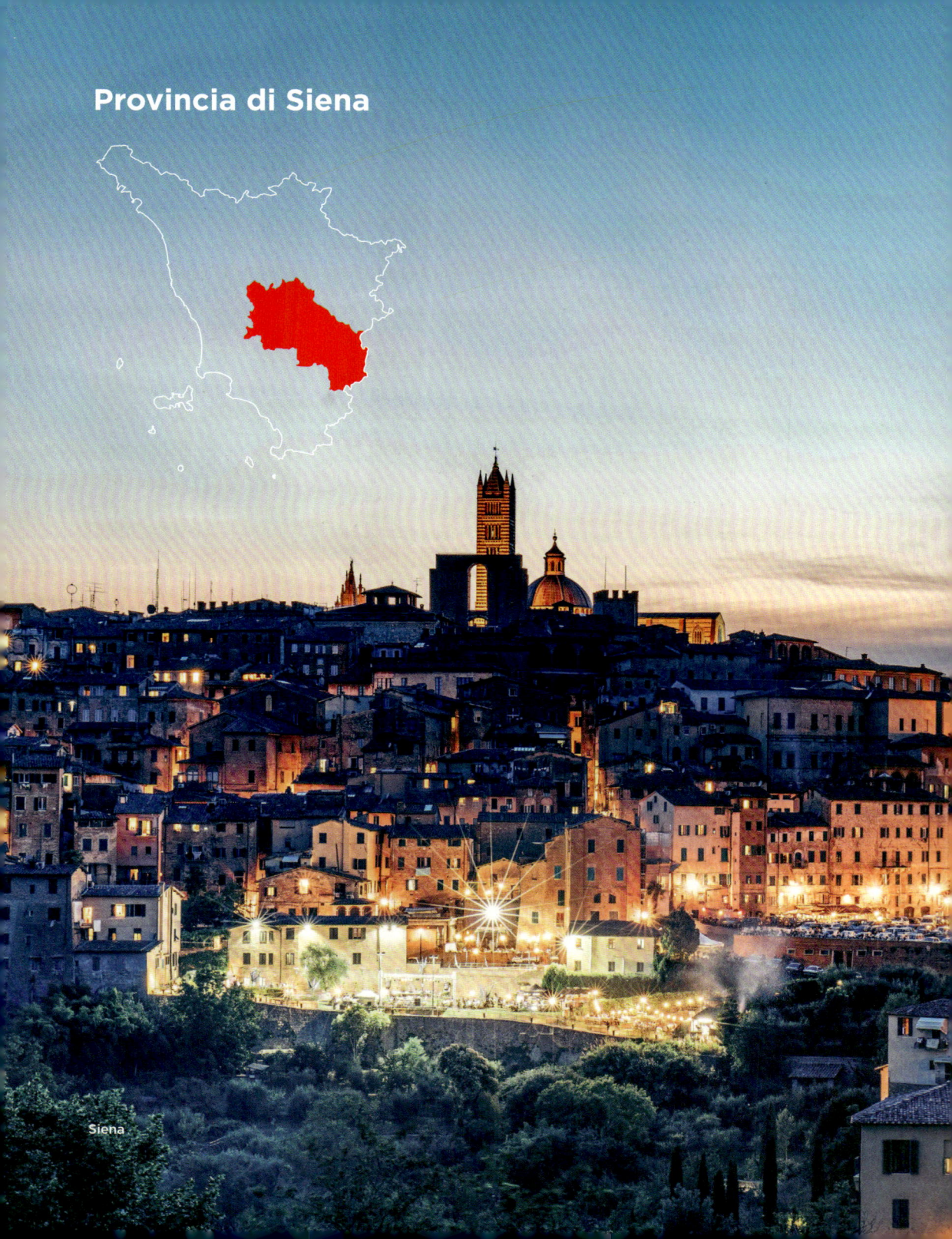

Provincia di Siena

Siena

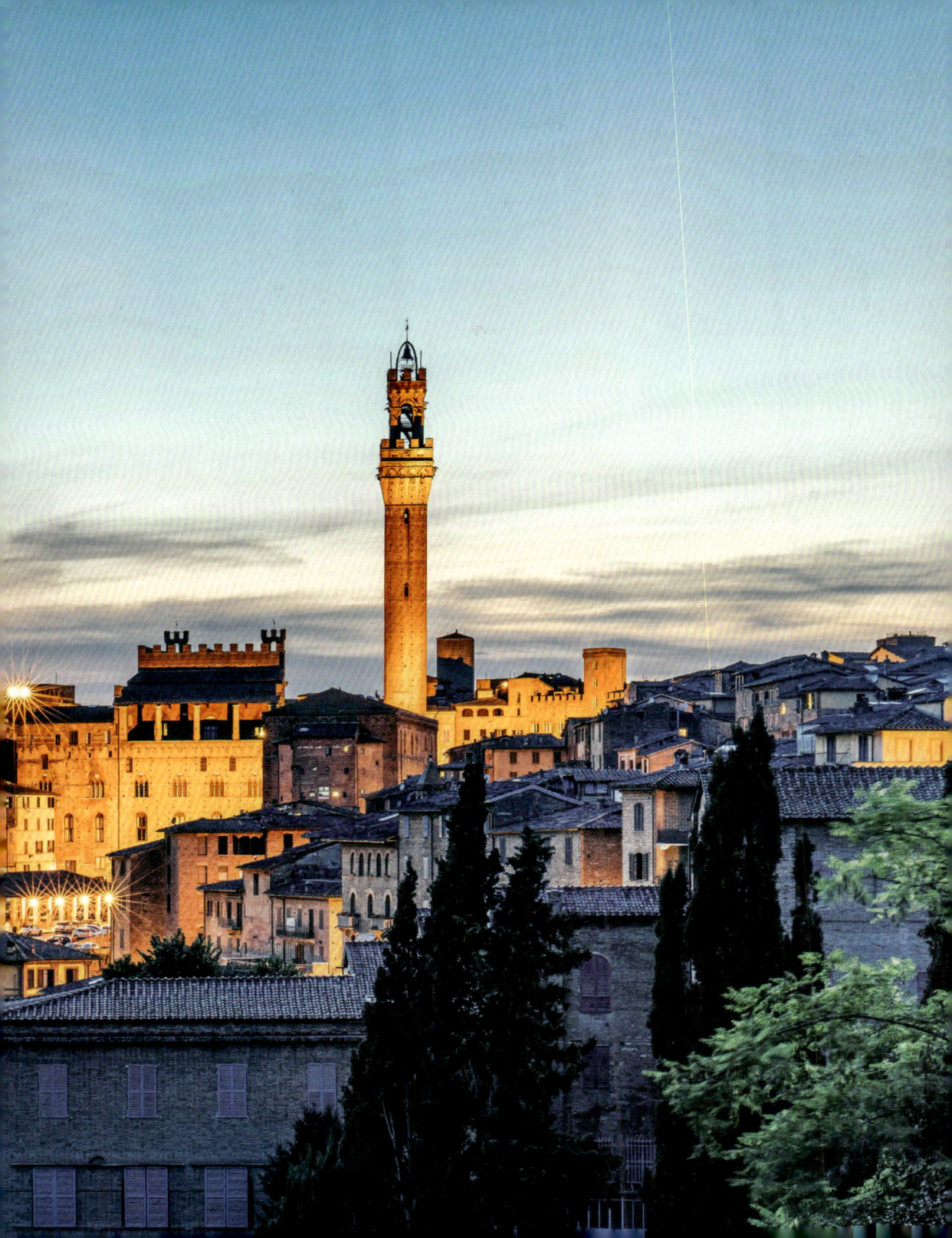

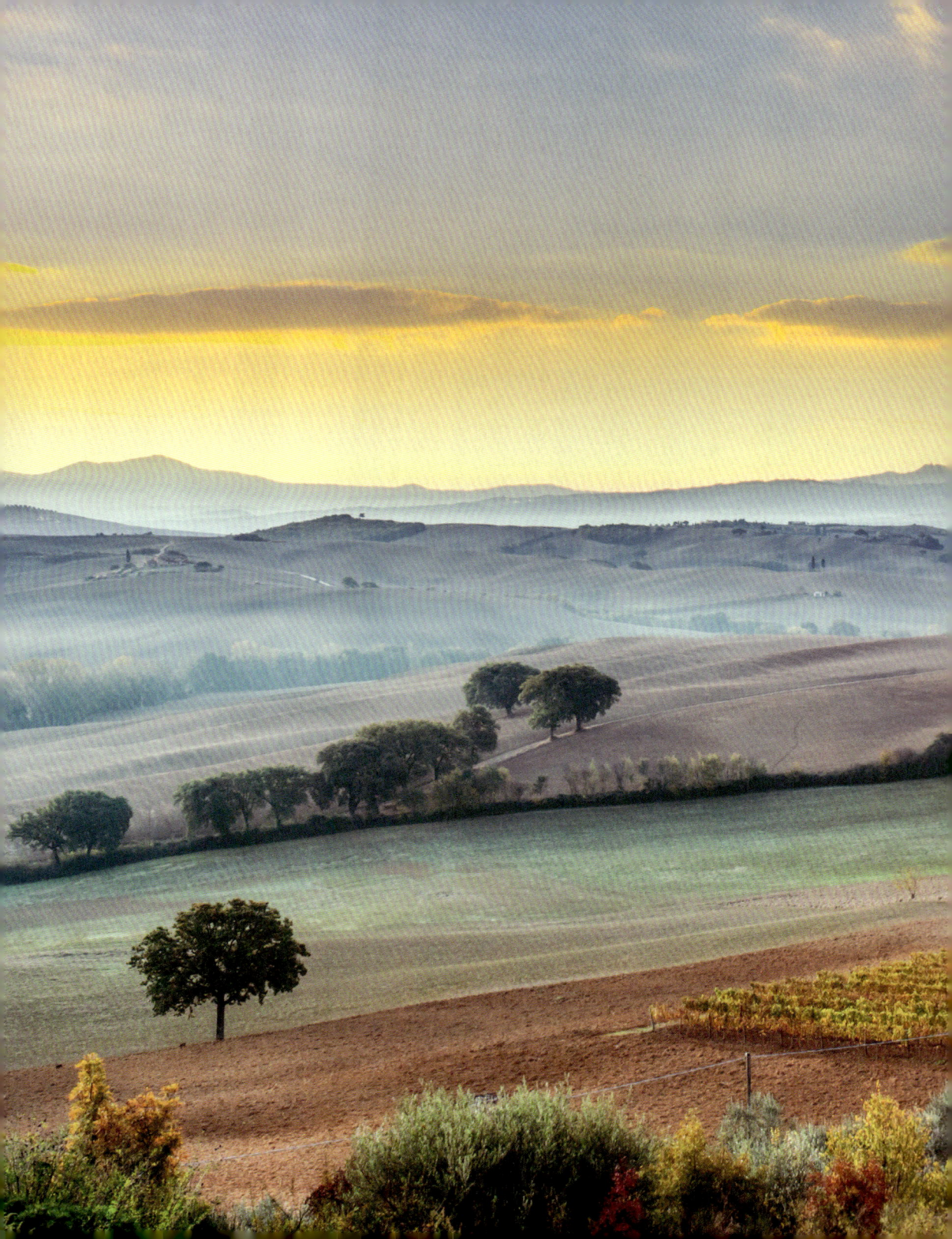

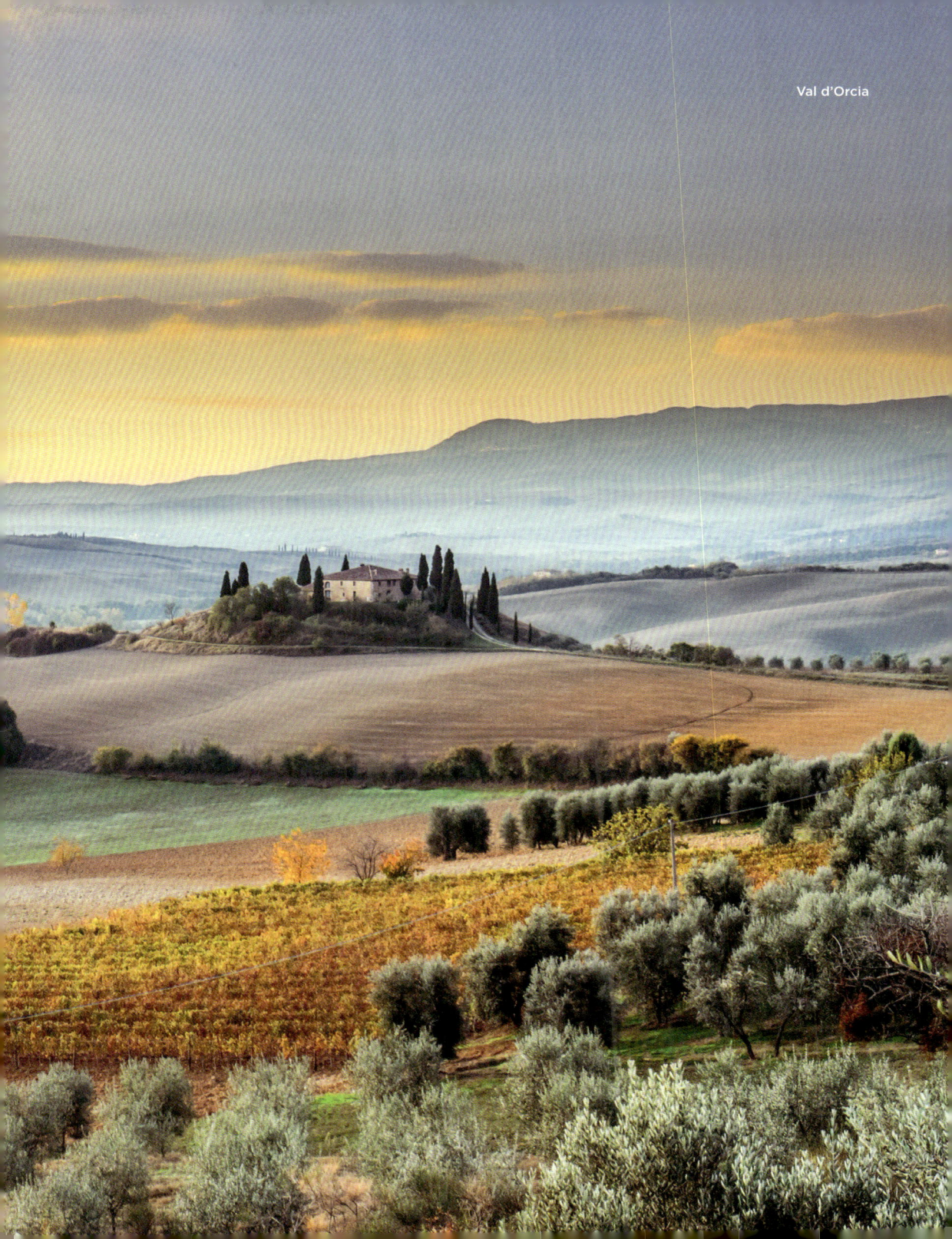

Val d'Orcia

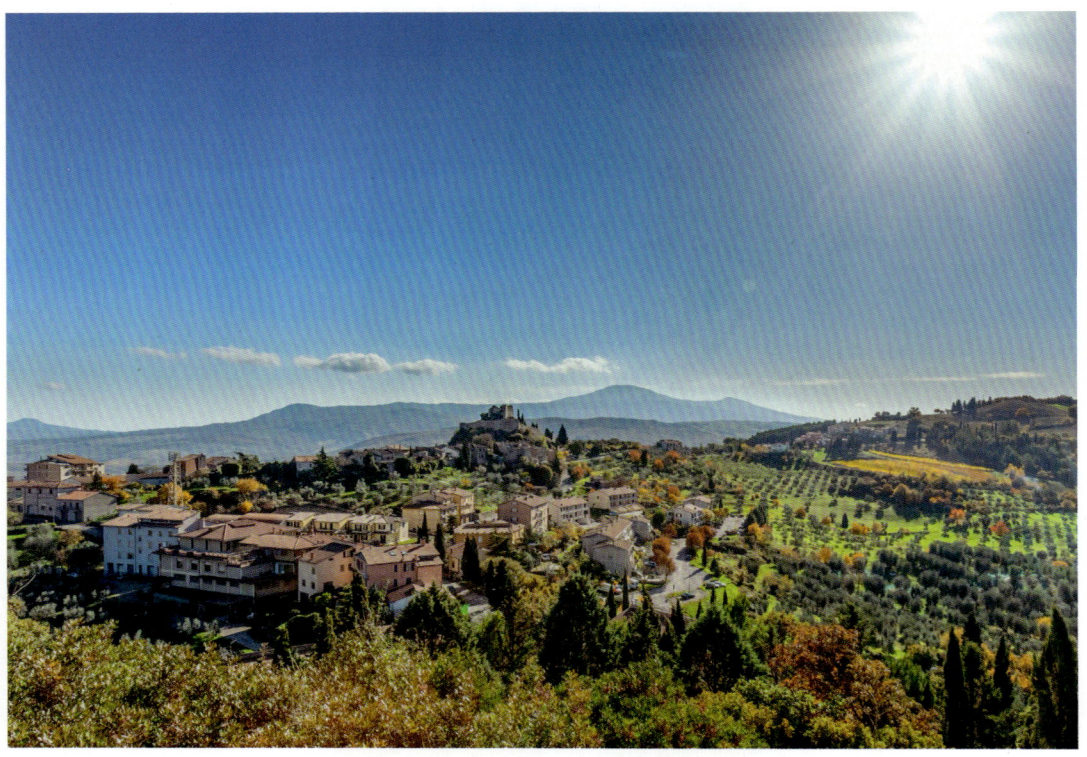

Castiglione d'Orcia

Province of Siena
Along the Via Francigena, the famous pilgrimage route to Rome, there are numerous small villages in the province of Siena, some of which are UNESCO World Heritage Sites, such as San Gimignano, Montepulciano or Pienza. The province is also home to the Chianti Valley, with its vineyards which gave the famous Tuscan wine its name.

Province de Sienne
Longeant la Via Francigena, célèbre chemin de pèlerinage menant à Rome, la province regorge de petits villages typiques, dont certains, comme San Gimignano, Montepulciano ou encore Pienza, sont classés au Patrimoine mondial de l'Unesco. Sans oublier la vallée du Chianti, et ses étendues de vignes, qui donne son nom au célèbre vin toscan.

Provinz Siena
Entlang der Via Francigena, dem berühmten Pilgerweg nach Rom, reihen sich in der Provinz Siena zahlreiche kleine Dörfer, von denen einige wie San Gimignano, Montepulciano oder Pienza zum UNESCO-Welterbe zählen. Die Provinz beherbergt auch das Chiantital mit seinen Weinbergen, die dem berühmten toskanischen Wein den Namen verliehen.

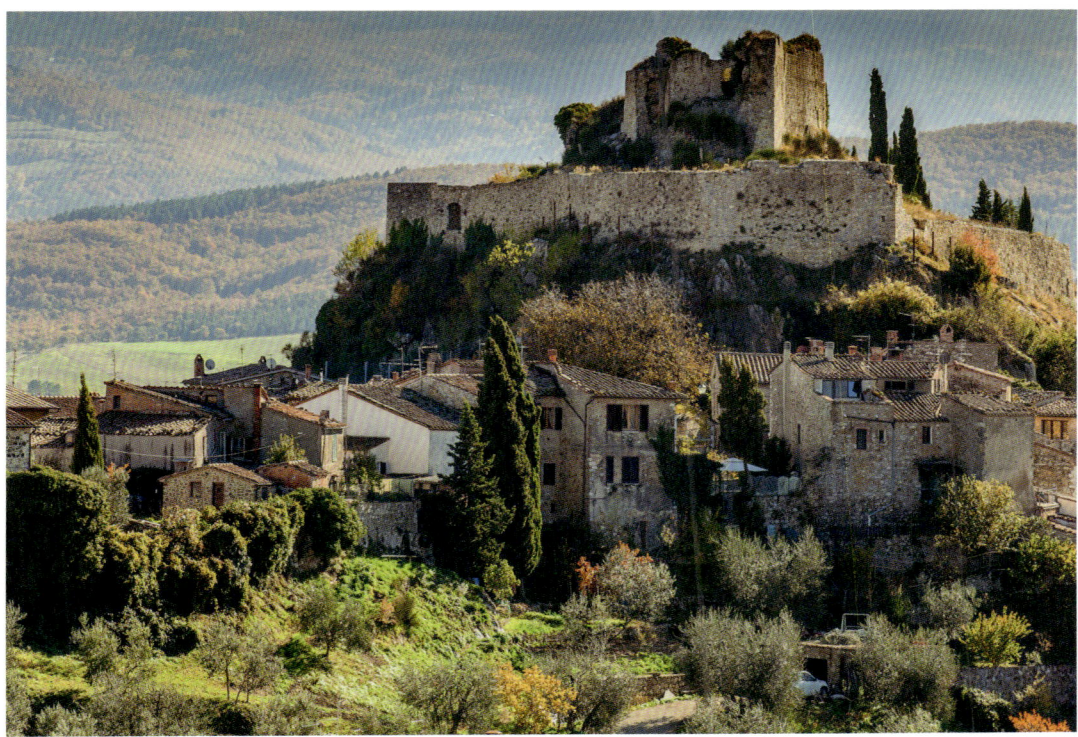

Castiglione d'Orcia

Provincia de Siena

A lo largo de la Vía Francigena, la famosa ruta de peregrinación a Roma, hay numerosos pueblos pequeños en la provincia de Siena, algunos de los cuales son Patrimonio de la Humanidad de la UNESCO, como San Gimignano, Montepulciano o Pienza. En la provincia se encuentra también el Valle del Chianti con sus viñedos, que le dieron su nombre al famoso vino toscano.

Província de Siena

Ao longo da Via Francigena, a famosa rota de peregrinação a Roma, existem inúmeras pequenas aldeias na província de Siena, algumas das quais são Património Mundial da UNESCO, como San Gimignano, Montepulciano ou Pienza. A província também abriga o Vale do Chianti com seus vinhedos, que deram o nome ao famoso vinho toscano.

Provincie Siena

Langs de Via Francigena, de beroemde pelgrimsroute naar Rome, liggen talrijke kleine dorpjes in de provincie Siena, waarvan sommige tot het werelderfgoed van de Unesco behoren, zoals San Gimignano, Montepulciano en Pienza. De provincie omvat ook de Chianti-vallei met zijn wijngaarden die de beroemde Toscaanse wijn zijn naam gaf.

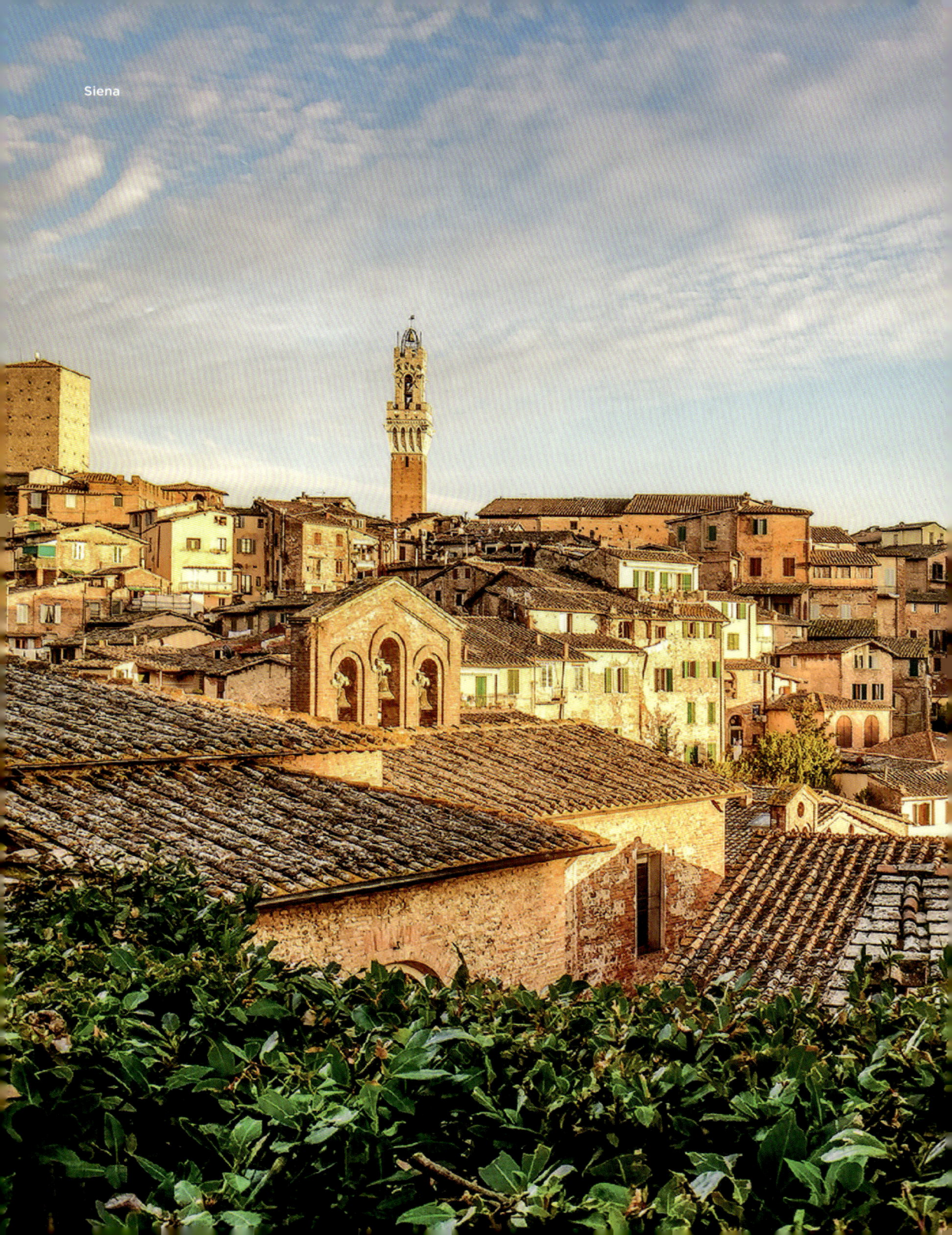
Siena

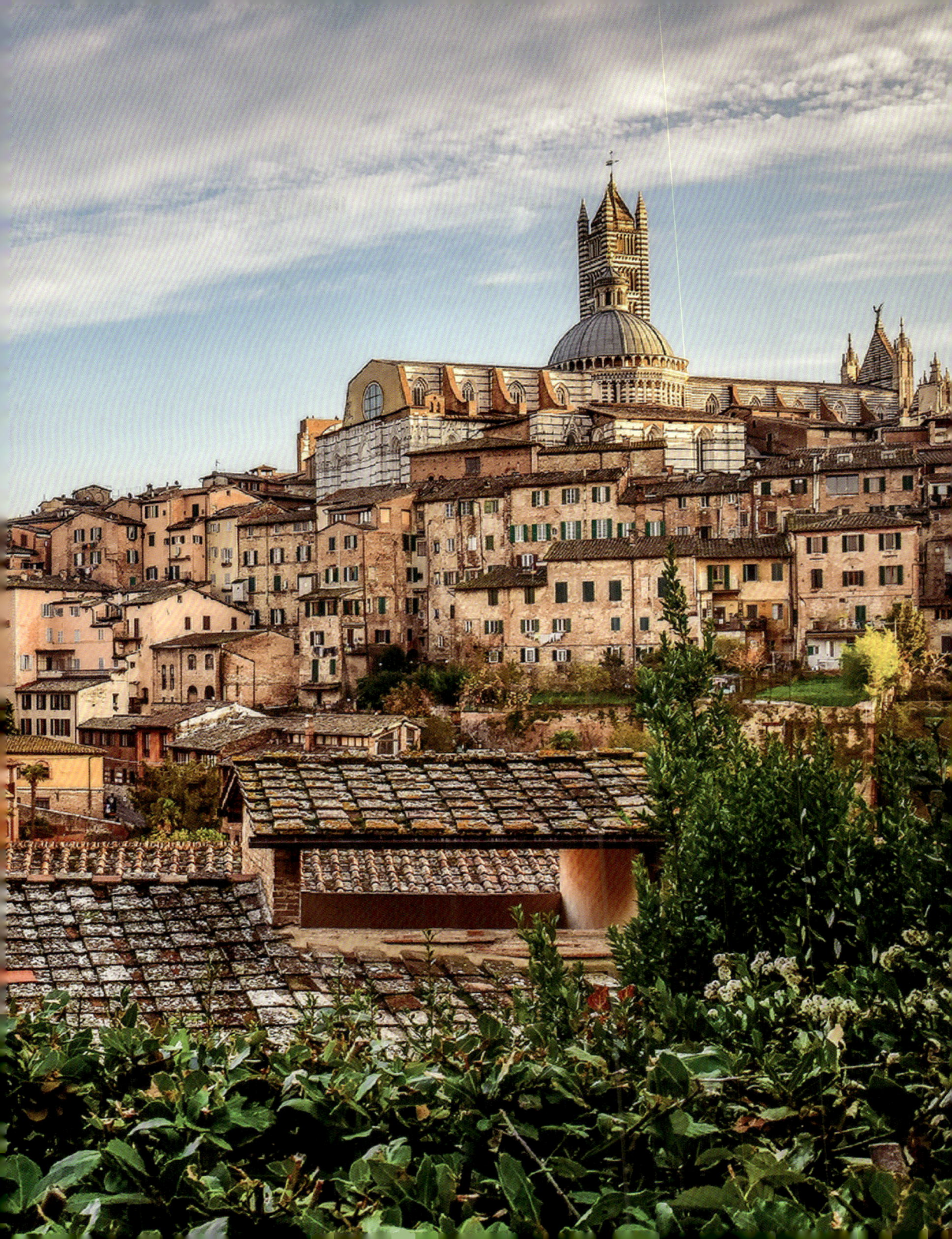

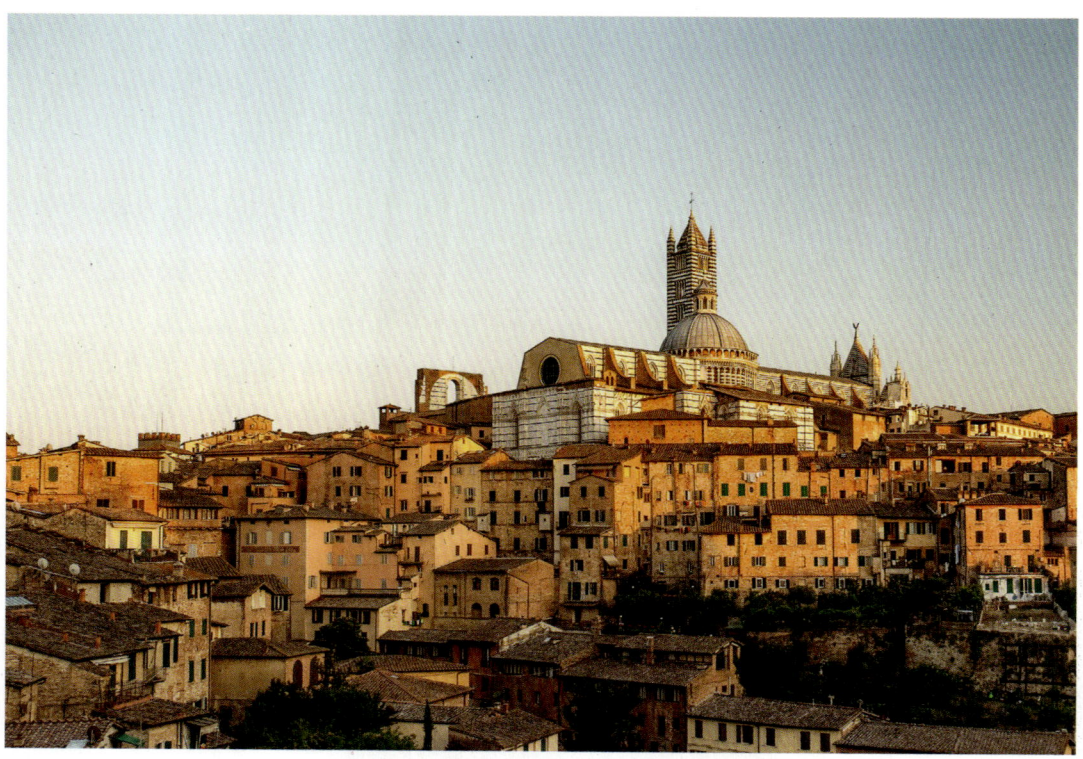

Duomo di Siena

Siena

Surrounded by fortified walls, this medieval town was built on three hills connected by the impressive Piazza del Campo. The square is dominated by the Gothic Palazzo Pubblico, the imposing Torre del Mangia and the Cathedral of Santa Maria Assunta. Numerous palaces line its edges.

Sienne

Ancienne cité médiévale entourée de murs fortifiés, Sienne fut construite sur trois collines reliées par l'impressionnante Piazza del Campo où se dressent le Palazzo Pubblico à l'architecture gothique, et son imposante Torre del Mangia, le dôme de Santa Maria Assunta, ainsi que de nombreux palais qui bordent la place.

Siena

Die von Befestigungsmauern umgebene mittelalterliche Stadt wurde auf drei Hügeln erbaut, die durch die beeindruckende Piazza del Campo verbunden sind. Der Platz wird geprägt durch den gotischen Palazzo Pubblico, den imposanten Torre del Mangia und den Dom Santa Maria Assunta. Zahlreiche Paläste säumen seine Ränder.

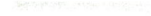

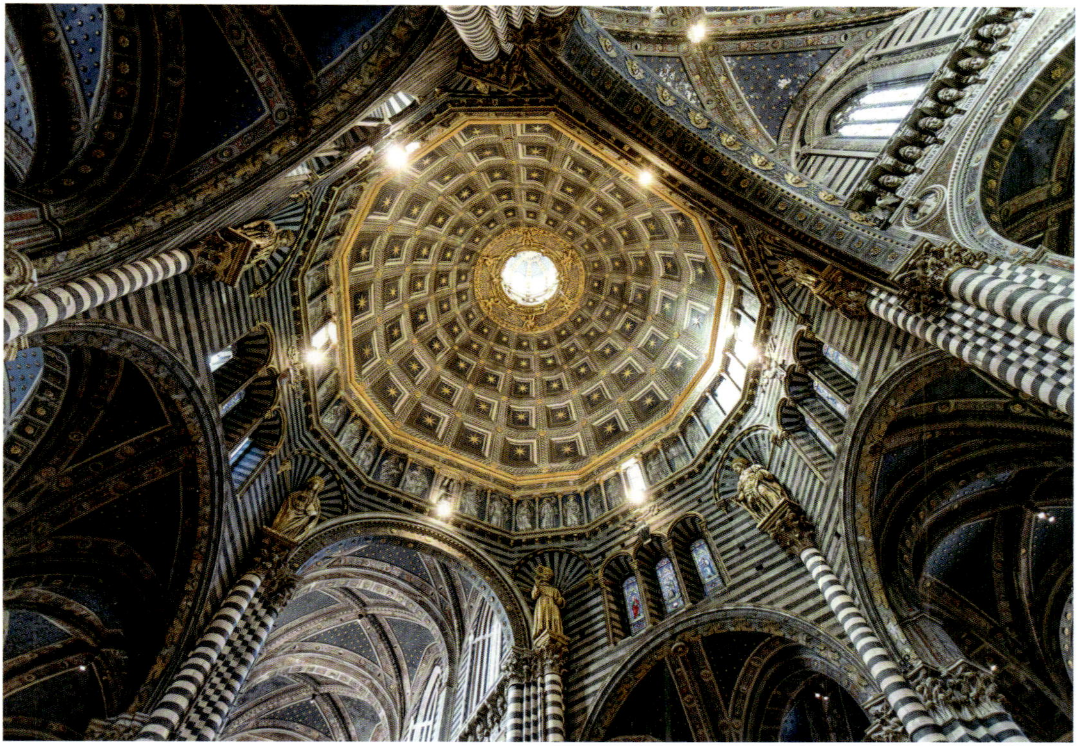

Duomo di Siena

Siena

Rodeada de murallas de defensa, la ciudad medieval fue construida sobre tres colinas conectadas por la impresionante Piazza del Campo. La plaza se caracteriza por el gótico Palazzo Pubblico, la imponente Torre del Mangia y la Catedral de Santa María Assunta. Numerosos palacios se alinean en sus bordes.

Siena

Rodeada por muralhas fortificadas, a cidade medieval foi construída em três colinas ligadas pela impressionante Piazza del Campo. A praça é dominada pelo Palácio Gótico Pubblico, a imponente Torre del Mangia e a Catedral de Santa Maria Assunta. Numerosos palácios alinham-se com as suas arestas.

Siena

De door vestingmuren versterkte middeleeuwse stad werd gebouwd op drie heuvels die met elkaar verbonden zijn door het indrukwekkende Piazza del Campo. Het plein wordt gedomineerd door het gotische Palazzo Pubblico, de imposante Torre del Mangia en de kathedraal Santa Maria Assunta. Talrijke stadspaleizen staan langs de randen.

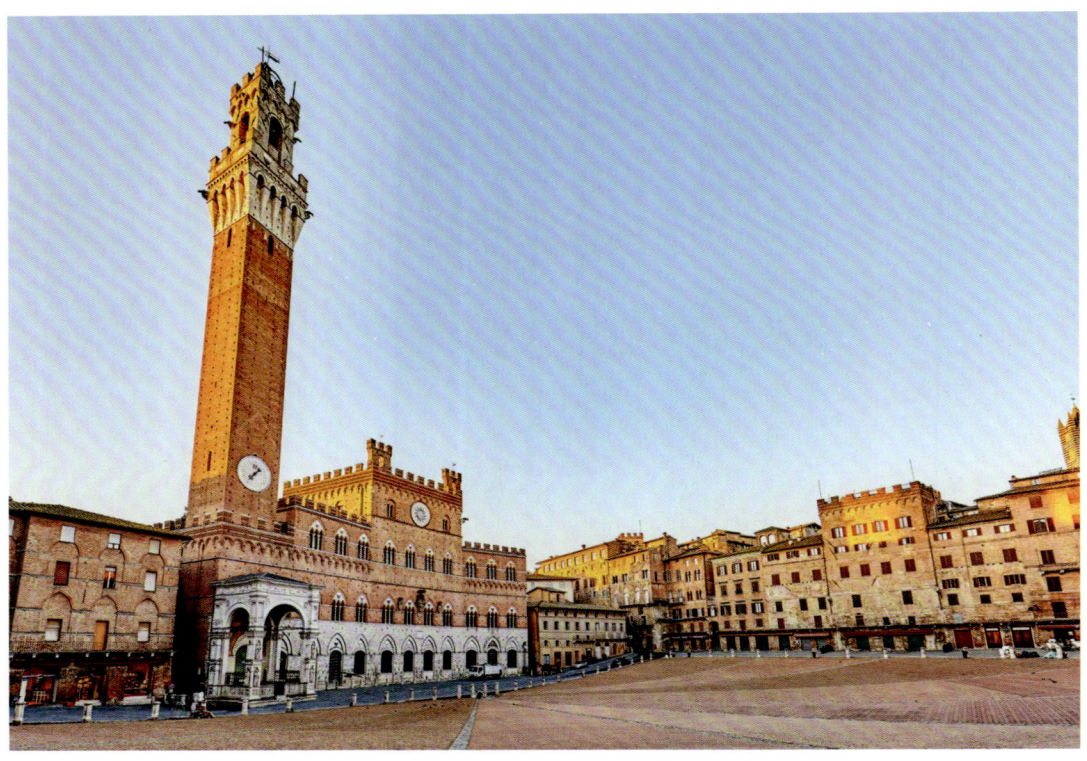

Palazzo Pubblico

Palazzo Pubblico

The Palazzo Pubblico, which today
houses the Museo Civico, was built
between the beginning of the
13th century and the middle of the
14th century. The 102-ms high Torre
del Mangia offers a wonderful view
of the winding streets of the city
and a unique panorama of the
surroundings.

Palazzo Pubblico

Le Palazzo Pubblico, dont les
étages sont désormais réservés
au Museo Civico de la ville,
fut construit entre le début du
XIIIᵉ siècle et le milieu de XIVᵉ siècle.
Son étonnant campanile, la Torre
del Mangia, culmine à 102 m
et offre une vue splendide
sur les ruelles sinueuses de la ville
et un panorama exceptionnel
de ses environs.

Palazzo Pubblico

Der Palazzo Pubblico, der heute
das Museo Civico beherbergt,
wurde zwischen dem Anfang
des 13. Jahrhunderts und der Mitte
des 14. Jahrhunderts erbaut.
Der 102 m hohe Torre del Mangia
bietet einen herrlichen Blick
auf die verwinkelten Gassen
der Stadt und ein einmaliges
Panorama der Umgebung.

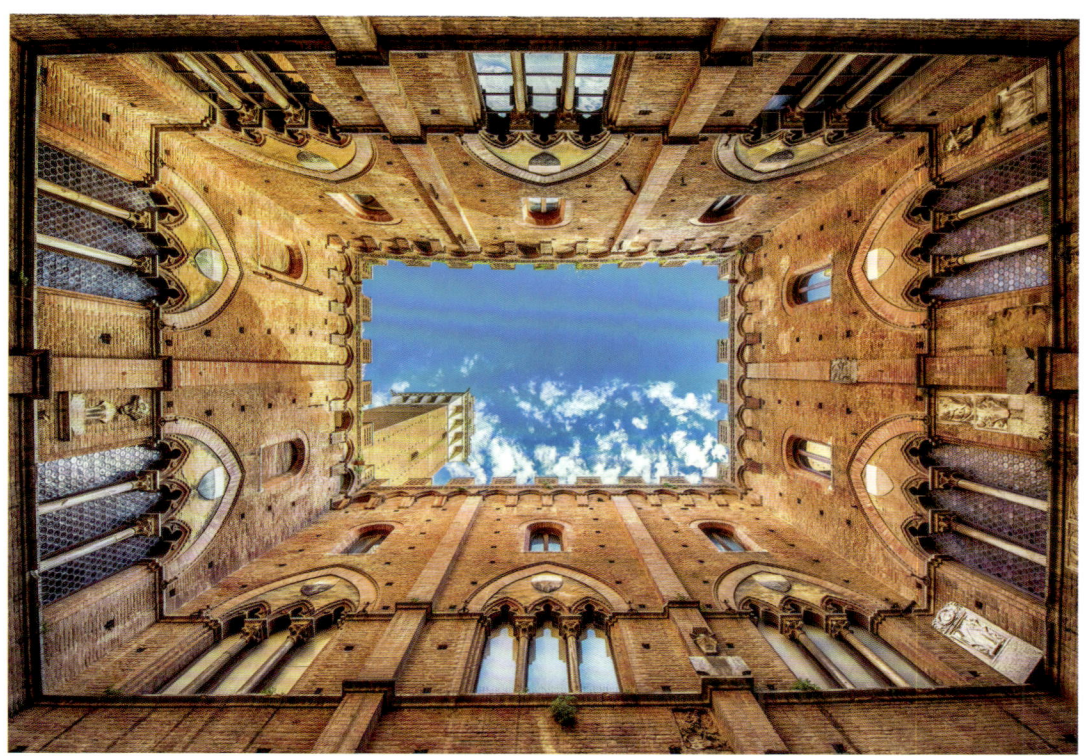

Torre del Mangia

Palazzo Pubblico

El Palazzo Pubblico, que hoy alberga el Museo Cívico, fue construido entre principios del siglo XIII y mediados del siglo XIV. La Torre del Mangia, de 102 m de altura, ofrece una vista maravillosa de las sinuosas calles de la ciudad y un panorama único de los alrededores.

Palazzo Pubblico

O Palácio Pubblico, que hoje abriga o Museu Cívico, foi construído entre o início do século XIII e meados do século XIV. A 102 m de altura, a Torre del Mangia oferece uma vista maravilhosa das ruas sinuosas da cidade e um panorama único dos arredores.

Palazzo Pubblico

Het Palazzo Pubblico, dat tegenwoordig het Museo Civico huisvest, werd gebouwd tussen het begin van de 13e eeuw en het midden van de 14e eeuw. De 102 m hoge Torre del Mangia biedt een prachtig uitzicht op de kronkelende straatjes van de stad en de schitterende omgeving.

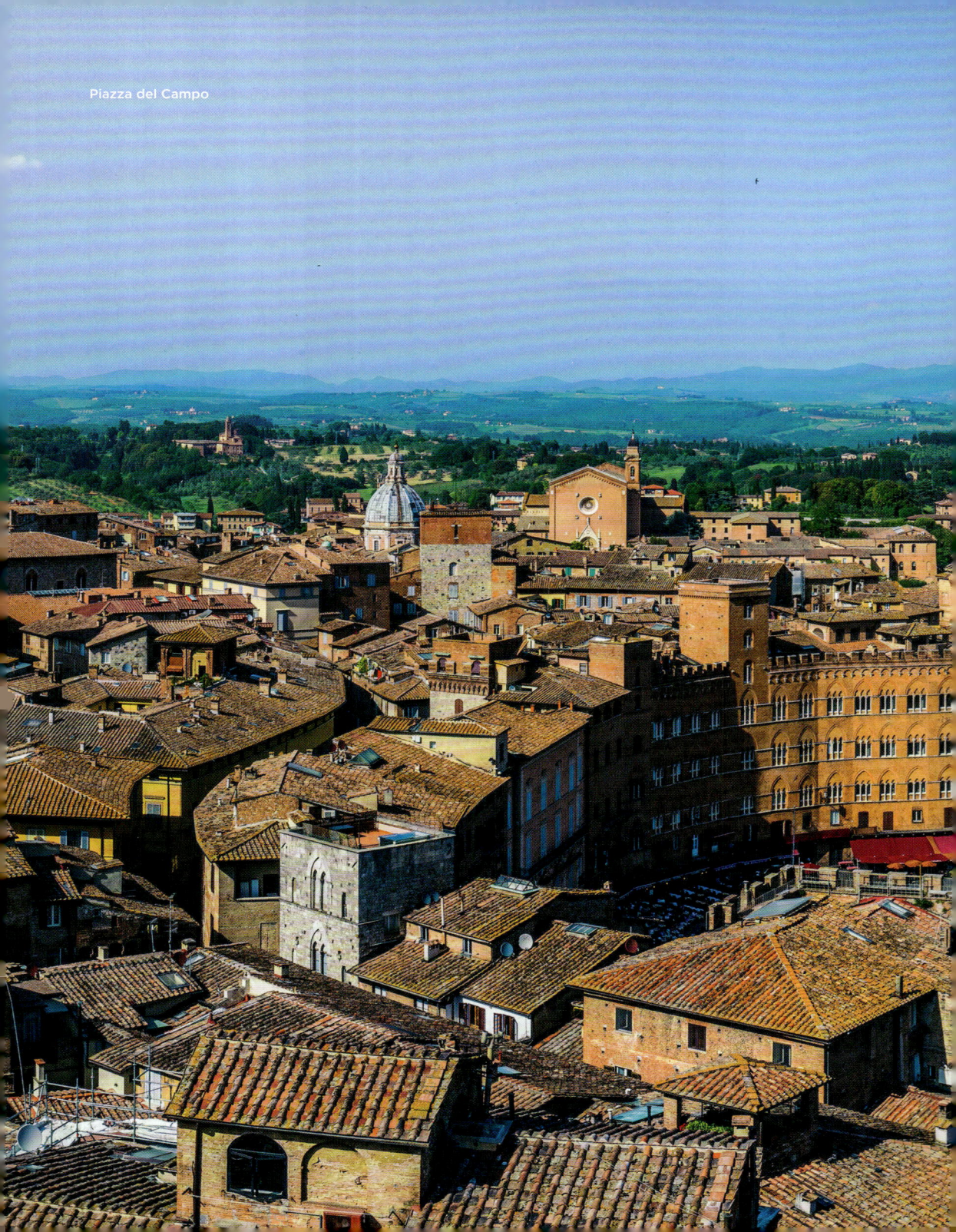

Piazza del Campo

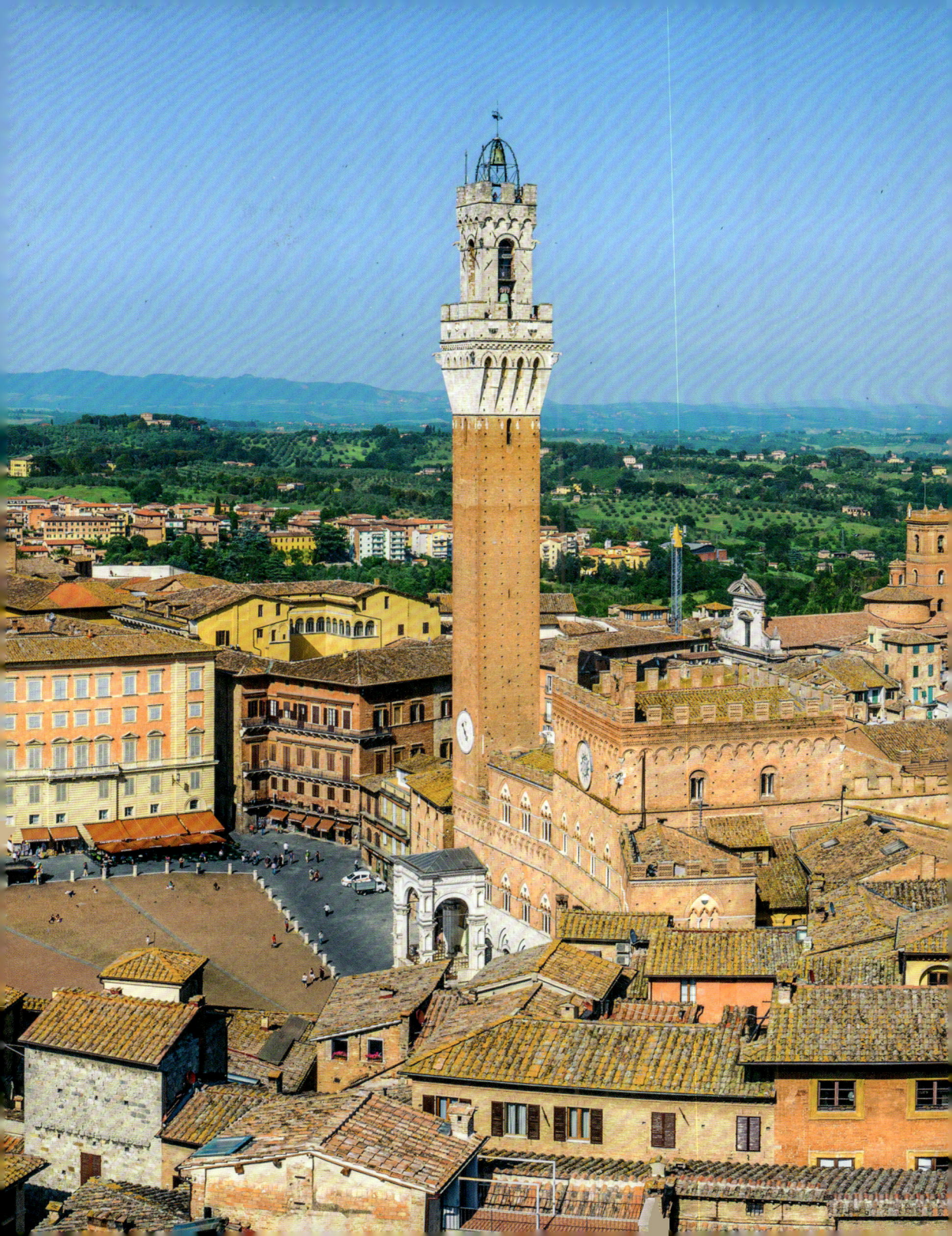

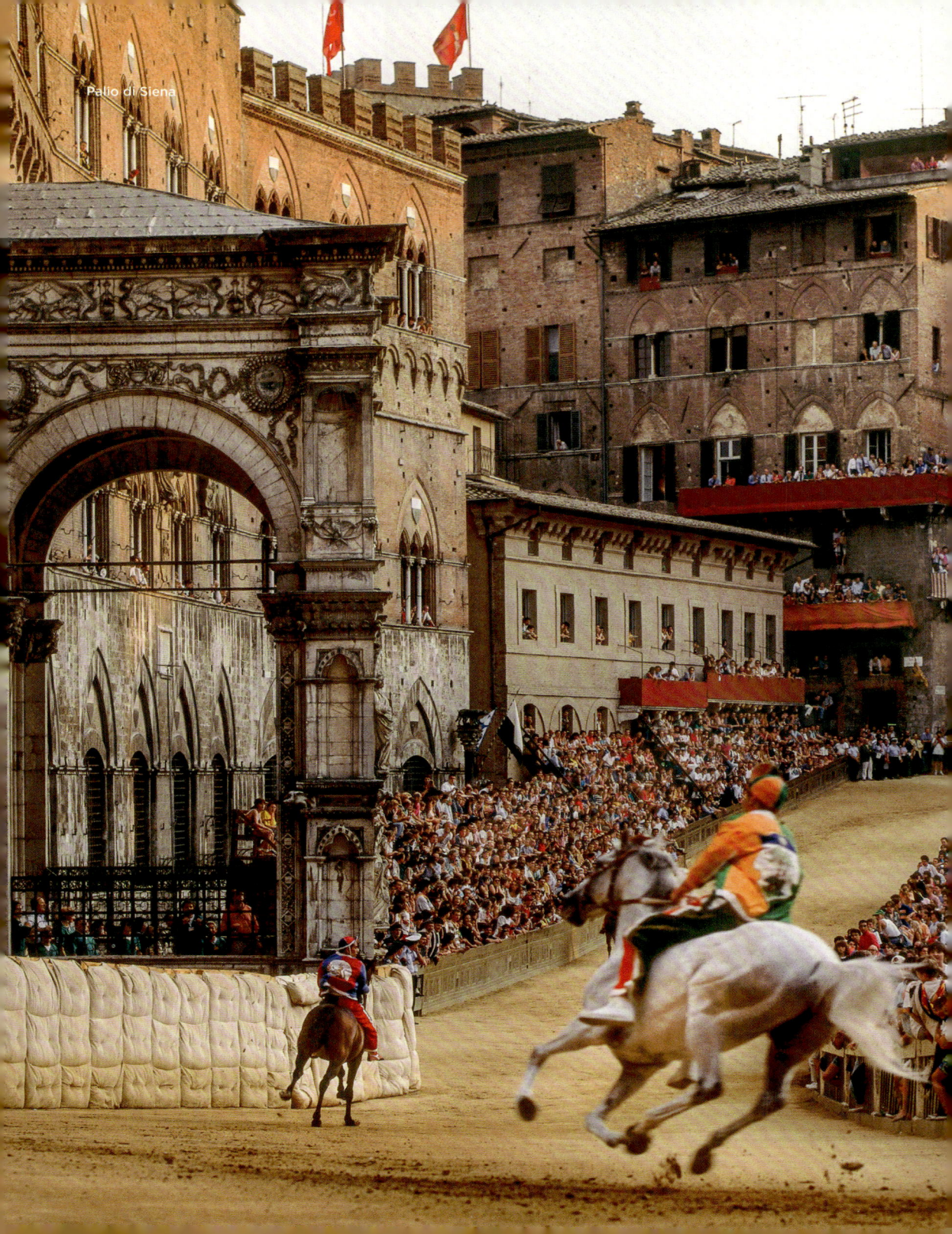

Palio di Siena

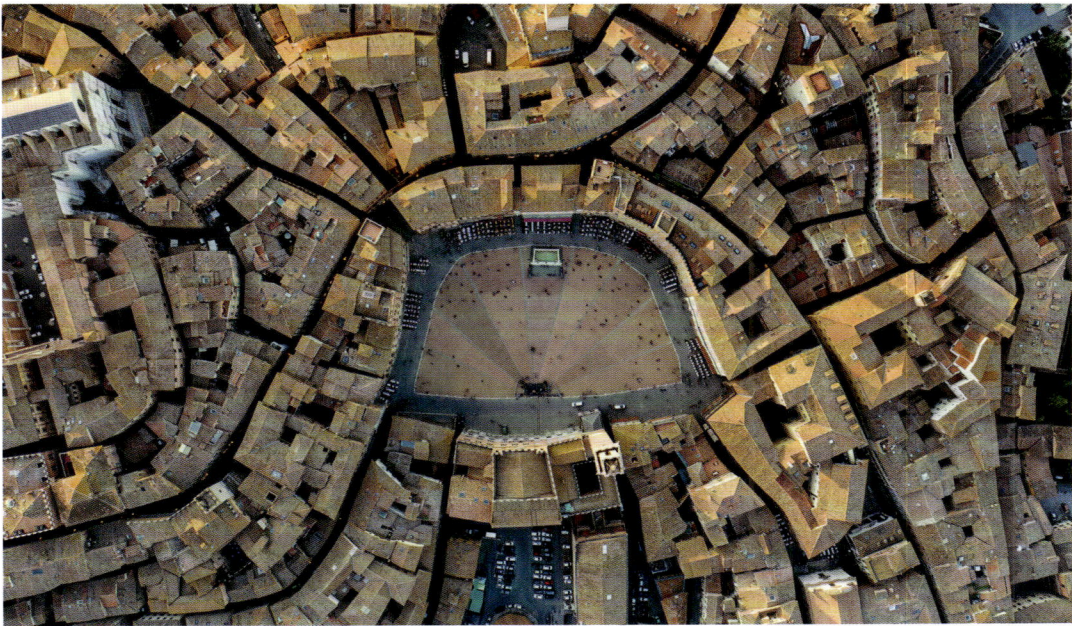

Piazza del Campo

Piazza del Campo

The square is impressive for its sloping position, its medieval façades and its shape, which resembles a scallop divided into nine sectors. It symbolizes the "reign of the nine" – the council that ruled the city from the 13th to the 14th century.

Piazza del Campo

La plaza es impresionante por su posición inclinada, sus fachadas medievales y su forma, que se asemeja a una venera dividida en nueve sectores. Simboliza el «reinado del nueve», el consejo que gobernó la ciudad entre los siglos XIII y XIV.

Piazza del Campo

La place surprend par sa forme singulière de coquille scindée en neuf secteurs, symbole du Conseil des Neuf qui gouvernèrent la ville du XIIIᵉ au XIVᵉ siècle, son inclinaison et les édifices médiévaux qui la bordent.

Piazza del Campo

A praça é impressionante pela sua posição inclinada, as suas fachadas medievais e a sua forma, que se assemelha a uma vieira dividida em nove setores. Simboliza o «reinado dos nove» - o conselho que governou a cidade do século XIII ao século XIV.

Piazza del Campo

Der Platz beeindruckt durch seine abschüssige Lage, die mittelalterlichen Fassaden und seine Form, die einer in neun Sektoren unterteilten Jakobsmuschel ähnelt. Er symbolisiert die „Herrschaft der Neun" – dem Rat, der die Stadt vom 13. bis zum 14. Jahrhundert regierte.

Piazza del Campo

Het plein imponeert door zijn hellende ligging, zijn middeleeuwse gevels en zijn vorm, die, onderverdeeld in negen segmenten, op een sint-jakobsschelp lijkt. Het symboliseert de 'heerschappij van de negen', de raad die de stad van de 13e tot de 14e eeuw regeerde.

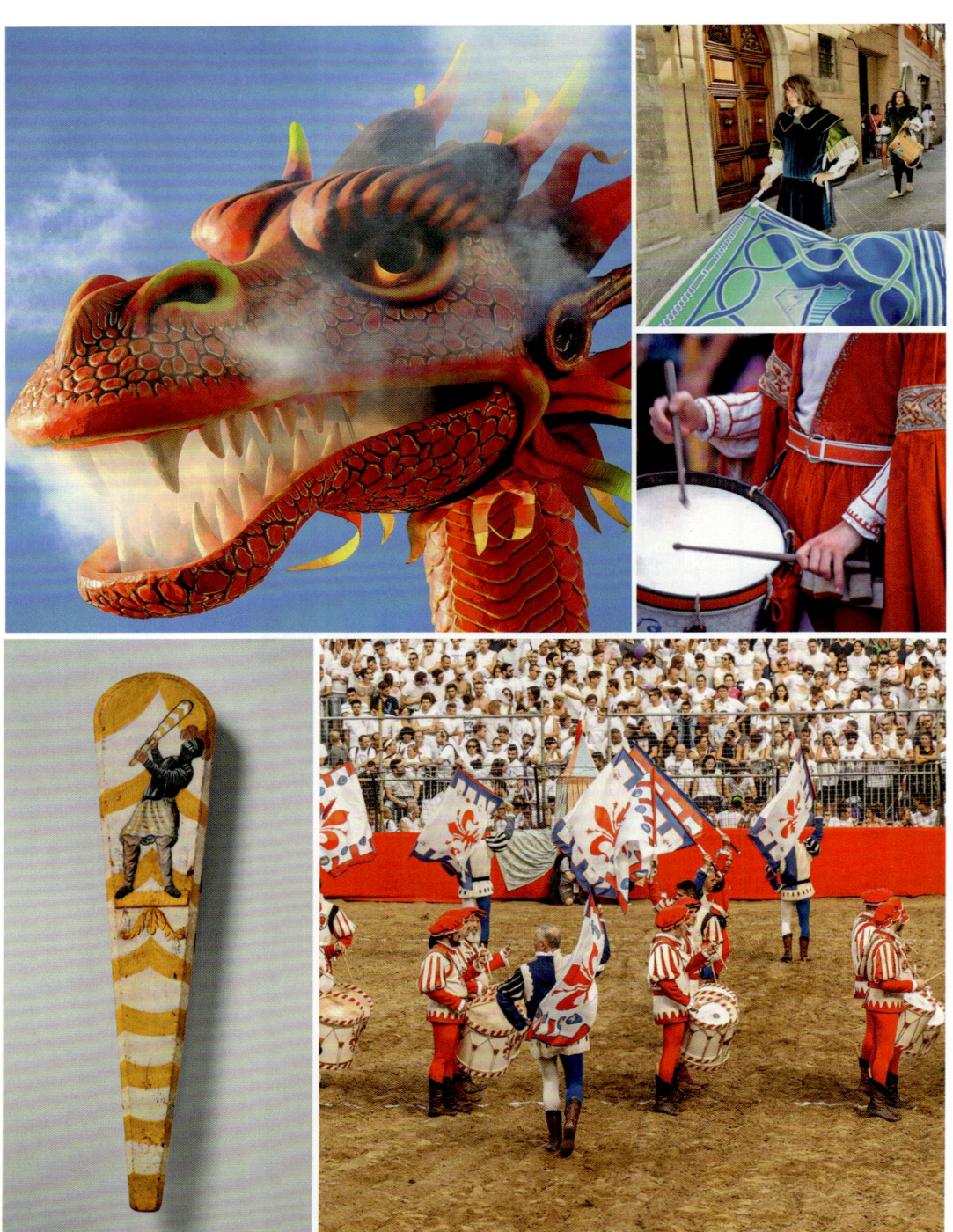

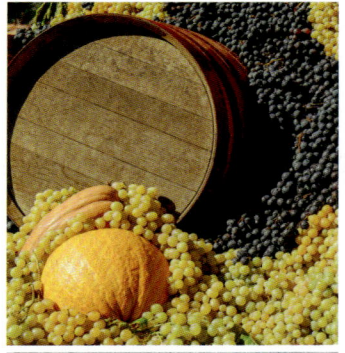

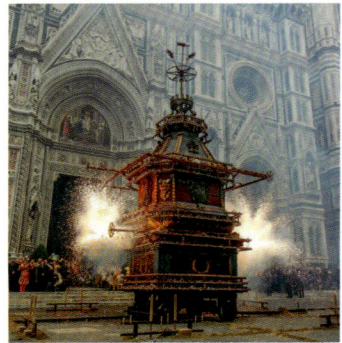

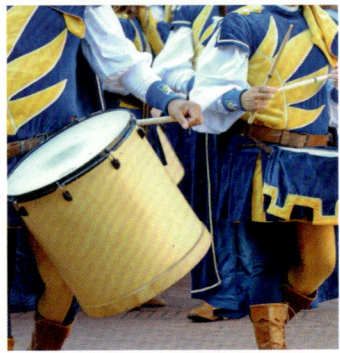

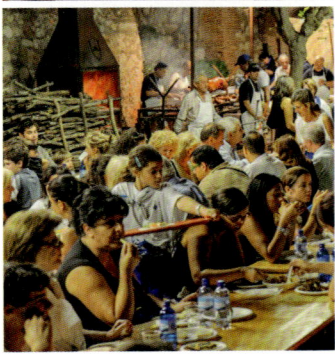

TRADITIONAL FESTIVALS

Tuscany is characterised by traditions dating back to both the Middle Ages and the Renaissance. Every town and every village celebrates numerous festivals. The Carnival and the traditional Sagre attract visitors all year round. Among the most popular festivities are the Viareggio Carnival with its spectacular parade, the Festa dell'Uva in the Chianti wine region and the Luminara di San Ranieri in Pisa.

LES FÊTES TRADITIONNELLES

La Toscane est une région empreinte de traditions qui remontent aussi bien au Moyen Âge qu'à la Renaissance. De multiples célébrations prennent place dans chaque ville et villages de la région. Les carnavals (celui de Viareggio est le plus réputé) et les *sagre* (fêtes traditionnelles) attirent les foules tout au long de l'année. Parmi les plus connues, le carnaval de Viareggio et sa parade spectaculaire, la Festa dell'Uva à Chianti ou encore la Luminara di San Ranieri à Pise.

TRADITIONELLE FESTE

Die Toskana ist geprägt durch Traditionen, die sowohl auf das Mittelalter als auch auf die Renaissance zurückgehen. In jeder Stadt und in jedem Dorf werden zahlreiche Feste gefeiert. Vor allem der Karneval und die traditionellen Sagre ziehen das ganze Jahr lang Besucher an. Zu den beliebtesten Feierlichkeiten gehören der Karneval von Viareggio mit seiner spektakulären Parade, die Festa dell'Uva im Chianti-Weinbaugebiet und die Luminara di San Ranieri in Pisa.

FIESTAS TRADICIONALES

La Toscana se caracteriza por unas tradiciones que se remontan tanto a la Edad Media como al Renacimiento. Cada ciudad y cada pueblo celebra numerosas fiestas. Especialmente el carnaval y el tradicional sagre atraen a los visitantes durante todo el año. Entre las festividades más populares se encuentran el Carnaval de Viareggio con su espectacular desfile, la Festa dell'uva en la región vinícola de Chianti y la Luminara di San Ranieri en Pisa.

FESTIVAIS TRADICIONAIS

A Toscana caracteriza-se por tradições que remontam tanto à Idade Média como ao Renascimento. Em cada cidade e cada aldeia, são celebrados numerosos festivais. Destacando-se, especialmente, o carnaval e o sagre tradicional que atraem visitantes durante todo o ano. Entre as festividades mais populares estão o Carnaval de Viareggio com seu espetacular desfile, a Festa dell'Uva na região de Chianti e a Luminara di San Ranieri em Pisa.

TRADITIONELE FEESTEN

Toscane wordt getekend door tradities die teruggaan tot de middeleeuwen en de renaissance. Elke stad en elk dorp viert talrijke feesten. Vooral het carnaval en de traditionele sagre trekken het hele jaar door bezoekers. Tot de populairste festiviteiten behoren het carnaval van Viareggio met zijn spectaculaire optocht, het festa dell'uva in de Chianti-wijnstreek en de luminara di San Ranieri in Pisa.

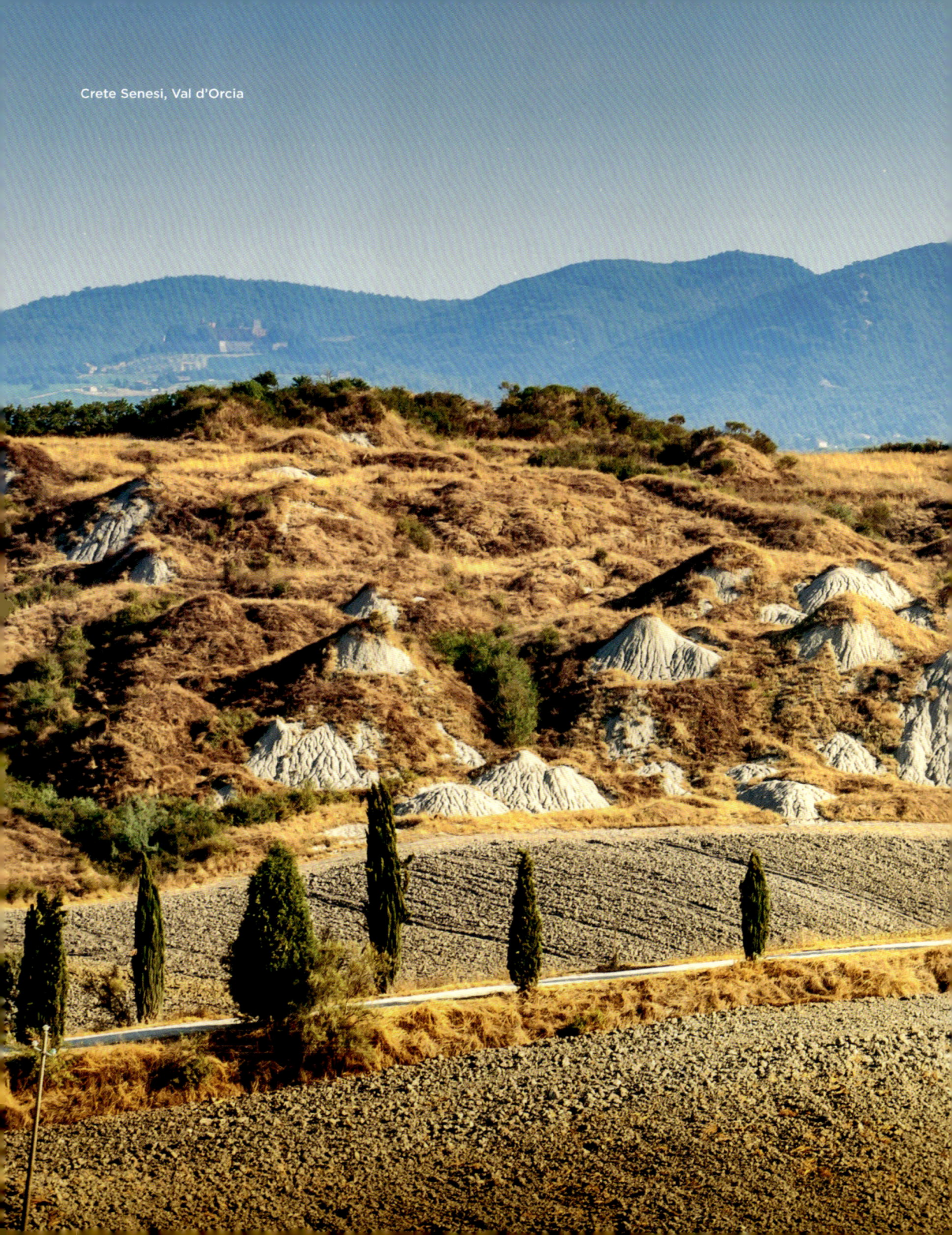

Crete Senesi, Val d'Orcia

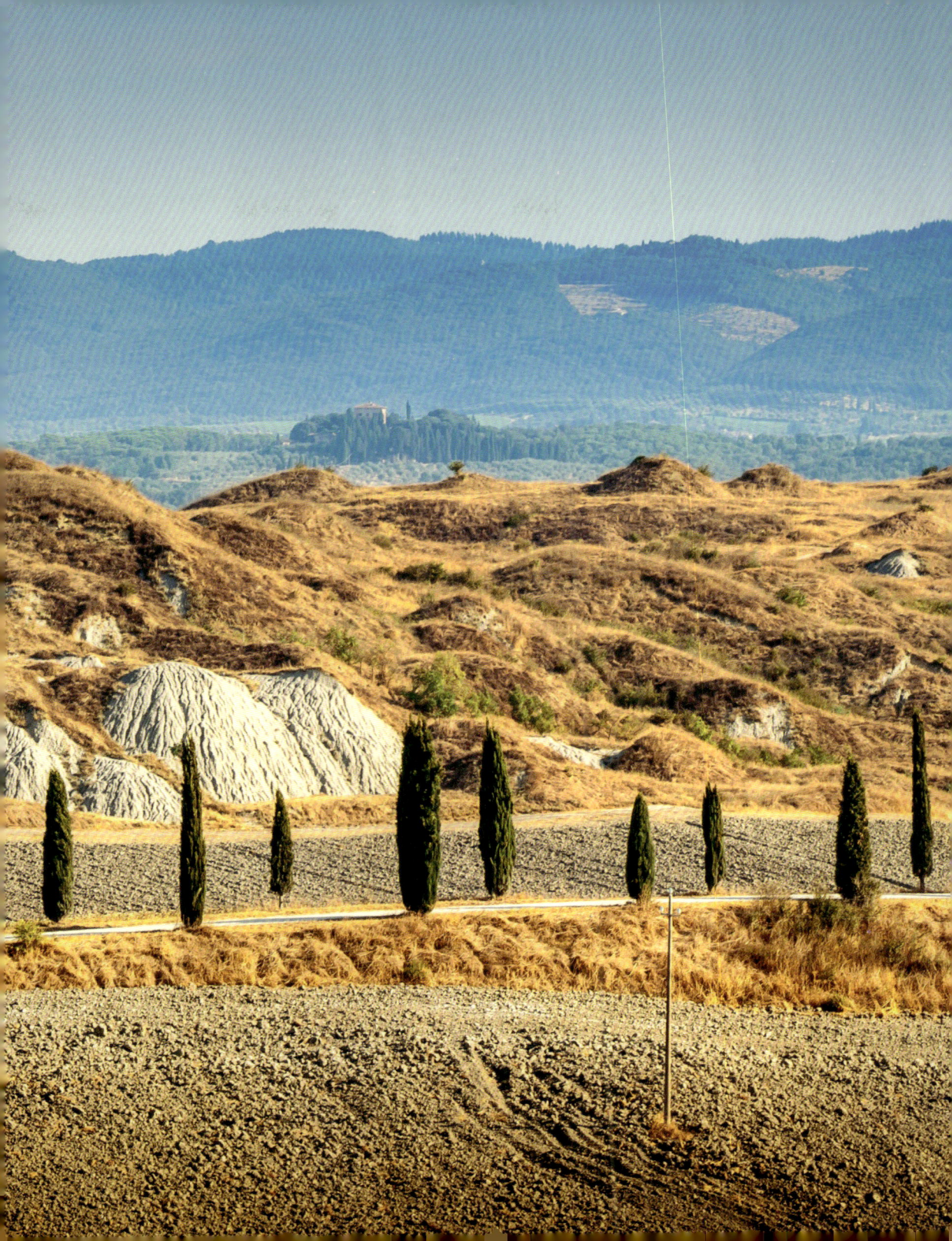

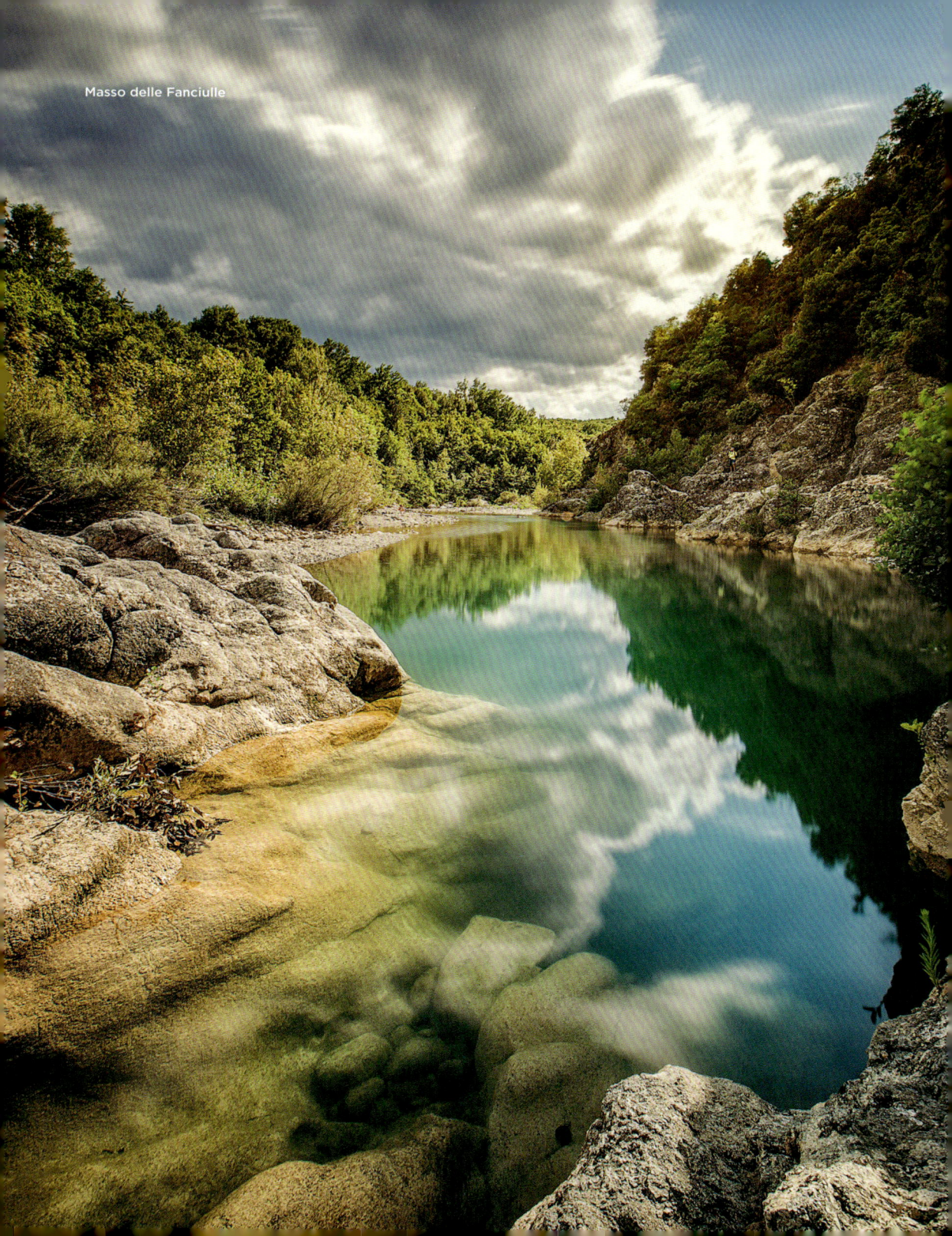

Masso delle Fanciulle

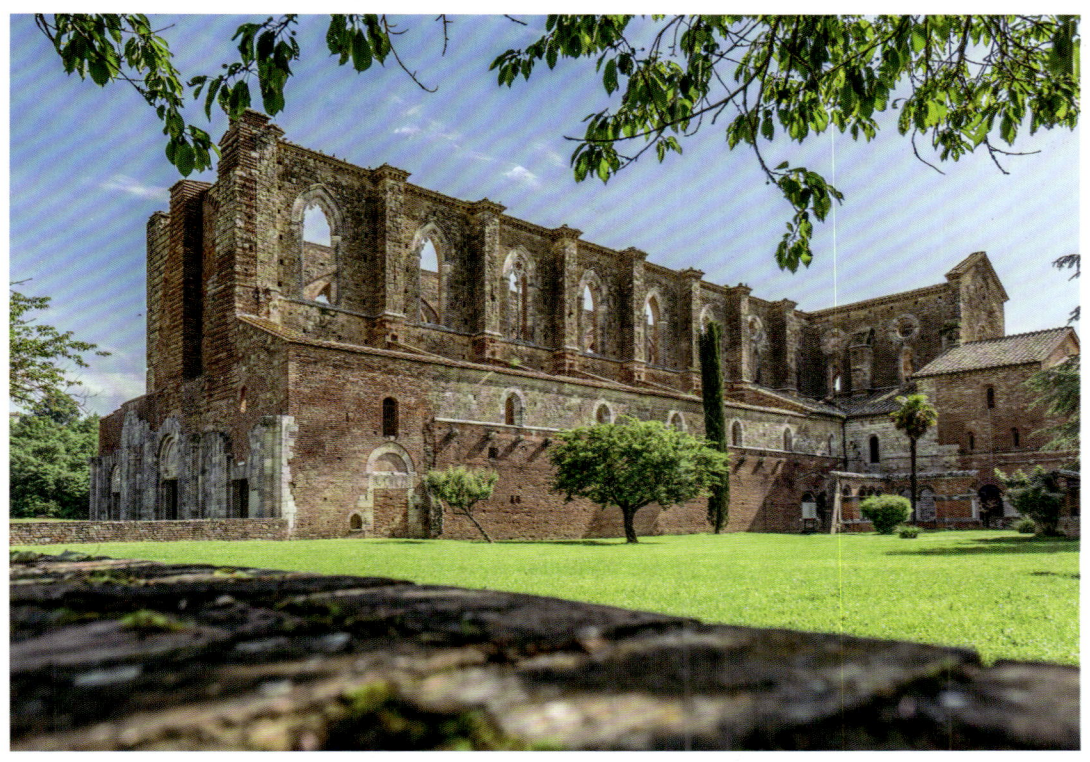

Abbazia di San Galgano, Chiusdino

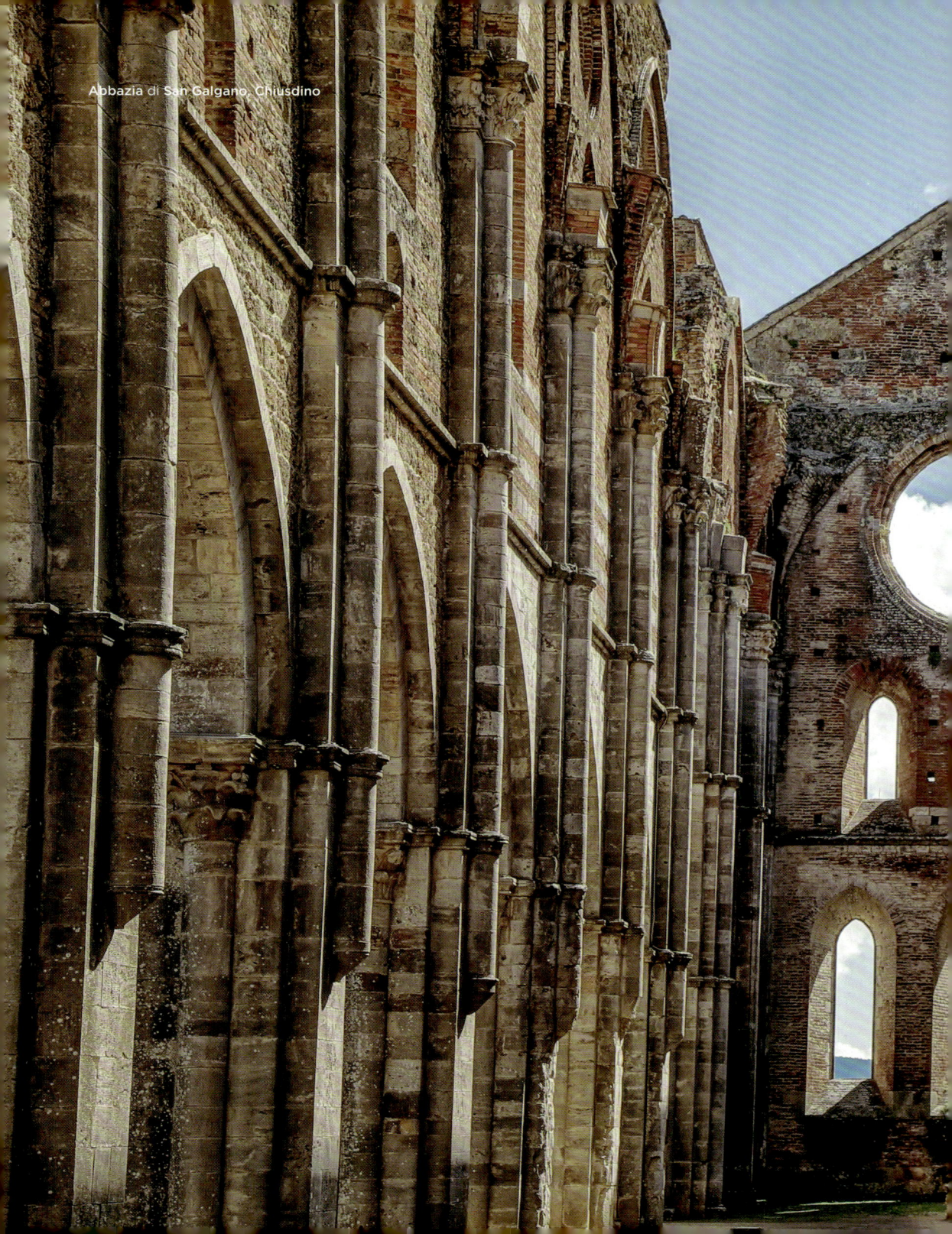

Abbazia di San Galgano, Chiusdino

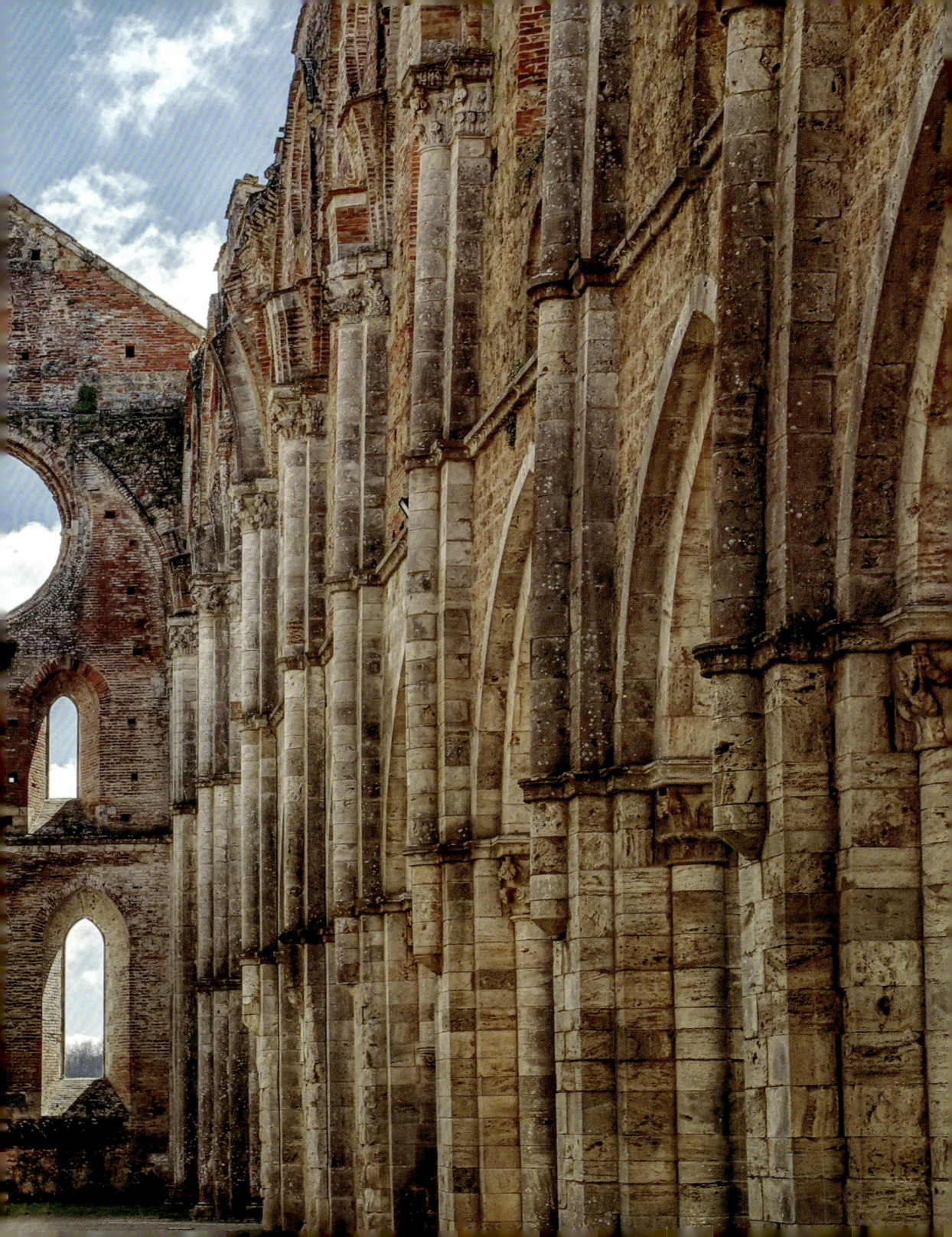

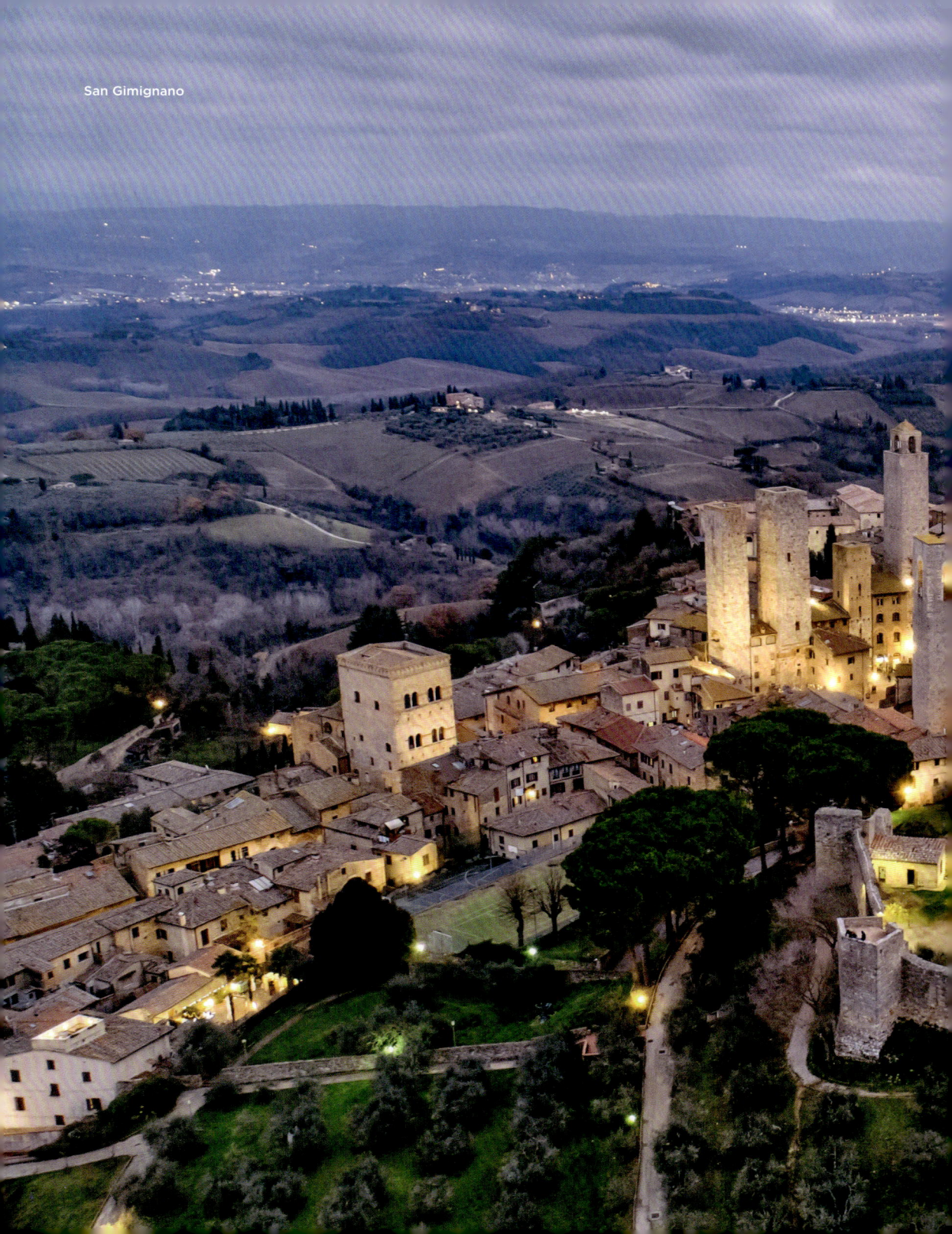

San Gimignano

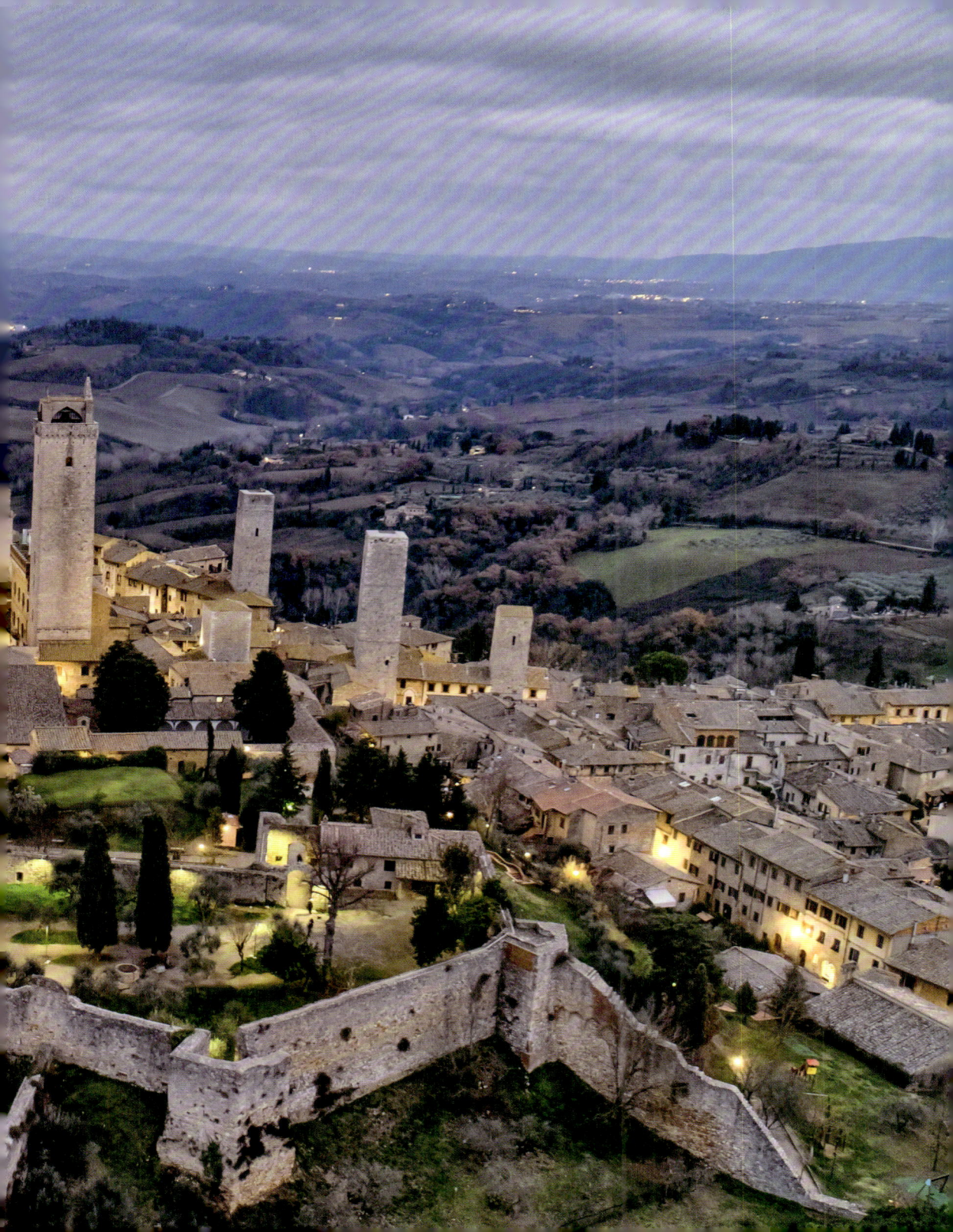

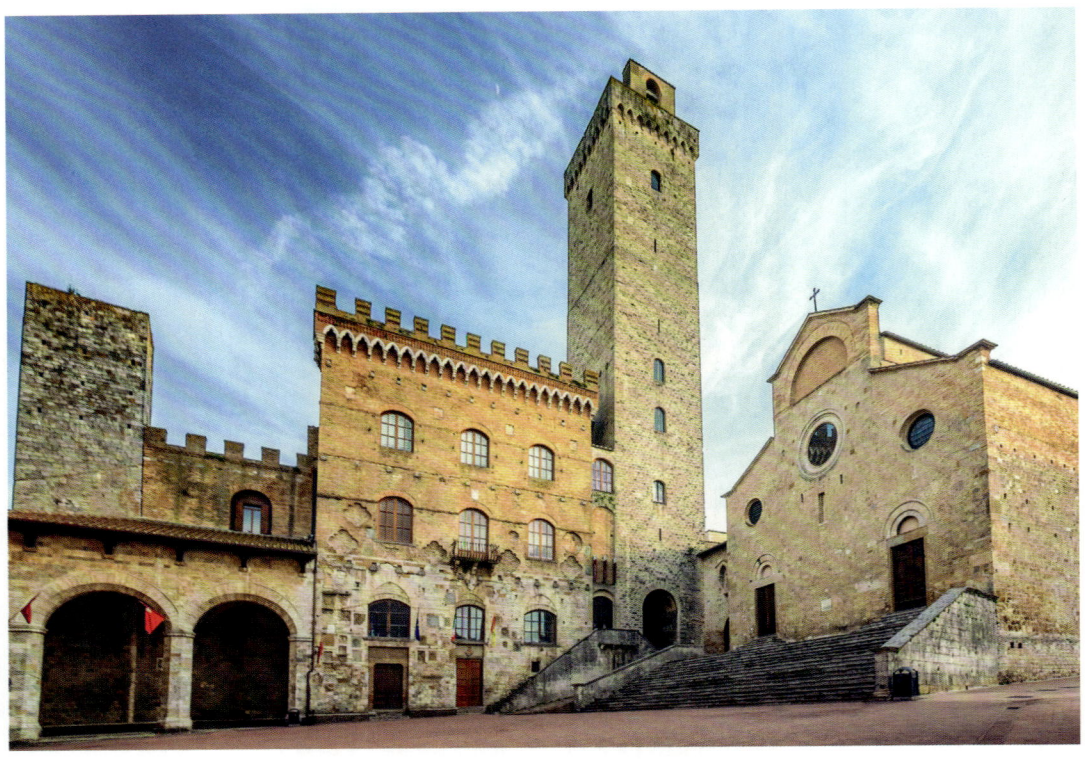

Piazza del Duomo, Palazzo Comunale

San Gimignano

This medieval village with a view of the Elsa Valley reached its heyday between the 10th and 13th centuries. Only 14 of the 72 towers that made this picturesque little town famous have survived. They were built by noble families, with the height symbolizing the wealth of the family.

San Gimignano

C'est entre les xe et xiiie siècles que San Gimignano, village médiéval surplombant le val d'Elsa, connut son apogée. Désormais, des 72 tours qui faisaient la renommée de ce petit village pittoresque il n'en reste plus que 14. À l'époque, chaque tour était construite par des familles nobles et leur hauteur était proportionnelle à leur richesse.

San Gimignano

Seine Blütezeit erreichte das mittelalterliche Dorf mit Blick auf das Elsatal zwischen dem 10. Und dem 13. Jahrhundert. Von den 72 Türmen, die den Ruf des malerischen kleinen Ortes begründeten, sind nur noch 14 erhalten. Sie wurden einst von Adelsfamilien erbaut, wobei die Höhe den Reichtum der Familie symbolisierte.

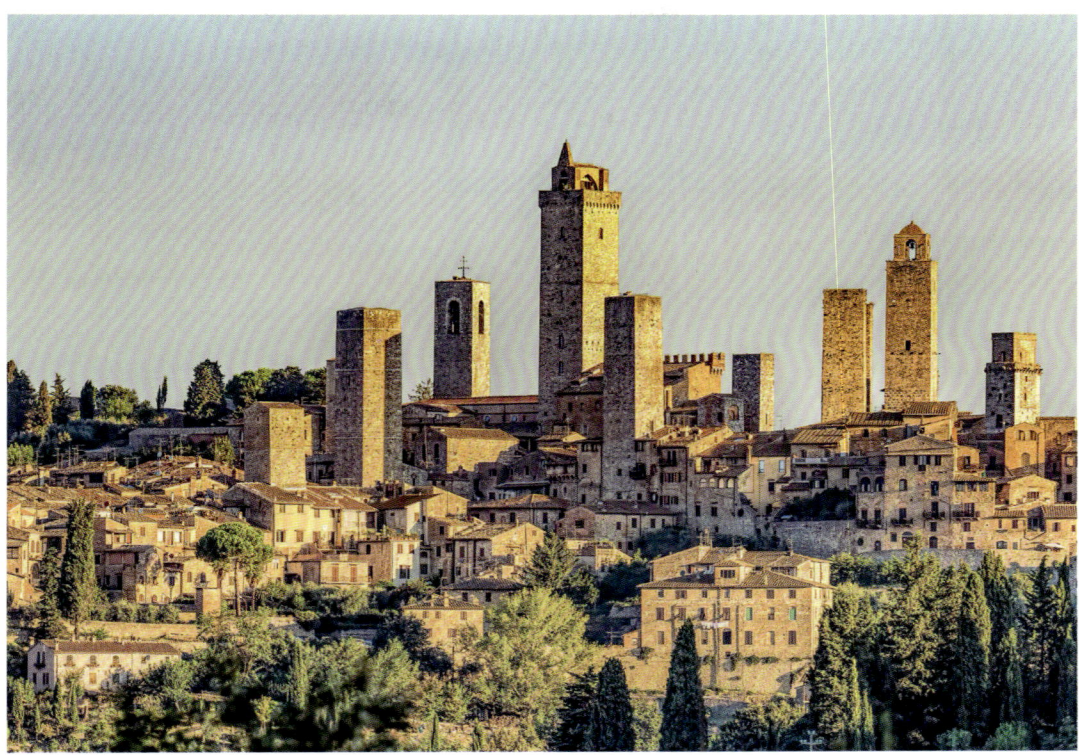

San Gimignano

San Gimignano

Este pueblo medieval con vistas al Valle de Elsa alcanzó su apogeo entre los siglos X y XIII. Solo se conservan 14 de las 72 torres que hicieron famosa a esta pintoresca ciudad. Fueron construidas por familias nobles y su altura simboliza la riqueza de la familia.

San Gimignano

A vila medieval chegou ao seu apogeu entre os séculos X e XIII com vista para o Vale da Elsa. Apenas 14 das 72 torres que tornaram esta pitoresca cidadezinha famosa sobreviveràm. Foram construídas por famílias nobres, com a altura simbolizando a riqueza da família.

San Gimignano

Het middeleeuwse plaatsje met uitzicht op het Val d'Elsa bereikte zijn bloeiperiode tussen de 10e en 13e eeuw. Slechts veertien van de 72 torens die dit pittoreske stadje beroemd maakten, zijn bewaard gebleven. Ze werden ooit gebouwd door adellijke families, waarbij de hoogte de rijkdom van de familie symboliseerde.

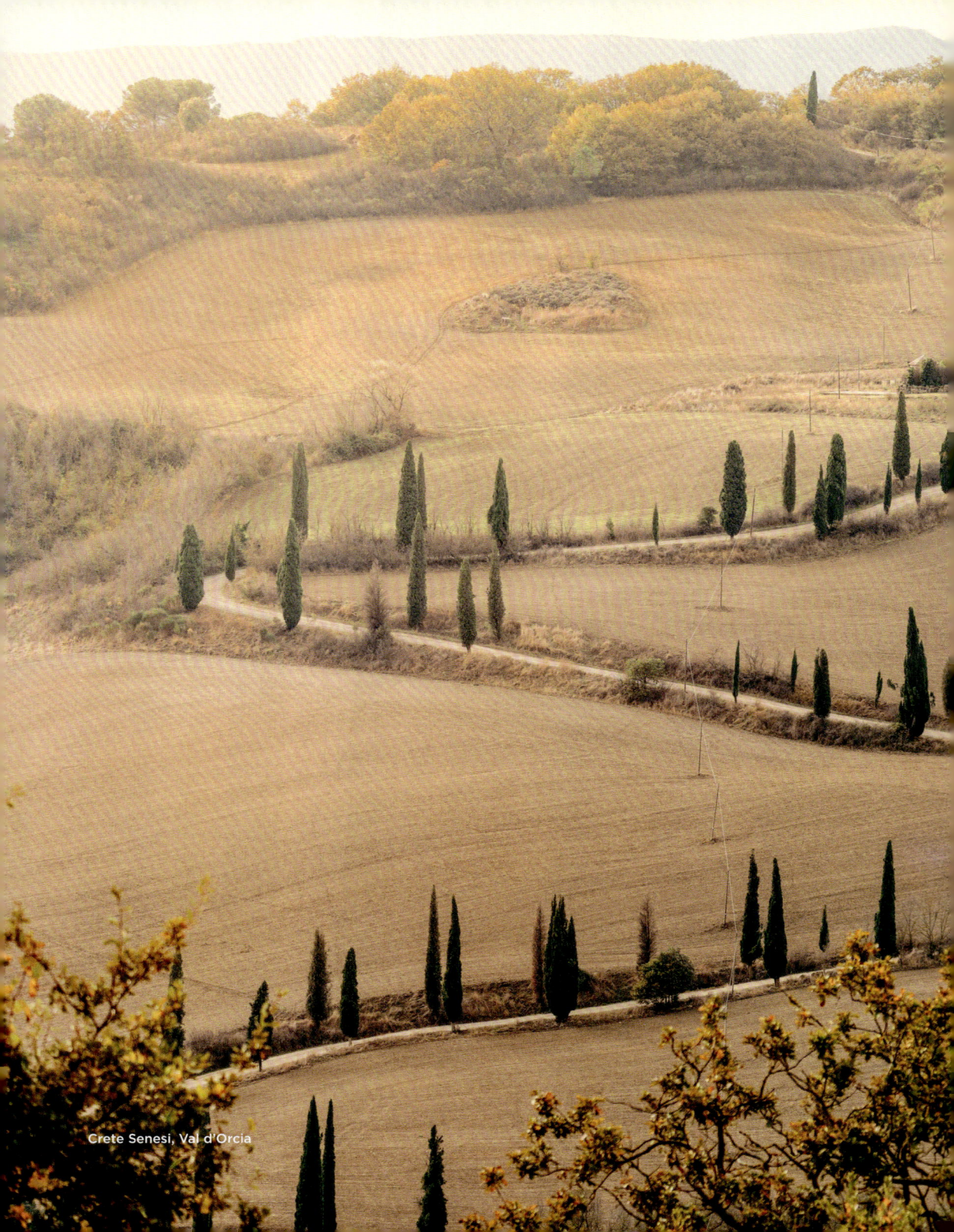

Crete Senesi, Val d'Orcia

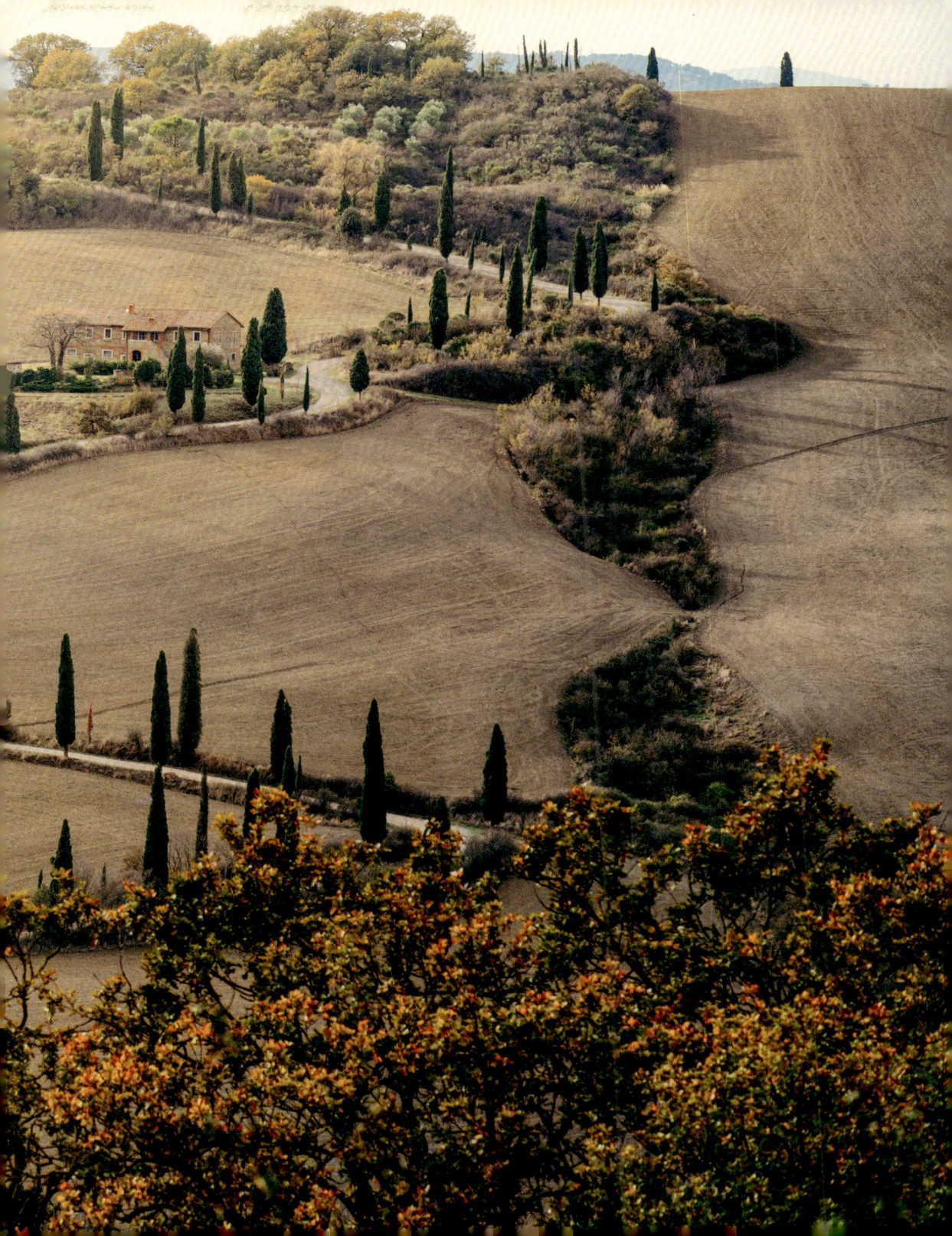

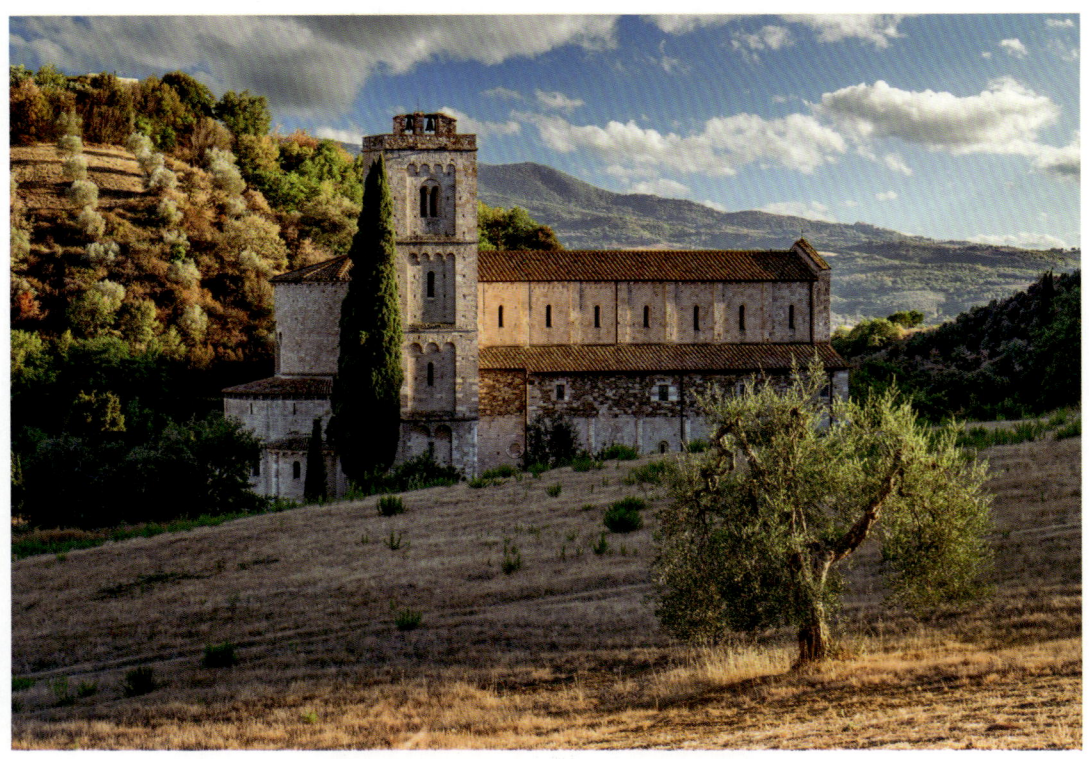
Abbazia di Sant'Antimo

Val d'Orcia

As part of the UNESCO World Heritage area, the Val d'Orcia offers a unique interplay of green hills, picturesque mountain villages, wide fields of different colours and the dry landscapes of the Crete Senesi, between which roads lined with cypress trees wind.

Vallée de l'Orcia

Inscrite au Patrimoine mondial de l'Unesco, la vallée de l'Orcia, offre des panoramas magnifiques tantôt avec ses villages nichés aux sommets de collines verdoyantes, ses étendues de champs aux couleurs changeantes entrecoupées de chemins en lacets longés de cyprès, ou encore les paysages arides des crêtes siennoises.

Val d'Orcia

Als Teil des UNESCO-Welterbes bietet das Val d'Orcia ein einmaliges Wechselspiel aus grünen Hügeln mit pittoresken Bergdörfern, weiten Feldern in unterschiedlichen Farben und den trockenen Landschaften der Crete Senesi, zwischen denen sich von Zypressen gesäumte Straßen winden.

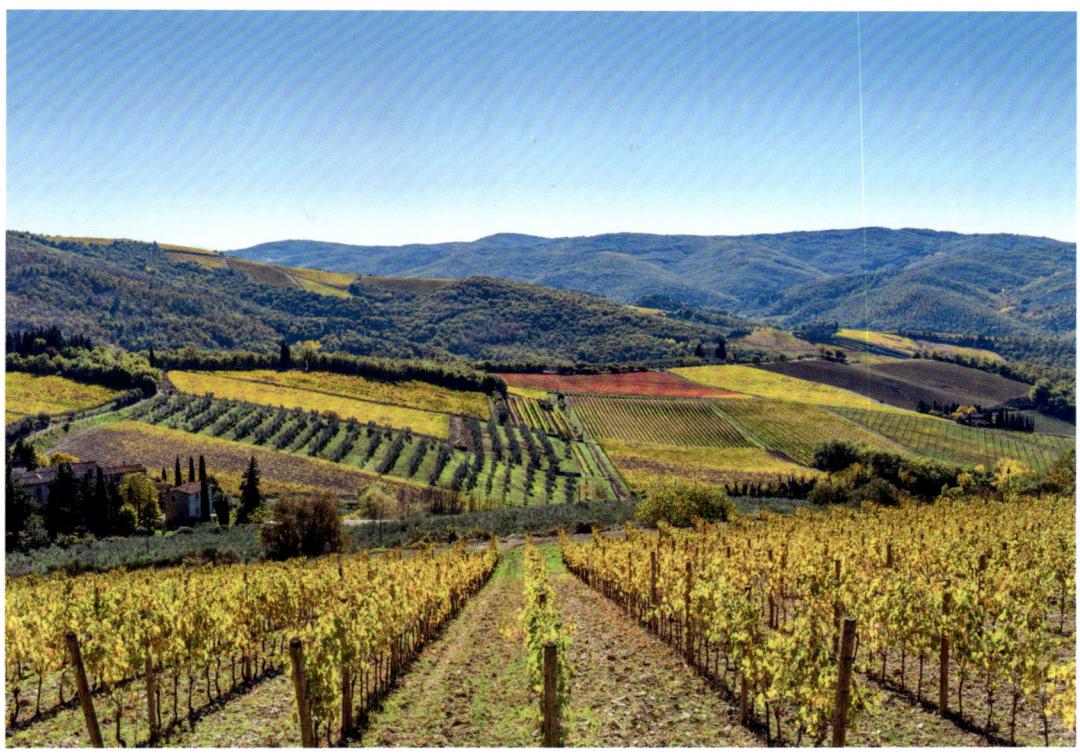

Radda in Chianti

Val d'Orcia

Como parte del Patrimonio Mundial de la UNESCO, la Val d'Orcia ofrece una combinación única de verdes colinas con pintorescos pueblos de montaña, amplios campos de diferentes colores y los áridos paisajes de Crete Senesi, entre los que se extienden calles bordeadas de cipreses.

Val d'Orcia

Como parte do patrimônio mundial da UNESCO, o Val d'Orcia oferece uma interação única de colinas verdes, pitorescas aldeias de montanha, amplos campos de diferentes cores e as paisagens secas do Creta Senesi, entre as quais estradas forradas de ciprestes sopram vento.

Val d'Orcia

Als onderdeel van Unesco's werelderfgoed biedt het Val d'Orcia een uniek samenspel van groene heuvels, pittoreske bergdorpjes, uitgestrekte velden in allerlei kleuren en de droge landschappen van de Crete Senesi. Door cipressen omzoomde wegen kronkelen er tussendoor.

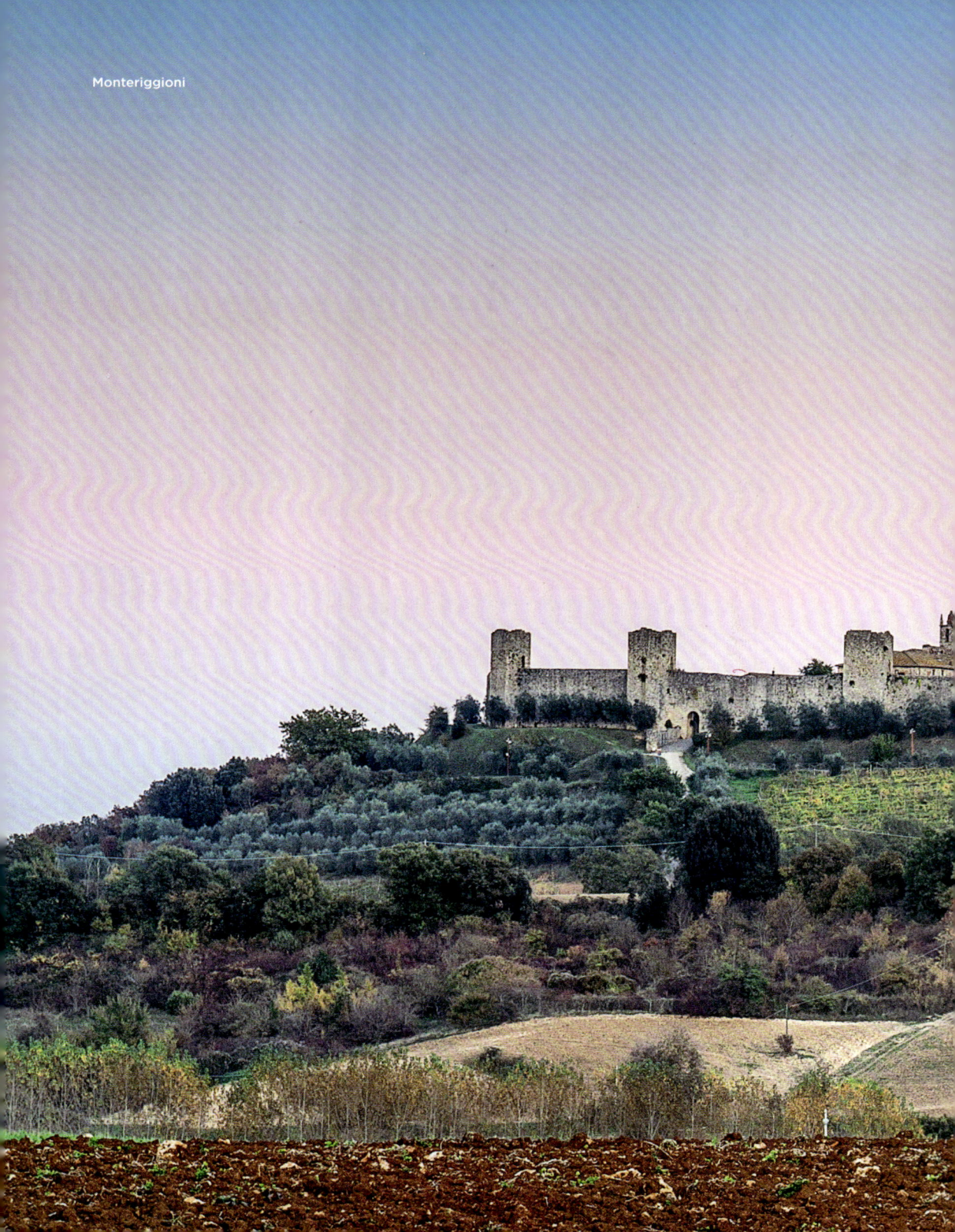

Monteriggioni

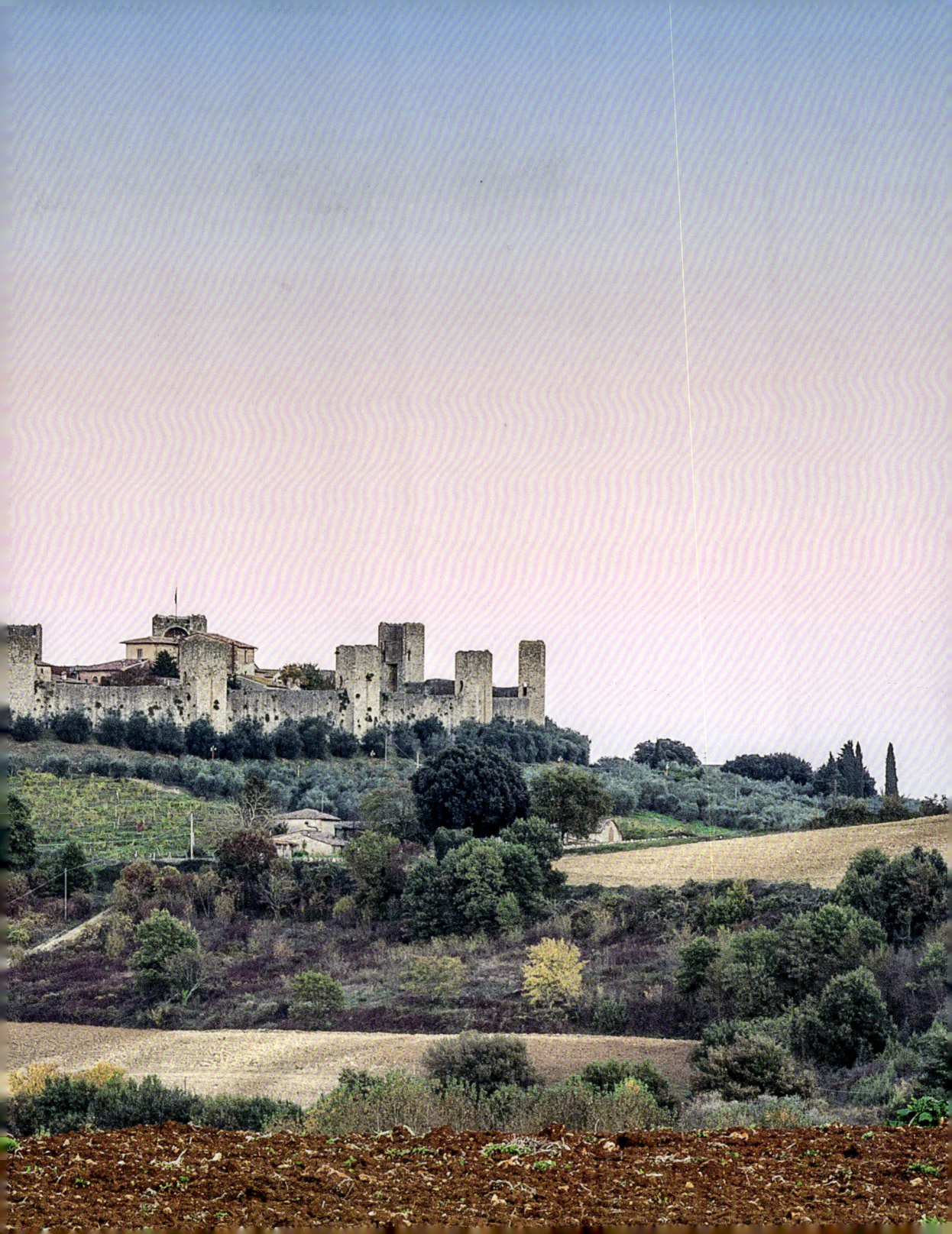

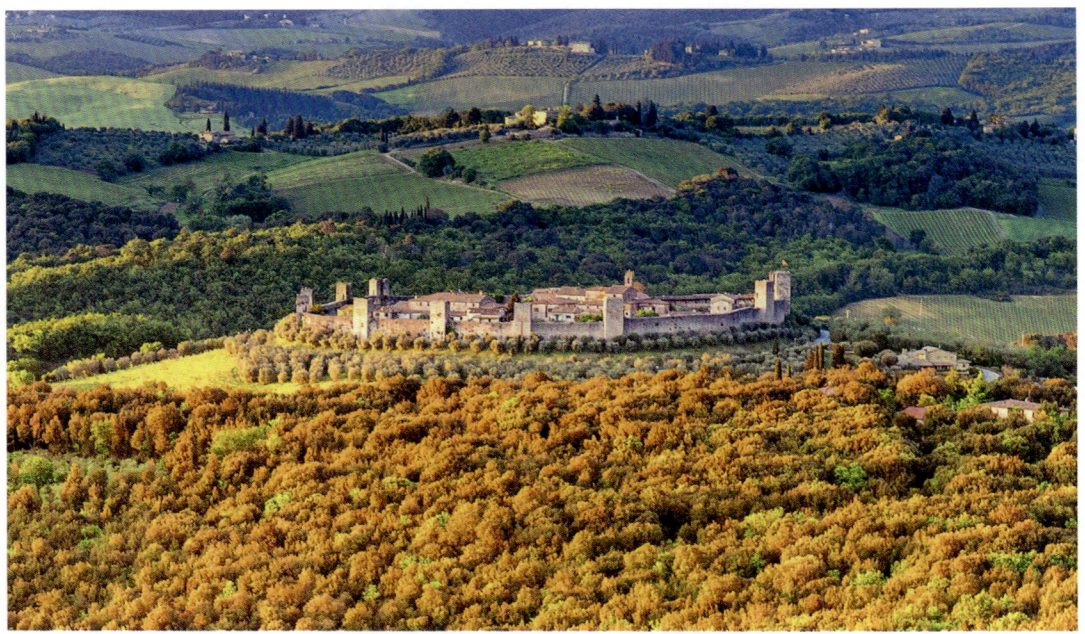

Monteriggioni

Monteriggioni

This small village, worth seeing, is surrounded by imposing walls and 14 defence towers built in the 13th century to protect Monteriggioni from the attacks of Florence. In the centre there is a square with a small Romanesque-Gothic church.

Monteriggioni

Este pequeño pueblo, muy digno de ver, está rodeado de imponentes murallas y 14 torres de defensa construidas en el siglo XIII para proteger Monteriggioni de los ataques de Florencia. En el centro hay una plaza con una pequeña iglesia románico-gótica.

Monteriggioni

Monteriggioni est un charmant petit village médiéval encerclé par des remparts et 14 tours construits au XIIIe siècle pour protéger Monteriggioni des attaques de Florence. Au centre du village fortifié se trouve une placette avec une petite église romano-gothique.

Monteriggioni

Esta pequena aldeia, digna de ser vista, está rodeada por imponentes muralhas e 14 torres de defesa construídas no século XIII para proteger Monteriggioni dos ataques de Florença. No centro há uma praça com uma pequena igreja romano-gótica.

Monteriggioni

Das sehenswerte kleine Dorf wird von mächtigen Mauern und 14 Verteidigungstürmen umgeben, die im 13. Jahrhundert erbaut wurden, um Monteriggioni vor den Angriffen Florenz zu schützen. Im Zentrum befindet sich ein Platz mit einer kleinen romanisch-gotischen Kirche.

Monteriggioni

Dit bezienswaardige kleine dorp is omgeven door imposante muren en veertien verdedigingstorens die in de 13e eeuw werden gebouwd om Monteriggioni te beschermen tegen de aanvallen van Florence. In het centrum ligt een plein met een kleine romaans-gotische kerk.

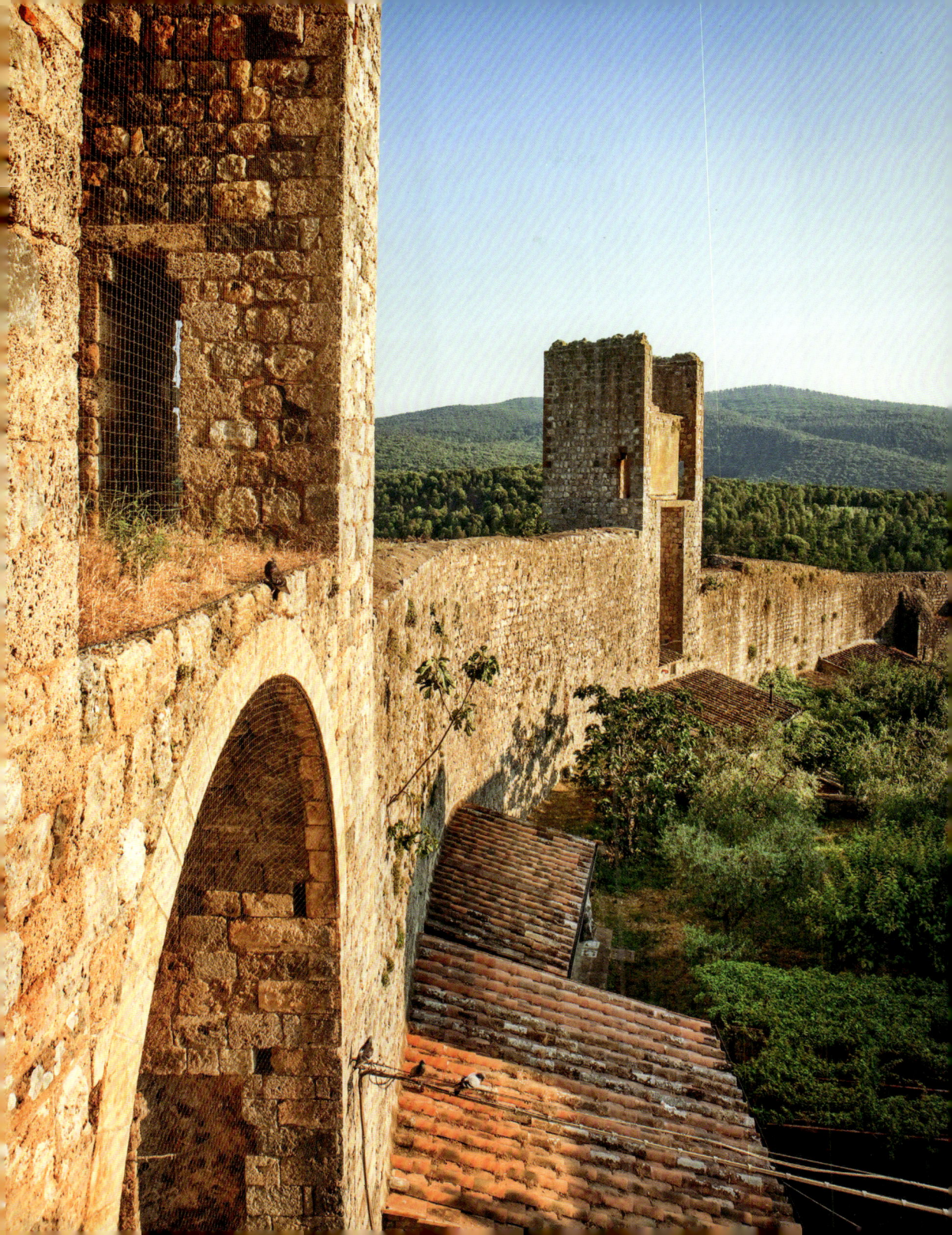

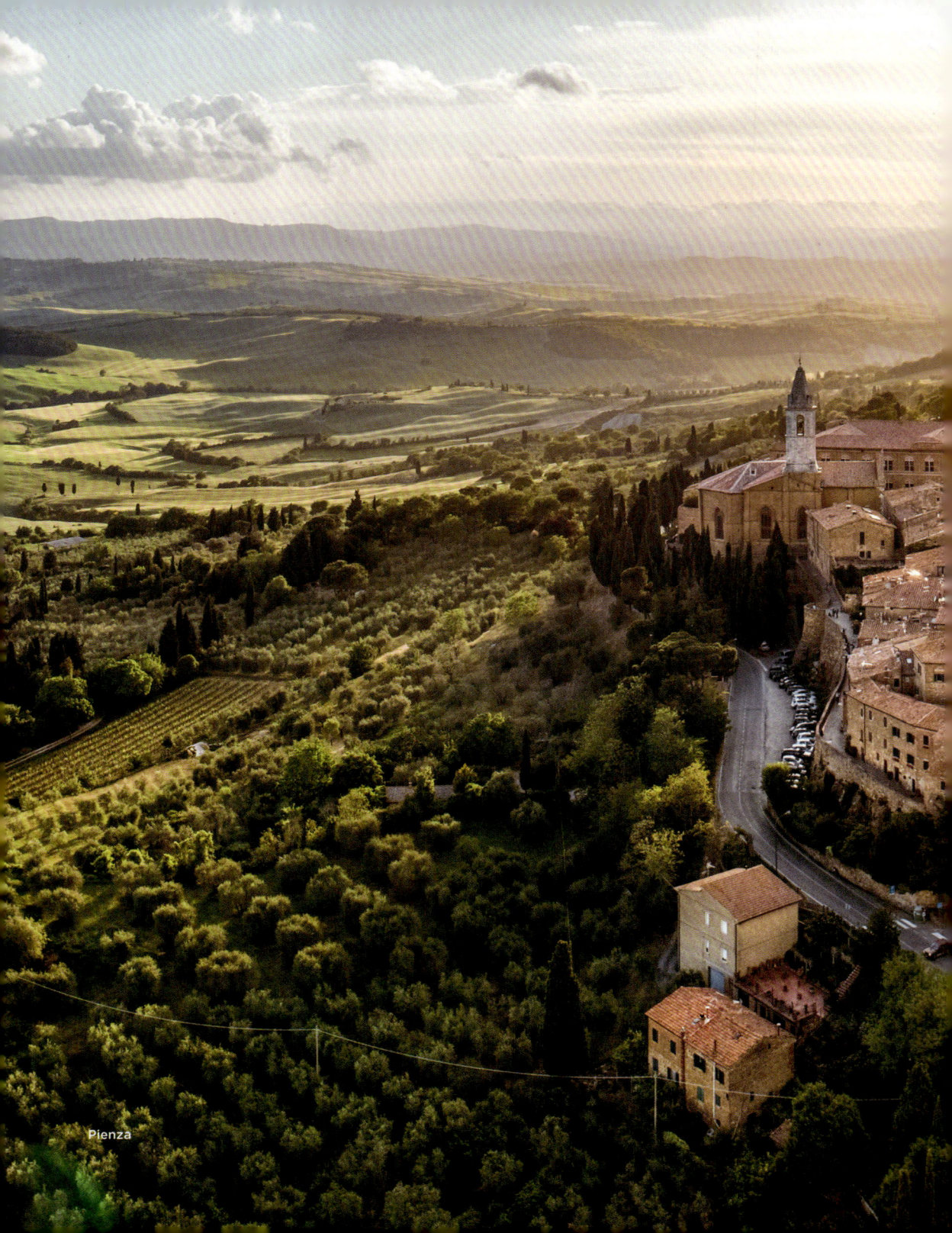

Pienza

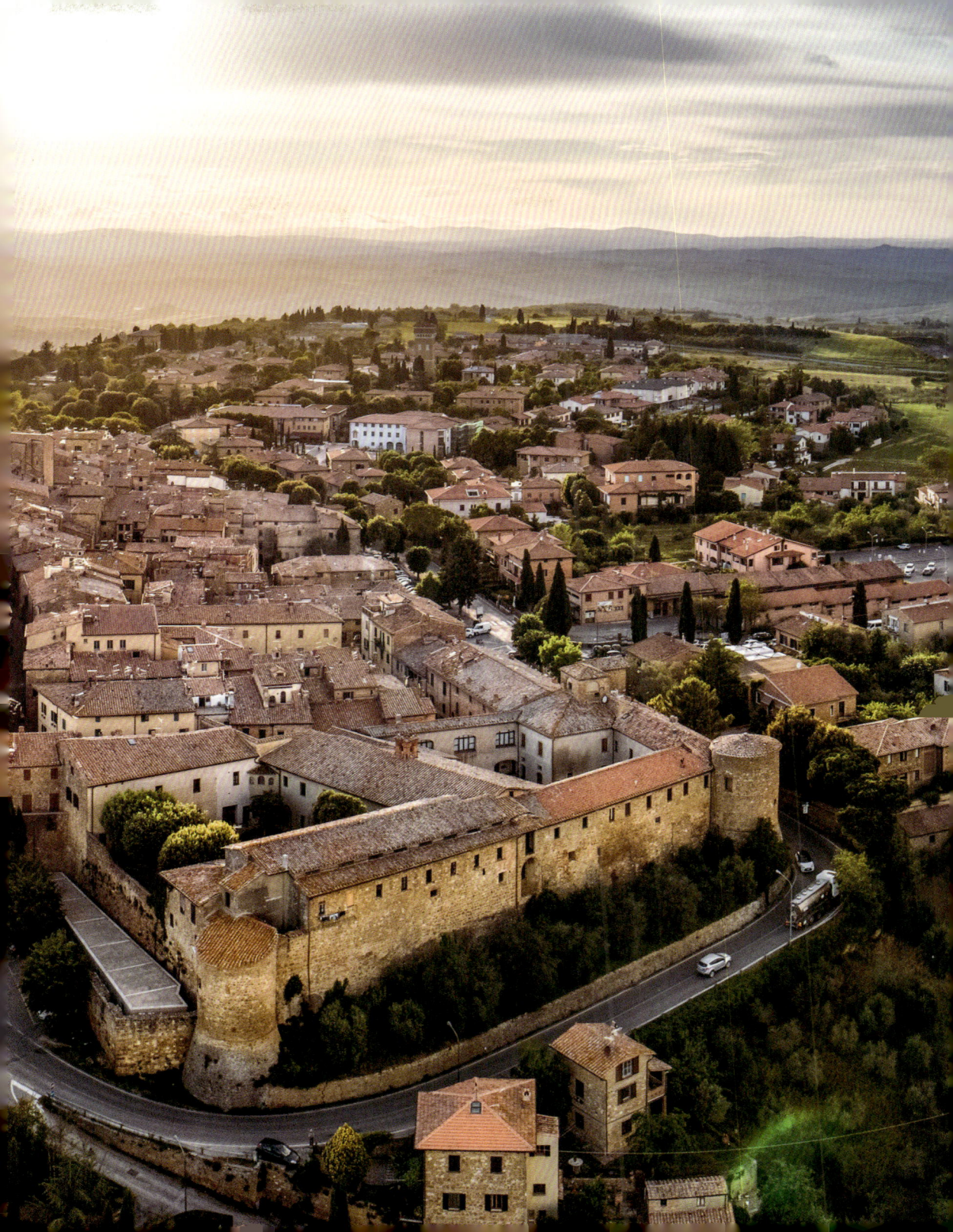

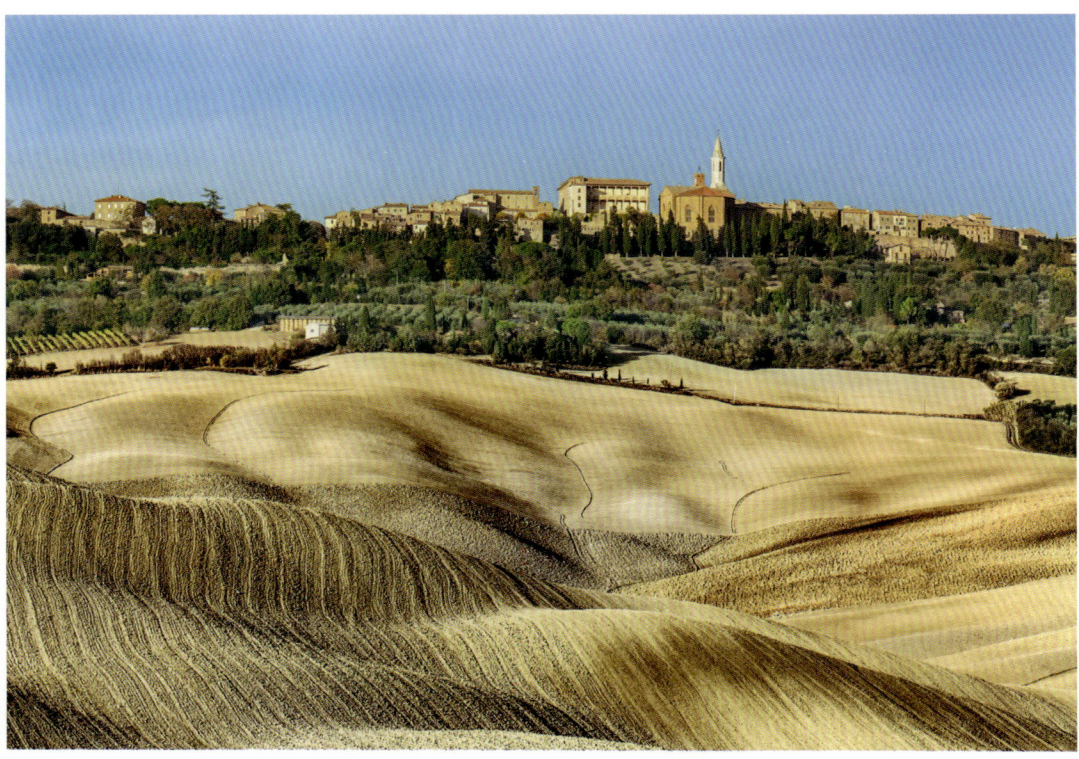

Pienza

Pienza

This "Pearl of the Renaissance"
impresses with its architecture,
which largely goes back
to Pope Pius II. From Piazza Pio II,
with its Cathedral commissioned
by the humanist Pope, to Palazzo
Piccolomini, Pienza is an outstanding
example of Renaissance architecture.

Pienza

Également connue comme
la « Perle de la Renaissance »,
la petite cité fascine par
son architecture que l'on doit,
en grande partie, au pape Pie II.
De la place Pie II et sa cathédrale,
conçue par le pape humaniste,
en passant par le Palazzo
Piccolomini, Pienza est un exemple
architectural de la Renaissance.

Pienza

Die „Perle der Renaissance"
beeindruckt durch ihre Architektur,
die zum großen Teil auf Papst Pius
II. zurückgeht. Von der Piazza Pio II.
mit ihrem Dom, der von dem
humanistisch geprägten Papst in
Auftrag gegeben wurde, bis hin
zum Palazzo Piccolomini – Pienza
ist ein herausragendes Beispiel der
Baukunst der Renaissance.

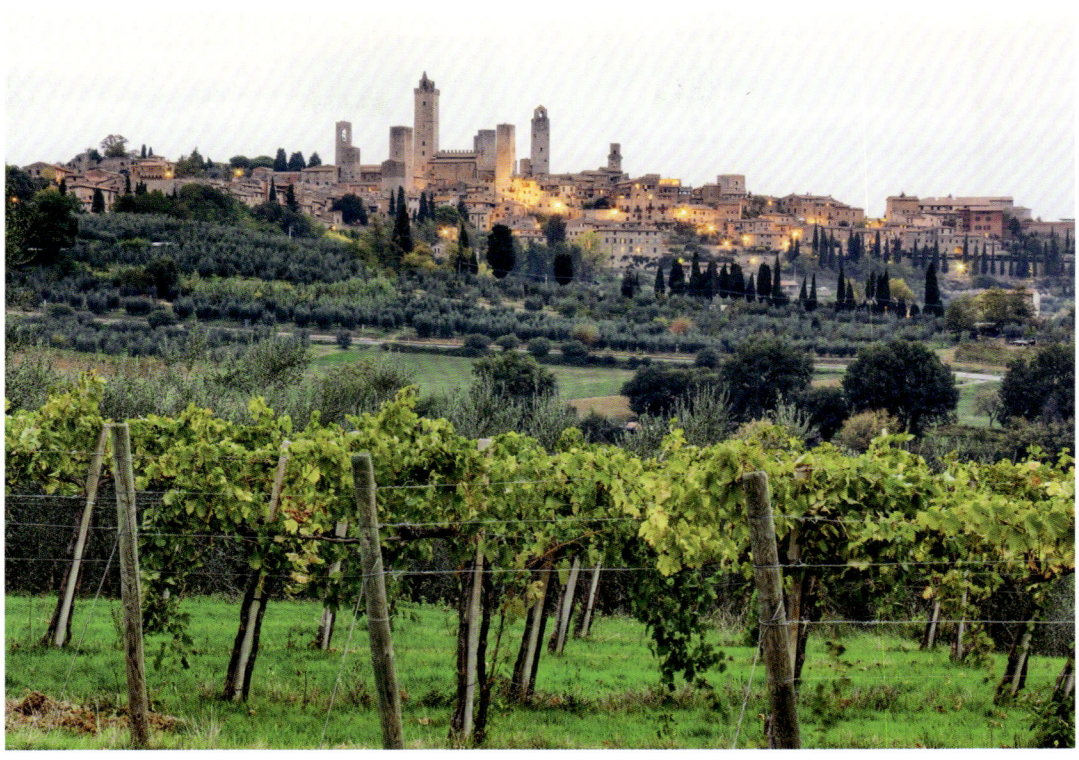

Pienza

Pienza

La «Perla del Renacimiento»
impresiona por su arquitectura,
que se remonta en gran parte
al Papa Pío II. Desde la Piazza Pio II,
con su Catedral encargada por
el Papa humanista, hasta el Palazzo
Piccolomini, Pienza es un ejemplo
destacado de arquitectura
renacentista.

Pienza

A «Pérola da Renascença»
impressiona pela sua arquitectura,
que remonta em grande parte
ao Papa Pio II. Da Piazza Pio II,
com a sua Catedral, encomendada
pelo Papa humanista, ao Palazzo
Piccolomini, Pienza é um exemplo
notável da arquitetura
renascentista.

Pienza

De 'parel van de renaissance'
maakt indruk met zijn architectuur,
die grotendeels teruggaat tot paus
Pius II. Van Piazza Pio II, met zijn
kathedraal die in opdracht van de
humanistische paus werd gebouwd,
tot het Palazzo Piccolomini –
Pienza is een uitstekend voorbeeld
van renaissancistische architectuur.

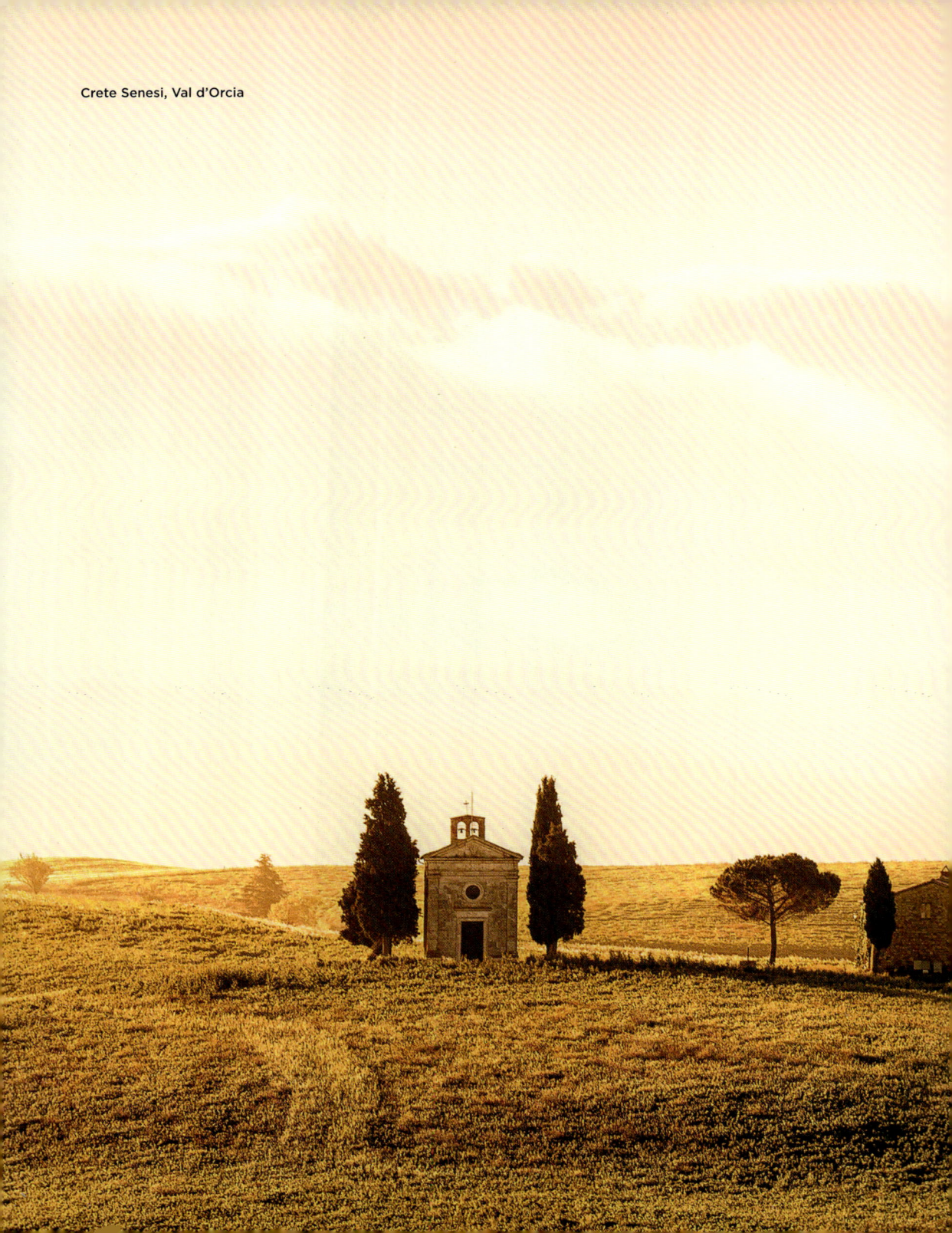

Crete Senesi, Val d'Orcia

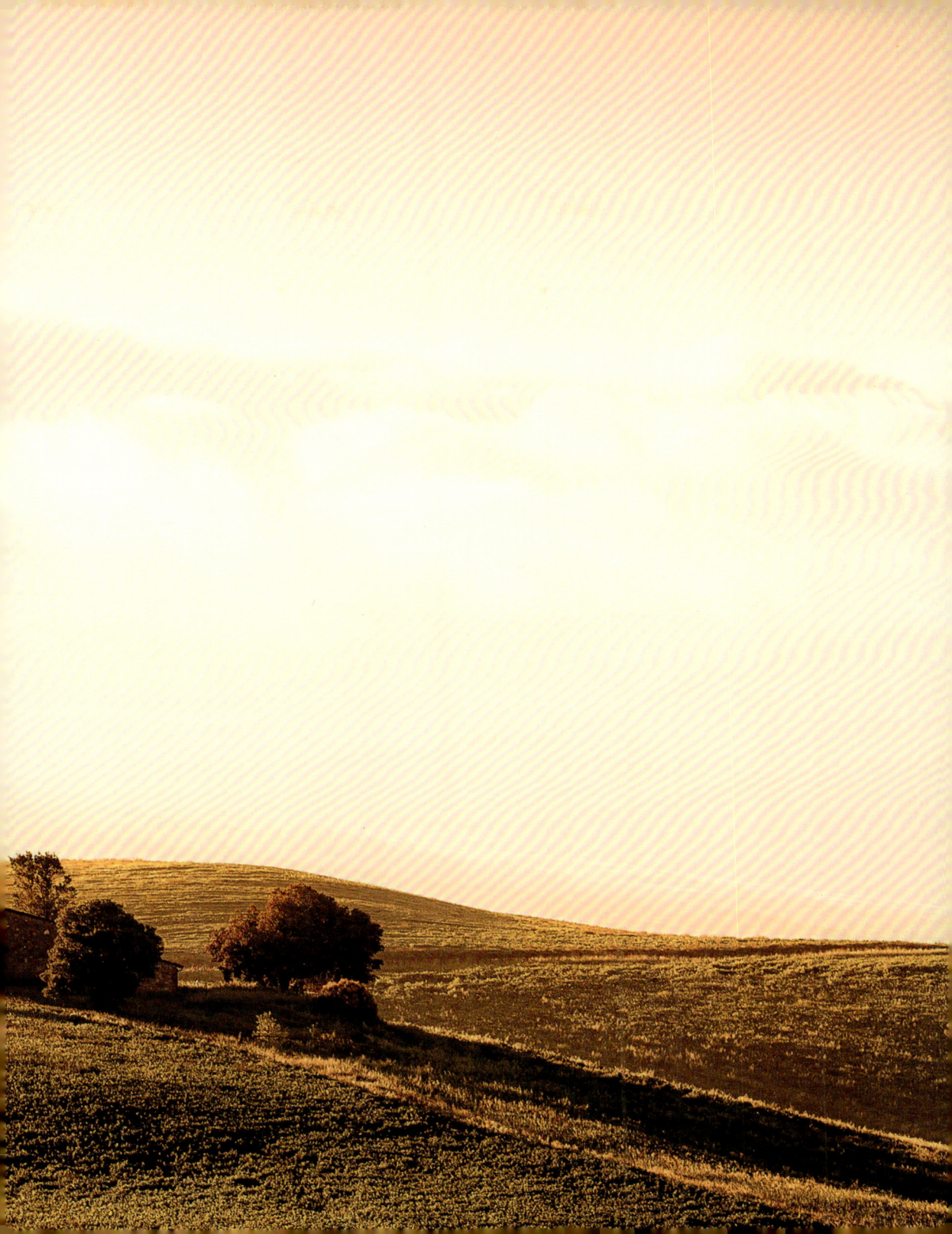

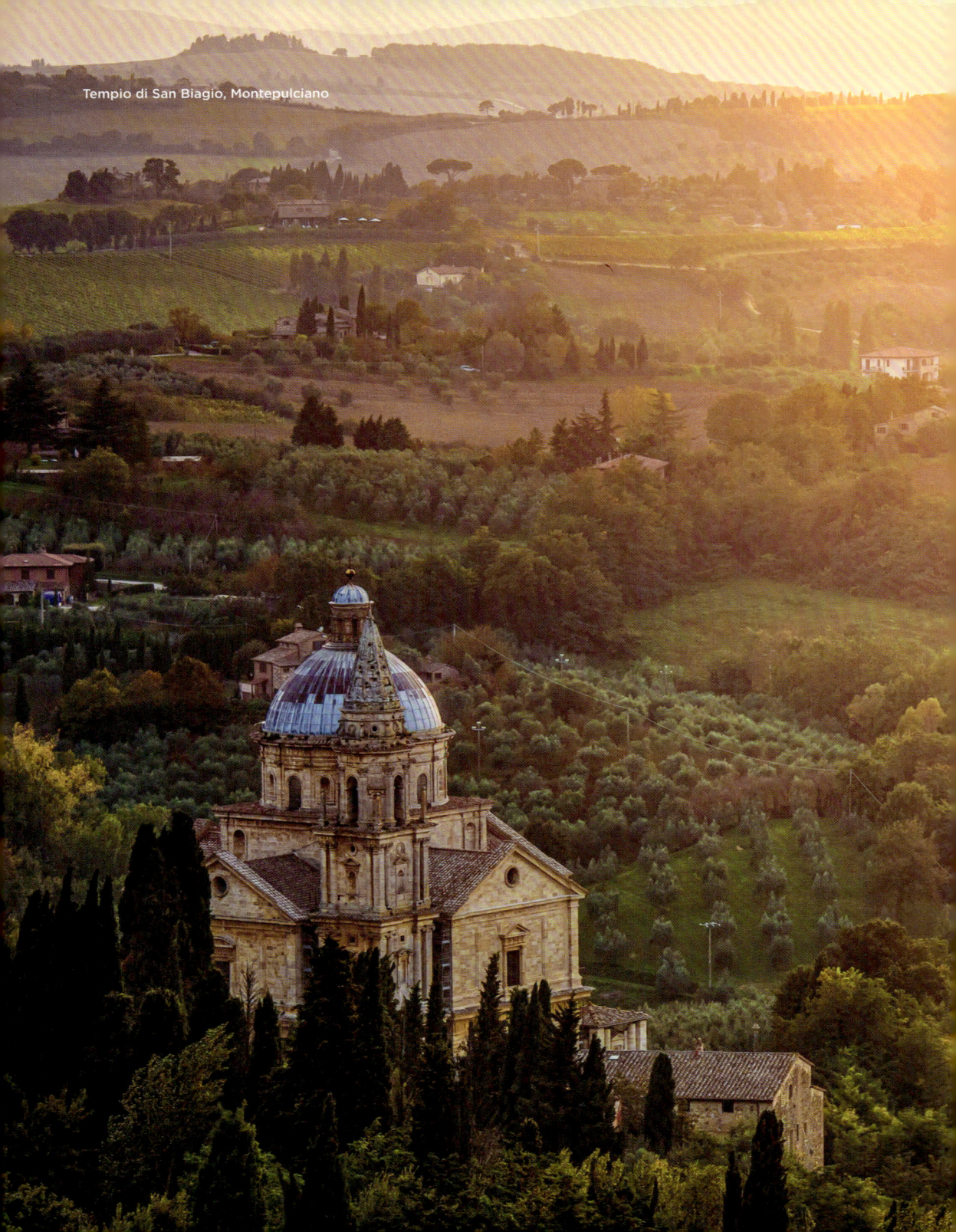
Tempio di San Biagio, Montepulciano

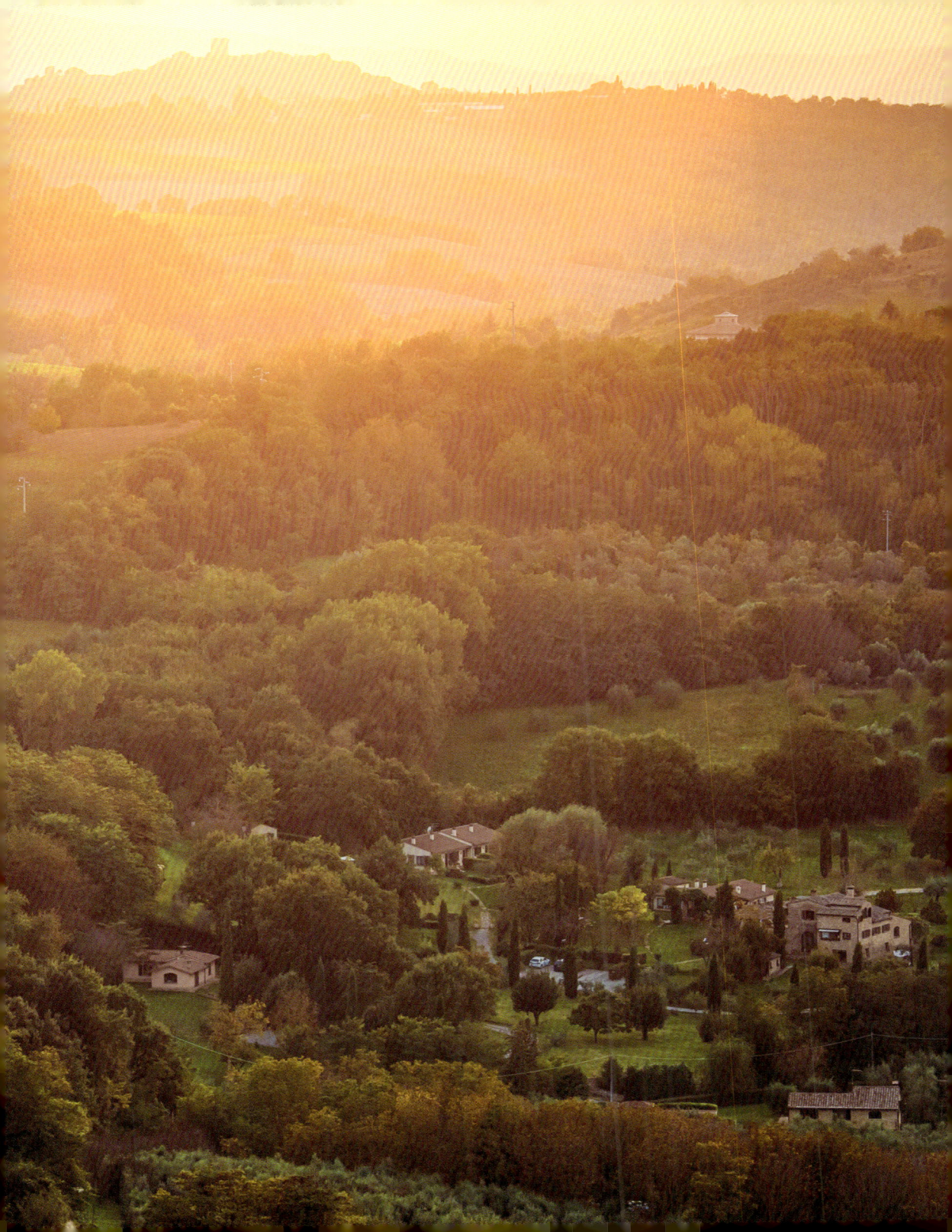

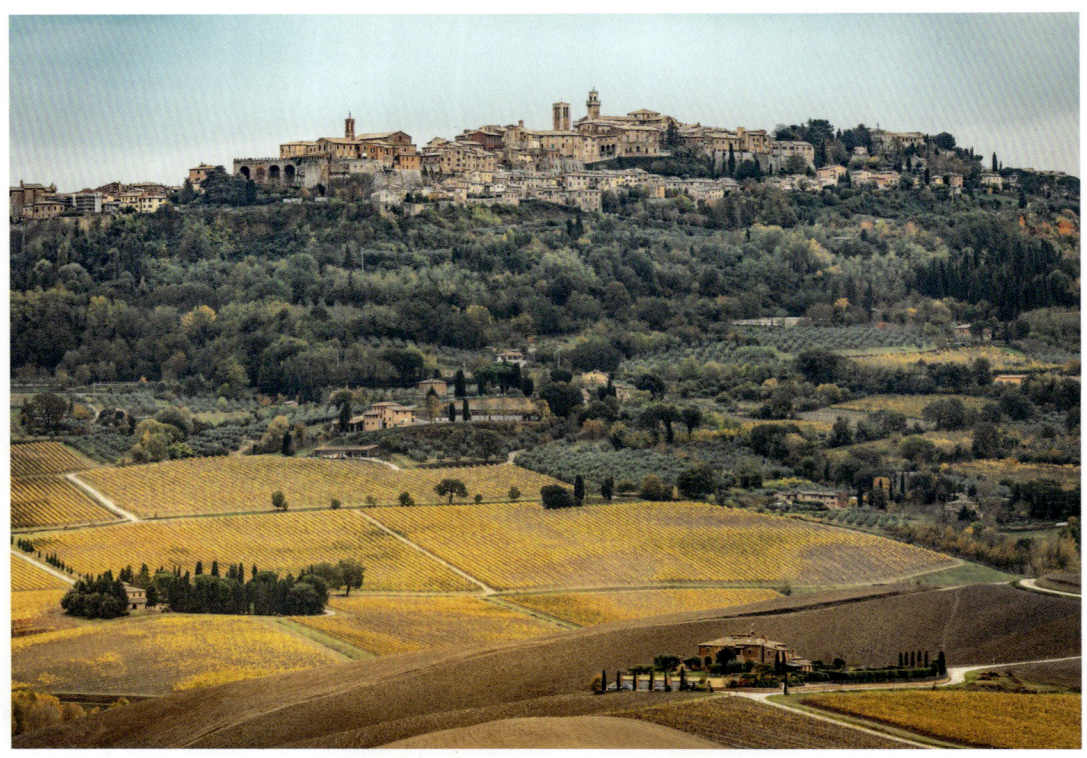

Montepulciano

Montepulciano

Montepulciano is known for the beauty of its Renaissance buildings. The historical centre of the town, high above the Val di Chiana, is dominated by the fortress and Cathedral of Santa Maria Assunta in Piazza Grande. Further down, isolated from the surrounding area, is the beautiful church of San Biagio.

Montepulciano

Sur les hauteurs du val di Chiana, Montepulciano est reconnu pour la beauté de son architecture au style Renaissance. Son centre historique est dominé par une forteresse et le dôme de Santa Maria Assunta sur la charmante Piazza Grande. Plus bas, isolée du reste, se cache la belle église de San Biagio.

Montepulciano

Montepulciano ist bekannt für die Schönheit seiner Renaissancebauten. Das historische Zentrum der hoch über dem Val di Chiana gelegenen Stadt wird von der Festung und dem Dom Santa Maria Assunta an der Piazza Grande dominiert. Weiter unten, isoliert vom Rest, liegt die schöne Kirche San Biagio.

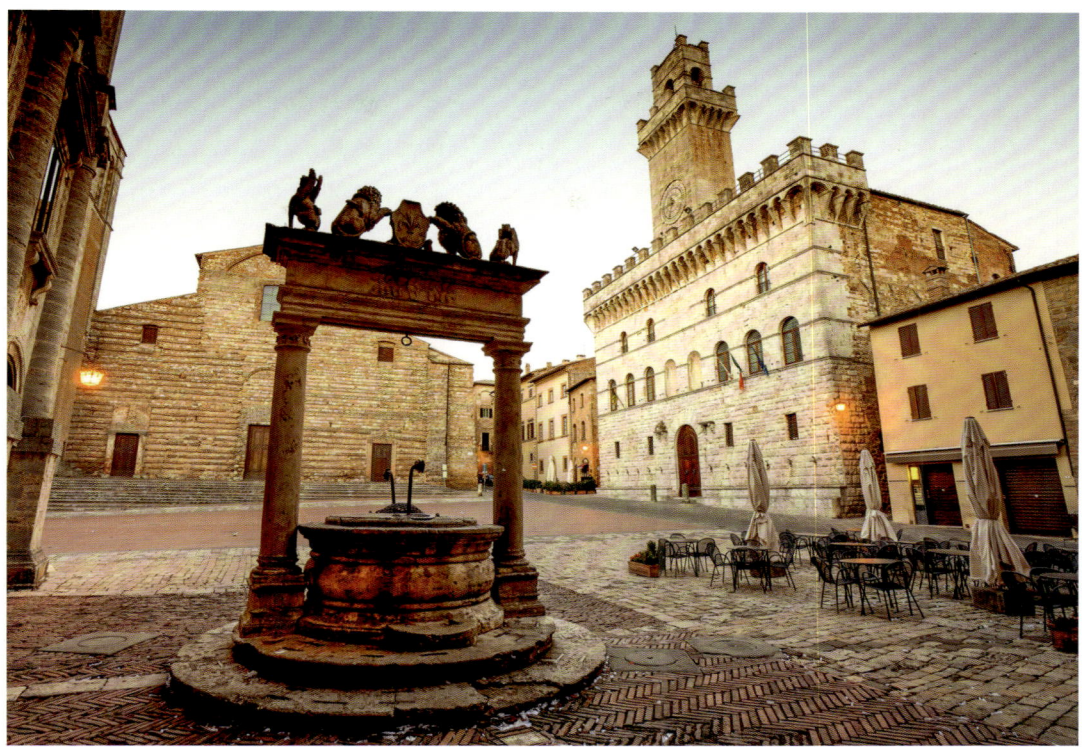

Montepulciano

Montepulciano

Montepulciano es conocido por la belleza de sus edificios renacentistas. El centro histórico de la ciudad, en lo alto de la Val di Chiana, está dominado por la fortaleza y la Catedral de Santa María Assunta en Piazza Grande. Más abajo, aislada del resto, se encuentra la hermosa iglesia de San Biagio.

Montepulciano

Montepulciano é conhecida pela beleza dos seus edifícios renascentistas. O centro histórico da cidade, bem acima do Val di Chiana, é dominado pela fortaleza e a Catedral de Santa Maria Assunta na Piazza Grande. Mais abaixo, isolada do resto, está a bela igreja de San Biagio.

Montepulciano

Montepulciano staat bekend om de schoonheid van zijn renaissancegebouwen. Het historische centrum van de hoog boven het Val di Chiana gelegen stad wordt gedomineerd door de vesting en de kathedraal van Santa Maria Assunta op het Piazza Grande. Verderop, afgezonderd van de rest, staat de prachtige kerk van San Biagio.

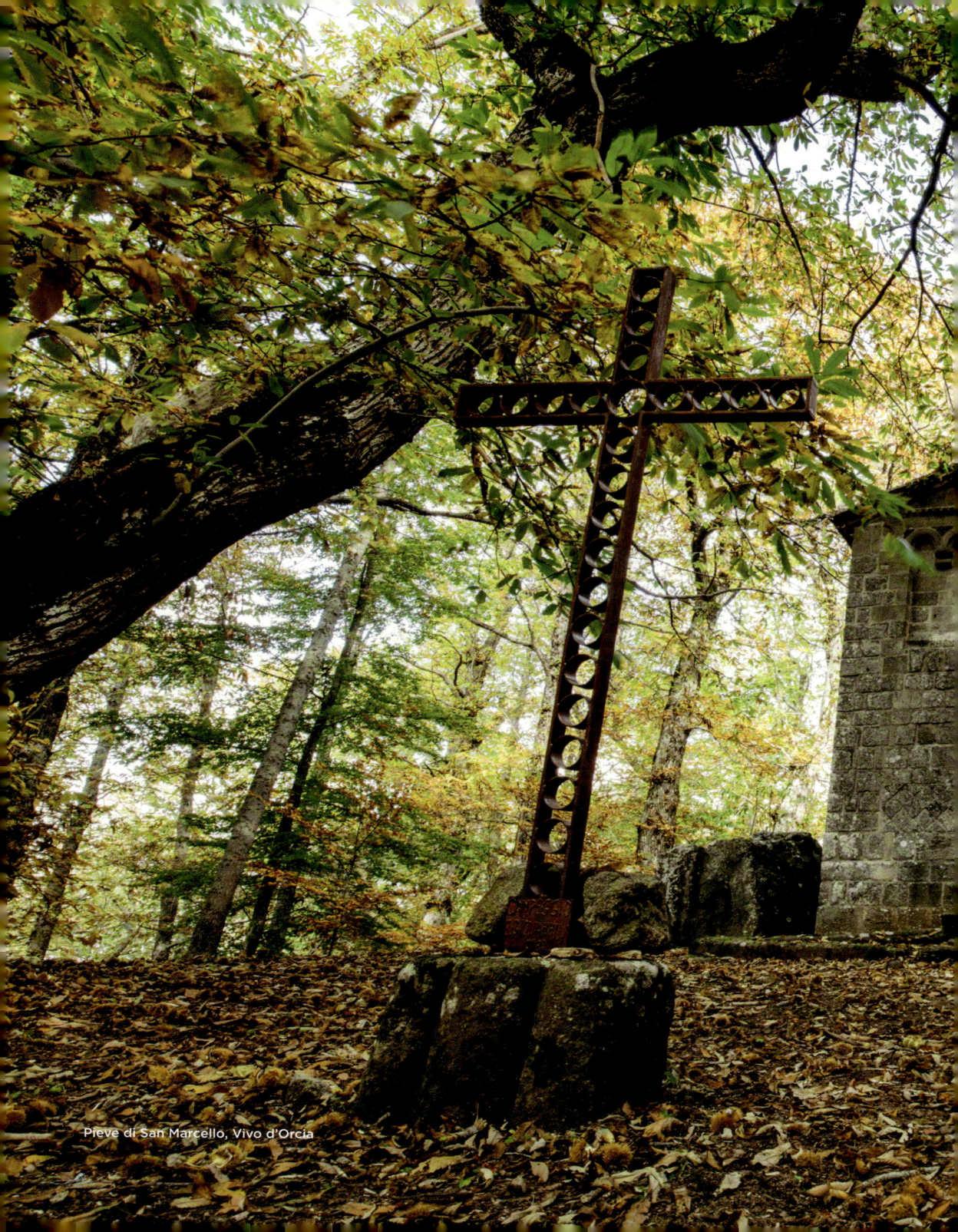

Pieve di San Marcello, Vivo d'Orcia

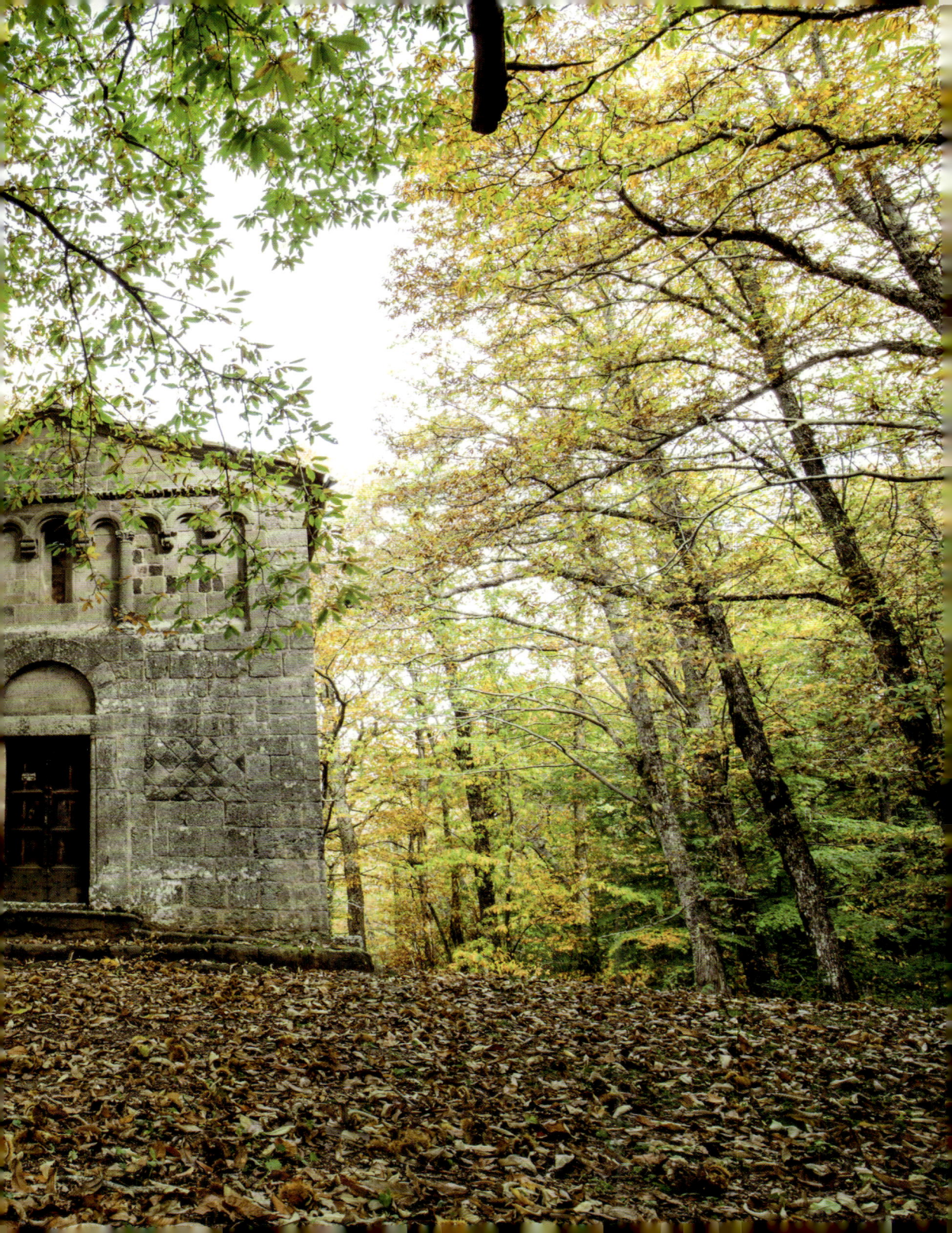

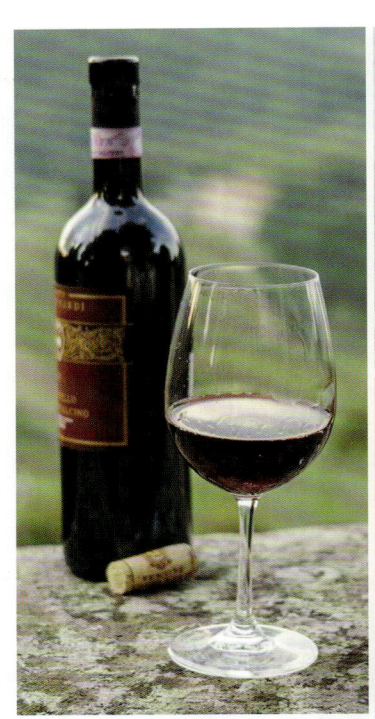

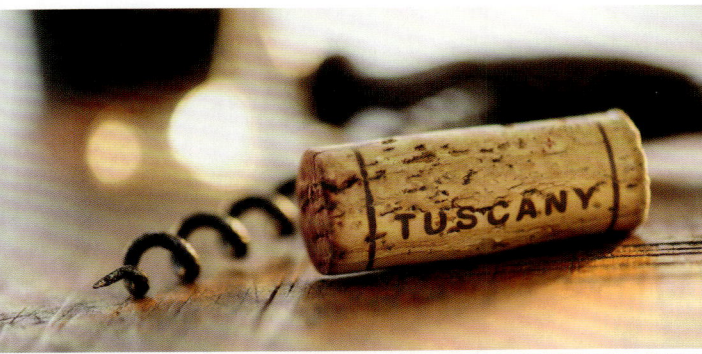

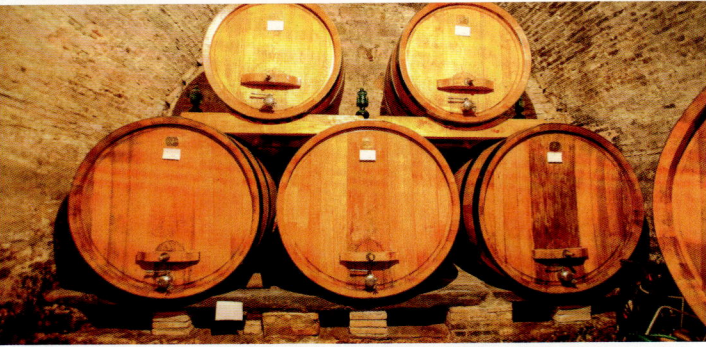

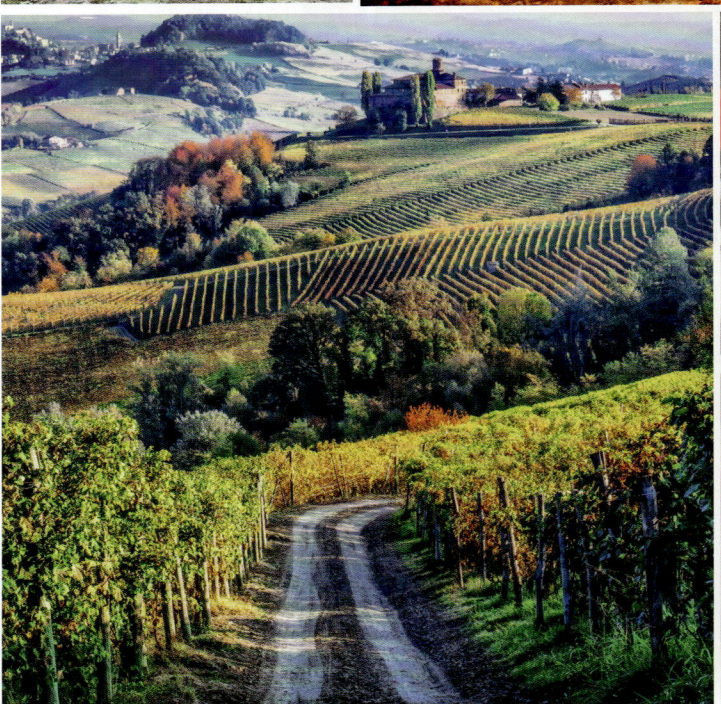

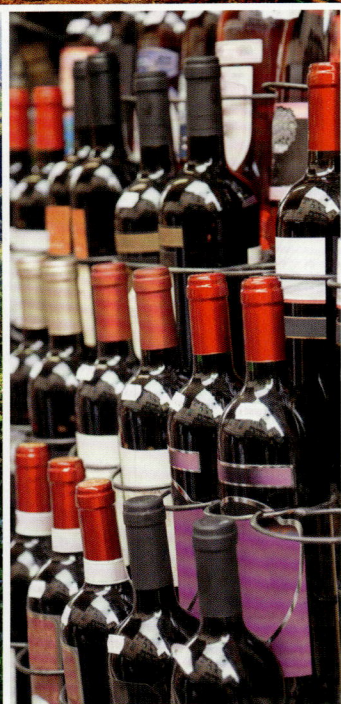

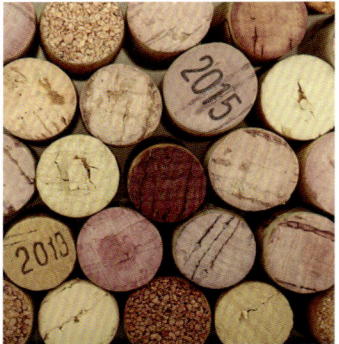

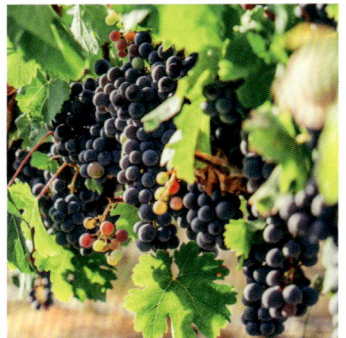

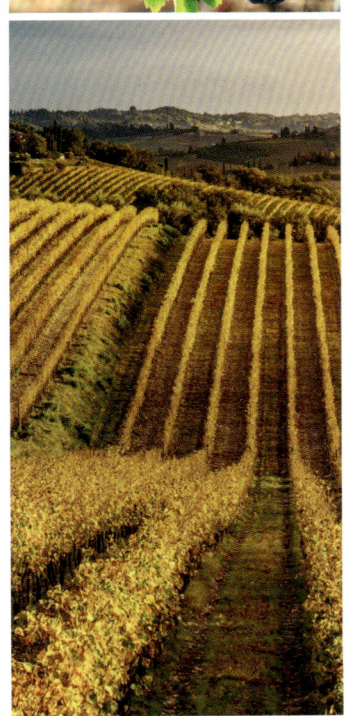

TUSCAN WINE

Wine has been cultivated in Tuscany since ancient times. Thanks to its Mediterranean climate and hilly landscape, the region produces wines of the highest quality, including the renowned Vino Nobile di Montepulciano, Brunello di Montalcino and of course Chianti, all of which are classified as DOCG wines (Controlled and Guaranteed Denomination of Origin).

VIN TOSCAN

La Toscane est une terre de tradition vinicole depuis l'Antiquité. Avec son climat méditerranéen et ses doux reliefs, elle est surtout réputée pour sa production de vins aux appellations les plus prestigieuses. Parmi les plus connus, on trouve notamment le Vino Nobile de Montepulciano, le Brunello di Montalcino et, bien sûr, le Chianti, tous classés DOCG (Dénomination d'origine contrôlée et garantie).

TOSKANISCHER WEIN

Seit der Antike wird in der Toskana Wein angebaut. Durch ihr mediterranes Klima und die hügelige Landschaft bringt die Region Weine von höchster Qualität hervor, darunter die renommierten Weinsorten Vino Nobile di Montepulciano, Brunello di Montalcino und natürlich der Chianti, die alle als DOCG-Weine (kontrollierte und garantierte Herkunftsbezeichnung) klassifiziert sind.

VINO TOSCANO

En la Toscana se elabora vino desde la antigüedad. Gracias a su clima mediterráneo y a su paisaje montañoso, la región produce vinos de la más alta calidad, entre los que se encuentran los famosos Vino Nobile di Montepulciano, Brunello di Montalcino y, por supuesto, Chianti, todos ellos clasificados como vinos DOCG (Denominación de Origen Controlada y Garantizada).

VINHO TOSCANO

Desde a antiguidade que o vinho é cultivado na Toscana. Graças ao seu clima mediterrânico e à sua paisagem montanhosa, a região produz vinhos da mais alta qualidade, incluindo os famosos vinhos Vino Nobile di Montepulciano, Brunello di Montalcino e, claro, Chianti, todos eles classificados como vinhos DOCG (Denominação de Origem Controlada e Garantida).

TOSCAANSE WIJN

In Toscane wordt al sinds de klassieke oudheid wijn verbouwd. Dankzij het mediterrane klimaat en het heuvelachtige landschap produceert de regio wijnen van de hoogste kwaliteit, waaronder de beroemde vino nobile di Montepulciano, brunello di Montalcino en natuurlijk de chianti, die allemaal geclassificeerd zijn als DOCG (Denominazione die origine controllata e garantita).

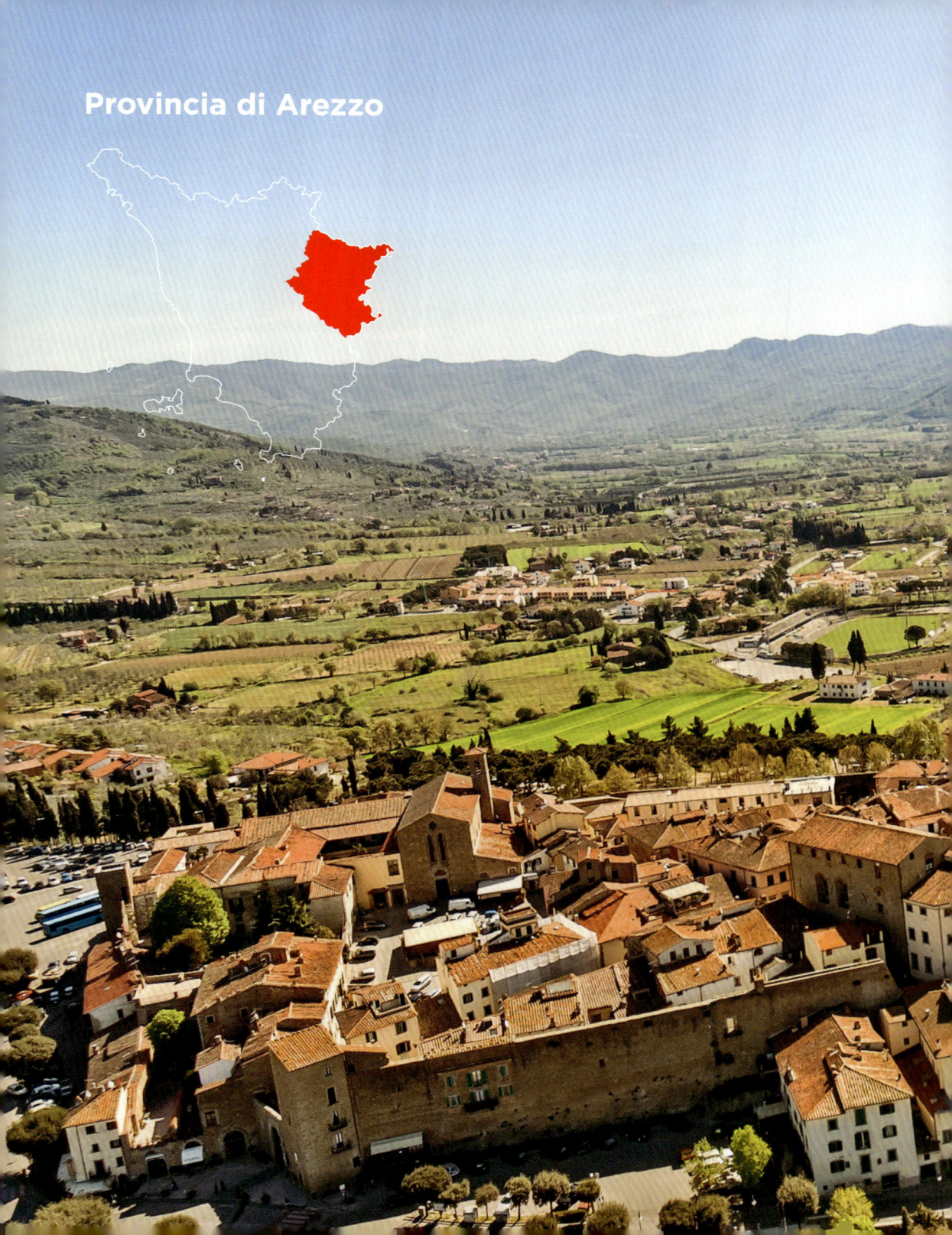

Provincia di Arezzo

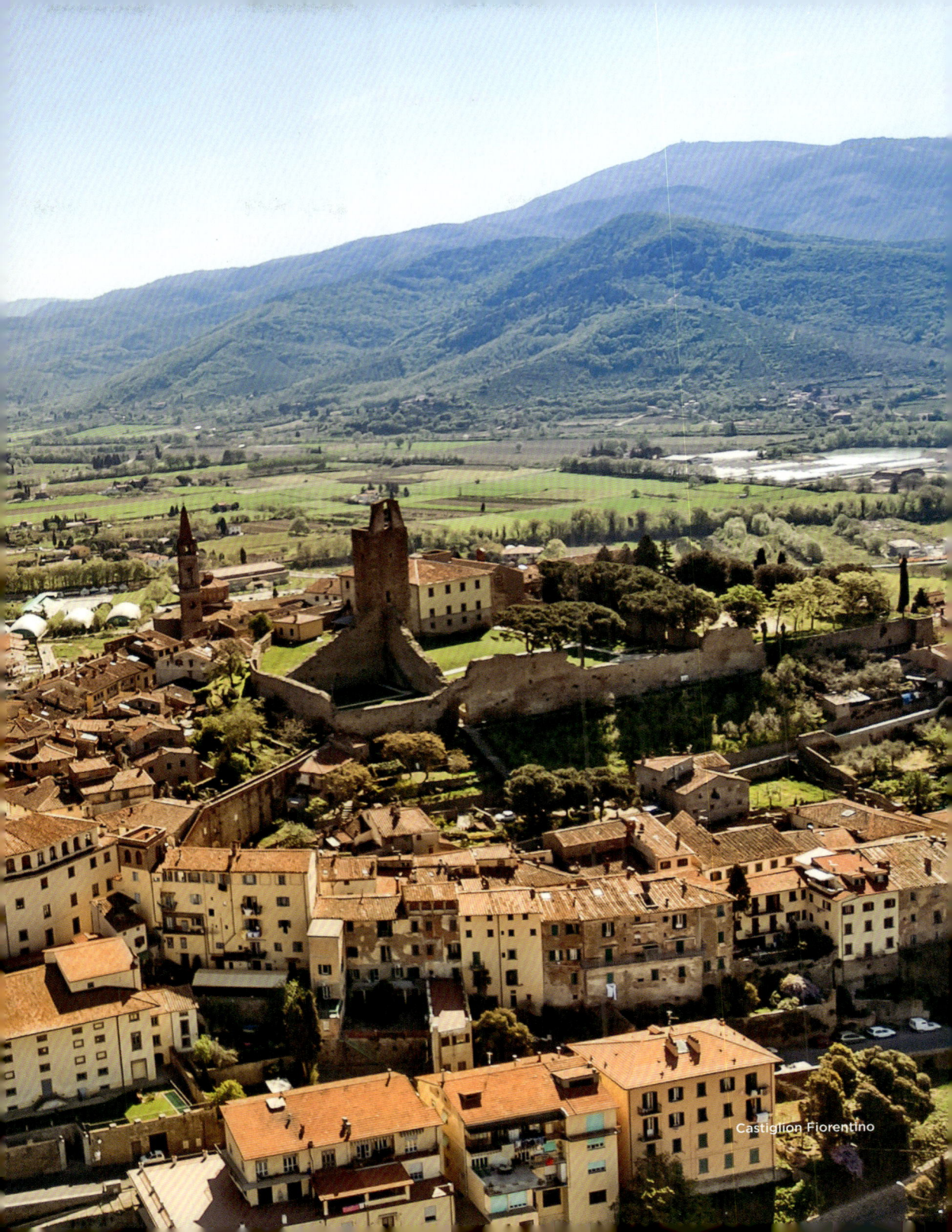

Castiglion Fiorentino

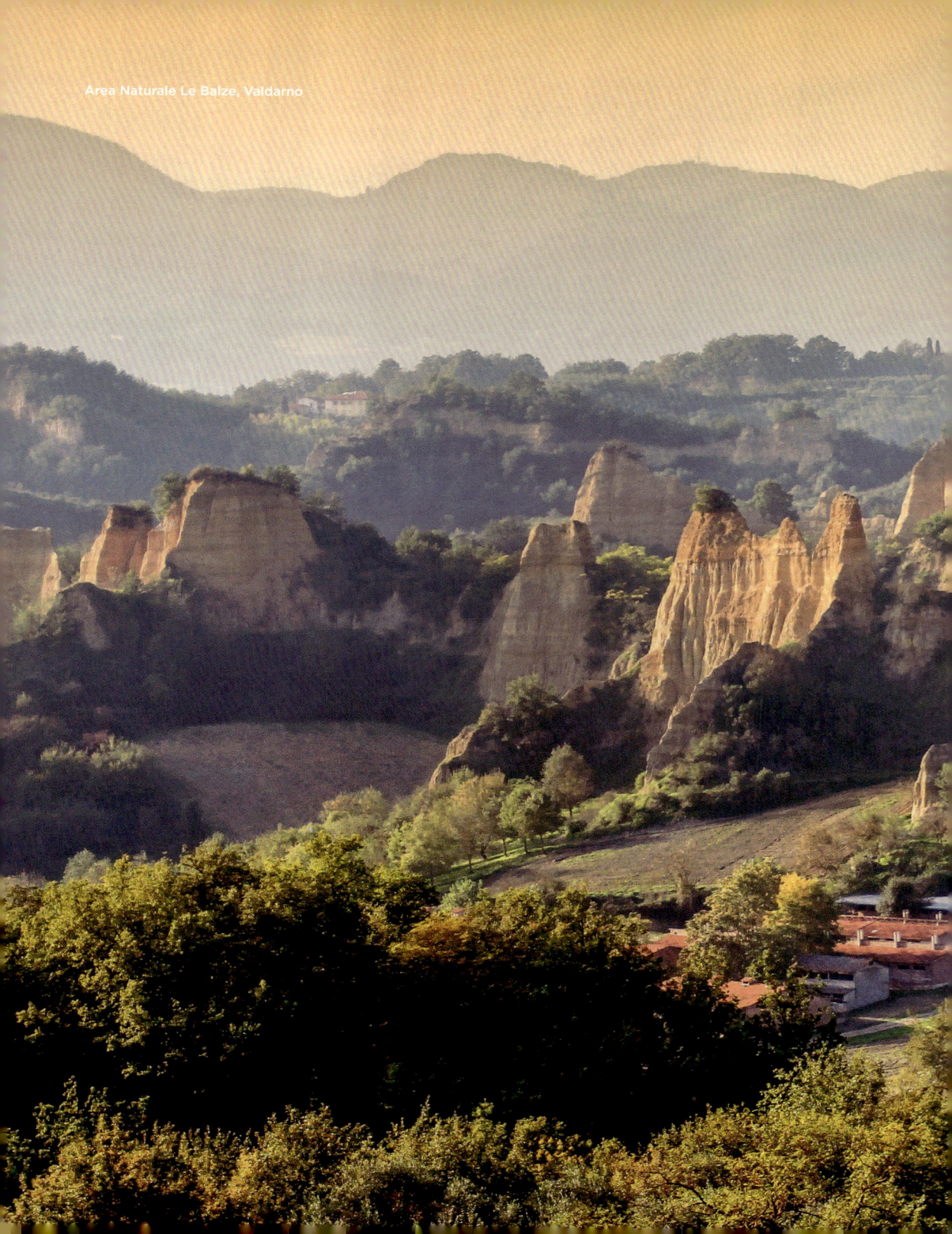

Area Naturale Le Balze, Valdarno

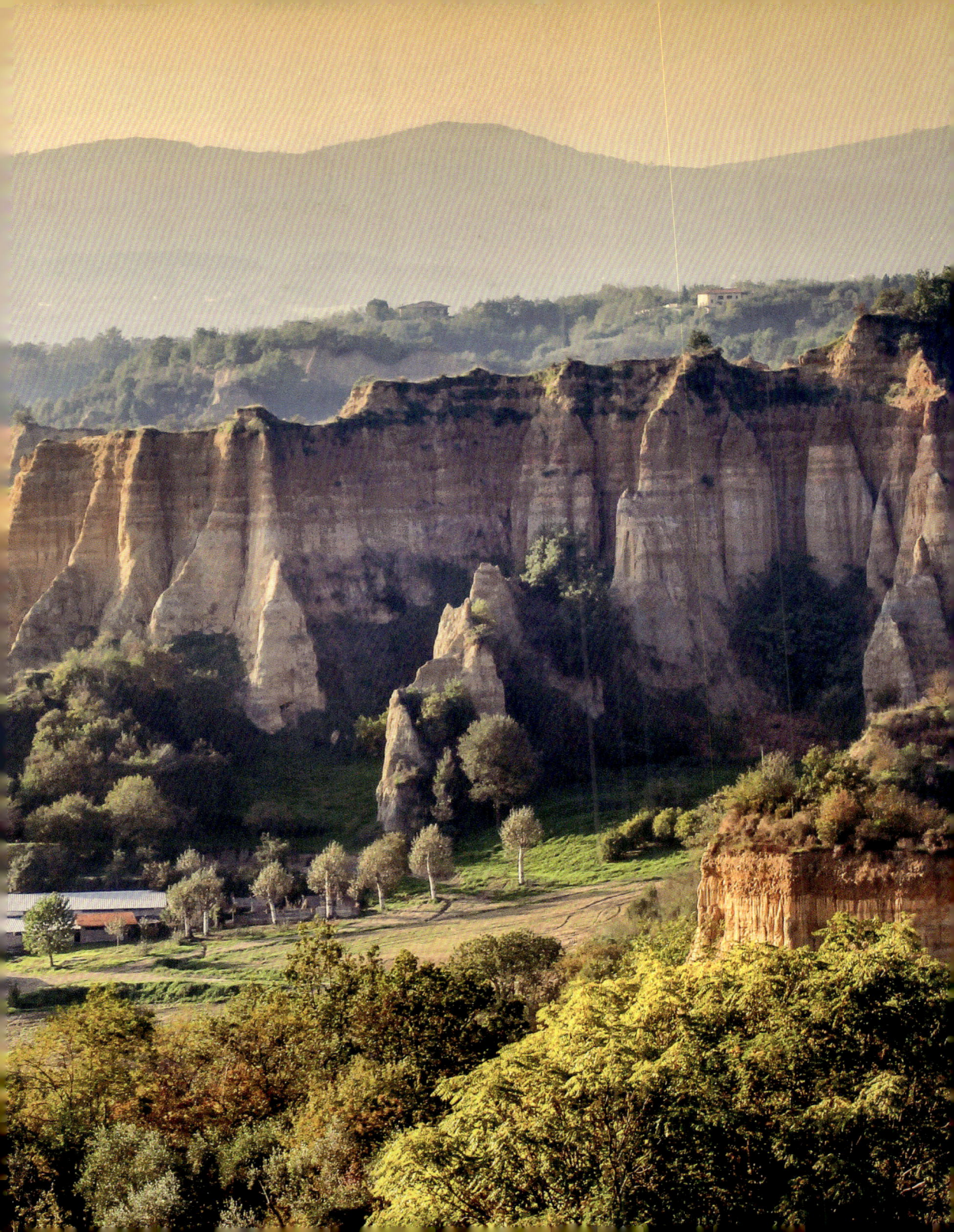

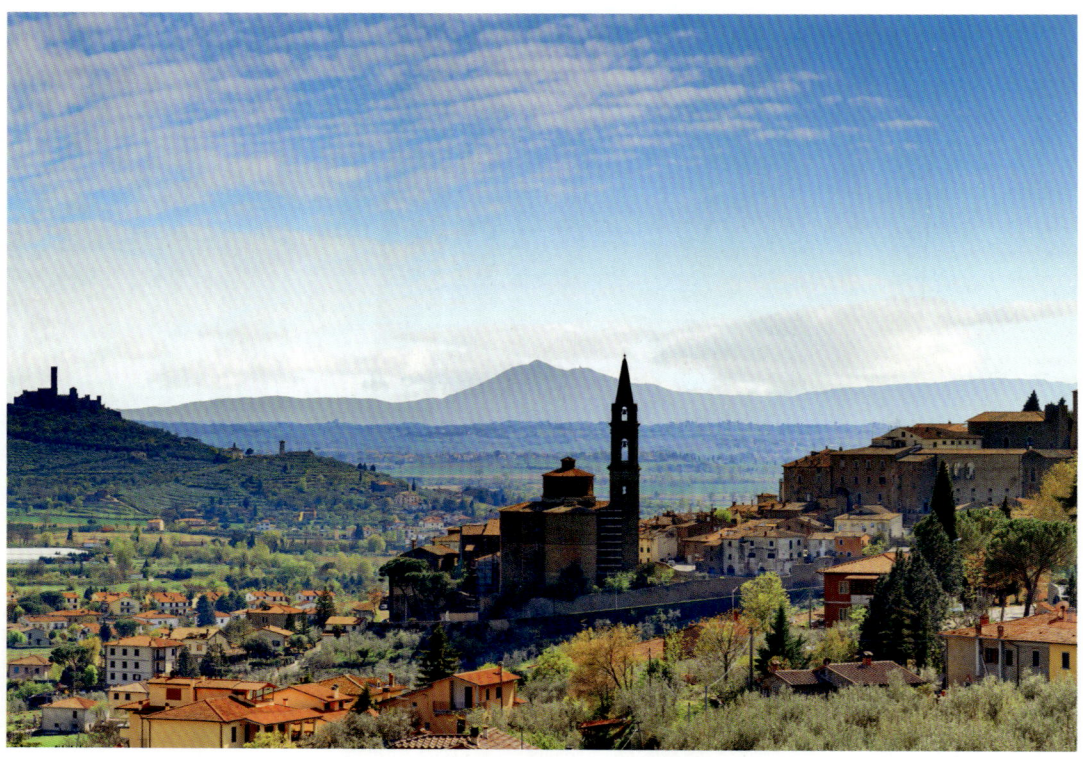

Val di Chiana

Province of Arezzo

This province is made up
of four regions with very different
landscapes: the Casentino Valley,
the Arno Valley, the Tiberina Valley
and the Chiana Valley. Hidden
among its mountains, woods,
gorges, hills and valleys there are
historical villages such as Cortona,
Anghiari or Castiglion Fiorentino,
famous for their beauty.

Province d'Arezzo

La province s'étend sur quatre
territoires aux paysages très variés :
la vallée du Casentino, le val d'Arno,
le Val Tiberina et le val di Chiana.
Entre montagnes et forêts,
canyons, collines et vallées, la
province est réputée pour la beauté
de ses villages anciens, tels que
Cortona, Anghiari ou encore
Castiglion Fiorentino.

Provinz Arezzo

Die Provinz setzt sich aus vier
Regionen mit sehr unterschiedlichen
Landschaften zusammen: dem
Casentinotal, dem Arnotal, dem
Tiberinatal und dem Chianatal.
Zwischen ihren Bergen, Wäldern,
Schluchten, Hügeln und Tälern
verstecken sich historische Dörfer,
wie Cortona, Anghiari oder
Castiglion Fiorentino, die für ihre
Schönheit bekannt sind.

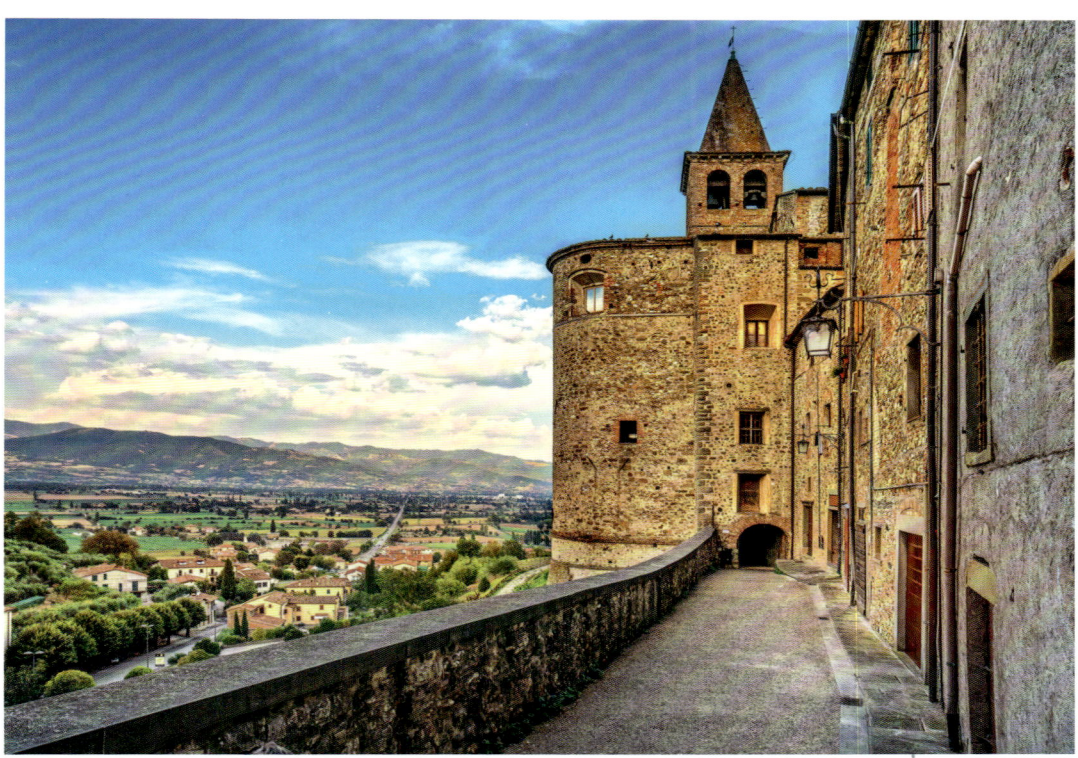

Anghiari

Provincia de Arezzo

La provincia está formada por cuatro regiones con paisajes muy diferentes: el Valle del Casentino, el Valle del Arno, el Valle de Tiberina y el Valle de Chiana. Entre sus montañas, bosques, barrancos, colinas y valles se esconden pueblos históricos como Cortona, Anghiari o Castiglion Fiorentino, conocidos por su belleza.

Província de Arezzo

A província é formada por quatro regiões com paisagens muito diferentes: o Vale do Casentino, o Vale do Arno, o Vale do Tiberina e o Vale de Chiana. Entre as suas montanhas, bosques, gargantas, colinas e vales escondem-se aldeias históricas como Cortona, Anghiari ou Castiglion Fiorentino, conhecidas pela sua beleza.

Provincie Arezzo

De provincie bestaat uit vier dalregio's met heel uiteenlopende landschappen: het Casentino, Valdarno, Val Tiberina en Val di Chiana. Tussen de bergen, bossen, ravijnen, heuvels en valleien liggen historische dorpen verstopt zoals Cortona, Anghiari en Castiglion Fiorentino, die bekendstaan om hun schoonheid.

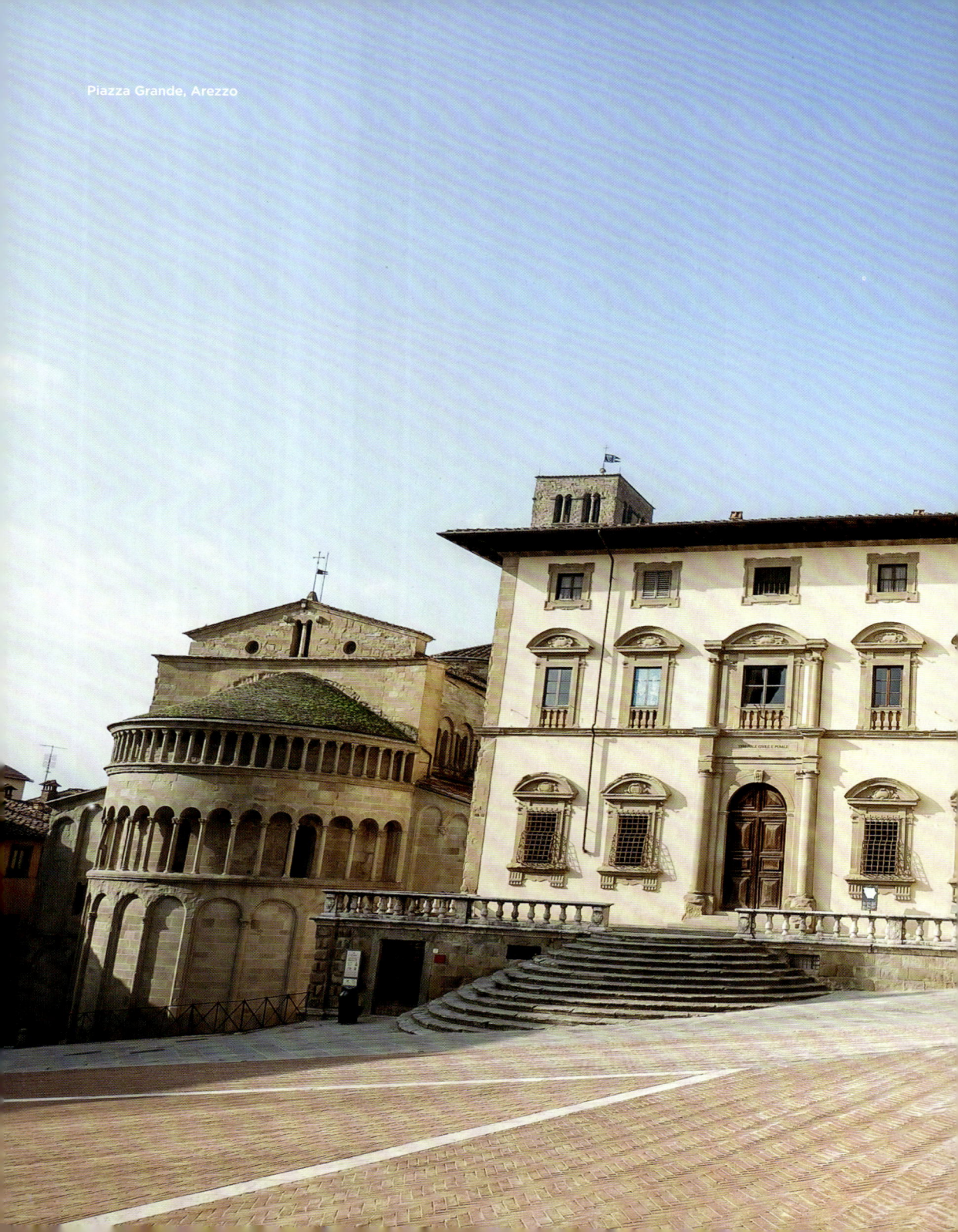

Piazza Grande, Arezzo

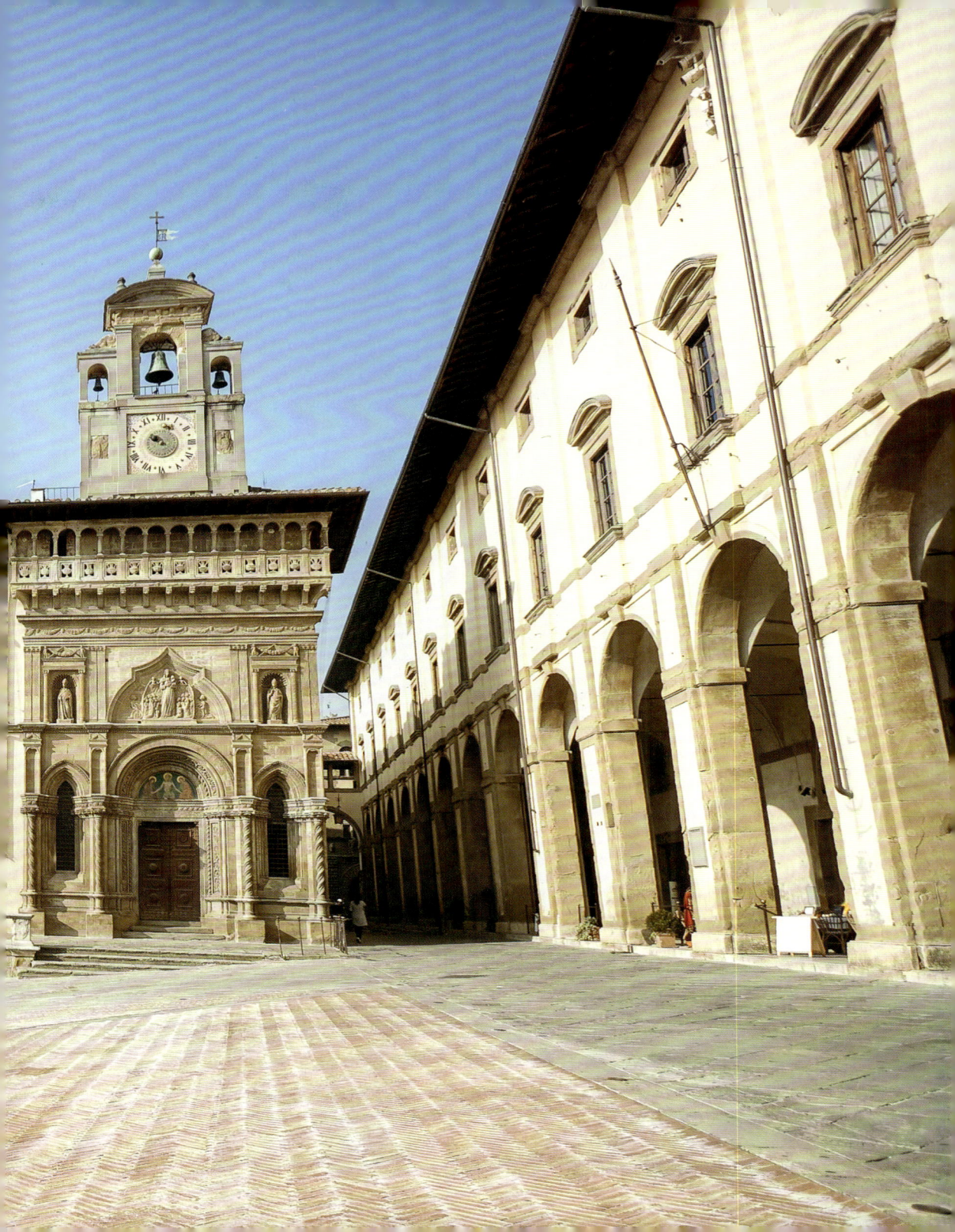

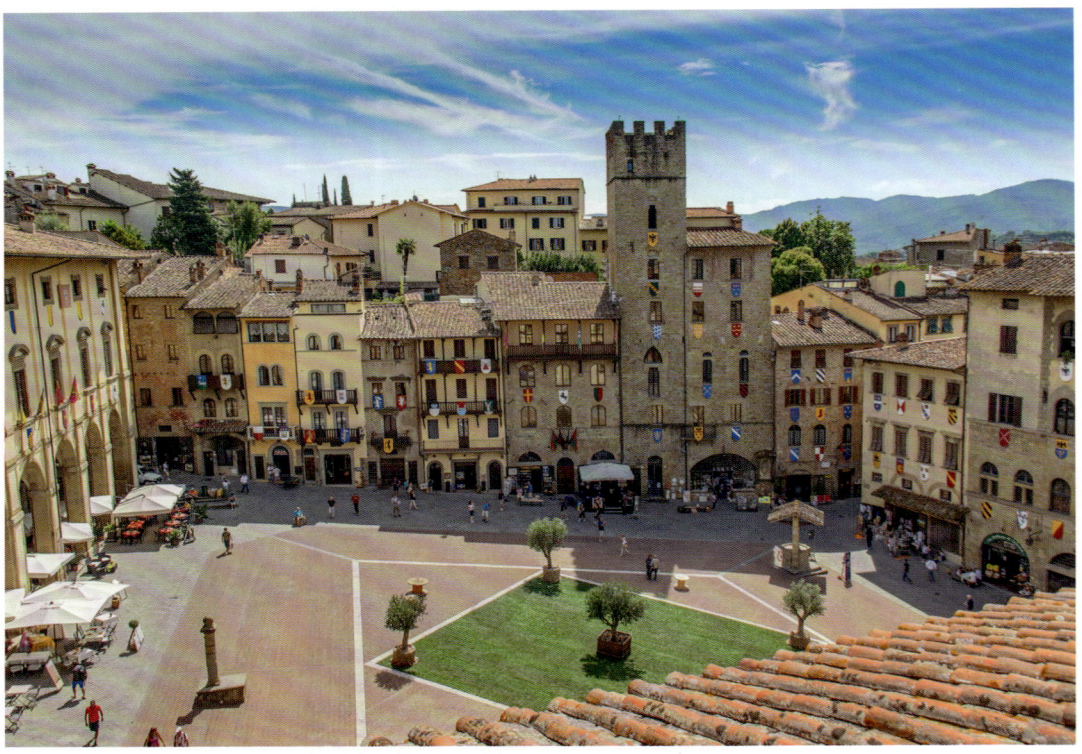

Piazza Grande

Arezzo

In the upper part of the city is the historic centre of Arezzo, which is characterised by numerous antique dealers and goldsmiths. Even today the Medici fortress and its walls still watch over the old town. Further down the steep Piazza Grande are the apse of the church of Santa Maria della Pieve and the Palazzo delle Logge.

Arezzo

C'est dans la partie haute que se situe le centre historique d'Arezzo, ville d'art spécialisée dans les antiquités et l'orfèvrerie. La forteresse des Médicis et ses remparts veillent toujours sur la ville. Plus bas, la Piazza Grande, connue pour son inclinaison, accueille, entre autres, l'abside de l'église Santa Maria della Pieve et les loges de Vasari.

Arezzo

Im oberen Teil der Stadt befindet sich das historische Zentrum von Arezzo, das durch zahlreichen Antiquitätenhändler und Goldschmiede geprägt ist. Noch heute wachen die Festung der Medici und ihre Stadtmauern über die Altstadt. Weiter unten an der abschüssigen Piazza Grande liegen die Apsis der Kirche Santa Maria della Pieve und der Palazzo delle Logge.

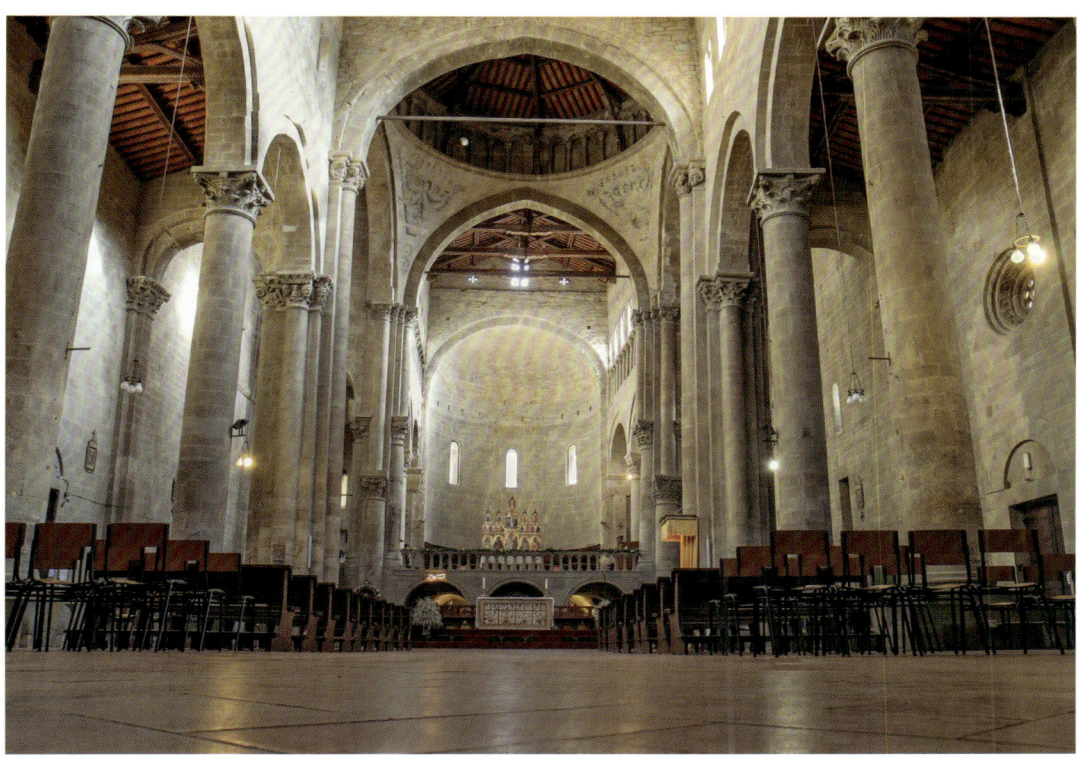

Chiesa di Santa Maria della Pieve

Arezzo

En la parte alta de la ciudad
se encuentra el centro histórico
de Arezzo, que se caracteriza
por sus numerosas tiendas
de antigüedades y orfebres.
La fortaleza de los Médicis
y sus murallas aún vigilan el casco
antiguo. Más abajo, en la empinada
Piazza Grande, se encuentra
el ábside de la iglesia de Santa
Maria della Pieve y el Palazzo
delle Logge.

Arezzo

Na parte superior da cidade está
o centro histórico de Arezzo,
que é caracterizado por numerosos
antiquários e ourivesaria.
A fortaleza dos Medici e as suas
muralhas ainda hoje vigiam
a cidade velha. Mais abaixo,
na íngreme Piazza Grande,
encontra-se a abside da igreja
de Santa Maria della Pieve
e do Palazzo delle Logge.

Arezzo

In het bovenste deel van de stad
ligt het historische centrum van
Arezzo, dat in het teken staat van
talrijke antiquairs en goudsmeden.
De vesting van de Medici en haar
stadsmuren waken nog steeds over
de oude stad. Verder naar beneden
staan op het hellende Piazza
Grande de apsis van de kerk van
Santa Maria della Pieve en het
Palazzo delle Logge.

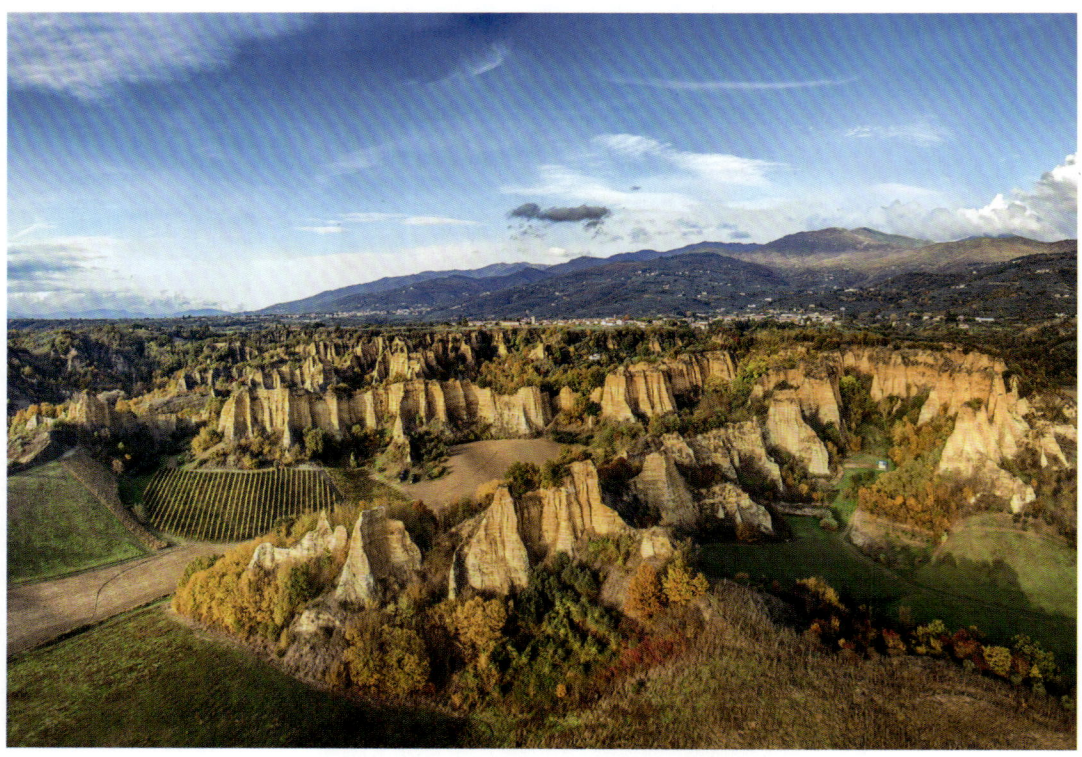

Area Naturale Le Balze

Rock Formations
in the Arno Valley

The Arno Valley is lined by
imposing rock formations formed
by erosion of the sand, clay and
sediment deposits – the so-called
"Balze". These ochre cliffs stretch
between Arezzo and Florence.
Castelfranco di Sopra is one
of the most beautiful vantage
points from which to admire them.

Falaises du Valdarno

Appelées « Le Balze », les falaises
du val d'Arno sont un ensemble
de roches érosives formées
de sable, d'argile et de sédiments.
L'impressionnant canyon couleur
ocre s'érige de manière imposante
entre Arezzo et Florence.
Un des plus beaux points de vue
pour admirer les falaises reste
Castelfranco di Sopra.

Felsformationen im Arnotal

Das Arnotal ist gesäumt von
imposanten Felsformationen, die
durch Erosion aus Sand-, Ton- und
Sedimentablagerungen geformt
wurden – die sogenannten „Balze".
Die ockerfarbenen Klippen
erstrecken sich zwischen Arezzo
und Florenz. Einer der schönsten
Aussichtspunkte, um sie zu
bewundern, ist Castelfranco di
Sopra.

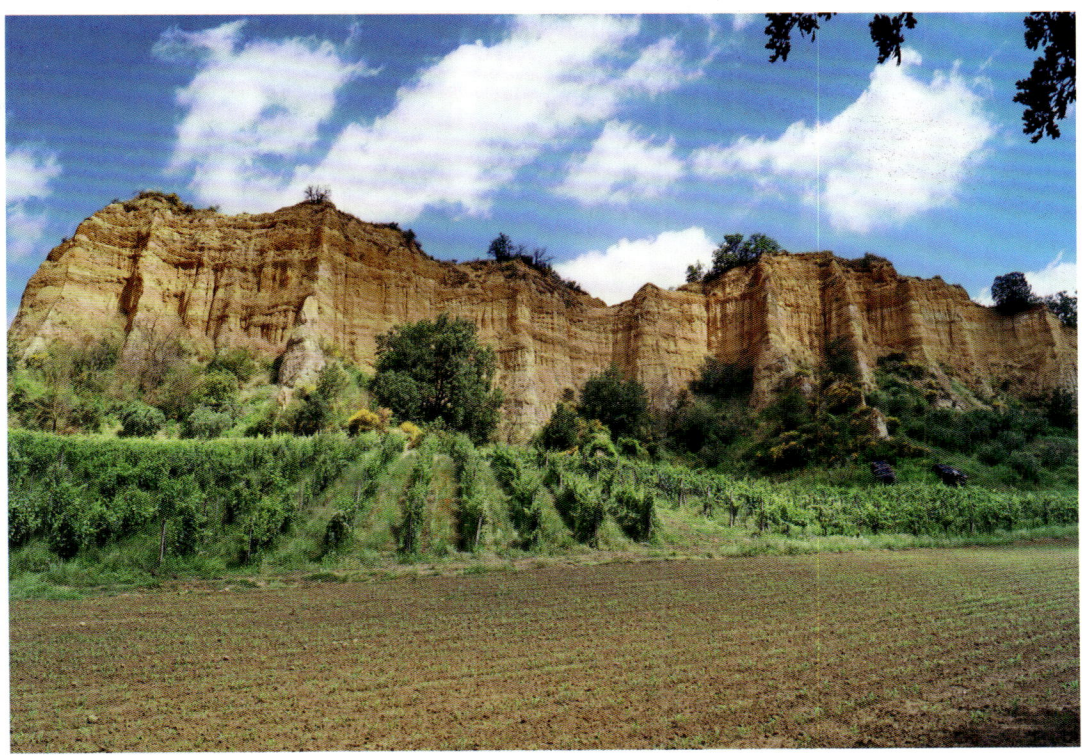

Area Naturale Le Balze

Formaciones rocosas del Valle del Arno

El valle del Arno está bordeado por imponentes formaciones rocosas formadas por la erosión de depósitos de arena, arcilla y sedimentos, los llamados «balze». Los acantilados ocres se extienden entre Arezzo y Florencia. Castelfranco di Sopra es uno de los más bellos miradores para admirar.

Formações rochosas do Vale do Arno

O Vale do Arno é revestido por imponentes formações rochosas formadas pela erosão de depósitos de areia, argila e sedimentos - o chamado «Balze». As falésias ocres estendem-se entre Arezzo e Florença. Castelfranco di Sopra é um dos mais belos pontos de vista a admirar.

Rotsformaties in het Arnodal

Het Valdarno wordt omzoomd door imposante rotsformaties, die door de erosie van zand-, klei- en sedimentafzettingen zijn gevormd, de zogenaamde Balze. De okerkleurige rotsen strekken zich uit tussen Arezzo en Florence. Een van de mooiste uitzichtpunten om ze te bewonderen, is Castelfranco di Sopra.

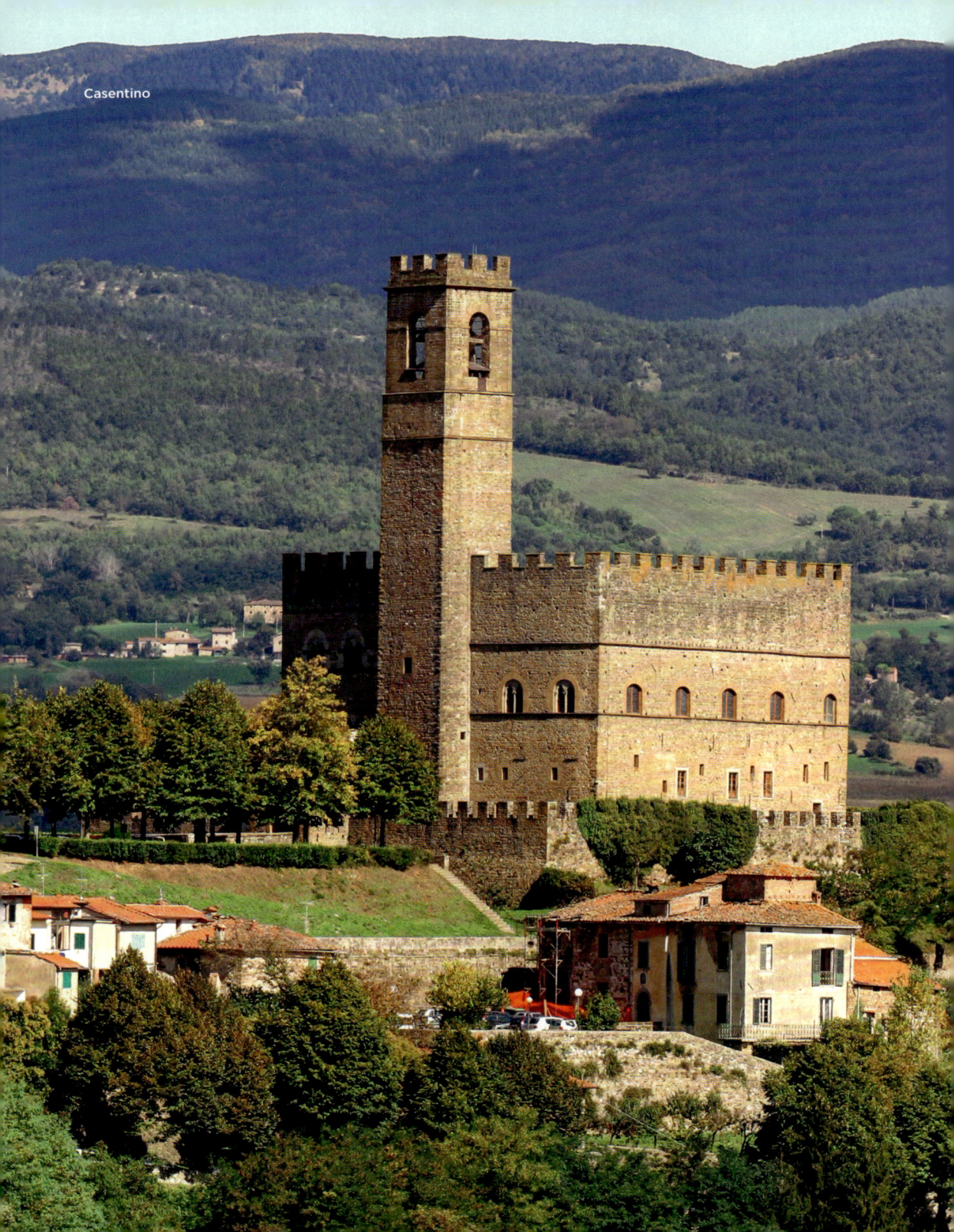

Casentino

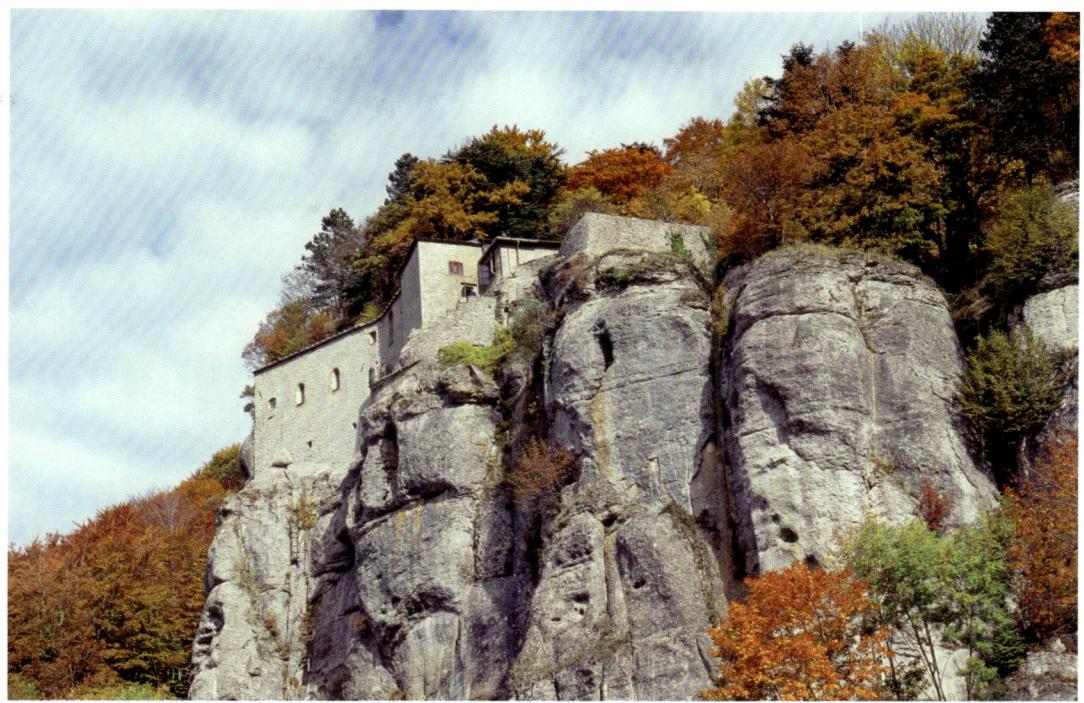

Parco Nazionale Foreste Casentinesi

Casentino Valley

The Casentinotal covers an area of over 700sqm. The Arno river, rises on Monte Falterona between its large wooded areas and the typical hilly landscapes of Tuscany.

Valle del Casentino

El Valle del Casentino tiene una superficie de más de 700 km². El río Arno nace en el Monte Falterona entre sus grandes zonas boscosas y los típicos paisajes de colinas de la Toscana.

Vallée du Casentino

La vallée s'étire sur 700 km². Parmi les hectares de forêts et les fameuses collines vallonnées propres à la Toscane, coule le fleuve Arno qui prend sa source au Mont Falterona.

O Casentinotal

O Casentinotal abrange uma área de mais de 700 km². O rio Arno, que atravessa Florença a caminho do mar, nasce no Monte Falterona entre as suas grandes áreas arborizadas e as típicas paisagens montanhosas da Toscana.

Casentinotal

Das Casentinotal umfasst eine Fläche von über 700 km². Zwischen seinen großen Waldgebieten und den typischen Hügellandschaften der Toskana entspringt am Monte Falterona der Arno.

Val di Casentino

Val di Casentino beslaat een oppervlakte van meer dan 700 km². De rivier de Arno ontspringt op de Monte Falterona tussen de grote beboste gebieden en de typisch Toscaanse heuvellandschappen.

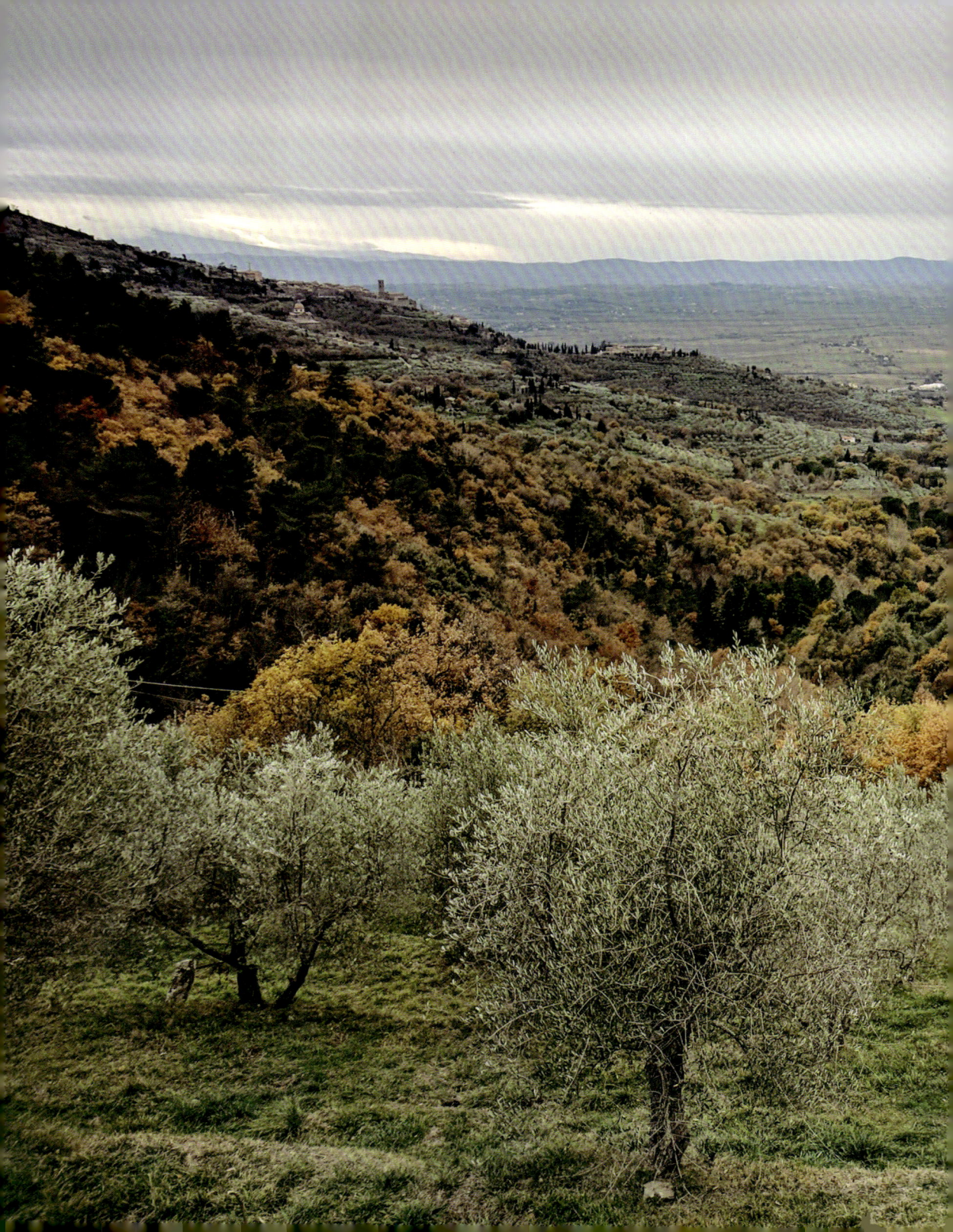

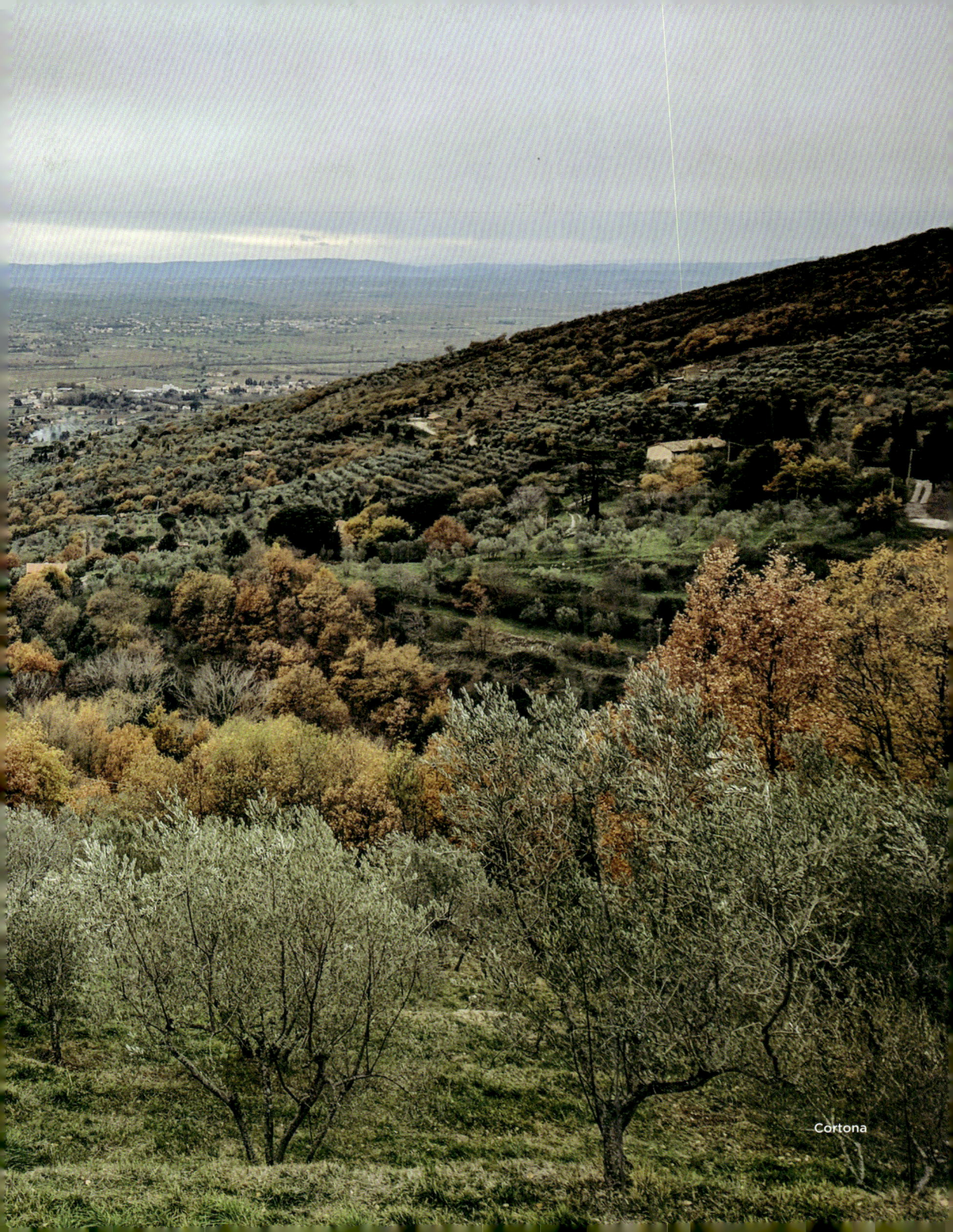

Cortona

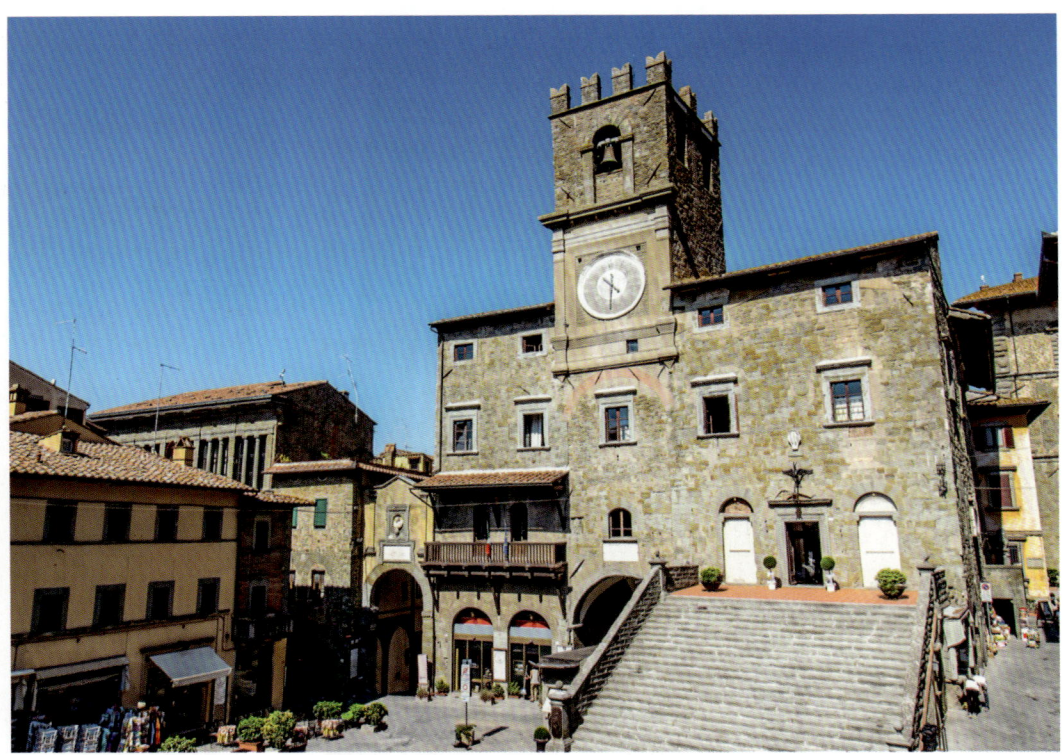

Piazza della Repubblica

Cortona

The medieval village of Cortona on Sant'Egidio mountain in the Chiana Valley is one of the oldest inhabited villages in Tuscany with Etruscan origins. The narrow streets on the slope of the mountain lead to the monastery that overlooks the city and offers a splendid panorama of the Val di Chiana.

Cortone

Niché sur les hauteurs de la colline de San Egidio, dans le val di Chiana, le village médiéval de Cortone est l'un des plus anciens villages d'origine étrusque encore habités en Toscane. Ses ruelles étroites, à flanc de colline, mènent au monastère qui domine la ville et offre une vue splendide sur le val di Chiana.

Cortona

Das mittelalterliche Dorf Cortona auf dem Berg Sant'Egidio im Chianatal ist eines der ältesten noch bewohnten Dörfer in der Toskana mit einem etruskischen Ursprung. Die engen Gassen auf dem Hang des Berges führen zum Kloster, das die Stadt überblickt und ein herrliches Panorama des Val di Chiana bietet.

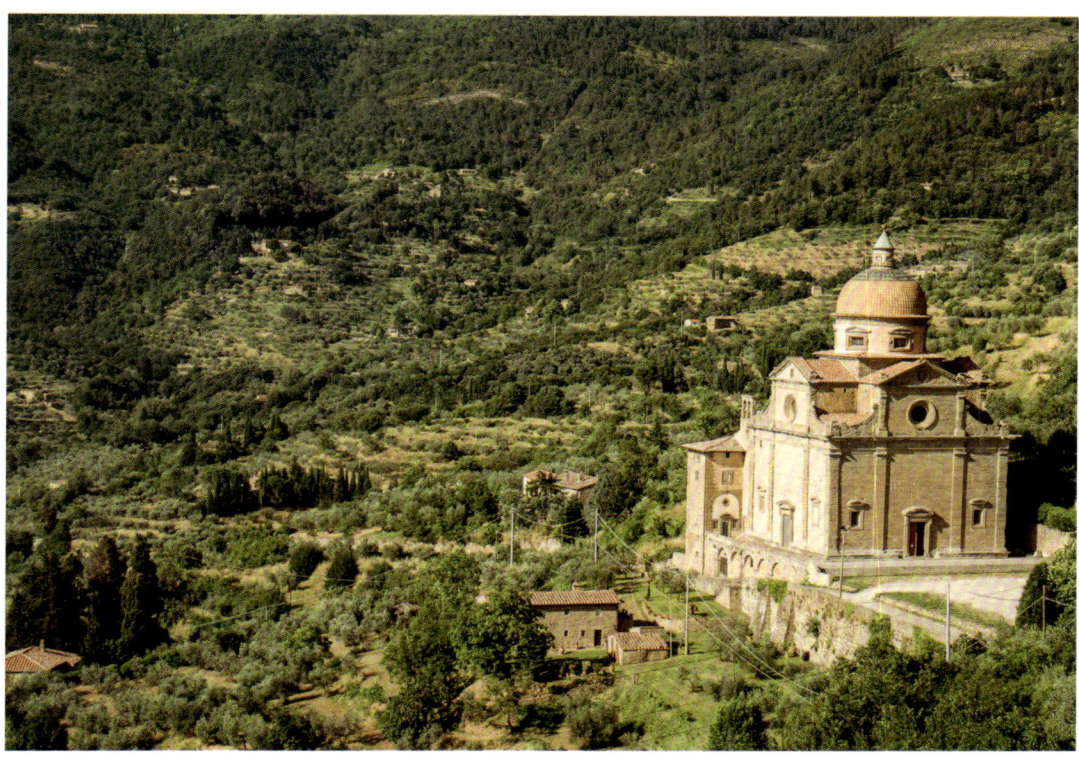

Chiesa du Santa Mari Nuova

Cortona

El pueblo medieval de Cortona, en la montaña de Sant'Egidio, en el valle de Chiana, es uno de los pueblos habitados más antiguos de la Toscana de origen etrusco. Las estrechas calles en la ladera de la montaña conducen al monasterio que domina la ciudad y ofrece una espléndida panorámica del Val di Chiana.

Cortona

Na montanha de Sant'Egidio, no Vale de Chiana, uma das mais antigas aldeias habitadas da Toscana com origens etruscas, encontramos a vila medieval de Cortona. As ruas estreitas na encosta da montanha levam ao mosteiro que tem vista para a cidade e oferece um esplêndido panorama do Val di Chiana.

Cortona

Het middeleeuwse dorp Cortona op de berg Sant'Egidio in het Val di Chiana is een van de oudste nog bewoonde dorpen in Toscane met een Etruskische oorsprong. De smalle straatjes op de berghelling leiden naar het klooster, dat uitkijkt over de stad en een prachtig uitzicht biedt op het Val di Chiana.

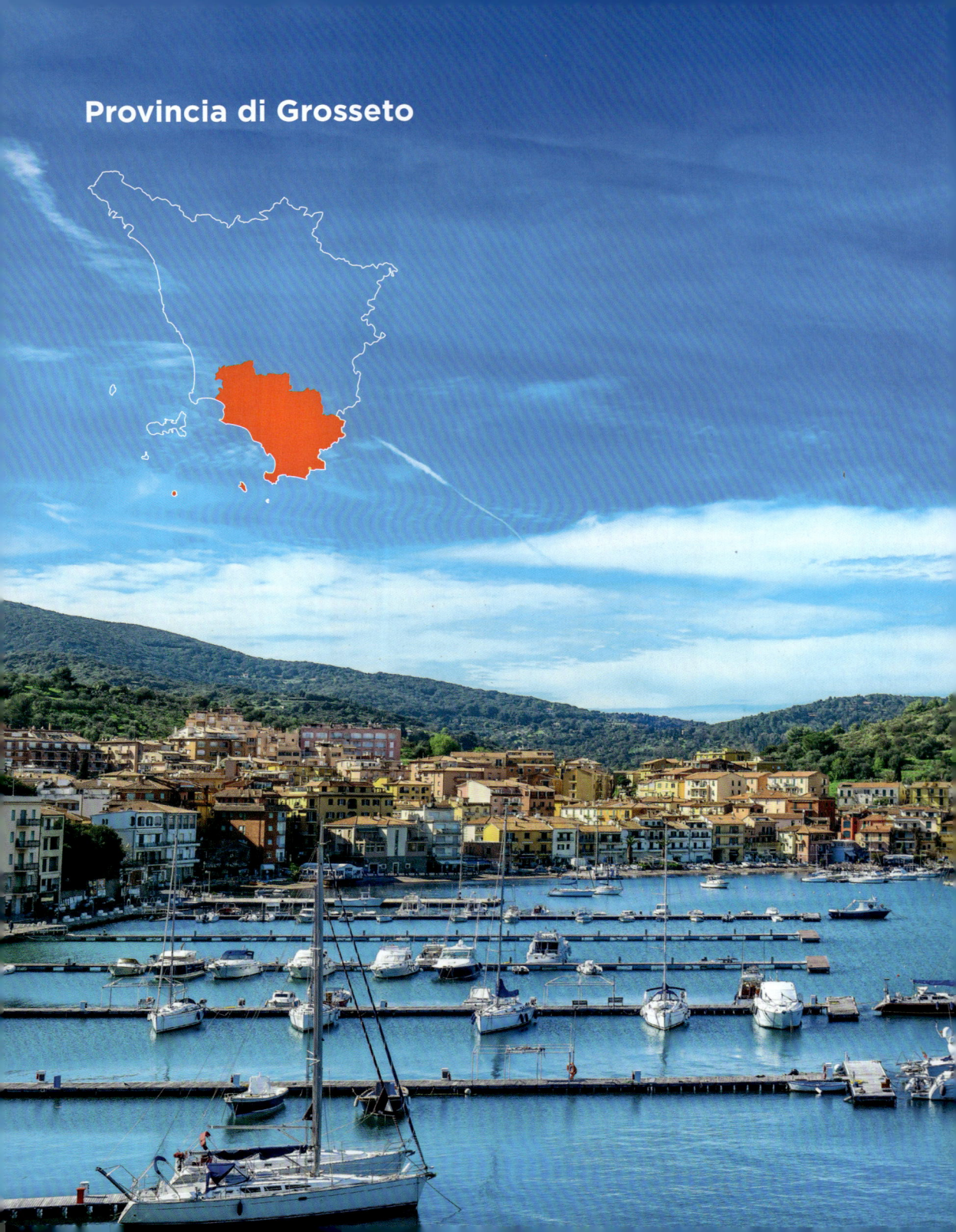

Provincia di Grosseto

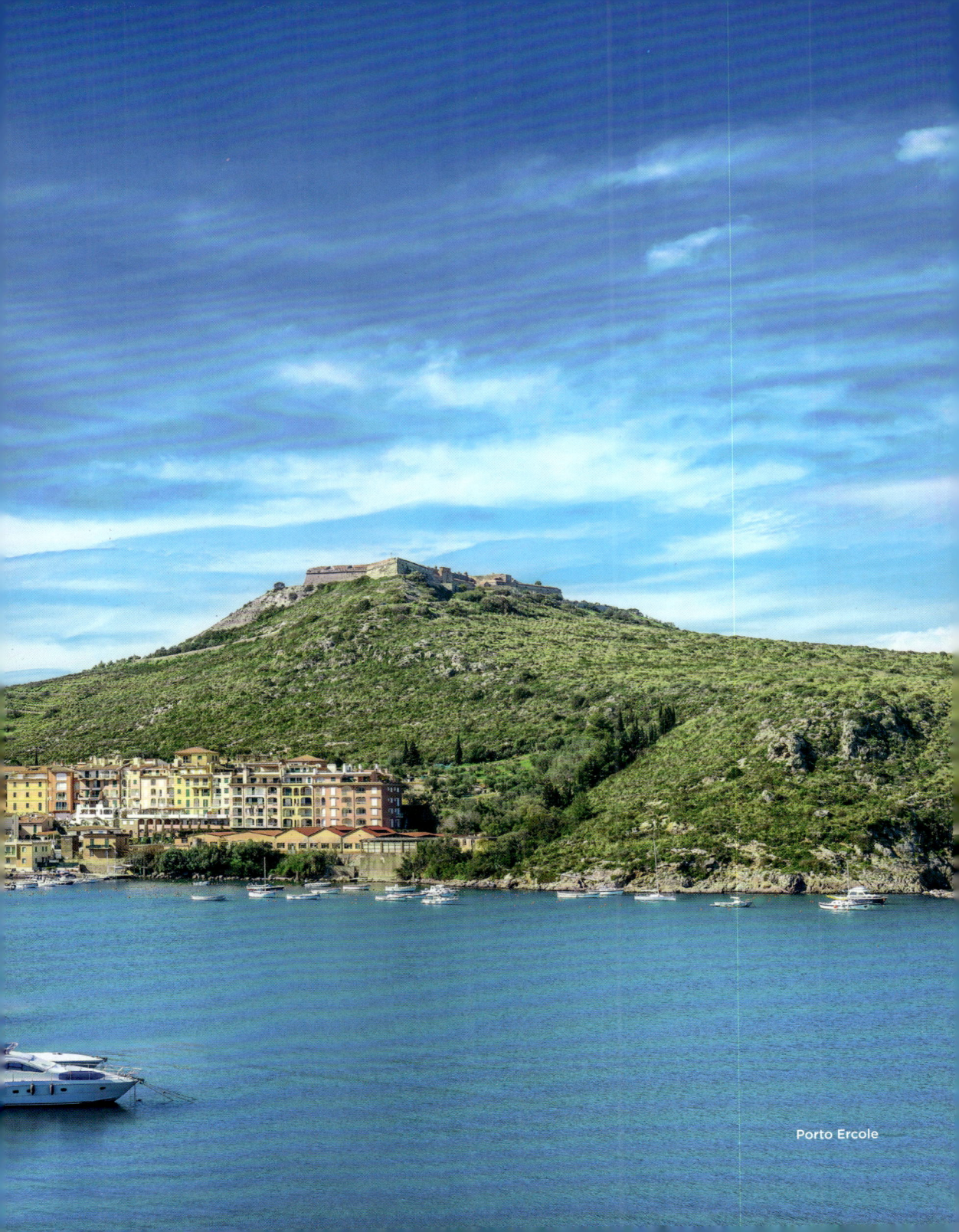

Porto Ercole

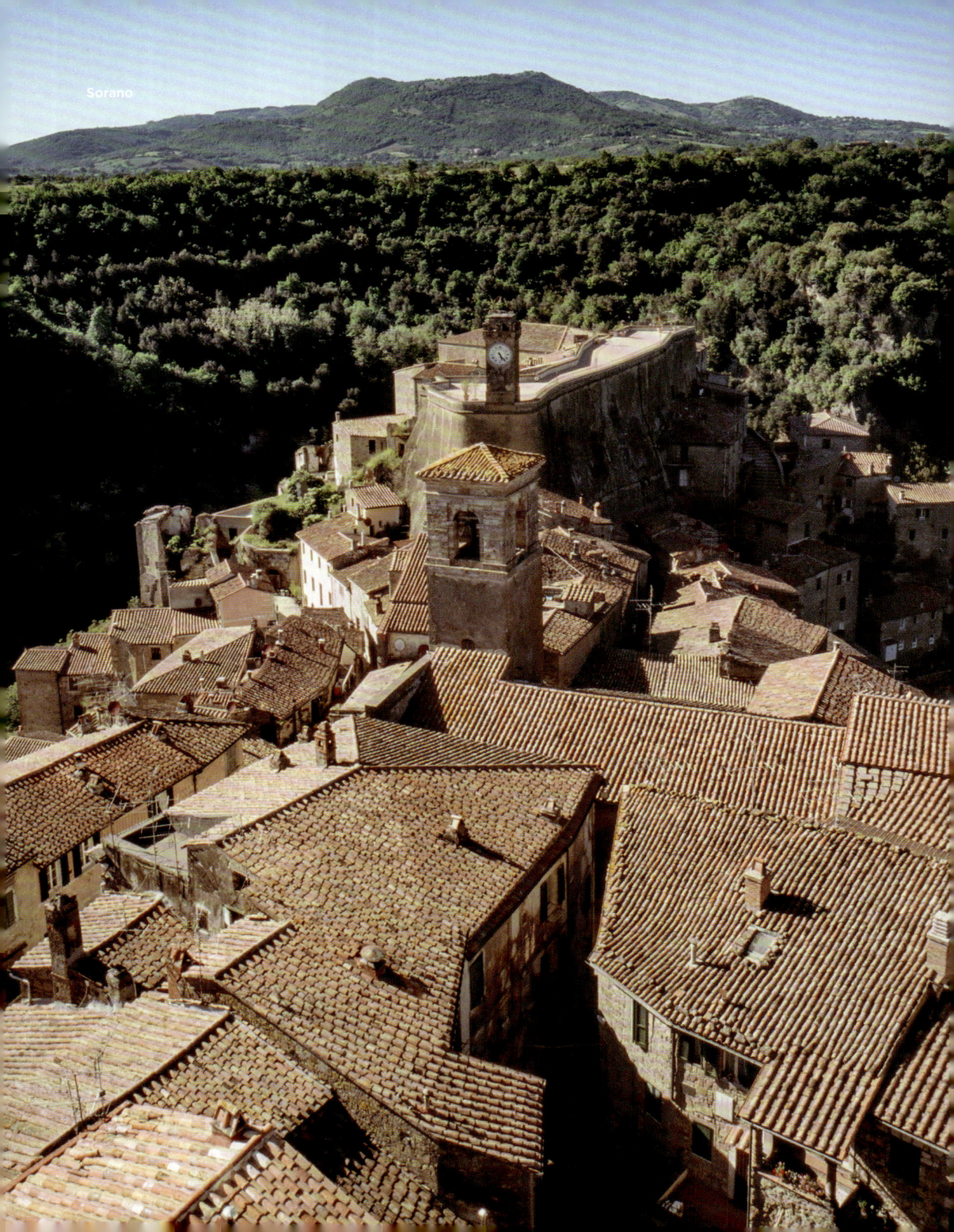

Sorano

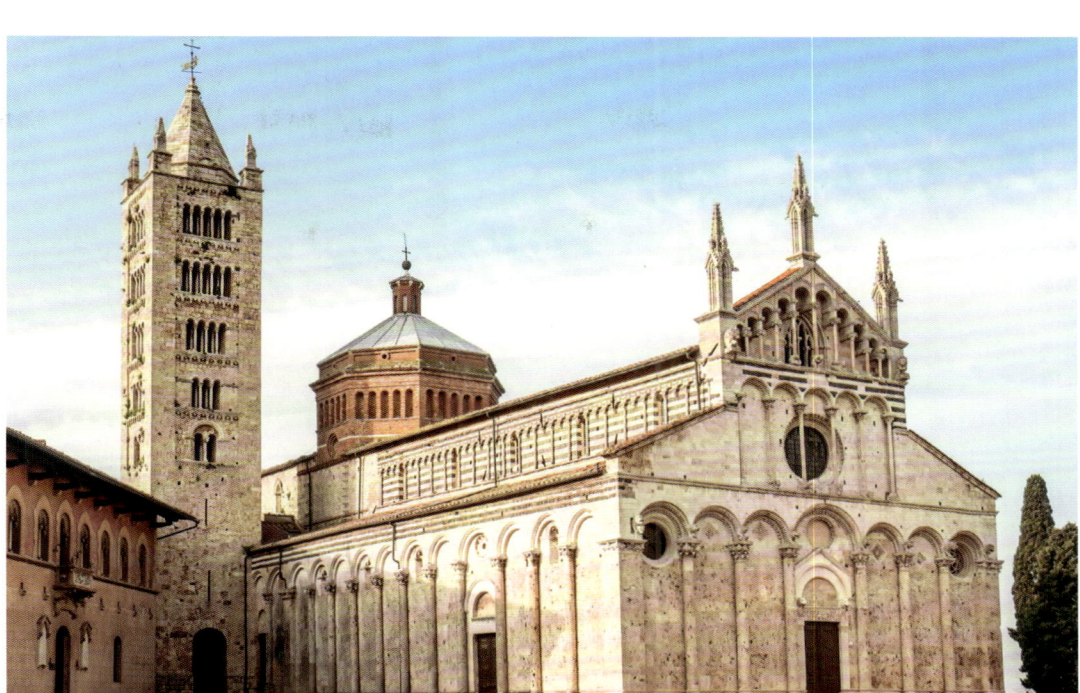

Massa Marittima

Province of Grosseto
The picturesque province
of Grosseto in the south of Tuscany
offers a variety of landscapes
whose beauty is second to none.

Provincia de Grosseto
La pintoresca provincia de
Grosseto, en el sur de la Toscana,
ofrece una variedad de paisajes
cuya belleza es insuperable.

Province de Grosseto
La pittoresque province
de Grosseto est située au sud
de la Toscane et offre des paysages
grandioses aussi différents
les uns que les autres.

Província de Grosseto
A pitoresca província
de Grosseto, no sul da Toscana,
proporciona uma variedade
de paisagens cuja beleza
é incomparável.

Provinz Grosseto
Die malerische Provinz Grosseto
im Süden der Toskana bietet
abwechslungsreiche Landschaften,
die sich in ihrer Schönheit
gegenseitig übertreffen.

Provincie Grosseto
De schilderachtige provincie
Grosseto in het zuiden van Toscane
biedt een grote afwisseling aan
landschappen van ongeëvenaarde
schoonheid.

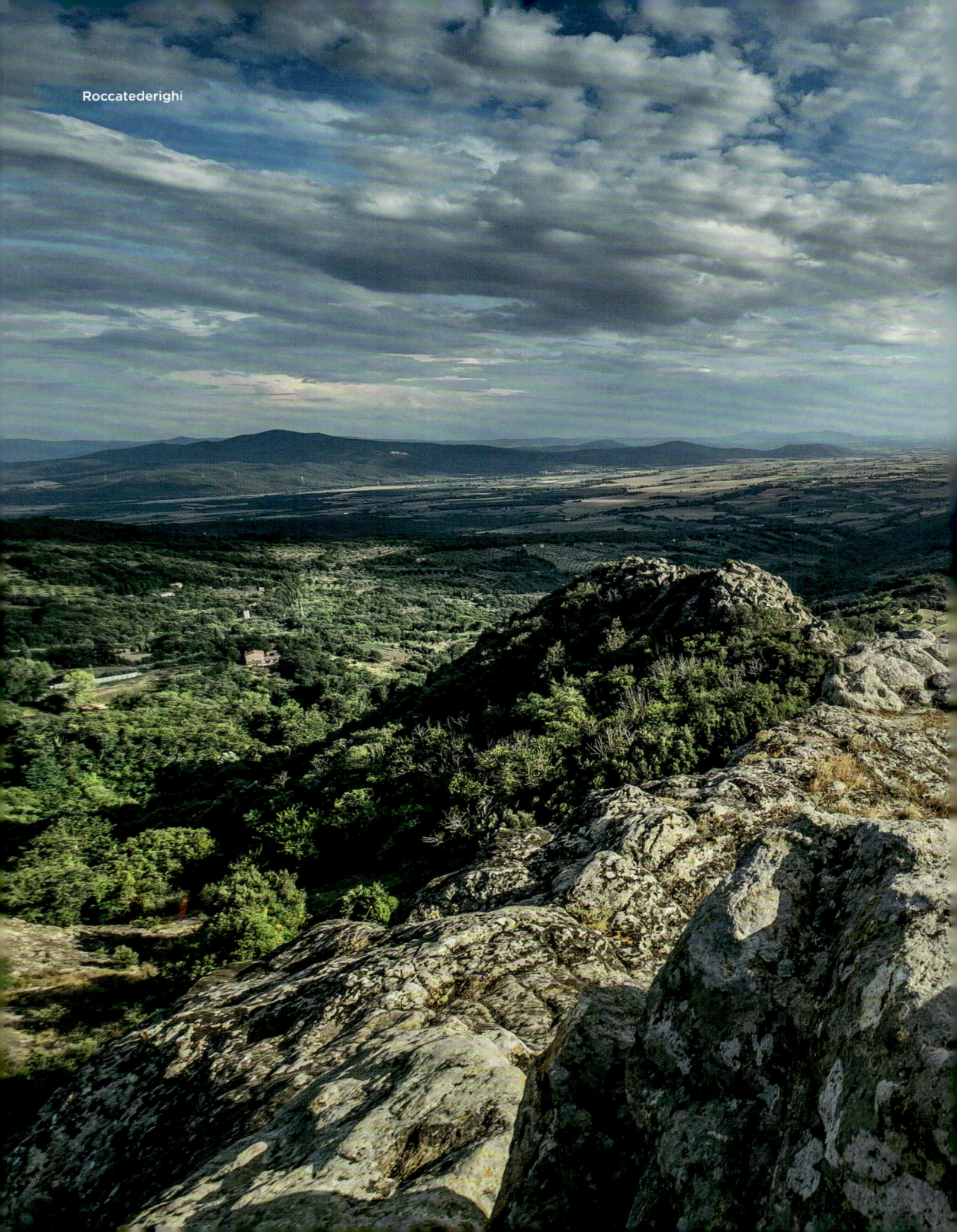

Roccatederighi

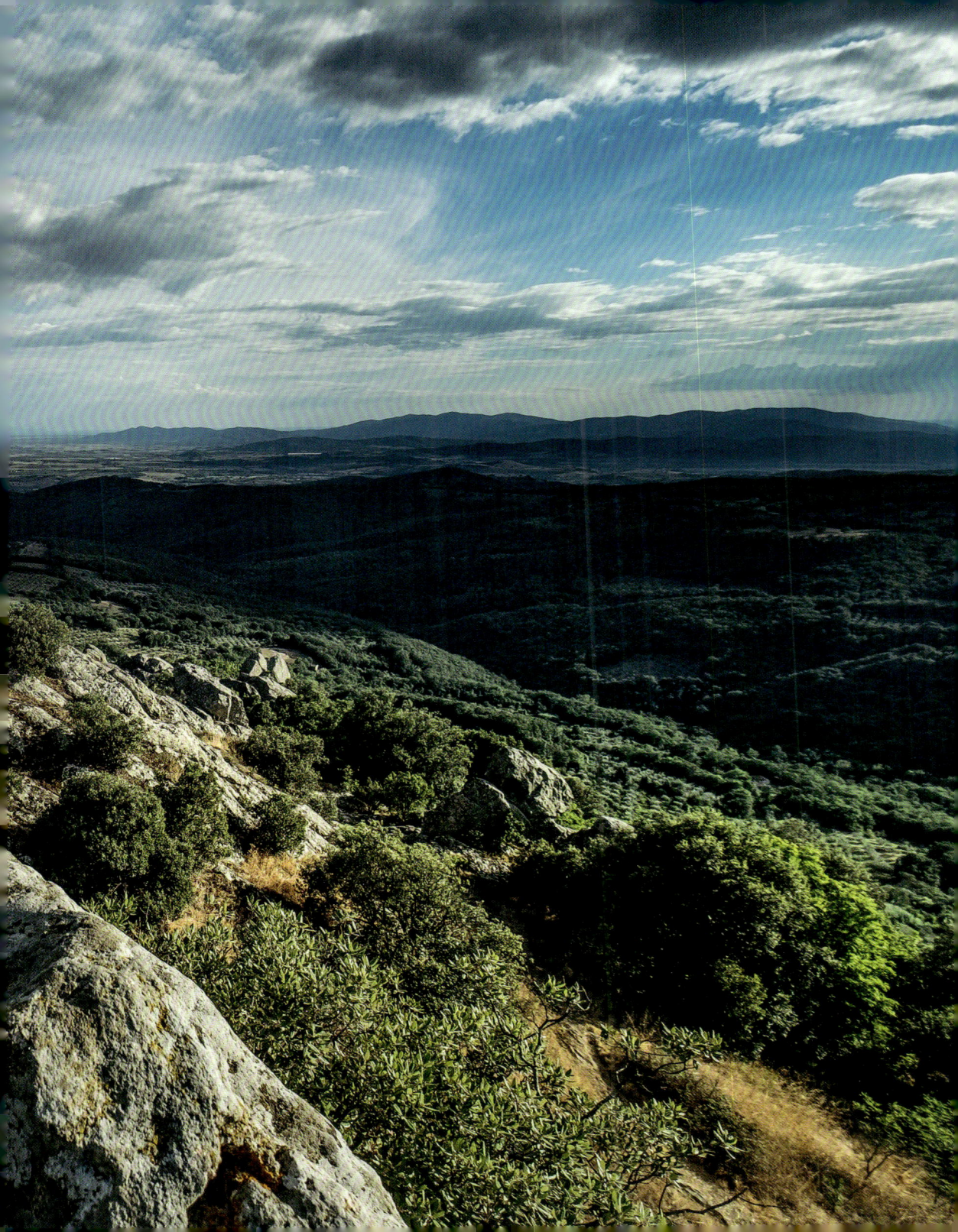

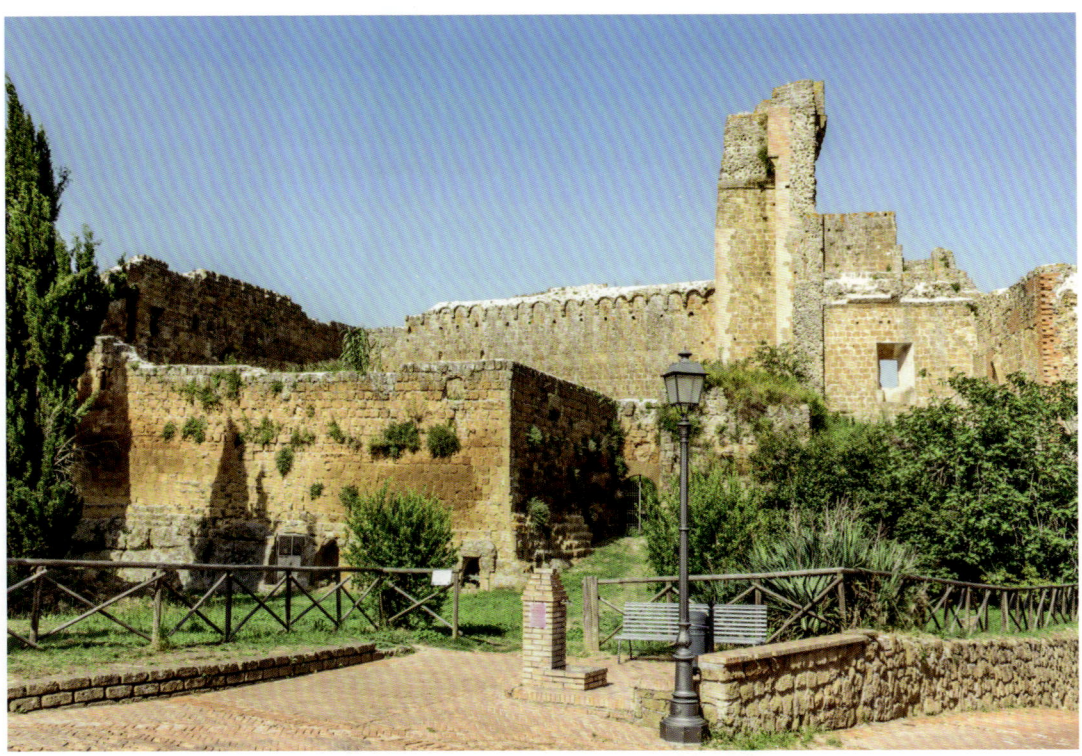

Rocca Aldobrandesca

Sovana

This picturesque medieval village
is located in the heart of the Area
del Tufo. Aldobrandesca Castle,
with its Roman or Etruscan origins,
was restored by the Medici in the
16th century. Another attraction
is the Dom San Pietro e Paolo.

Sovana

Ce village médiéval pittoresque
est situé au cœur de l'Area
del Tufo (Zone de tuf).
La forteresse Aldobrandesca,
d'origine romaine voire étrusque,
a été restaurée par les Médicis
au XVIe siècle. On peut également
y admirer la cathédrale des Saints
Pierre-et-Paul.

Sovana

Das pittoreske Dorf aus dem
Mittelalter liegt im Herzen der Area
del Tufo. Die Burg Aldobrandesca,
mit ihren römischen oder
etruskischen Ursprüngen, wurde
von den Medici im 16. Jahrhundert
restauriert. Eine weitere Attraktion
ist der Dom San Pietro e Paolo.

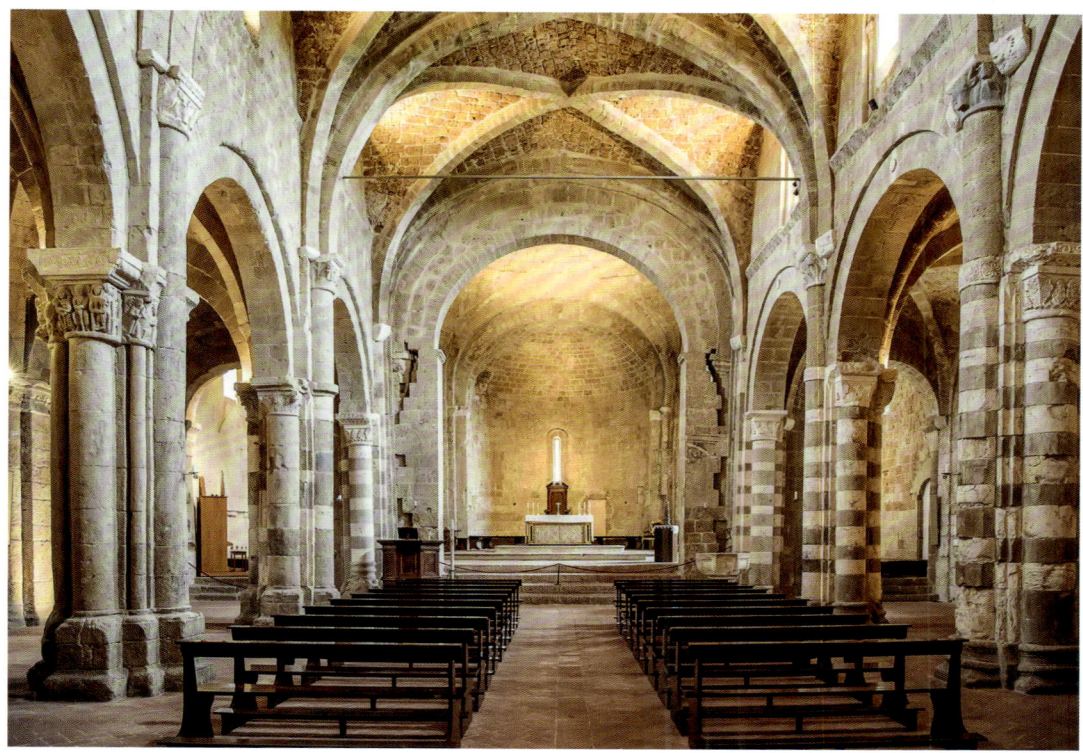

Cattedrale dei Santi Pietro e Paulo

Sovana

Este pintoresco pueblo medieval está situado en el corazón de la zona del Tufo. El Castillo de Aldobrandesca, de origen romano o etrusco, fue restaurado por los Médici en el siglo XVI. Otra atracción es la Catedral de San Pietro e Paolo.

Sovana

Esta pitoresca vila medieval está localizada no coração da Área do Tufo. O Castelo de Aldobrandesca, de origem romana ou etrusca, foi restaurado pelos Médici no século XVI. Outra atração é o Dom San Pietro e Paolo.

Sovana

Dit pittoreske middeleeuwse dorpje ligt in het hart van het Area del Tufo. Het kasteel van Aldobrandesca, met zijn Romeinse of Etruskische oorsprong, werd in de 16ᵉ eeuw door de Medici gerestaureerd. Een andere attractie is de kathedraal van San Pietro e Paolo.

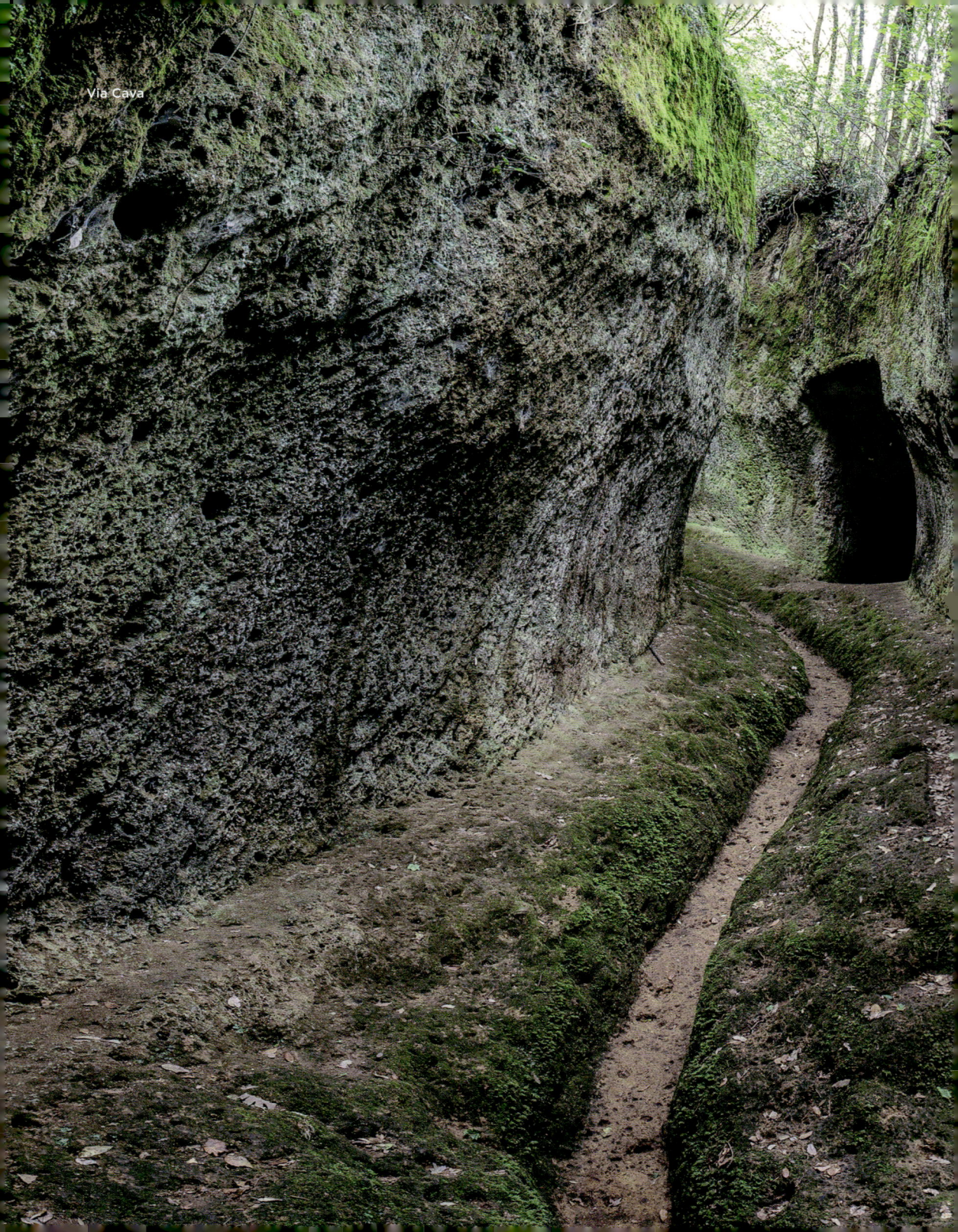

Via Cava

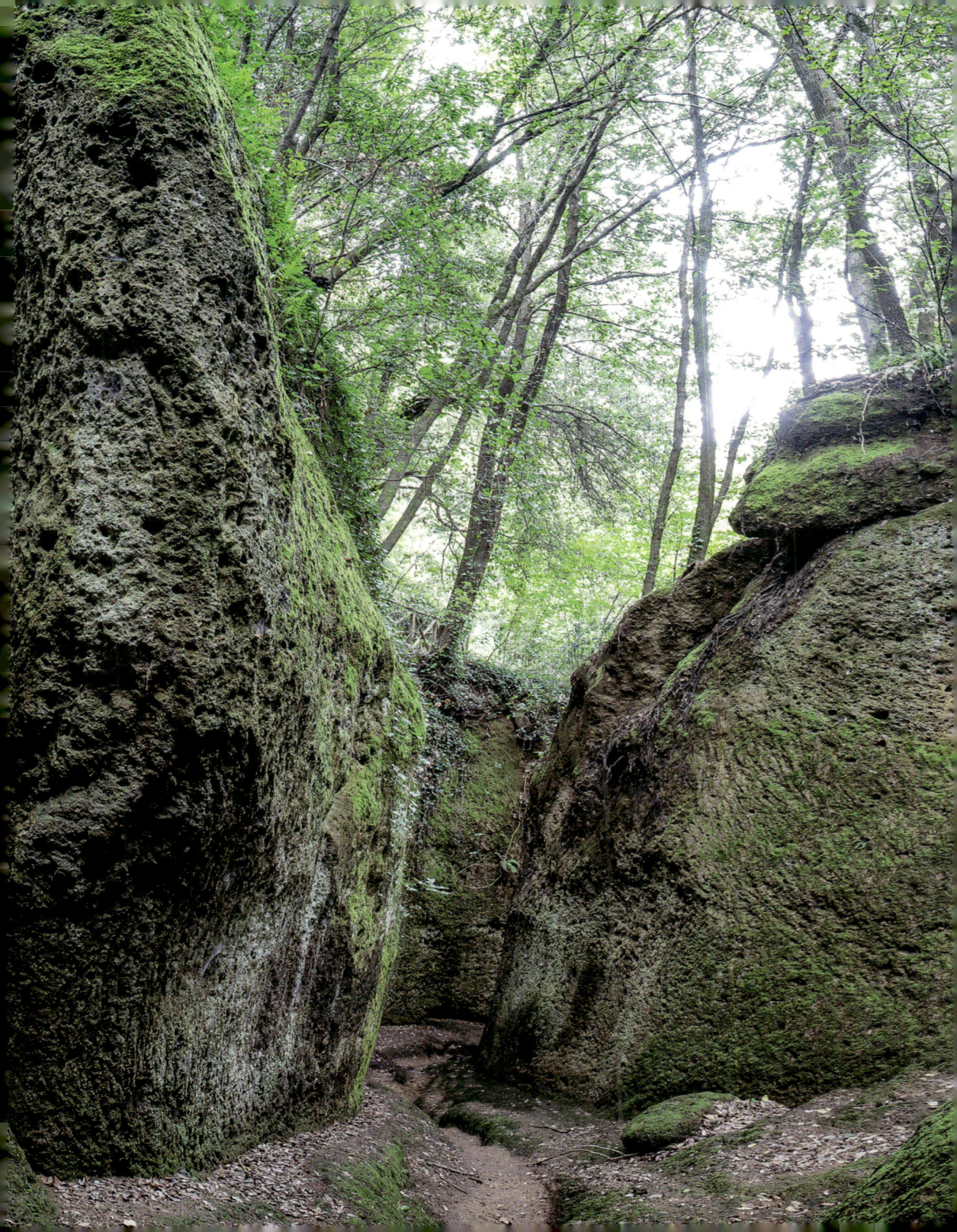

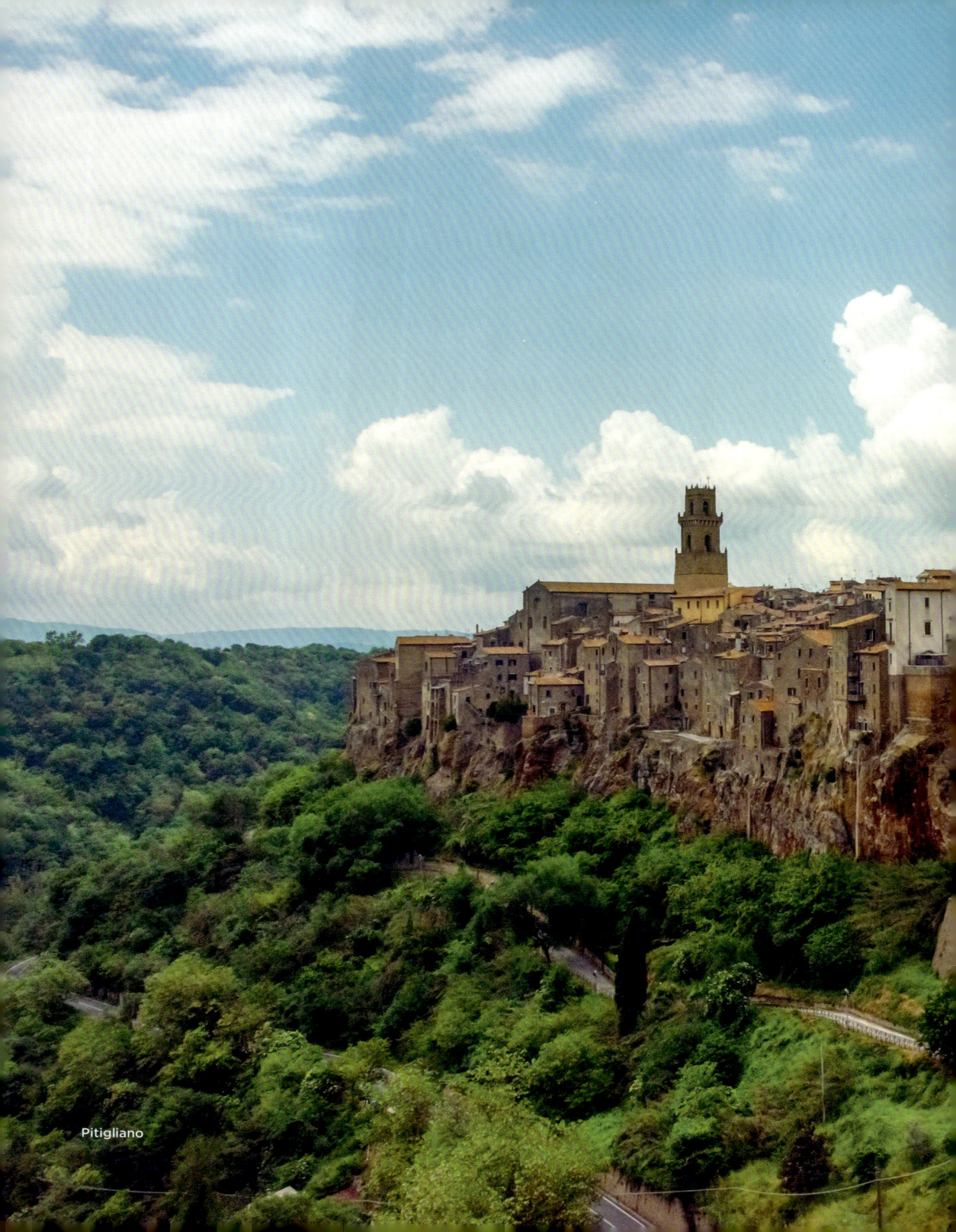

Pitigliano

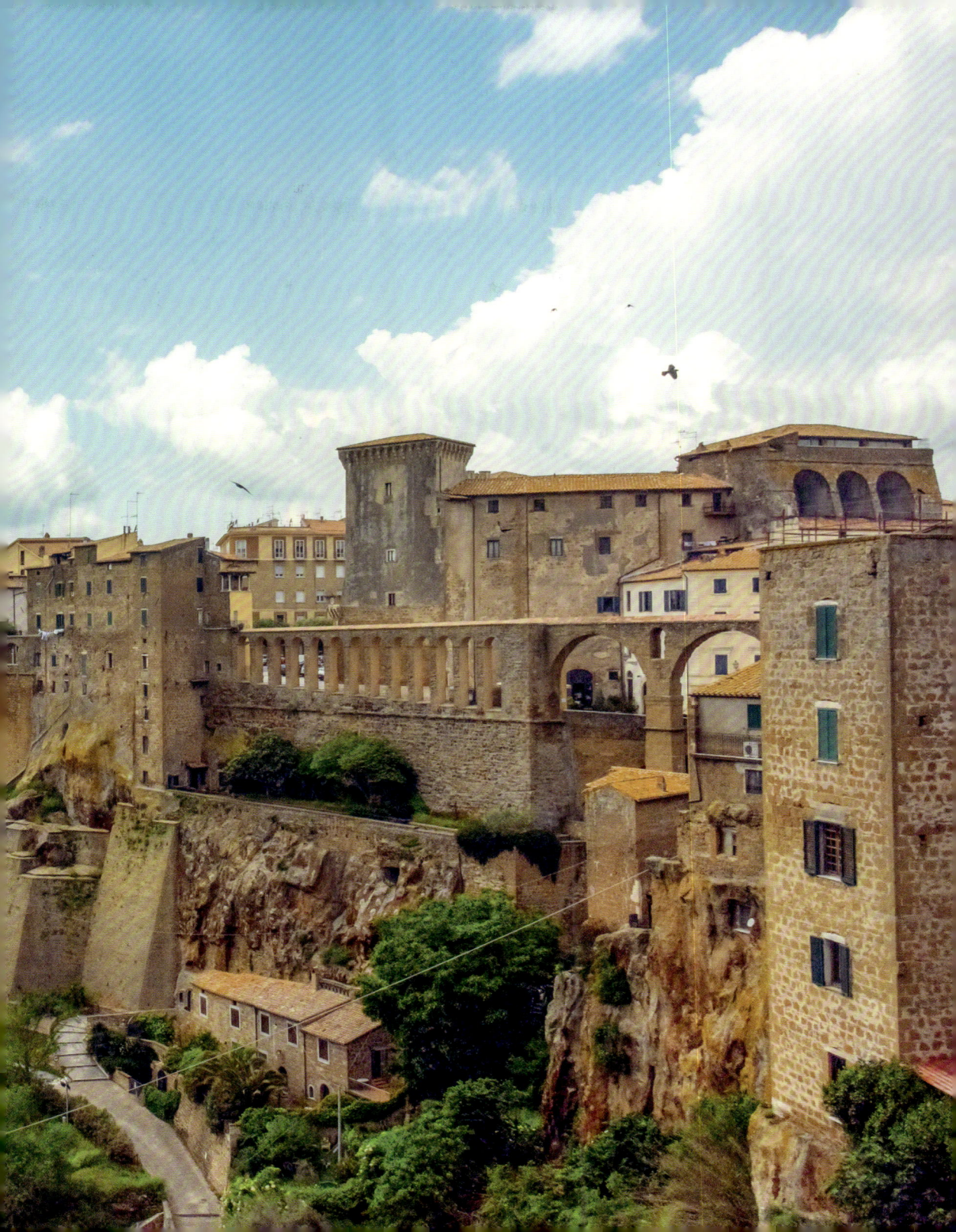

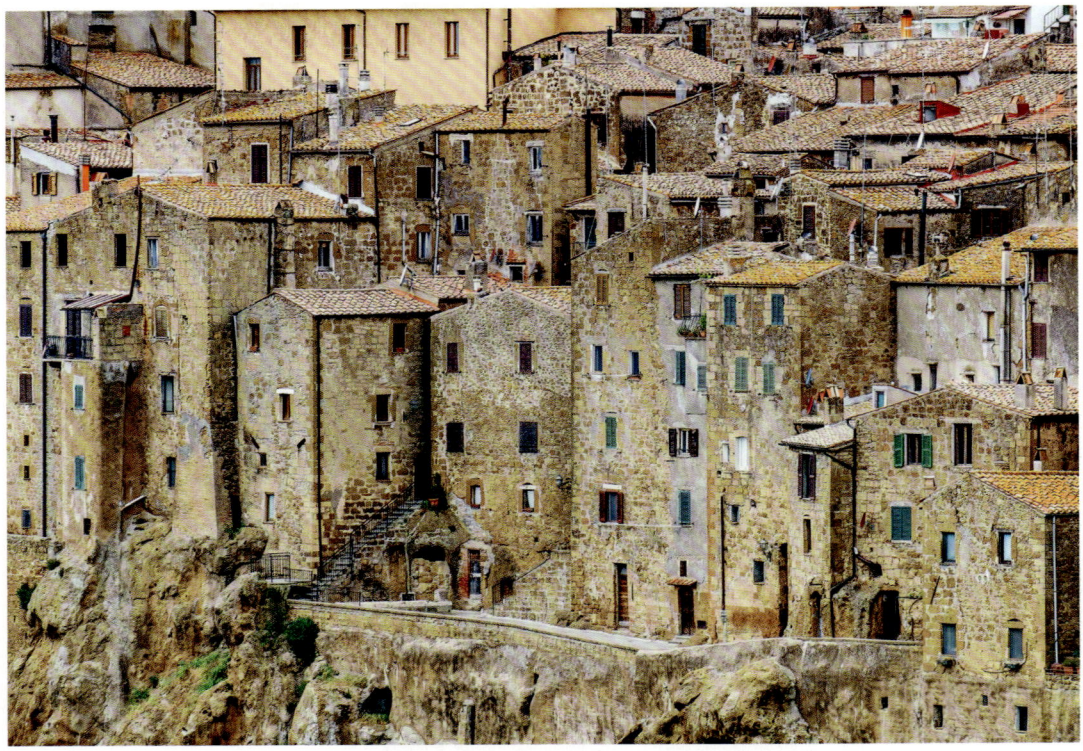

Pitigliano

Pitigliano

At the top of a tufa formation rises the medieval town with its winding streets, Roman ruins, baroque churches and Etruscan tombs carved into the rock. Pitigliano or "Little Jerusalem" was for a long time a centre of Judaism, as evidenced by the synagogue built in the 16th century.

Pitigliano

La cité médiévale, nichée au sommet de falaises de tuf, surprend avec ses ruelles sinueuses, ruines romaines, églises baroques et tombeaux étrusques sculptés dans la roche. Surnommé « le Petit Jérusalem », Pitigliano a longtemps été un refuge pour la communauté juive, en témoigne la synagogue construite au xvie siècle.

Pitigliano

Auf der Spitze einer Tuffsteinformation erhebt sich die mittelalterliche Stadt mit ihren verwinkelten Gassen, römischen Ruinen, barocken Kirchen und etruskischen Gräbern, die in das Gestein gehauen wurden. Pitigliano oder „Klein Jerusalem" war lange Zeit ein Zentrum des Judentums, von dem die im 16. Jahrhundert erbaute Synagoge zeugt.

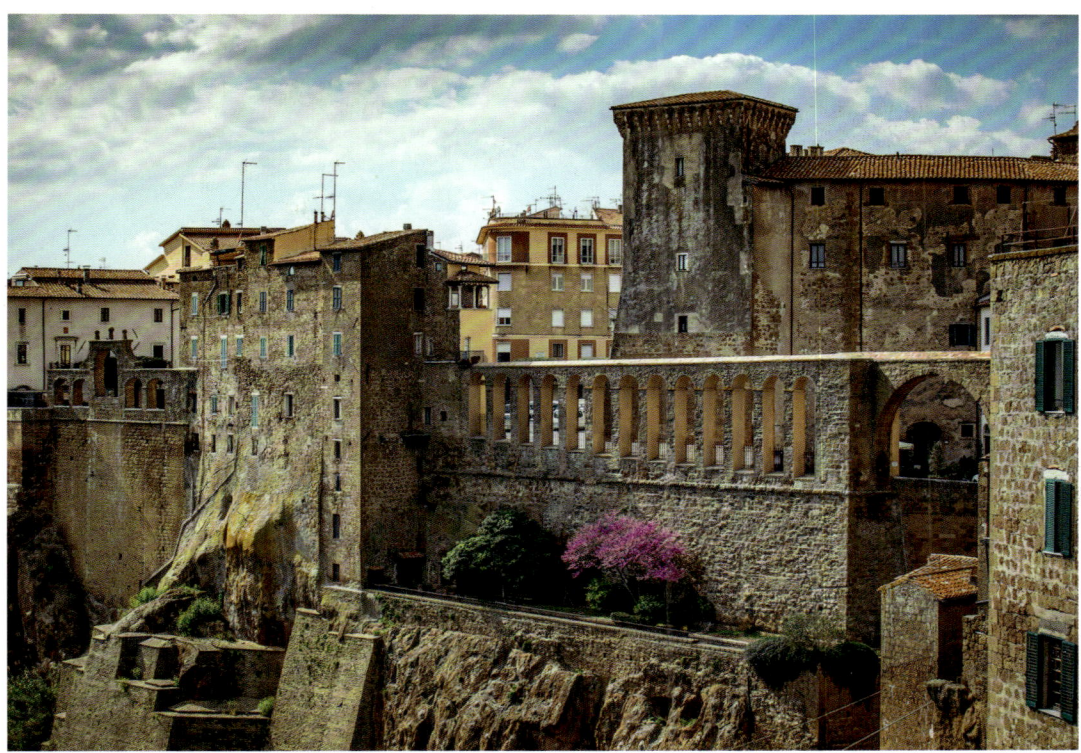

Pitigliano

Pitigliano

En la cima de una formación de toba se levanta la ciudad medieval con sus calles sinuosas, ruinas romanas, iglesias barrocas y tumbas etruscas excavadas en la roca. El Pitigliano o la «pequeña Jerusalén» fue durante mucho tiempo un centro del judaísmo, como lo demuestra la sinagoga construida en el siglo XVI.

Pitigliano

No topo de uma formação tufa ergue-se a cidade medieval com as suas ruas sinuosas, ruínas romanas, igrejas barrocas e túmulos etruscos esculpidos na rocha. Pitigliano ou «Pequena Jerusalém» foi durante muito tempo um centro do judaísmo, como o demonstra a sinagoga construída no século XVI.

Pitigliano

Op de top van een tufsteenformatie verrijst de middeleeuwse stad met zijn kronkelende straatjes, Romeinse ruïnes, barokke kerken en Etruskische graven die in de rotsen zijn uitgehouwen. Pitigliano, 'klein Jeruzalem', was lange tijd een Joods centrum. Daarvan getuigt de synagoge nog die in de 16e eeuw werd gebouwd.

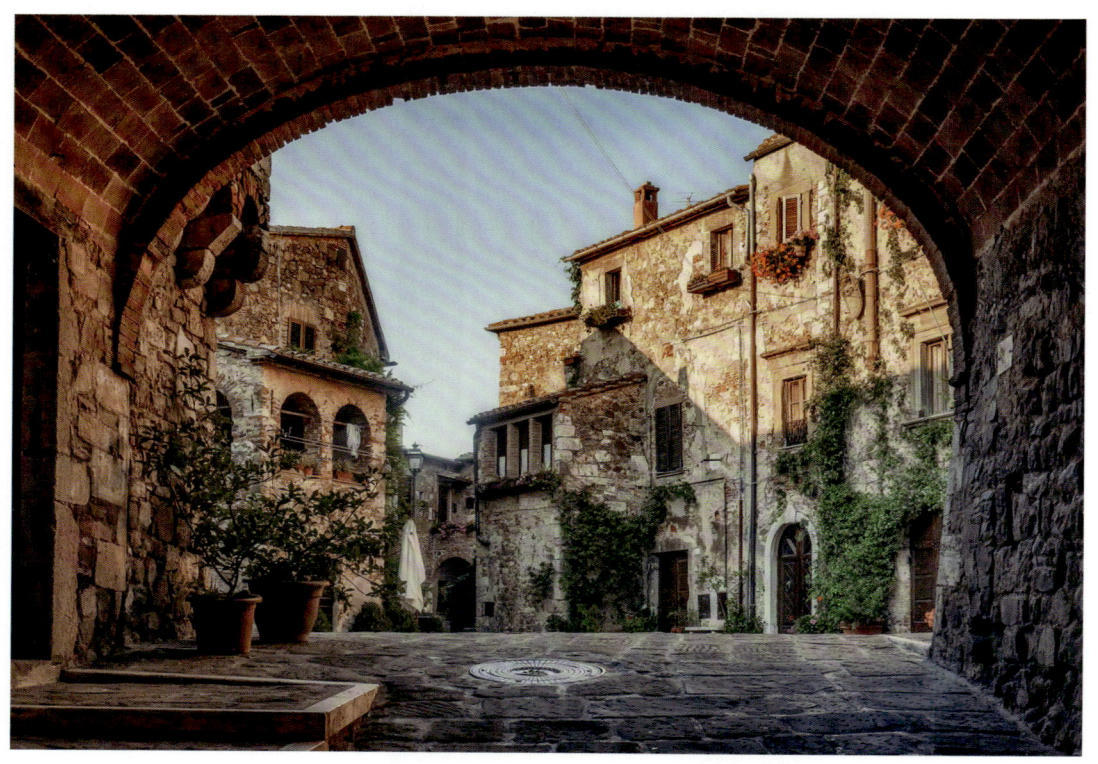

Montemerano

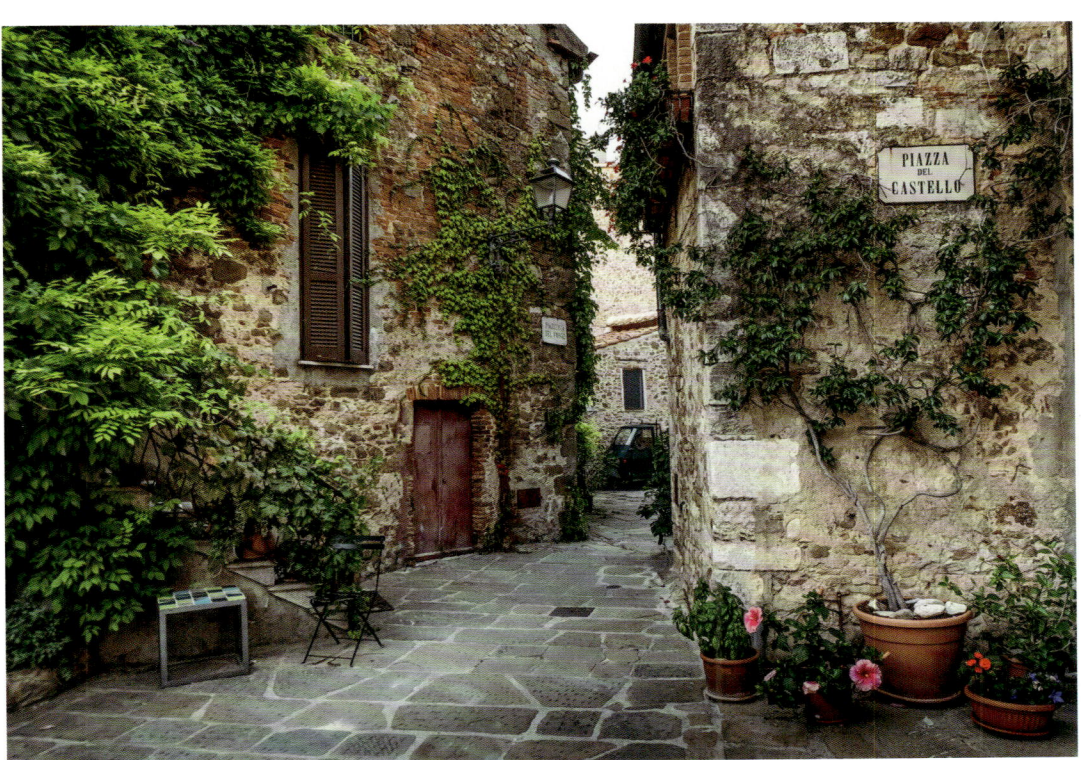

Montemerano

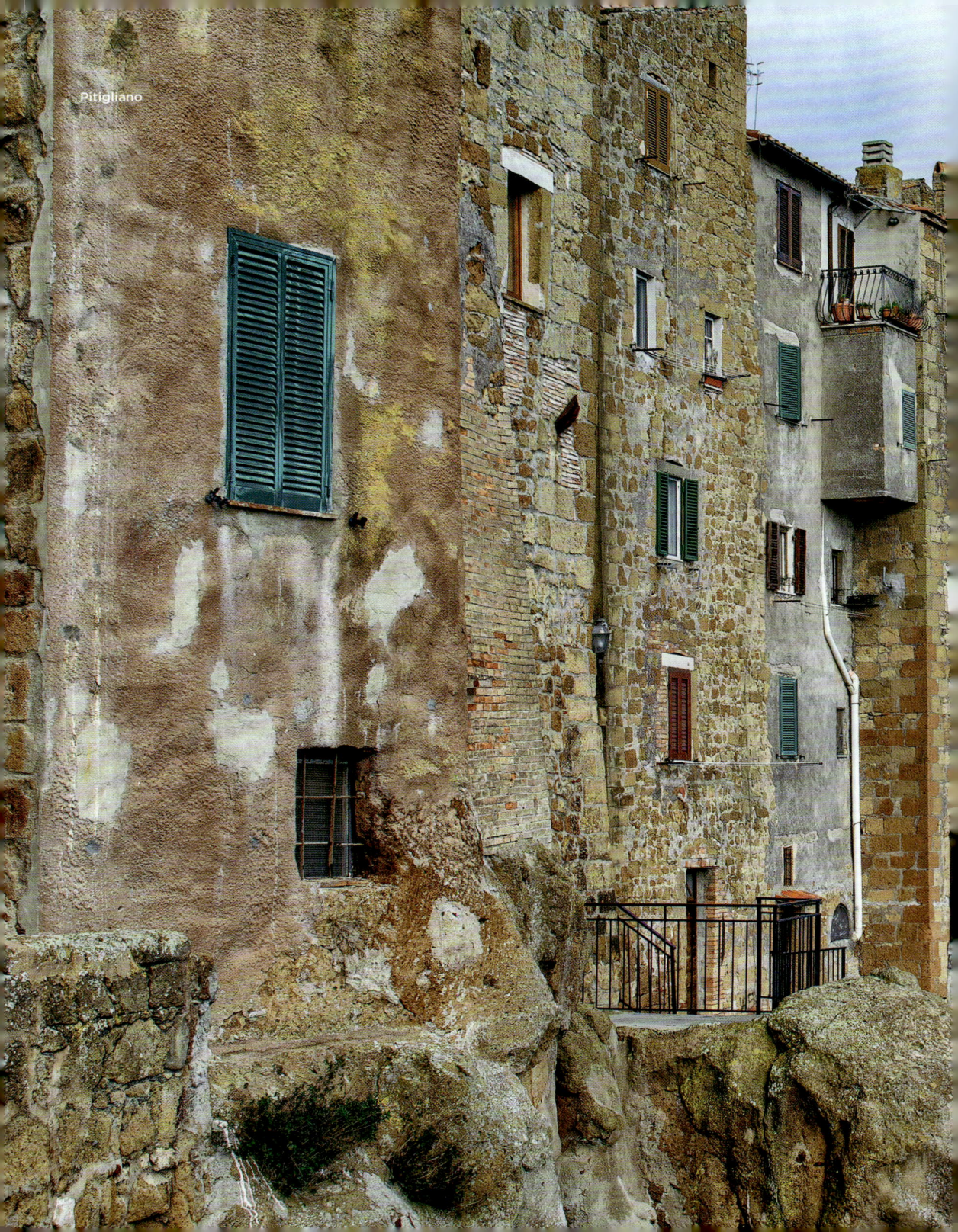
Pitigliano

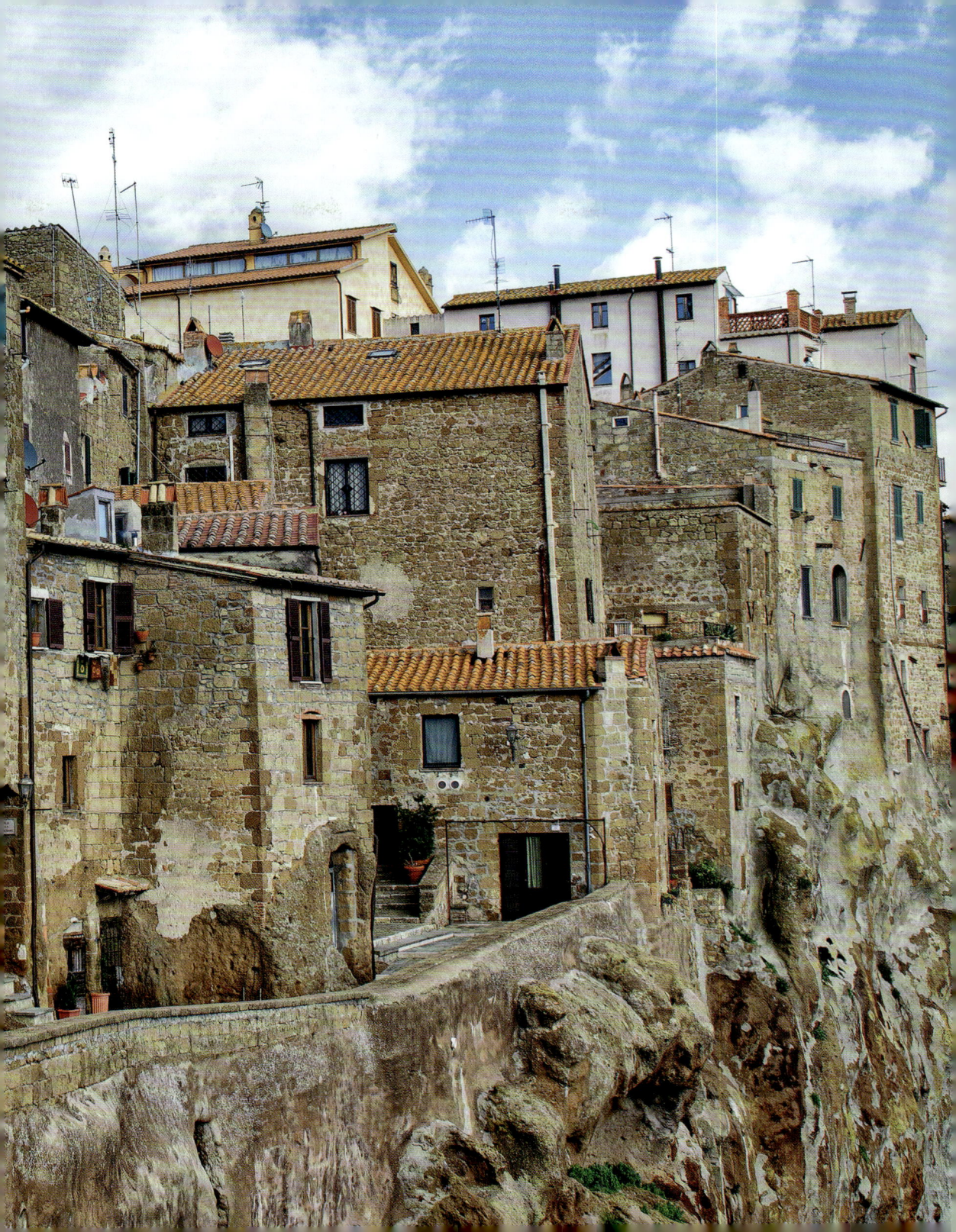

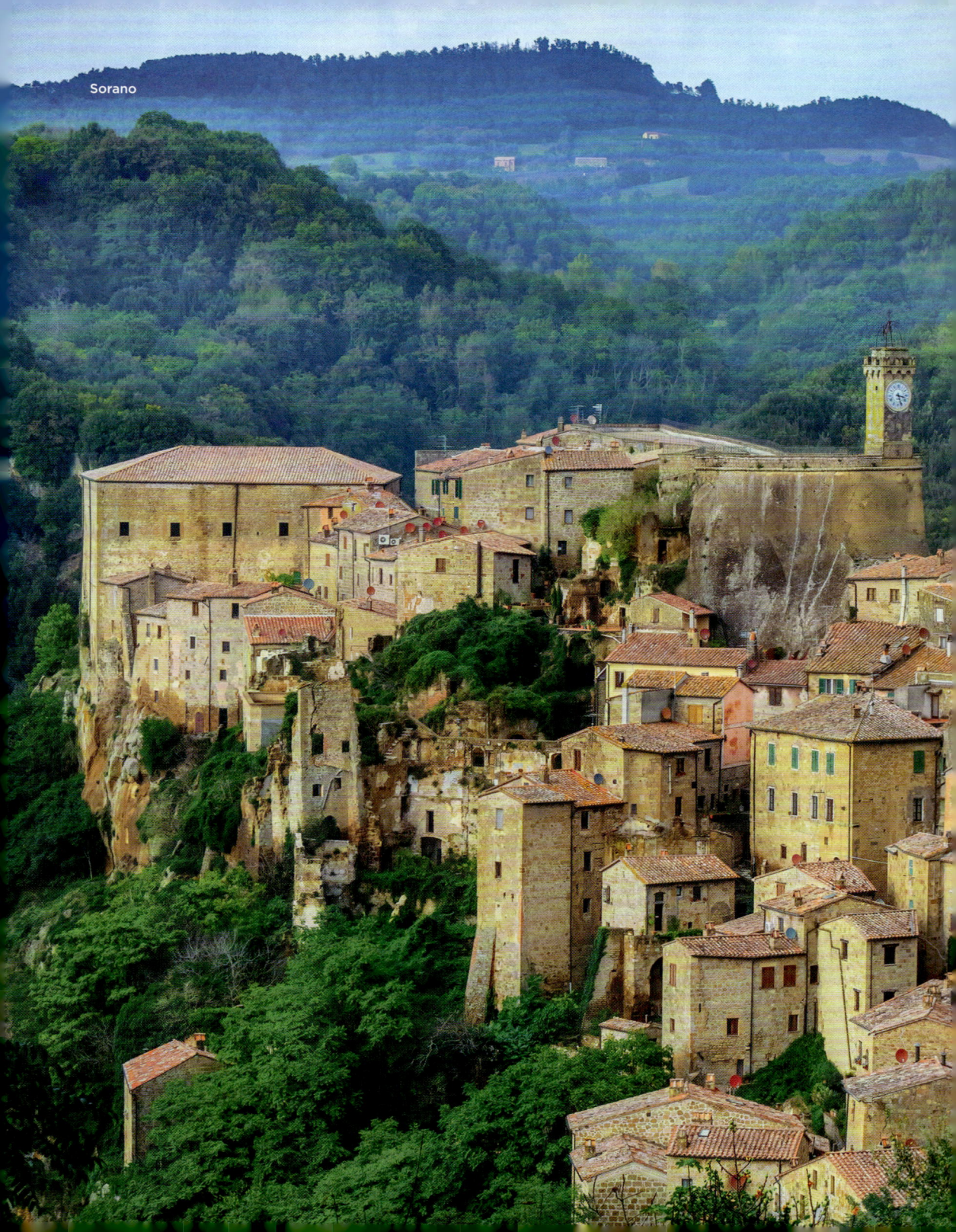
Sorano

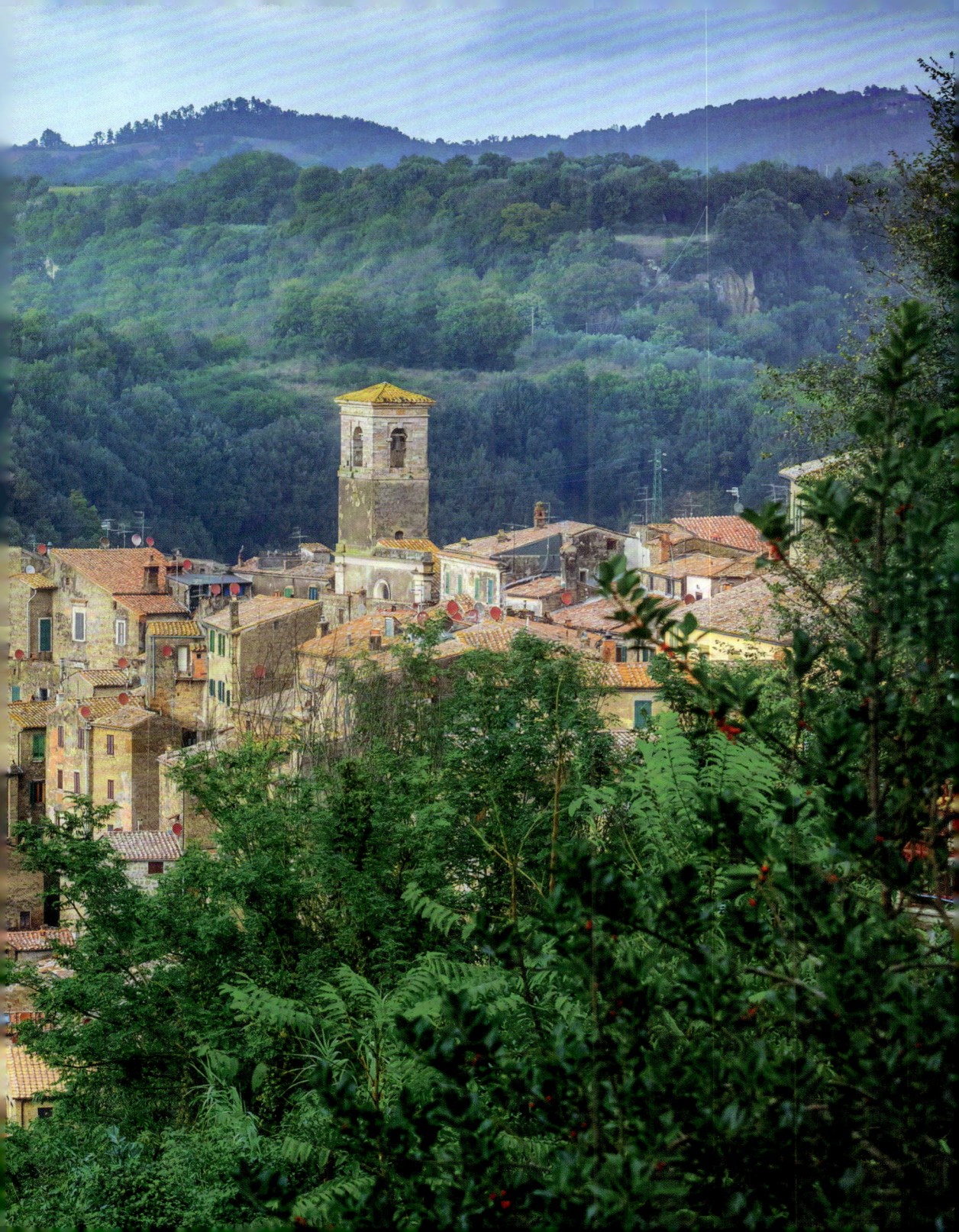

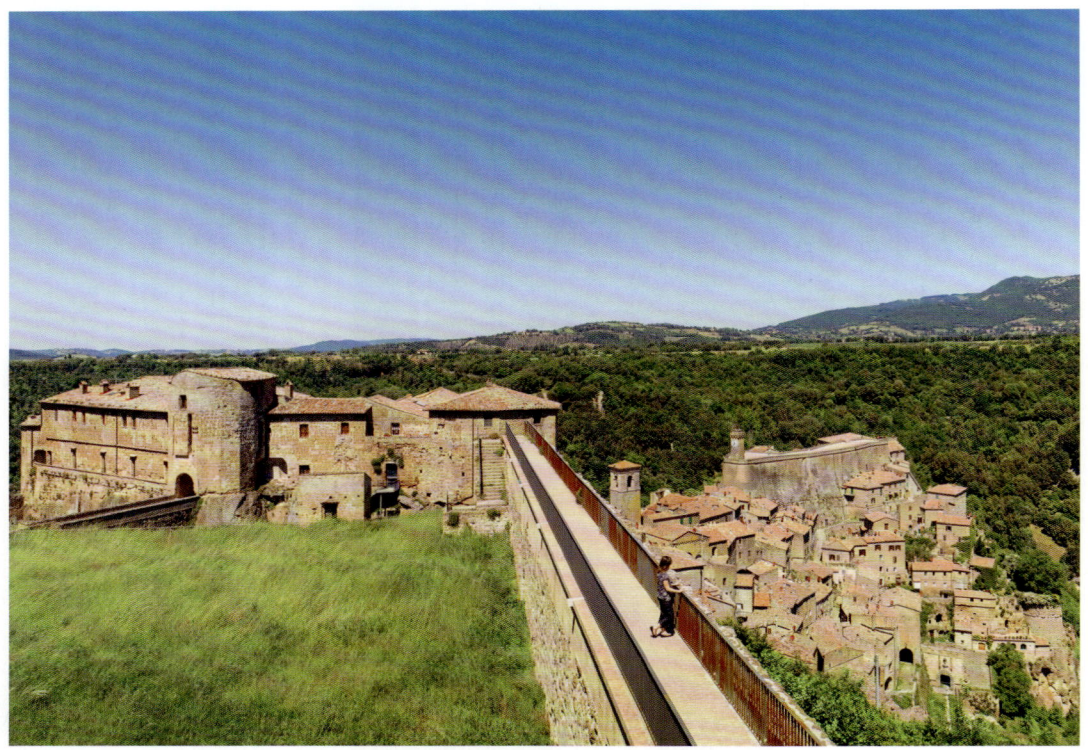

Fortezza Orsini

Sorano

Sorano was built on the slope of a tufa hill dotted with caves. The town is dominated by Fortezza Orsini. The highest point is the Masso Leopoldino fortress, a viewpoint used for defence.

Sorano

Construit sur de superbes falaises de tuf criblées de grottes, Sorano est dominé par la forteresse Orsini. Au sommet du village médiéval se dresse le promontoire de Masso Leopoldino, belvédère qui servit de citadelle défensive.

Sorano

Sorano wurde auf dem Hang eines von Höhlen durchzogenen Tuffsteinhügels erbaut. Den Ort überragt das Fortezza Orsini. Auf dem höchsten Punkt erhebt sich die Festung Masso Leopoldino, ein Aussichtspunkt, der zur Verteidigung diente.

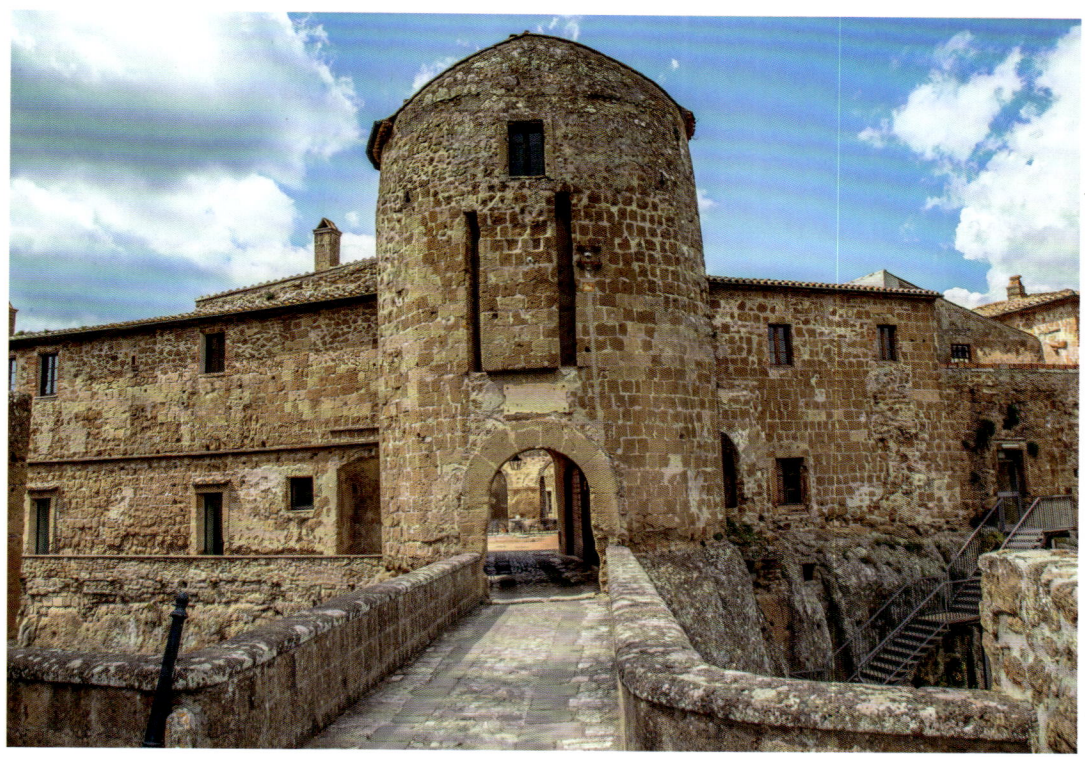

Sorano

Sorano

Sorano fue construido en la ladera de una colina de toba atravesada por cuevas. La ciudad está dominada por la Fortezza Orsini. El punto más alto es la fortaleza del Masso Leopoldino, un mirador utilizado para la defensa.

Sorano

Sorano foi construído na encosta de uma colina de tufo, atravessada por cavernas. A cidade é dominada por Fortezza Orsini. O ponto mais alto é a fortaleza Masso Leopoldino, um local usado para a defesa.

Sorano

Sorano is gebouwd op de helling van een tufsteenheuvel waar grotten doorheen lopen. De stad wordt gedomineerd door de Fortezza Orsini. Op het hoogste punt verrijst de vesting Masso Leopoldino, een uitkijkpunt dat ter verdediging diende.

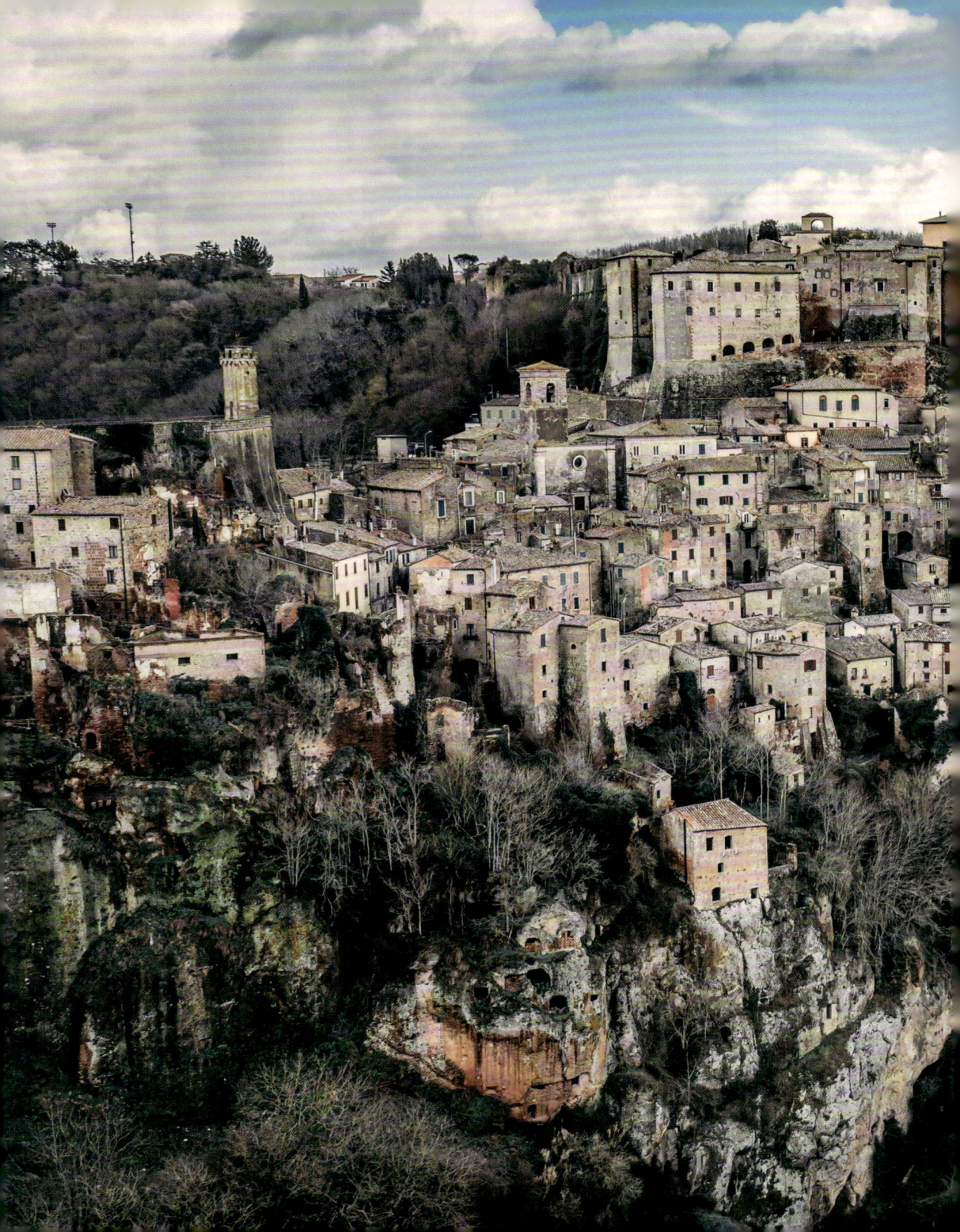

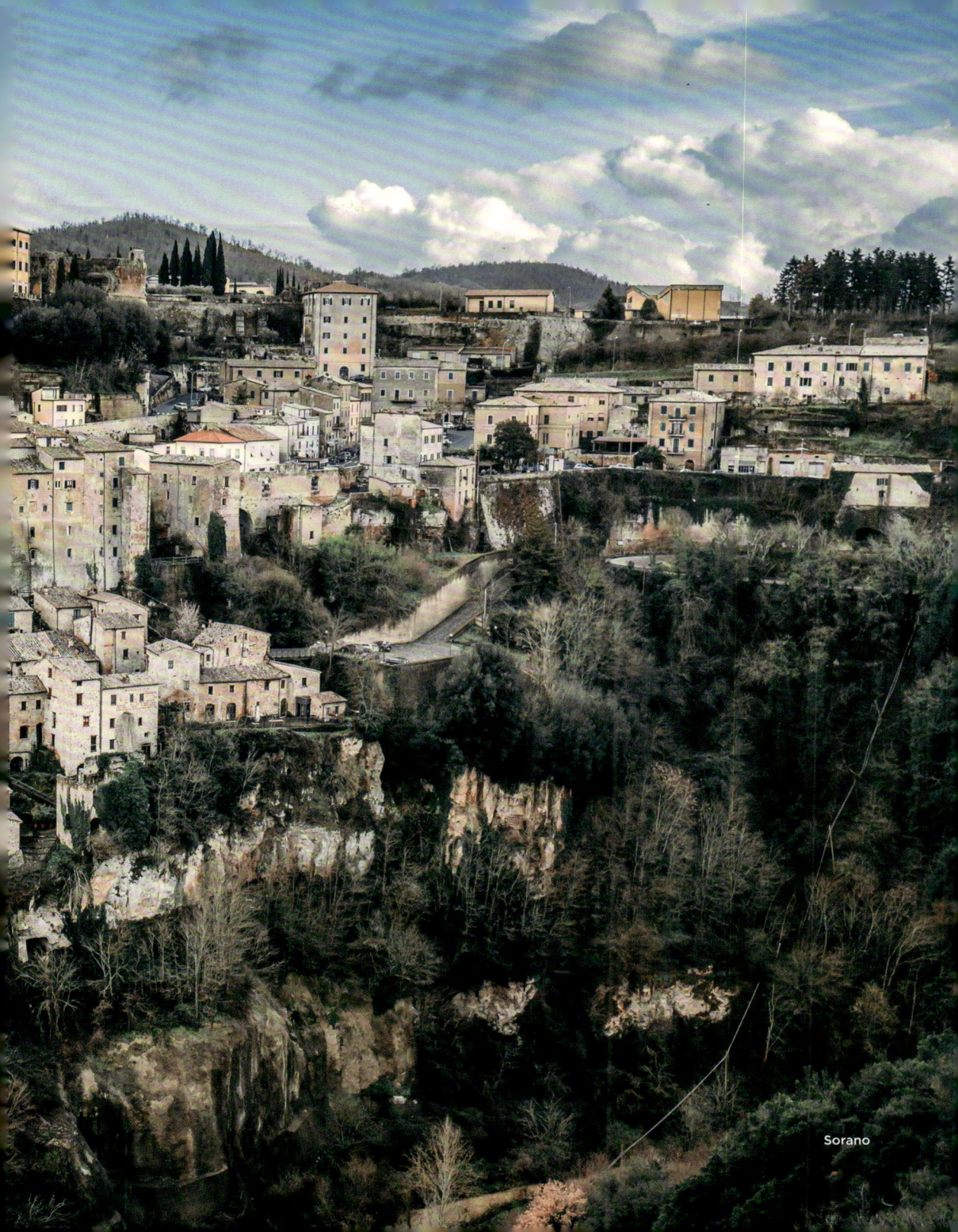

Sorano

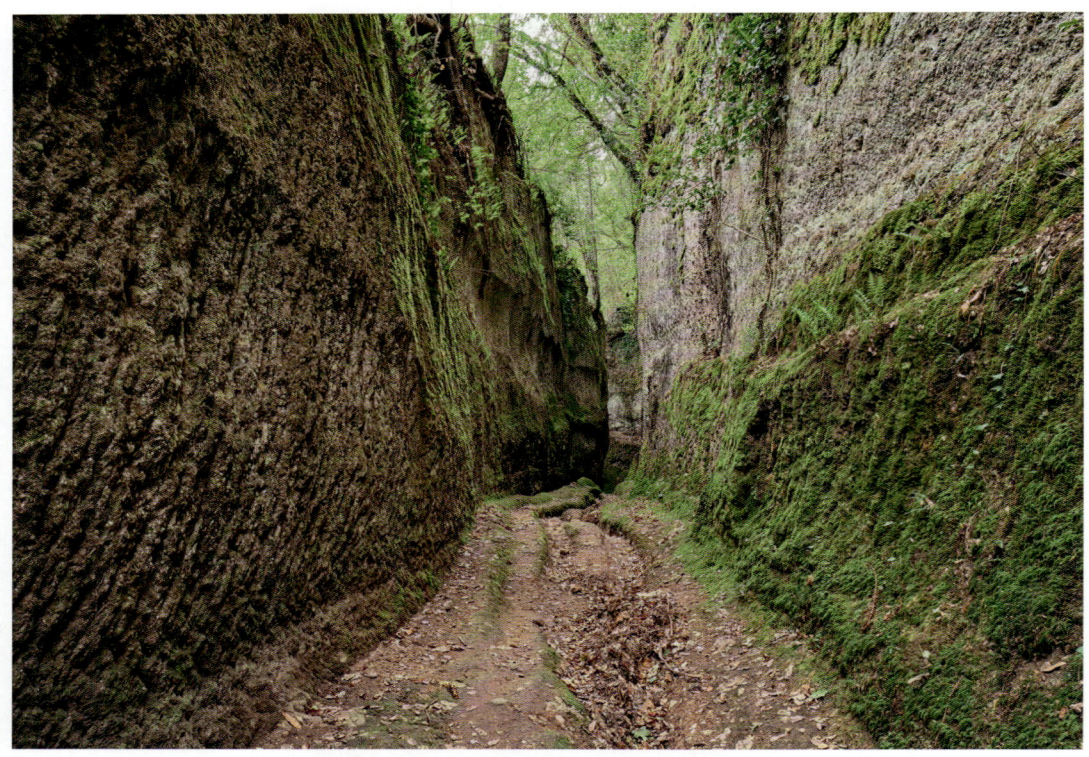

Via Cava

Vie Cave

The Vie Cave connect the villages of Sovana, Sorano and Pitigliano. This system of sunken paths is typical for the Area del Tufo. It was carved into the tufa by the Etruscans and forms a true labyrinth of alleys, cellars and necropolises. The impressive corridors are 2 to 3m wide and up to 15m high.

Vie Cave

Aménagement typique de l'Area del Tufo reliant les villages de Sovana, Sorano et Pitigliano, les *vie cave* furent creusées dans le tuf par les Étrusques et constituent un véritable labyrinthe de ruelles, caves et nécropoles. Ces étonnantes galeries étrusques sont larges de 2 à 3 m et d'une hauteur allant parfois jusqu'à 15 m.

Viae Cave

Die Viae Cave verbinden die Dörfer Sovana, Sorano und Pitigliano. Das System aus Hohlwegen ist typische für die Area del Tufo. Es wurde von den Etruskern in das Tuffgestein gehauen und bildet ein wahres Labyrinth aus Gassen, Kellern und Nekropolen. Die beeindruckenden Korridore sind 2 bis 3 m breit und bis zu 15 m hoch.

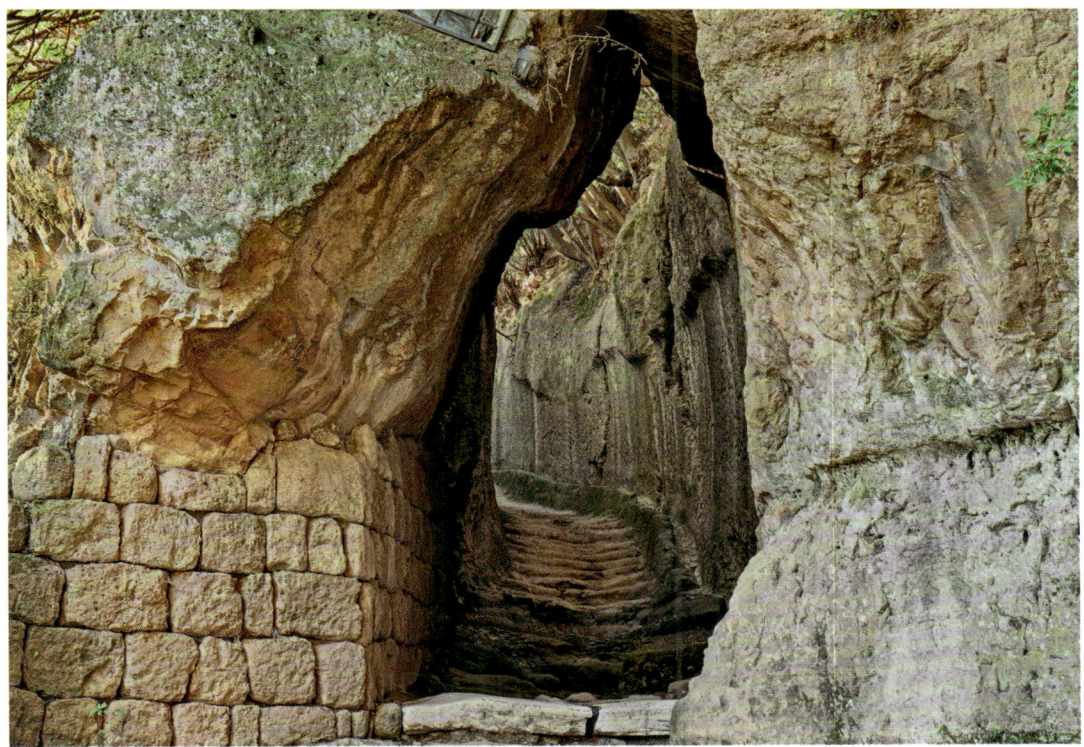

Via Cava

Vie Cave

Las Vie Cave conectan los pueblos
de Sovana, Sorano y Pitigliano.
El sistema de desfiladeros es típico
del Área del Tufo. Fue tallada
en la toba por los etruscos
y forma un verdadero laberinto
de callejones, bodegas y necrópolis.
Los impresionantes pasillos tienen
de 2 a 3 m de ancho y hasta 15 m
de alto.

Viae Cave

As Viae Cave ligar as aldeias
de Sovana, Sorano e Pitigliano.
O sistema de caminhos ocos
é típico da Área do Tufo.
Foi esculpida no tufo pelos
Etruscos e forma um verdadeiro
labirinto de becos, adegas
e necrópoles. Os corredores
impressionantes são de 2 a 3 m
de largura e até 15 m de altura.

Viae Cave

Viae Cave verbinden de dorpen
Sovana, Sorano en Pitigliano.
Het netwerk van holle wegen is
typerend voor het Area del Tufo.
Het werd door de Etrusken
uitgehouwen in het tufgesteente
en vormt een labyrint van steegjes,
kelders en necropolen.
De indrukwekkende gangen zijn
2 tot 3 m breed en soms 15 m hoog.

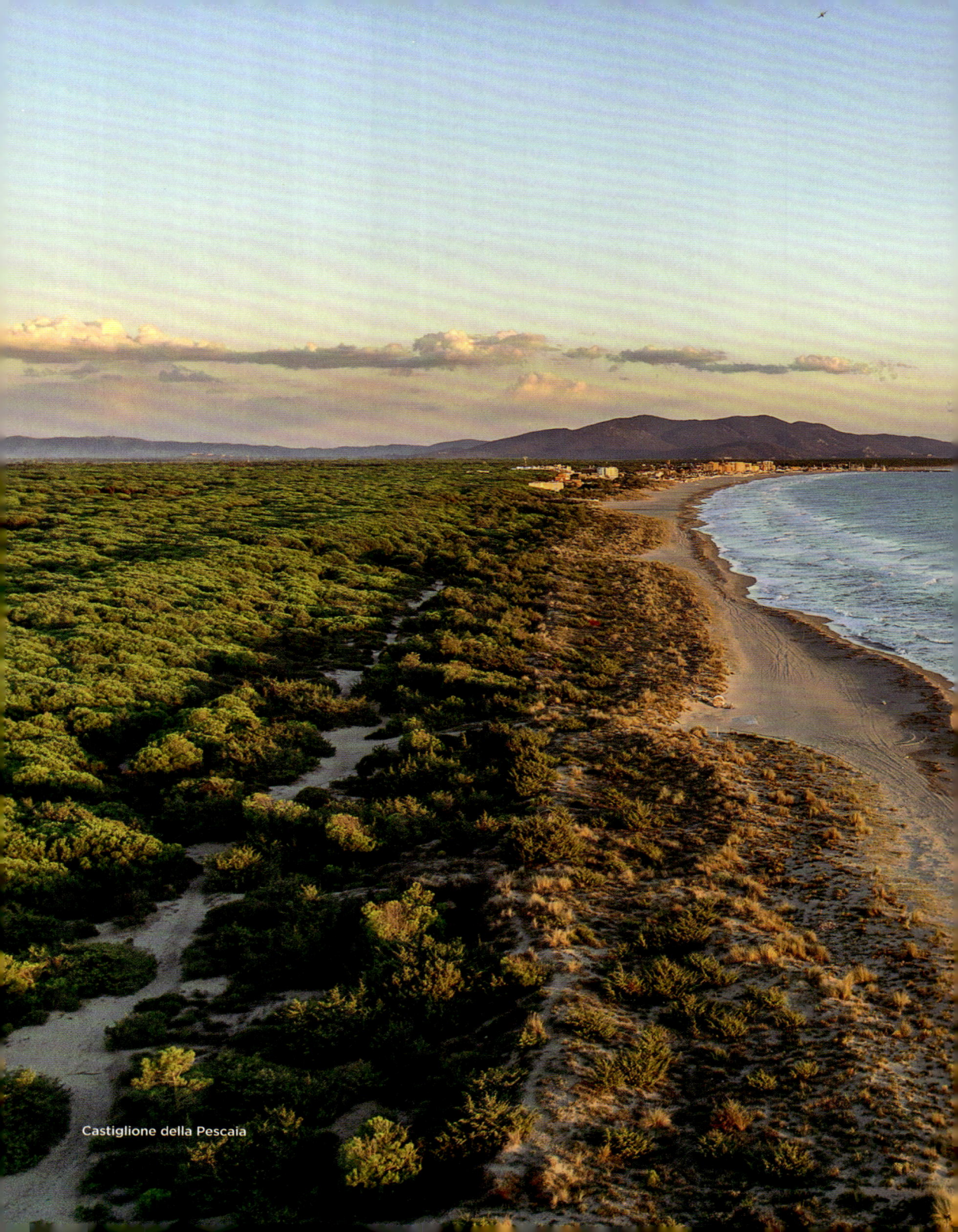

Castiglione della Pescaia

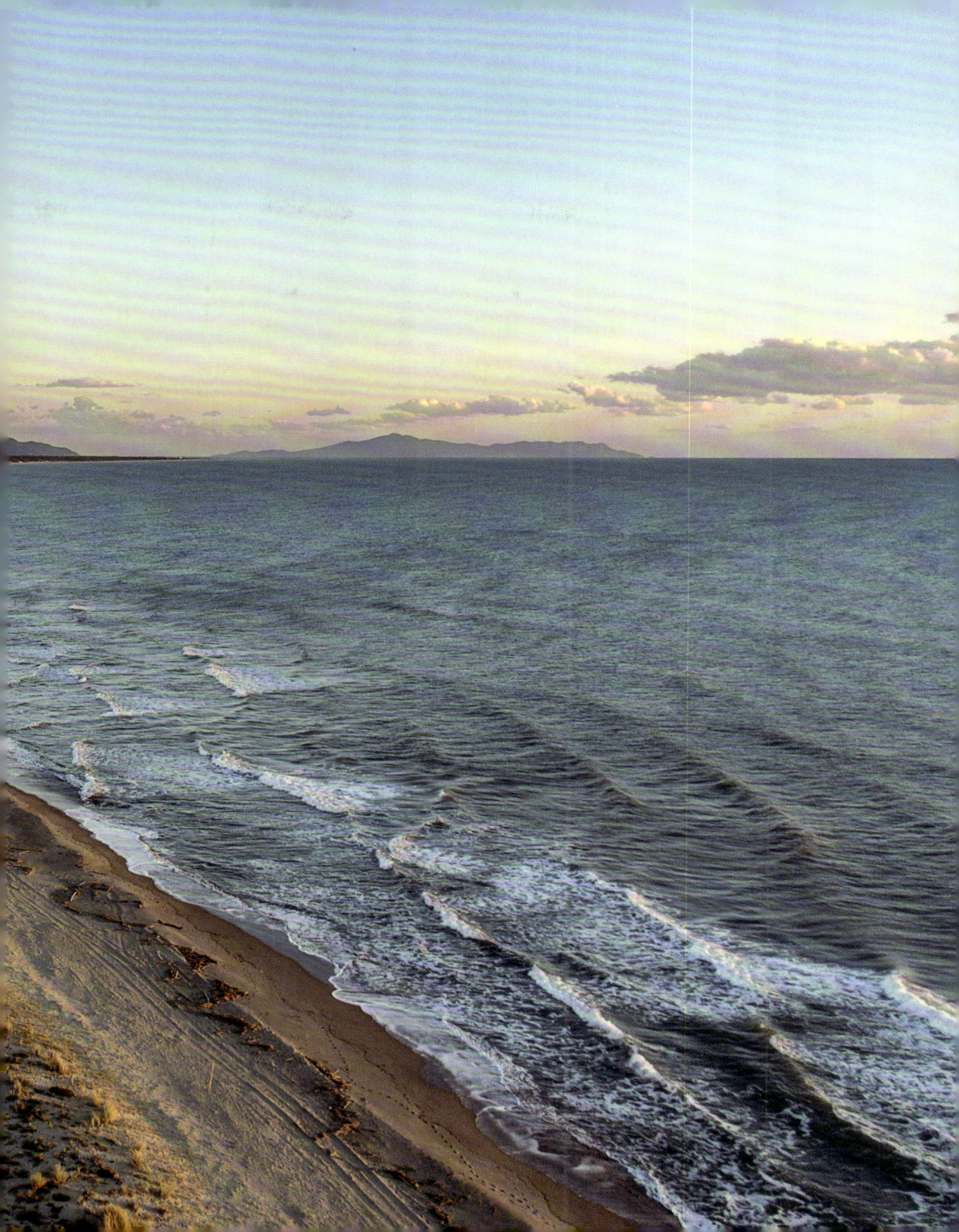

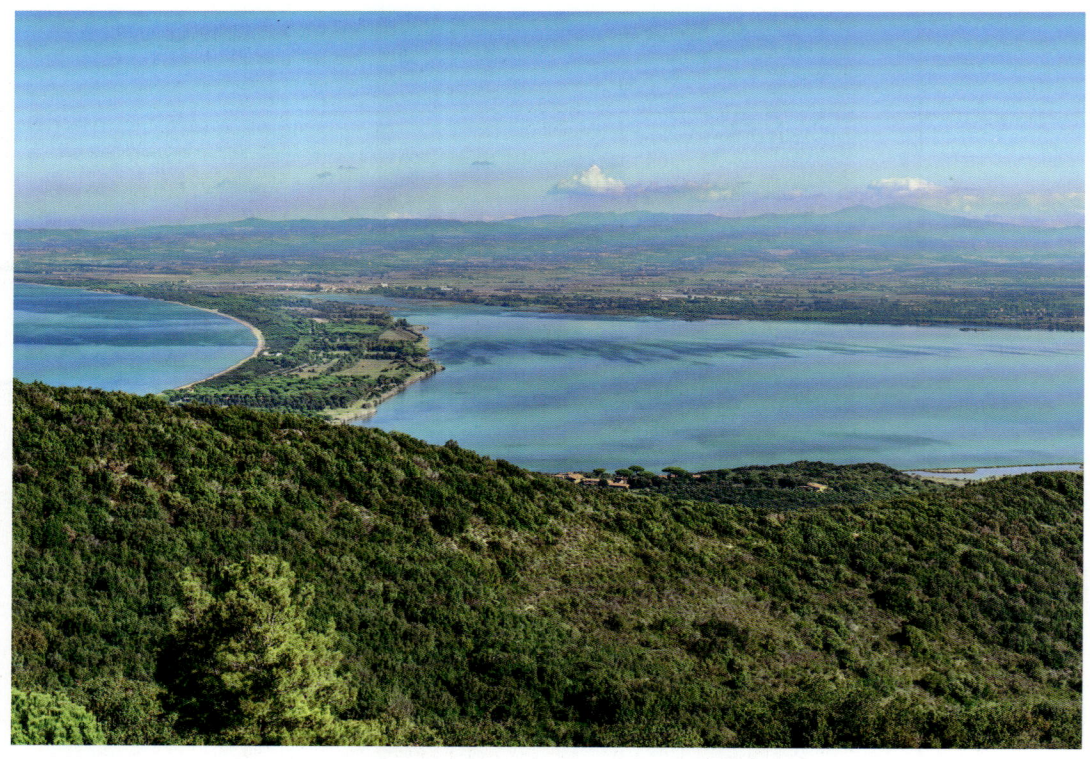

Tombolo della Giannella

Lagoon of Orbetello

The Lagoon of Orbetello forms a unique wetland area, which is overlooked by the 635-metre high Monte Argentario. It is divided into two parts: the Laguna di Levante and the Laguna di Ponante. It is separated from the sea by two strips of sand, the Tombolo della Feniglia and the Tombolo della Giannella, as well as the fortified town of Ortebello.

Lagune d'Orbetello

La lagune d'Orbetello est une magnifique aire naturelle marécageuse rare dominée par le mont Argentario de 635 m de hauteur. Le lagon est divisé en deux parties : la Laguna di Levante et la Laguna di Ponante séparées par des *tomboli* (bandes de sable) : le Tombolo della Feniglia, la ville fortifiée d'Ortebello et le Tombolo della Giannella.

Lagune von Orbetello

Die Lagune von Orbetello bildet ein einmaliges Sumpfgebiet, das vom 635 m hohen Monte Argentario überragt wird. Sie gliedert sich in zwei Teile: die Laguna di Levante und die Laguna di Ponante. Sie wird durch zwei Sandstreifen, das Tombolo della Feniglia und das Tombolo della Giannella, sowie die befestigte Stadt Ortebello vom Meer getrennt.

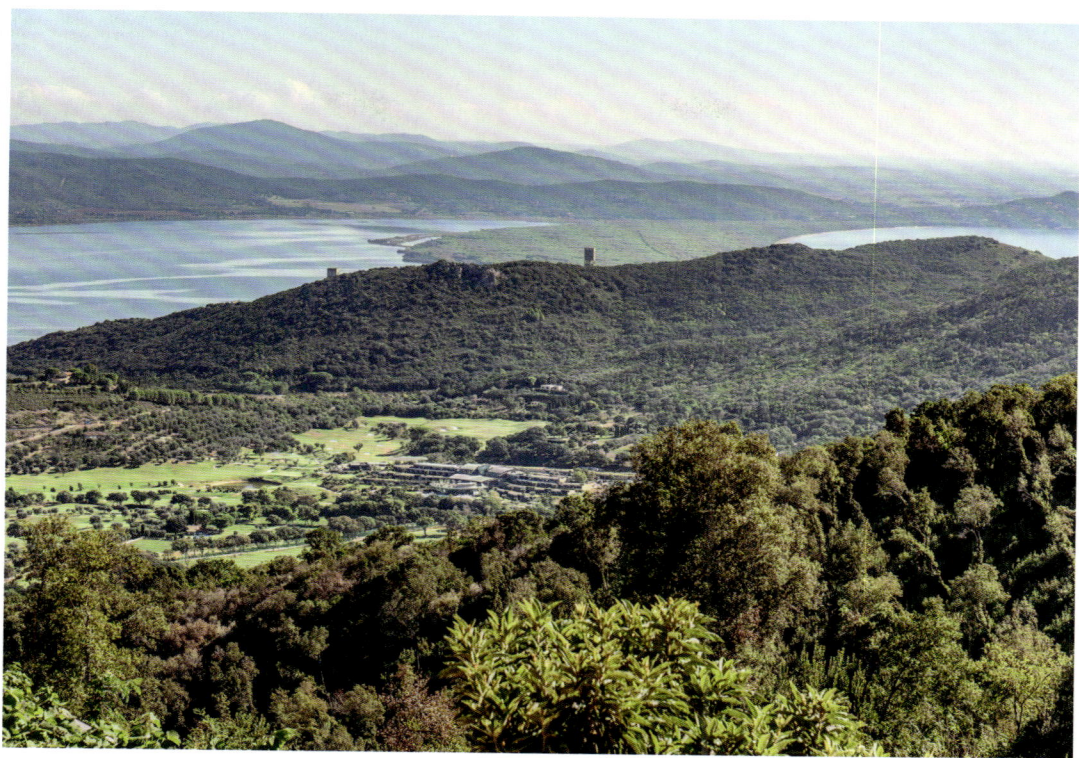

Tombolo della Feniglia

Laguna de Orbetello

La laguna de Orbetello forma una zona pantanosa única, dominada por el Monte Argentario de 635 m de altura. Se divide en dos partes: la Laguna di Levante y la Laguna di Ponante. Está separada del mar por dos franjas de arena, el Tombolo della Feniglia y el Tombolo della Giannella, así como la ciudad fortificada de Ortebello.

Lagoa de Orbetello

A lagoa de Orbetello forma uma área pantanosa única, que é negligenciada pelo Monte Argentario de 635 m de altura. Divide-se em duas partes: a Laguna di Levante e a Laguna di Ponante. É separado do mar por duas faixas de areia, o Tombolo della Feniglia e o Tombolo della Giannella, bem como a cidade fortificada de Ortebello.

Laguna di Orbetello

De lagune van Orbetello vormt een uniek moerasgebied, waar de 635 m hoge Monte Argentario boven uitsteekt. De lagune is verdeeld in twee delen: de Laguna di Levante en de Laguna di Ponante. Ze wordt van de zee gescheiden door twee zandstroken, de Tombolo della Feniglia en de Tombolo della Giannella, en door de vestingstad Orbetello.

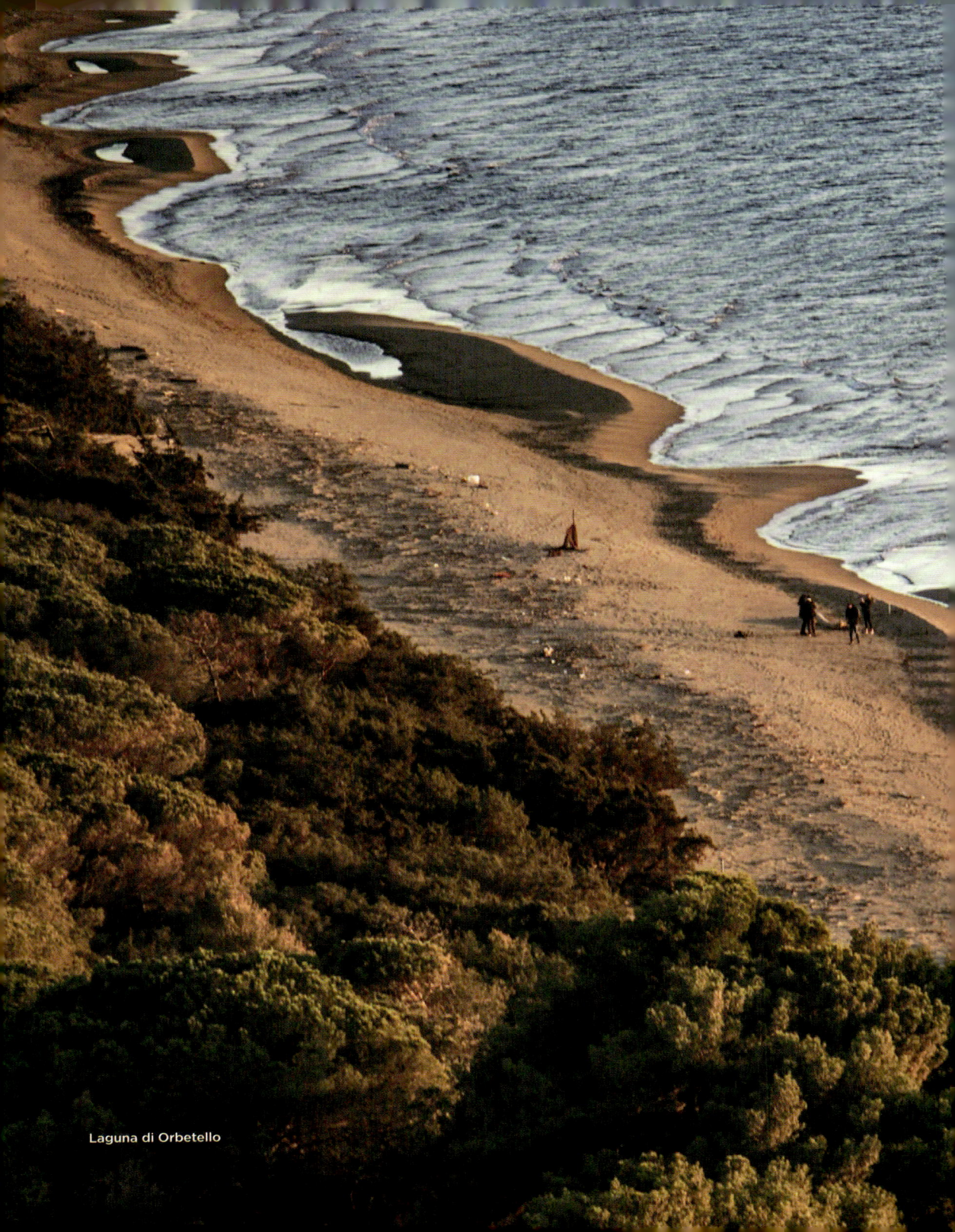
Laguna di Orbetello

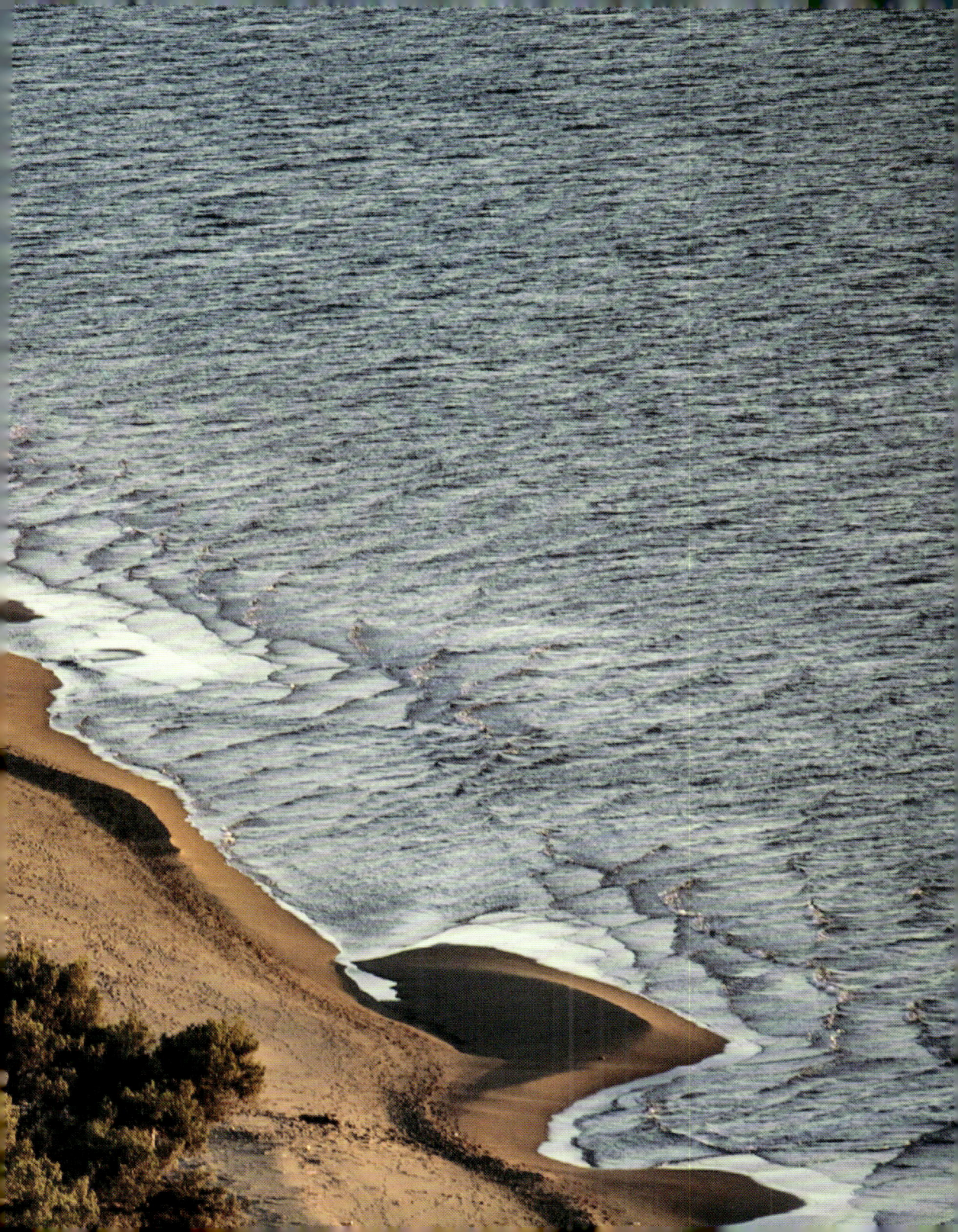

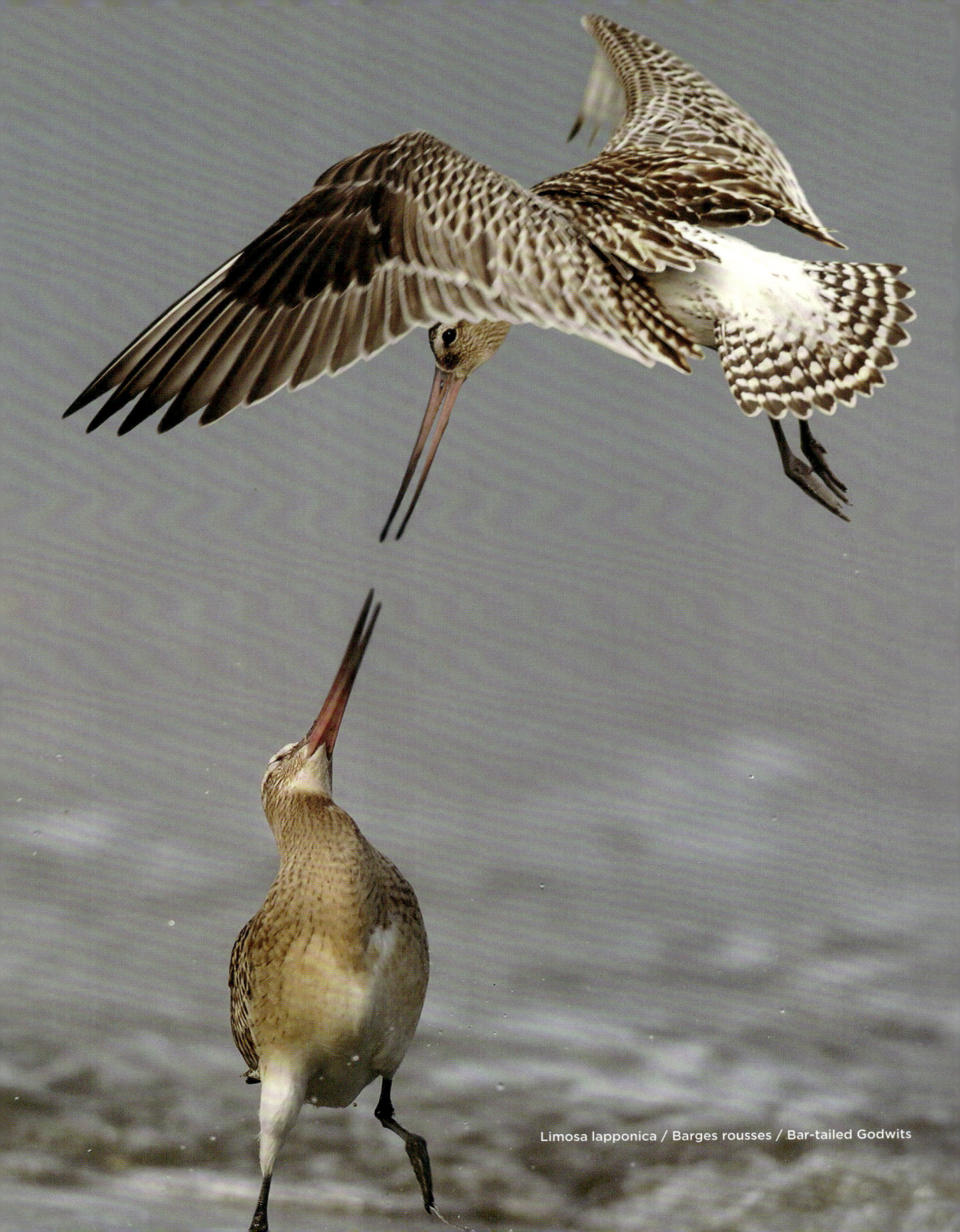

Limosa lapponica / Barges rousses / Bar-tailed Godwits

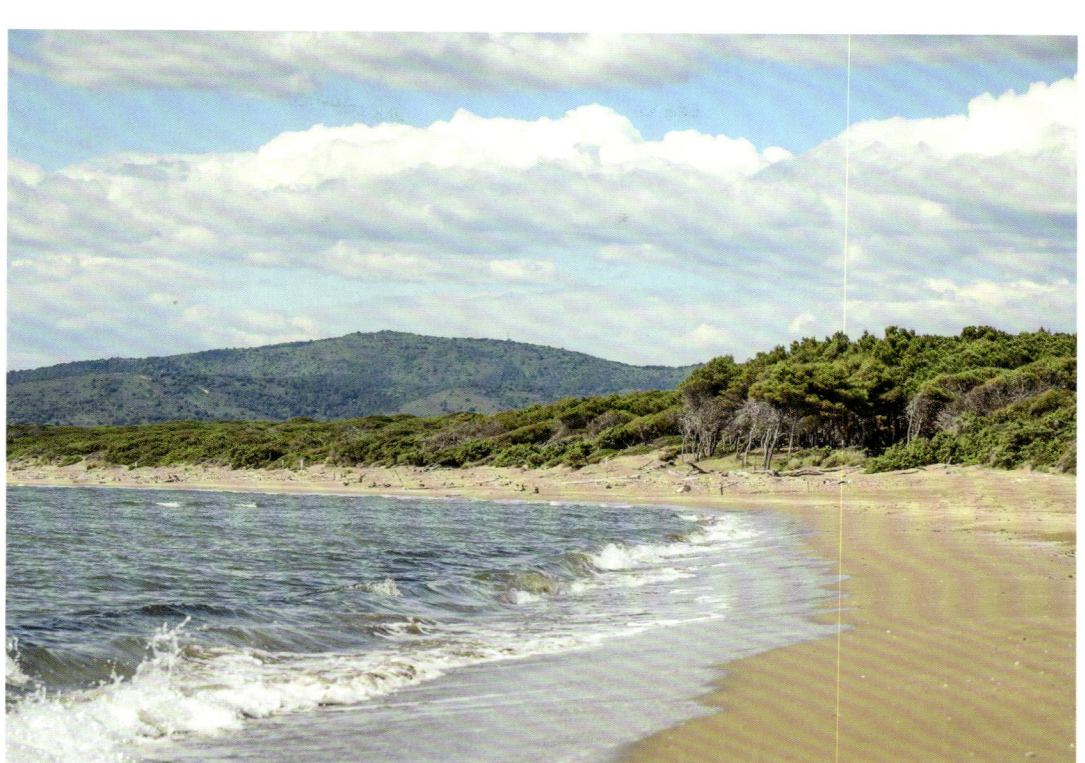

Porto Ercole

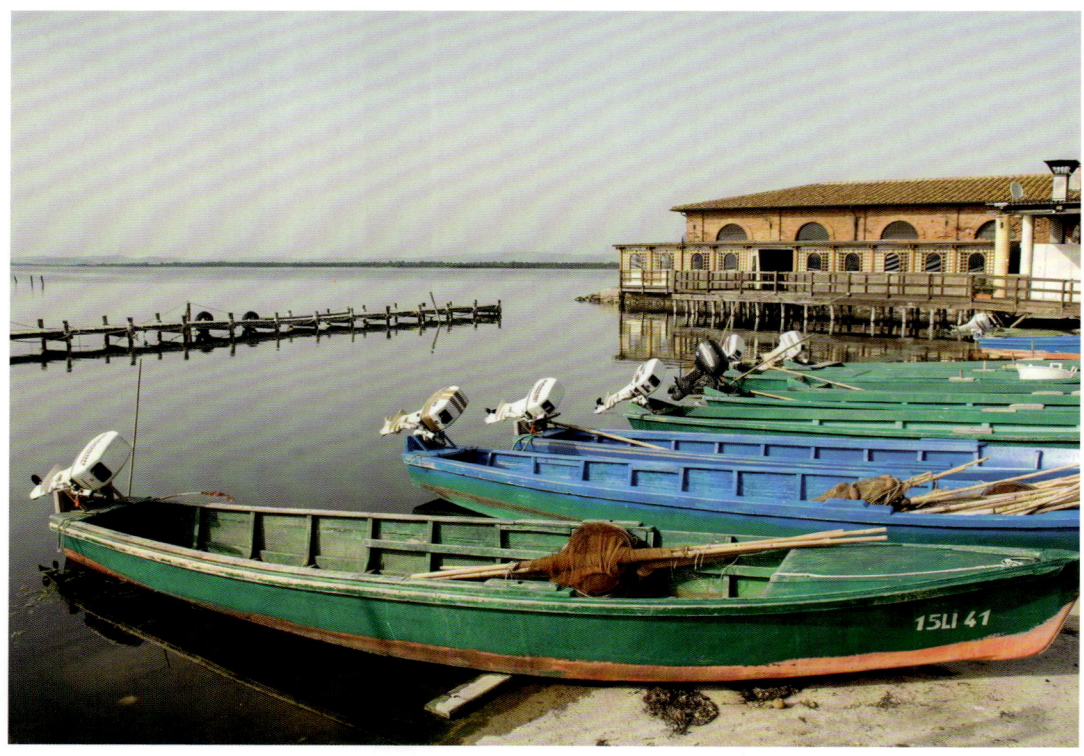

Orbetello

Orbetello

The village of Orbetello, built on a sandy strip in the centre of the Orbetello lagoon, is connected to Monte Argentario by a bridge. The origins of the village are to be found in the Etruscan period. It was later used by the Romans and was given its fortified port by the Spanish during the Stato dei Presidi.

Orbetello

Le village d'Orbetello, bâti sur une bande de sable (*tombolo*, en italien) au centre de la lagune d'Orbetello, est relié au promontoire du mont Argentario par un pont. Ancienne colonie étrusque si l'on en croit certains vestiges, ensuite cominée par les Romains, on y trouve également l'influence espagnole avec son port fortifié durant l'État des Présides.

Orbetello

Das Dorf Orbetello, das auf einem Sandstreifen im Zentrum der Lagune von Orbetello erbaut wurde, ist durch eine Brücke mit dem Monte Argentario verbunden. Die Ursprünge des Dorfes liegen Funden zufolge in der etruskischen Zeit. Später wurde es von den Römern genutzt und erhielt durch den Einfluss der Spanier während des Stato dei Presidi seinen befestigten Hafen.

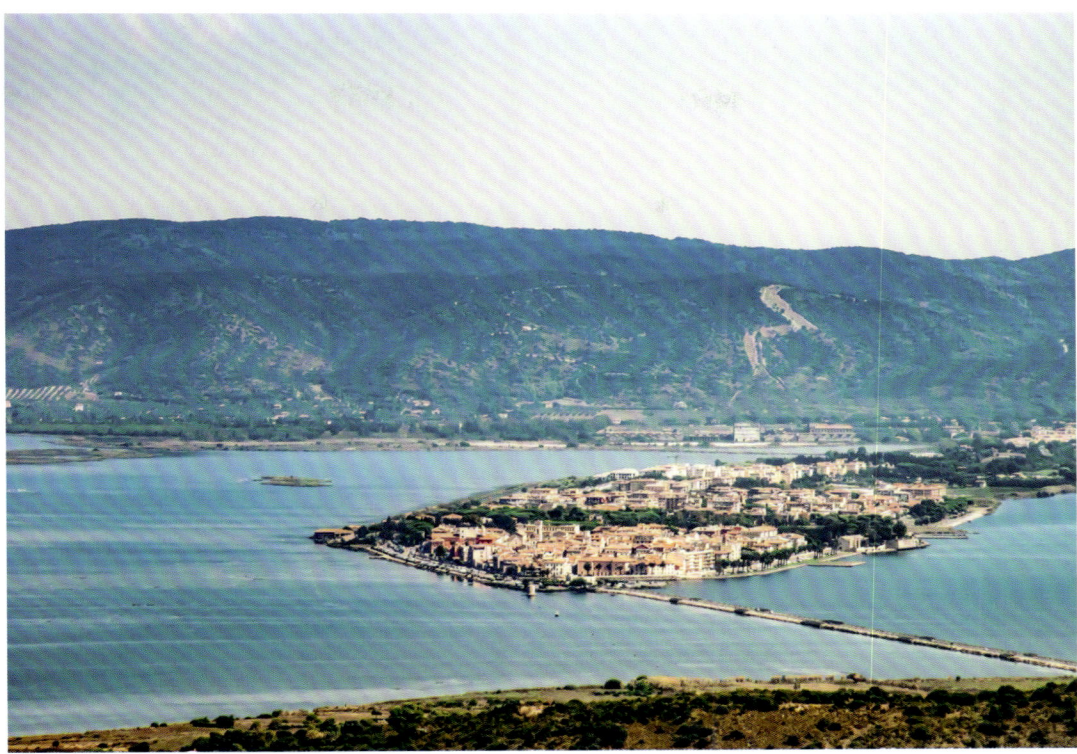

Orbetello

Orbetello

El pueblo de Orbetello, construido
sobre una franja arenosa en
el centro de la laguna de Orbetello,
está unido al Monte Argentario
por un puente. Los orígenes
del pueblo se remontan a la época
etrusca. Más tarde fue utilizado
por los romanos y recibió su puerto
fortificado por la influencia
española durante el Stato dei
Presidi.

Orbetello

A aldeia de Orbetello, construída
sobre uma faixa de areia no centro
da lagoa de Orbetello, está ligada
ao Monte Argentario por uma
ponte. As origens da aldeia são
encontradas no período etrusco.
Mais tarde, foi utilizado pelos
romanos e recebeu o seu porto
fortificado pela influência espanhola
durante o Stato dei Presidi.

Orbetello

Het stadje Orbetello, gebouwd
op een zandstrook in het midden
van de Laguna di Orbetello, is door
een brug verbonden met de Monte
Argentario. De oorsprong van
het plaatsje ligt in de Etruskische
periode. Later werd het gebruikt
door de Romeinen en kreeg het
door de Spaanse invloed tijdens
de Stato dei Presidi zijn versterkte
haven.

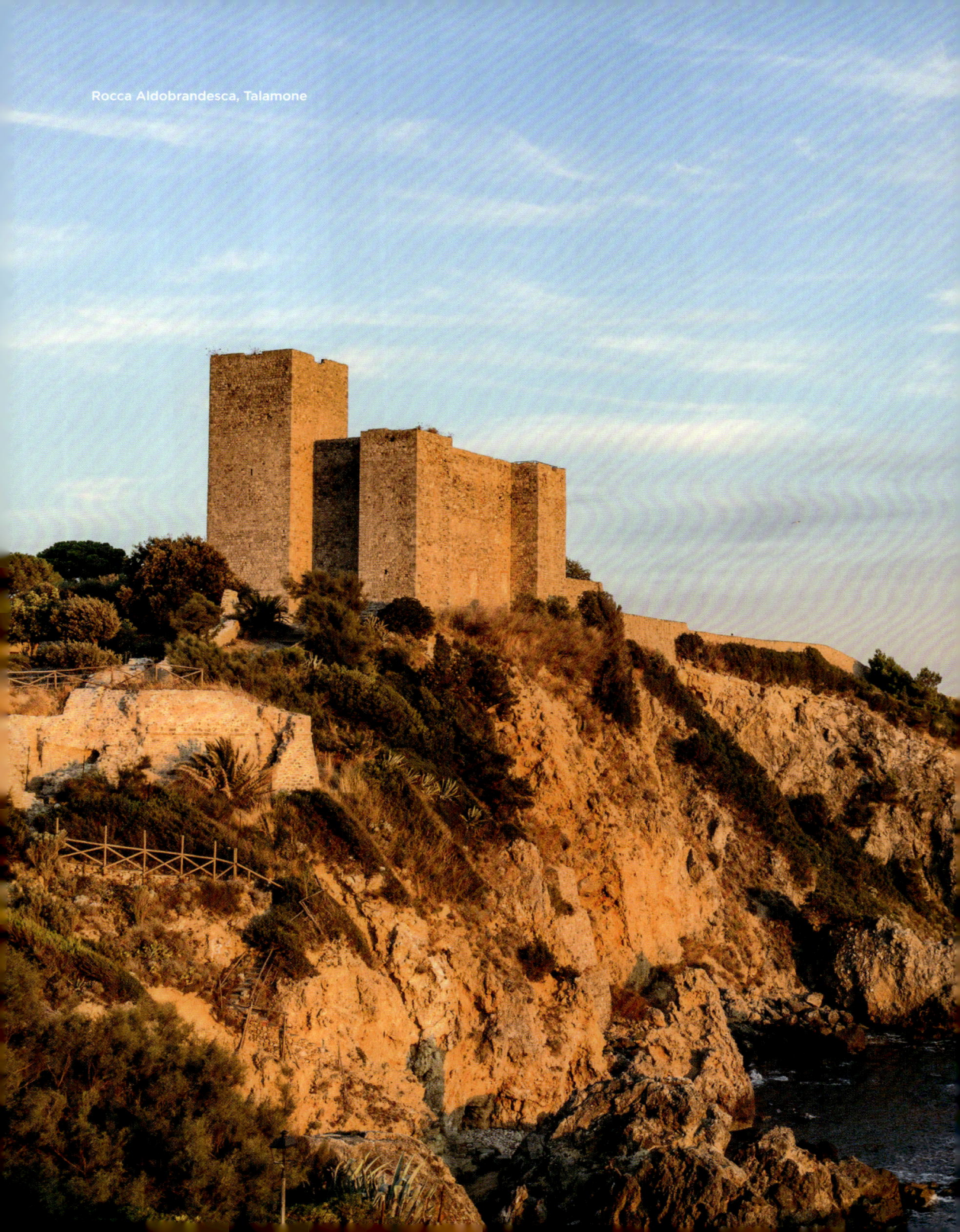

Rocca Aldobrandesca, Talamone

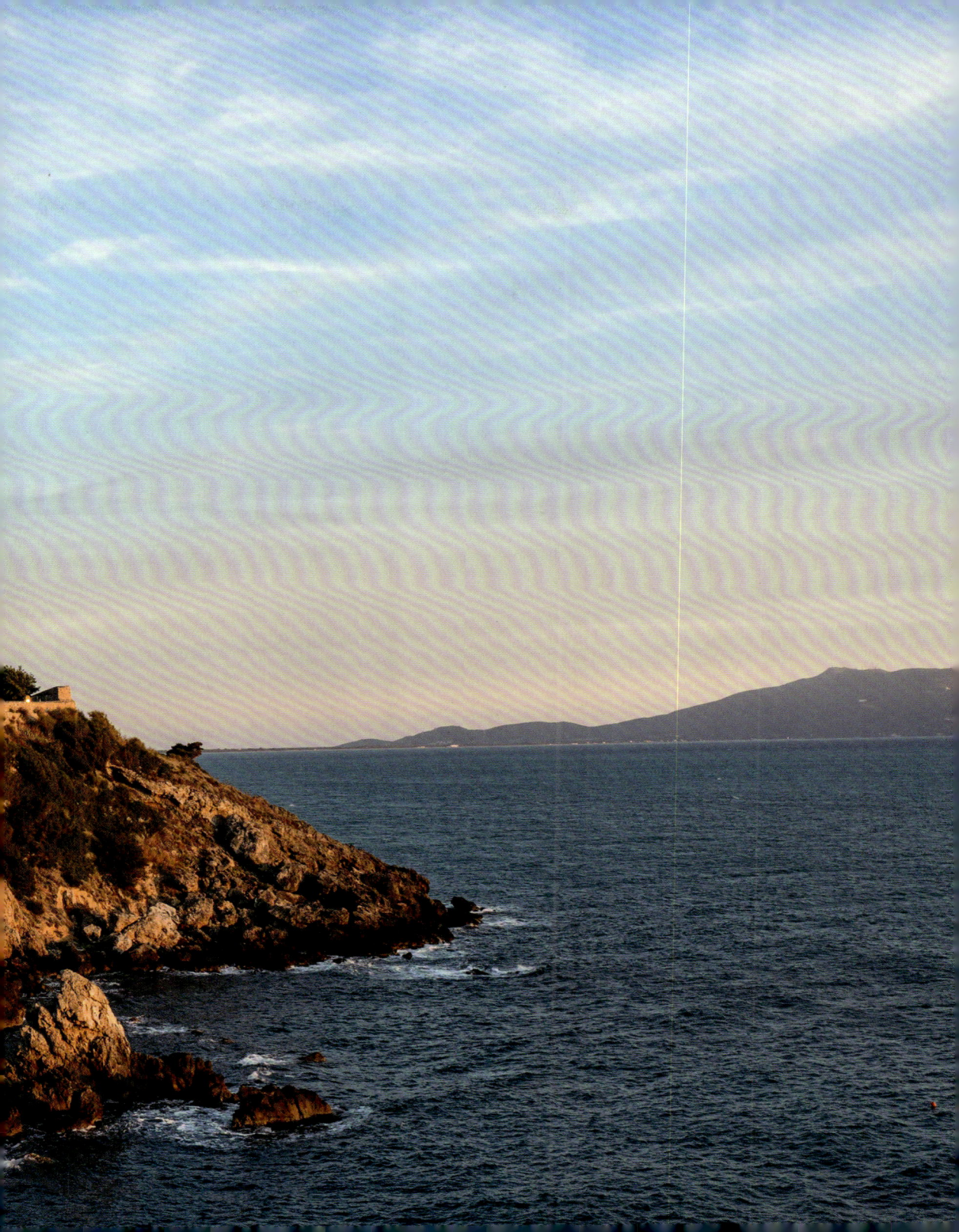

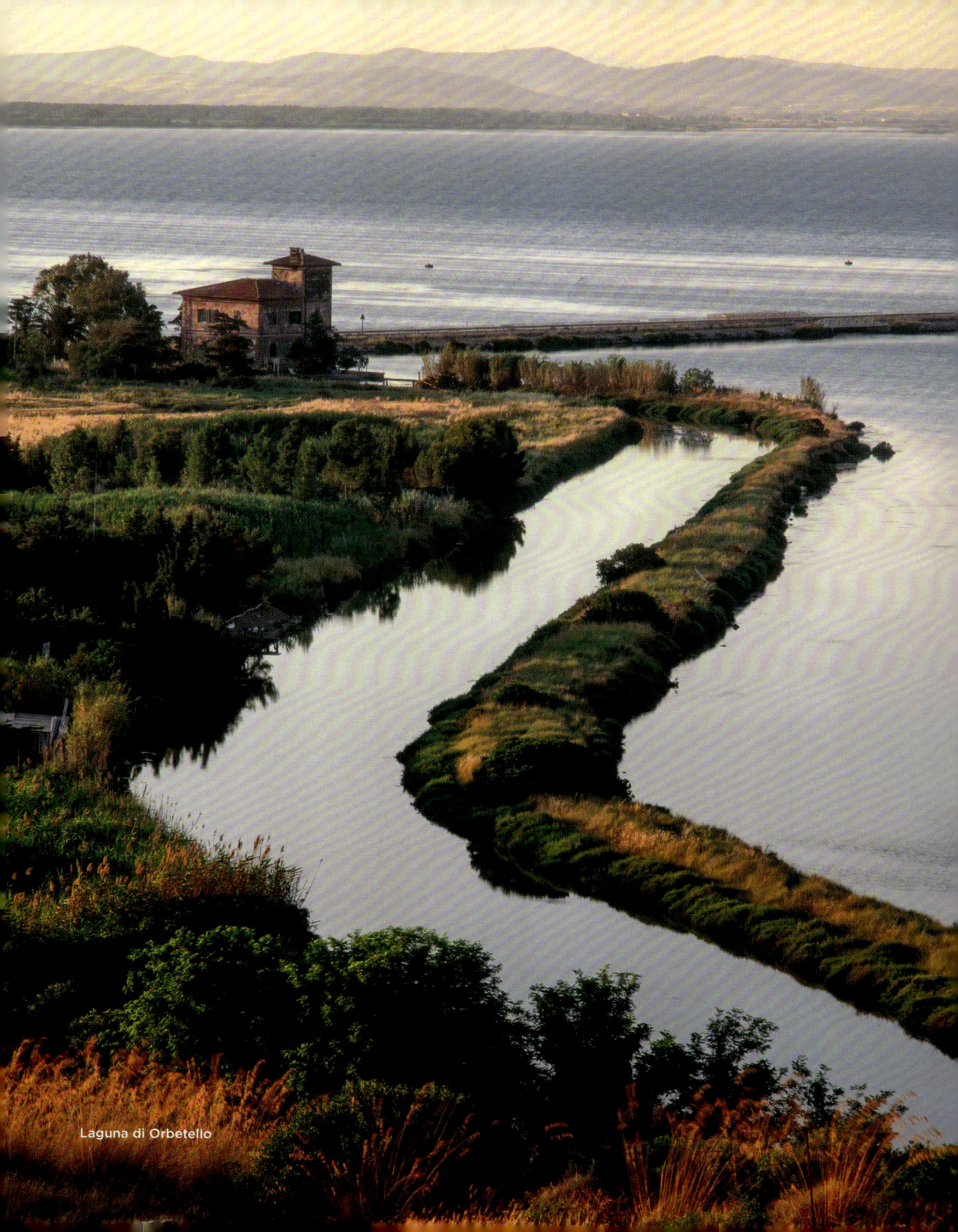

Laguna di Orbetello

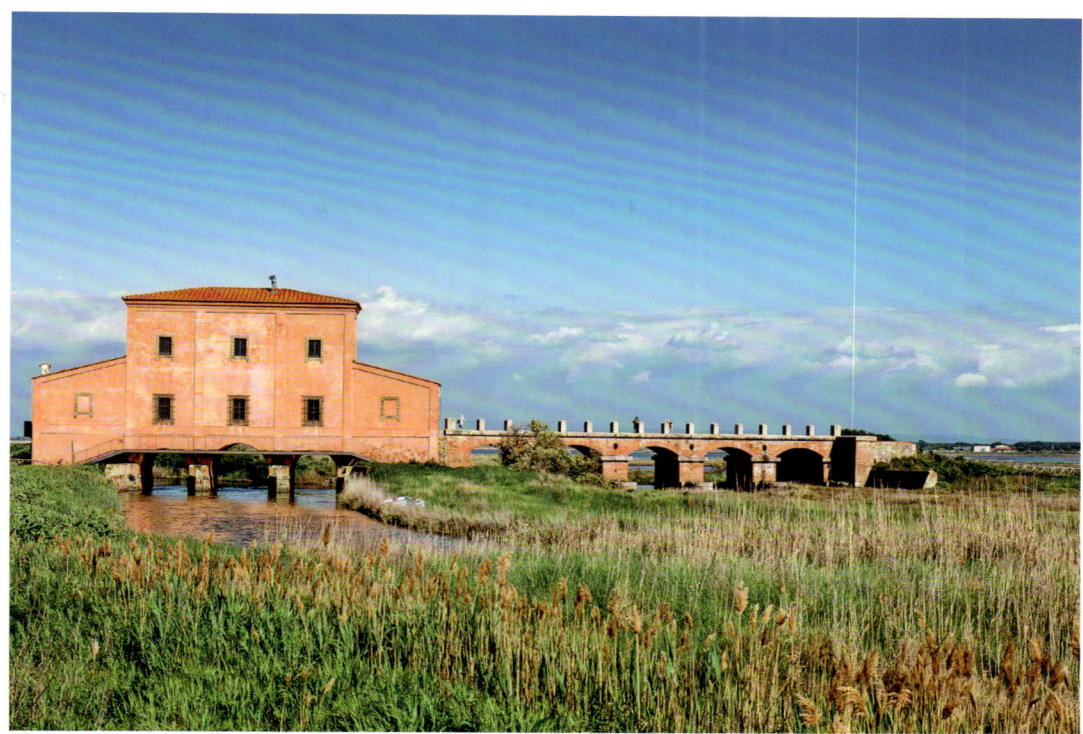

Castiglione della Pescaia

Orbetello Nature Reserve

This nature reserve is a popular oasis of recreation. It is known for its unspoilt nature and diverse fauna, and the protected area is home to over 200 bird species.

Parque Natural di Orbetello

La reserva natural es un oasis popular de descanso. Es conocida por su naturaleza virgen y su fauna diversa. El área protegida alberga más de 200 especies de aves.

Réserve naturelle d'Orbetello

La réserve est une oasis naturelle appréciée, notamment, pour sa nature sauvage et sa faune variée. Un véritable sanctuaire pour les 200 espèces d'oiseaux qui y sont répertoriées.

Orbetello Reserva Natural

A reserva natural é um oásis popular de recreação. É conhecida pela sua natureza intocada e pela sua fauna diversificada. A área protegida abriga mais de 200 espécies de aves.

Naturschutzgebiet di Orbetello

Das Naturschutzgebiet ist eine beliebte Oase der Erholung. Es ist für seine unberührte Natur und die vielfältige Fauna bekannt. Im Schutzgebiet sind über 200 Vogelarten beheimatet.

Beschermd natuurgebied di Orbetello

Het beschermde natuurgebied is een populaire oase van recreatie. Het staat bekend om zijn ongerepte natuur en gevarieerde fauna. In het gebied leven meer dan tweehonderd vogelsoorten.

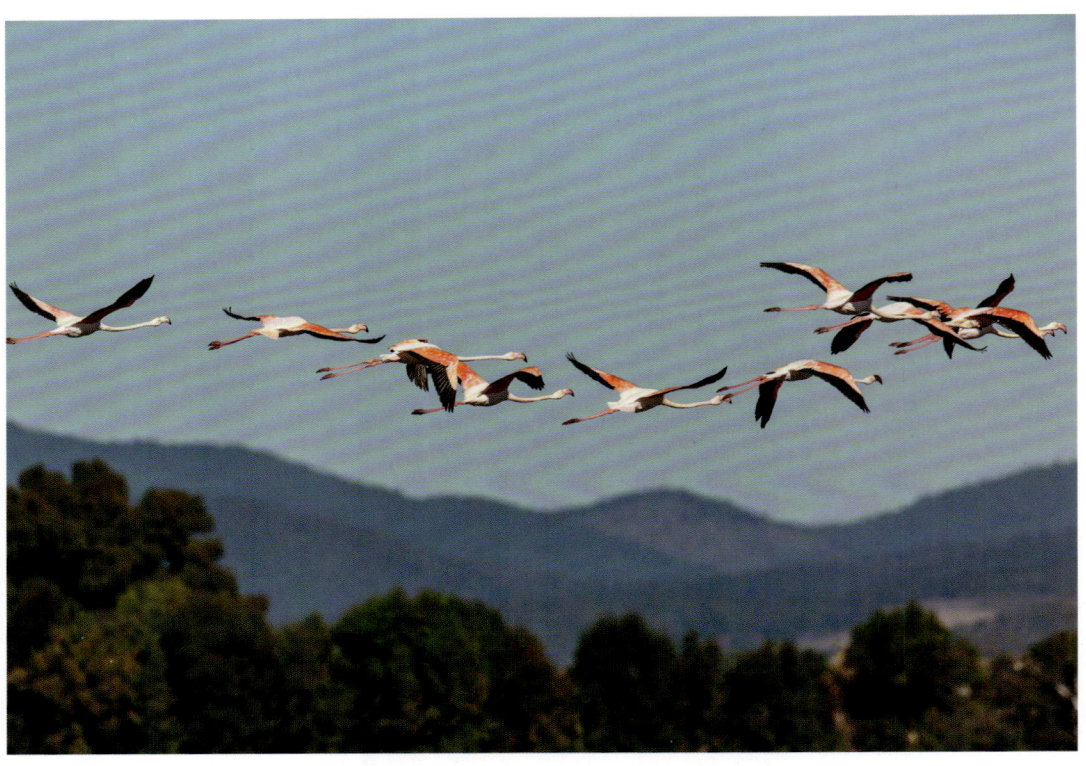

Fenicotteri rosa / Flamants roses / Greater Flamingos

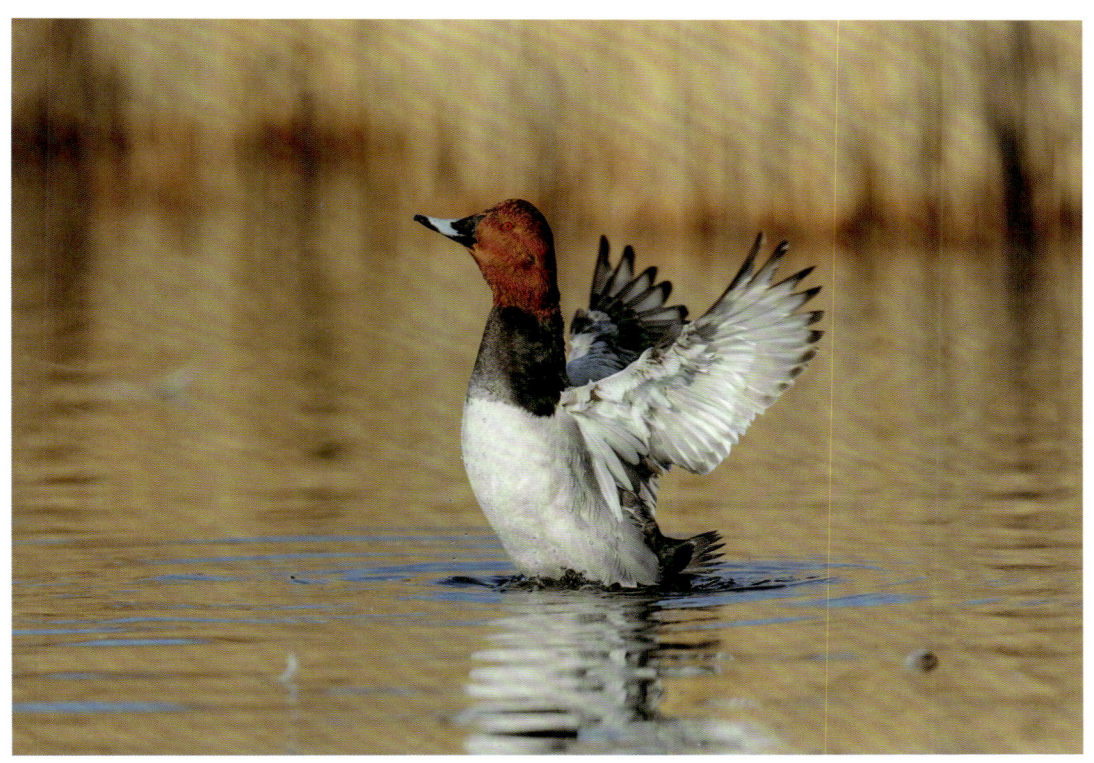

Moriglione / Fuligule milouin / Common Pochard

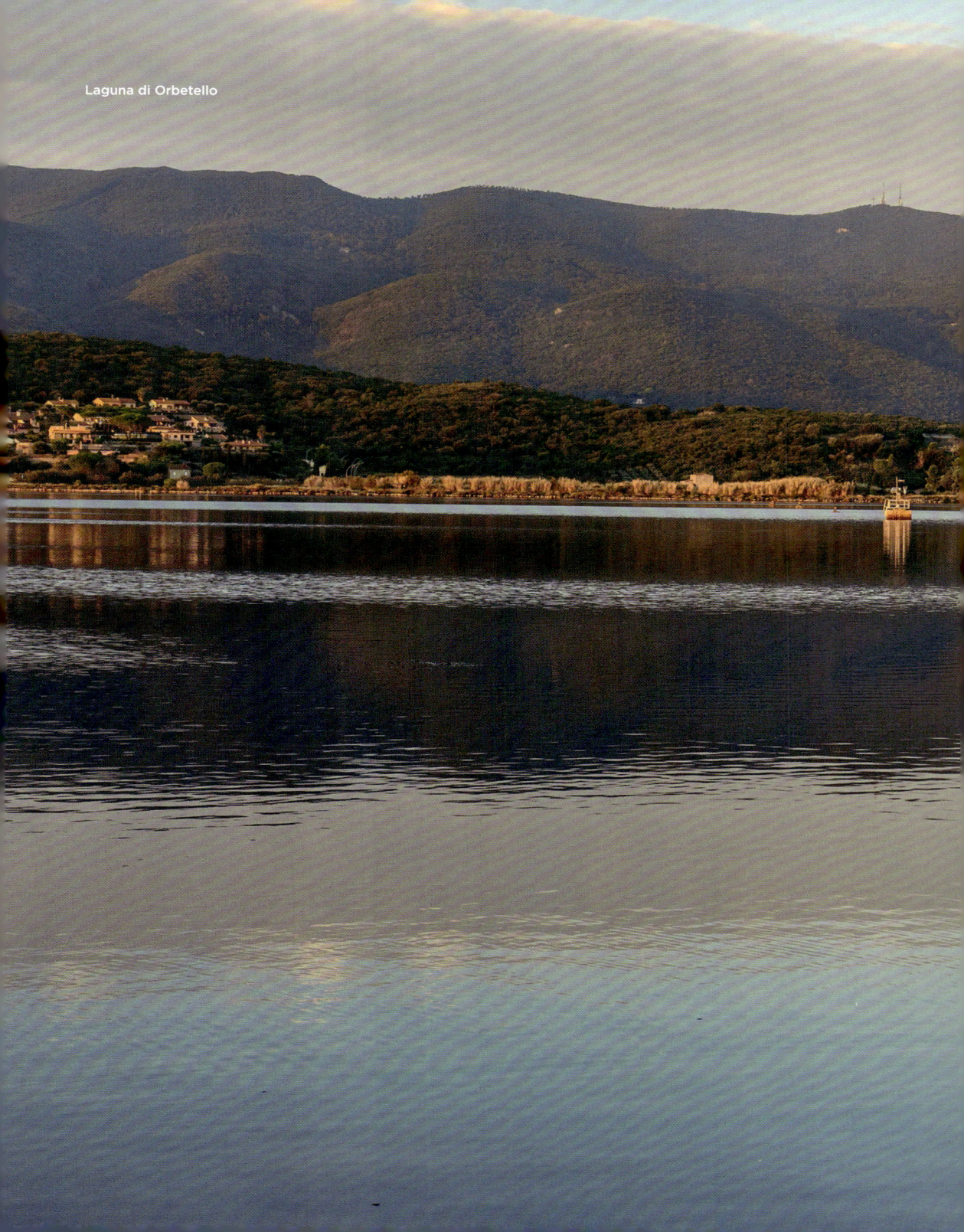

Laguna di Orbetello

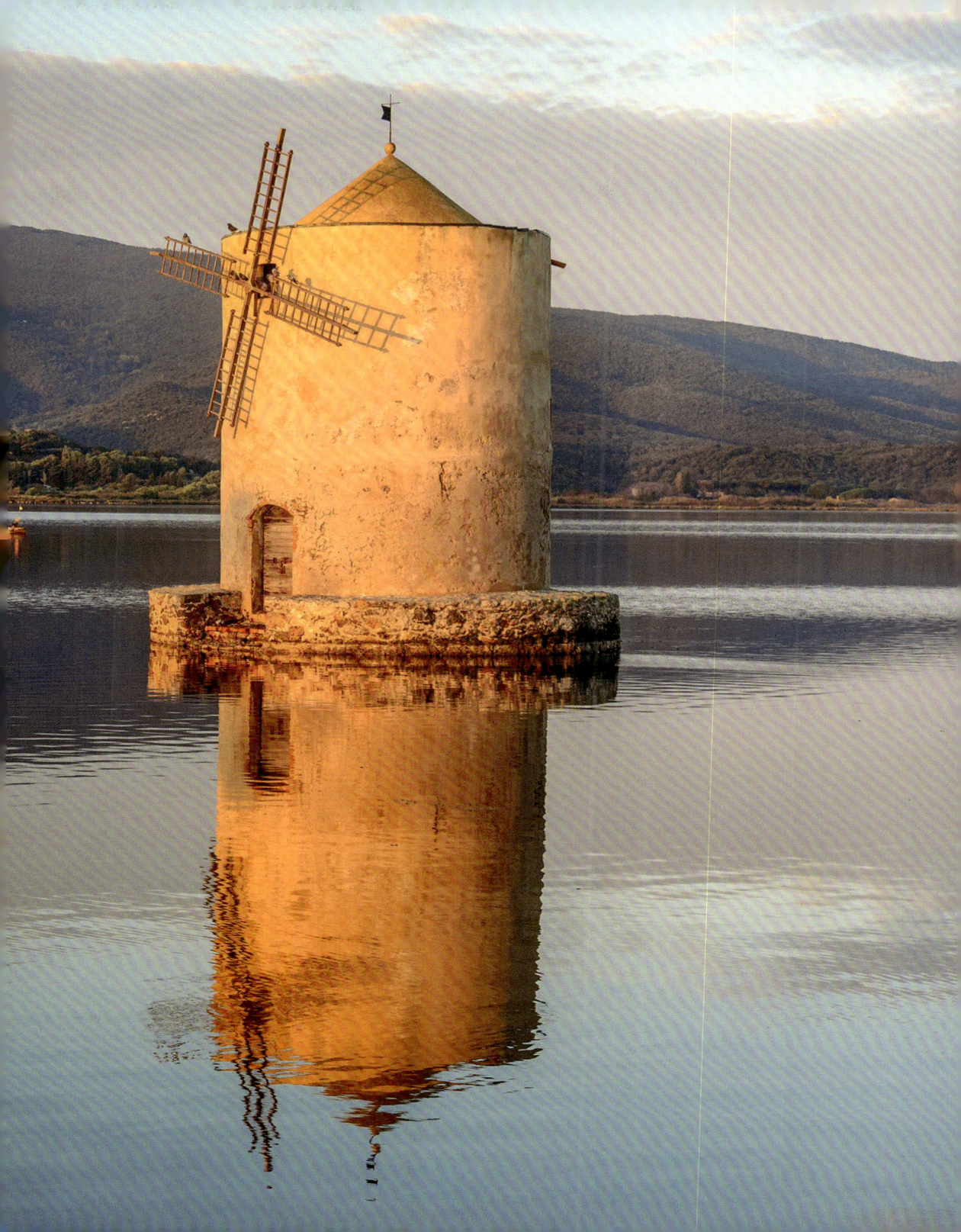

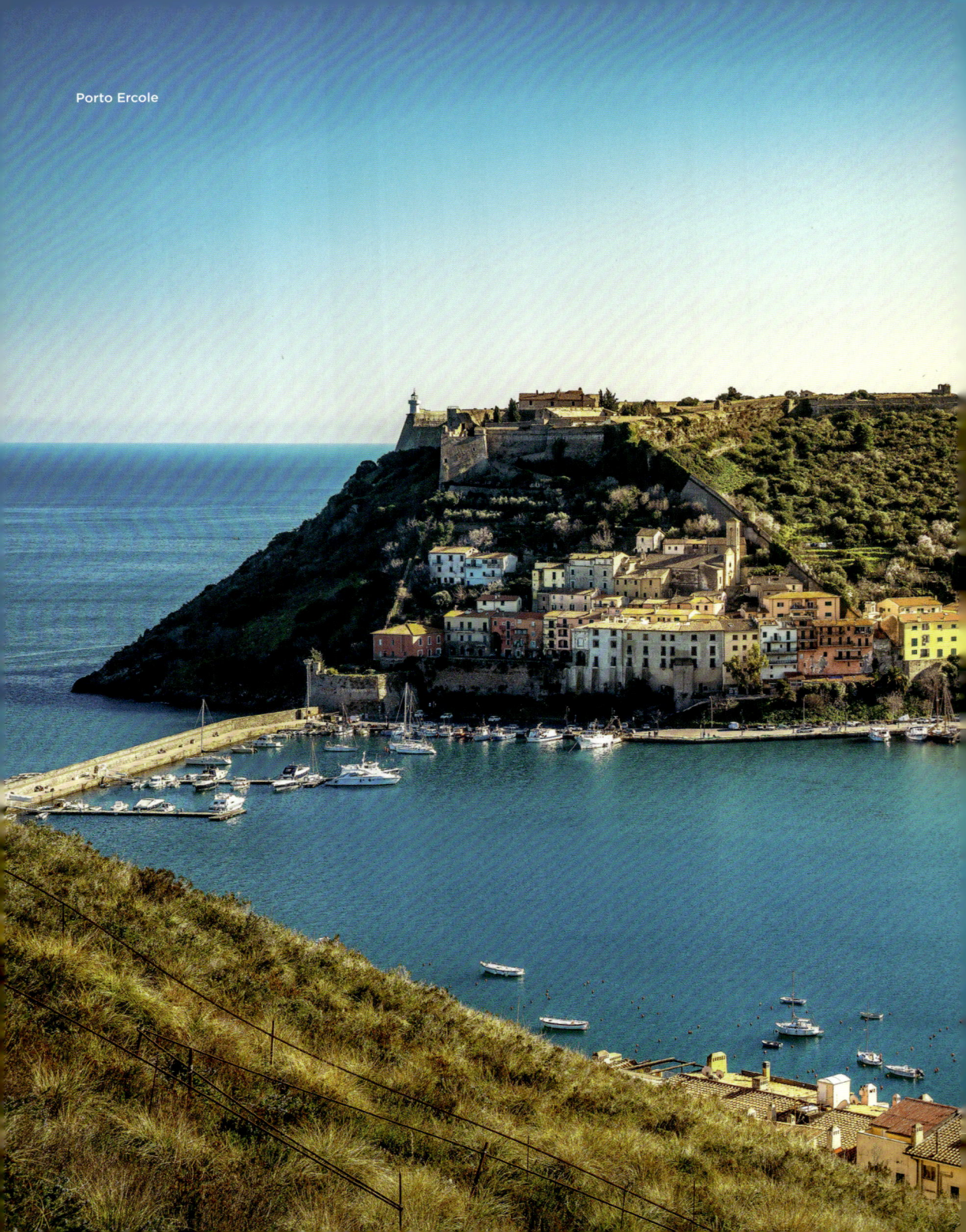

Porto Ercole

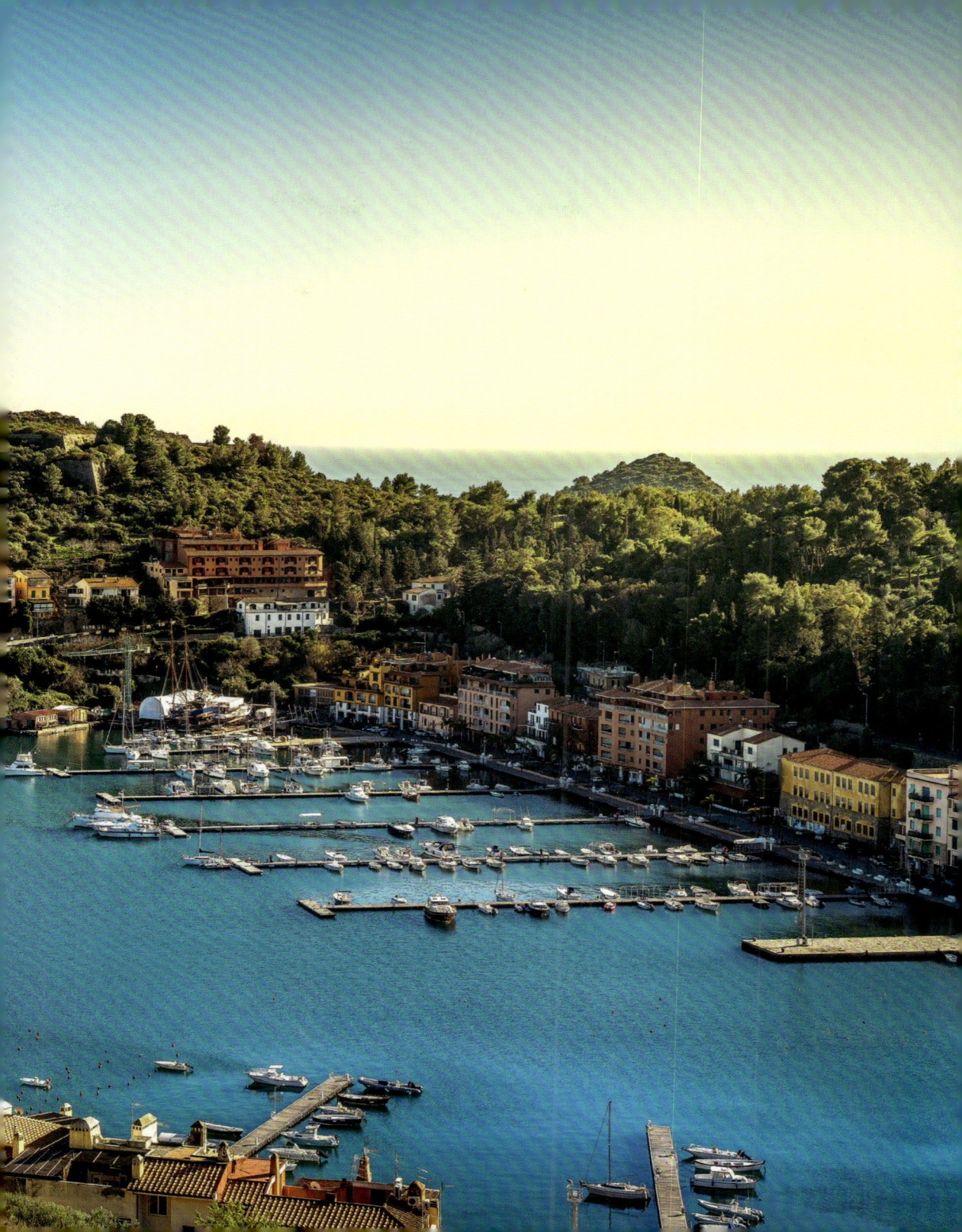

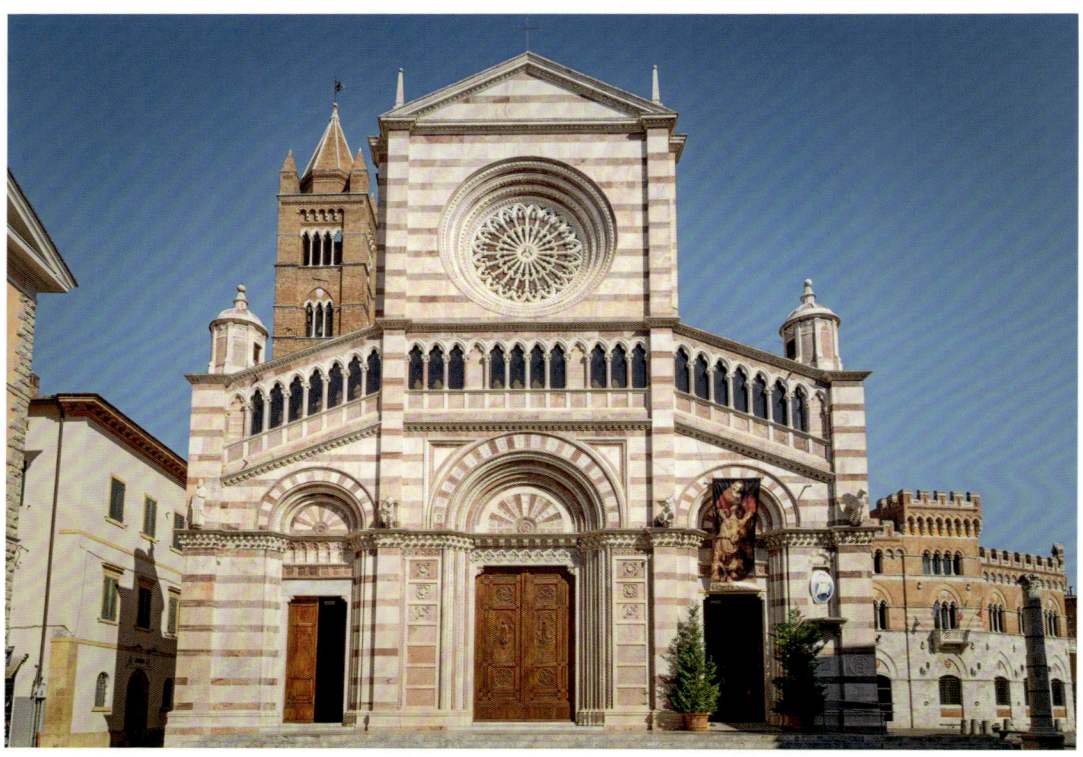

Duomo di San Lorenzo

Grosseto

The capital of Maremma, has an impressive historical centre that was fortified with a hexagonal structure by the Medici. It offers an architectural variety of medieval houses, Romanesque churches and Renaissance palaces.
Not far away is the archaeological park of Roselle with the remains of an ancient Etruscan city.

Grosseto

La capitale de la Maremme étonne par son style avec son centre historique, qui fut bordé d'une enceinte hexagonale par les Médicis, et par sa diversité architecturale : habitations médiévales, églises romanes, palais datant de la Renaissance... Non loin de Grosseto se trouve le site archéologique de Roselle, vestige de la cité antique Étrurie.

Grosseto

Die Hauptstadt der Maremma besticht durch ihr historisches Zentrum, das von den Medici in Form eines Sechsecks befestigt wurde. Es bietet eine architektonische Vielfalt aus mittelalterlichen Wohnhäusern, romanischen Kirchen und Renaissancepalästen. Nicht weit entfernt liegt der archäologische Park von Roselle mit den Überresten der antiken etruskischen Stadt.

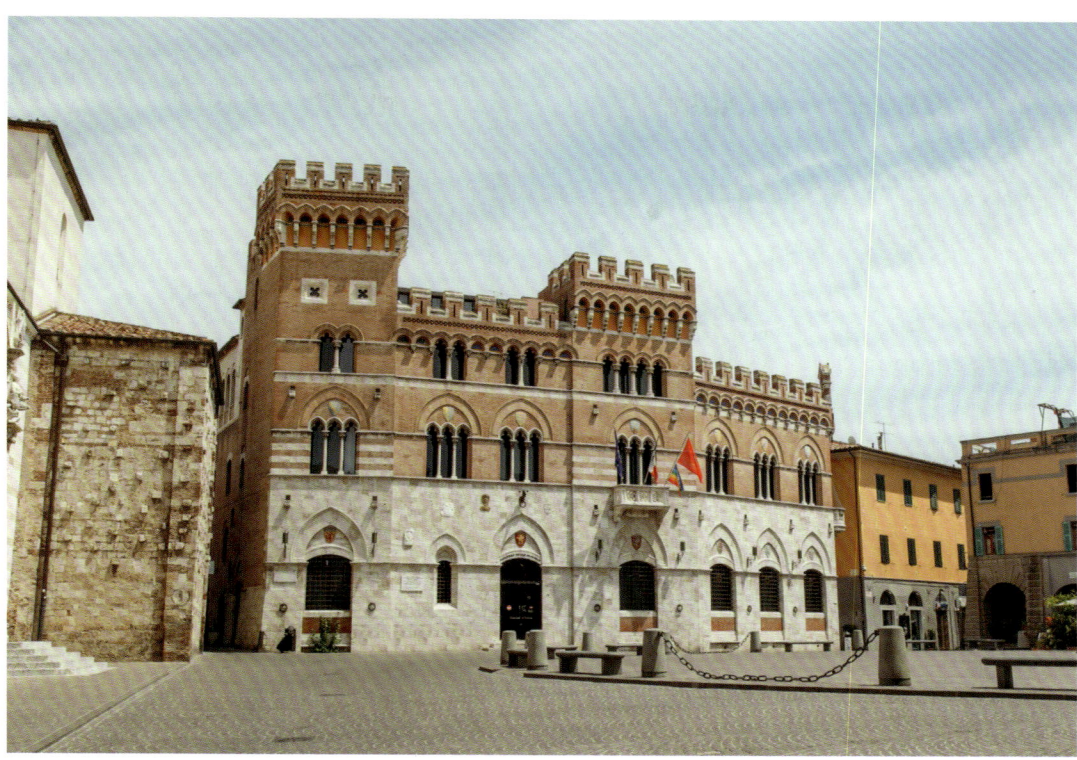

Piazza Dante

Grosseto

La capital de la Maremma seduce por el impresionante centro histórico que los Médici fortificaron con forma de hexágono. Ofrece una variedad arquitectónica de casas medievales, iglesias románicas y palacios renacentistas. No muy lejos se encuentra el parque arqueológico de Roselle con los restos de la antigua ciudad etrusca.

Grosseto

A capital da Maremma, os Medici, tem um impressionante centro histórico fortificado por um hexágono. Ele oferece uma variedade arquitetônica de casas medievais, igrejas românicas e palácios renascentistas. Não muito longe está o parque arqueológico de Roselle com os restos da antiga cidade etrusca.

Grosseto

De hoofdstad van de Maremma bekoort door zijn historische centrum, dat door de Medici in de vorm van een zeshoek werd versterkt. Het biedt een bouwkundige variatie aan middeleeuwse huizen, romaanse kerken en renaissancepaleizen. Niet ver hiervandaan ligt het archeologische park van Roselle, met de overblijfselen van de oude Etruskische stad.

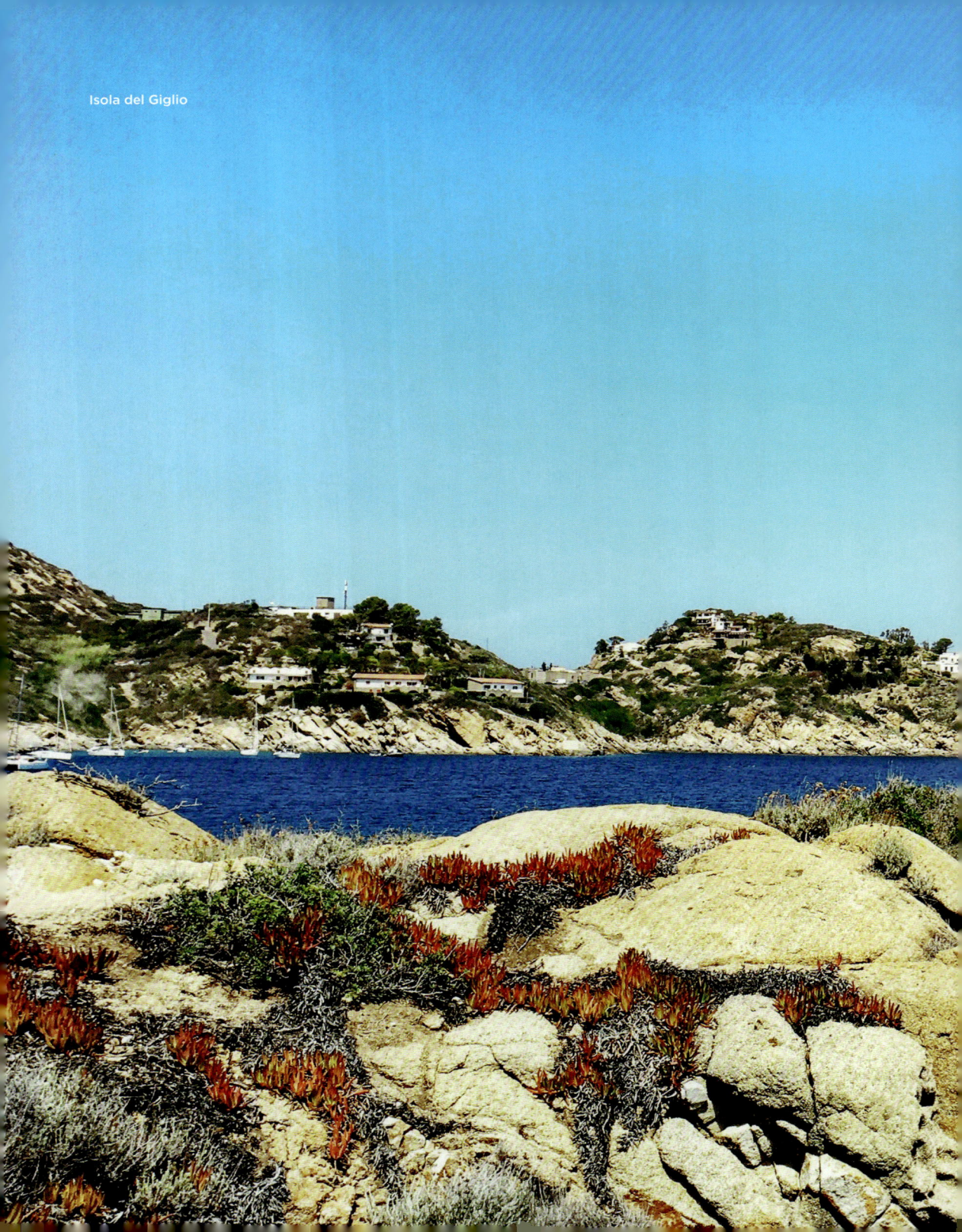

Isola del Giglio

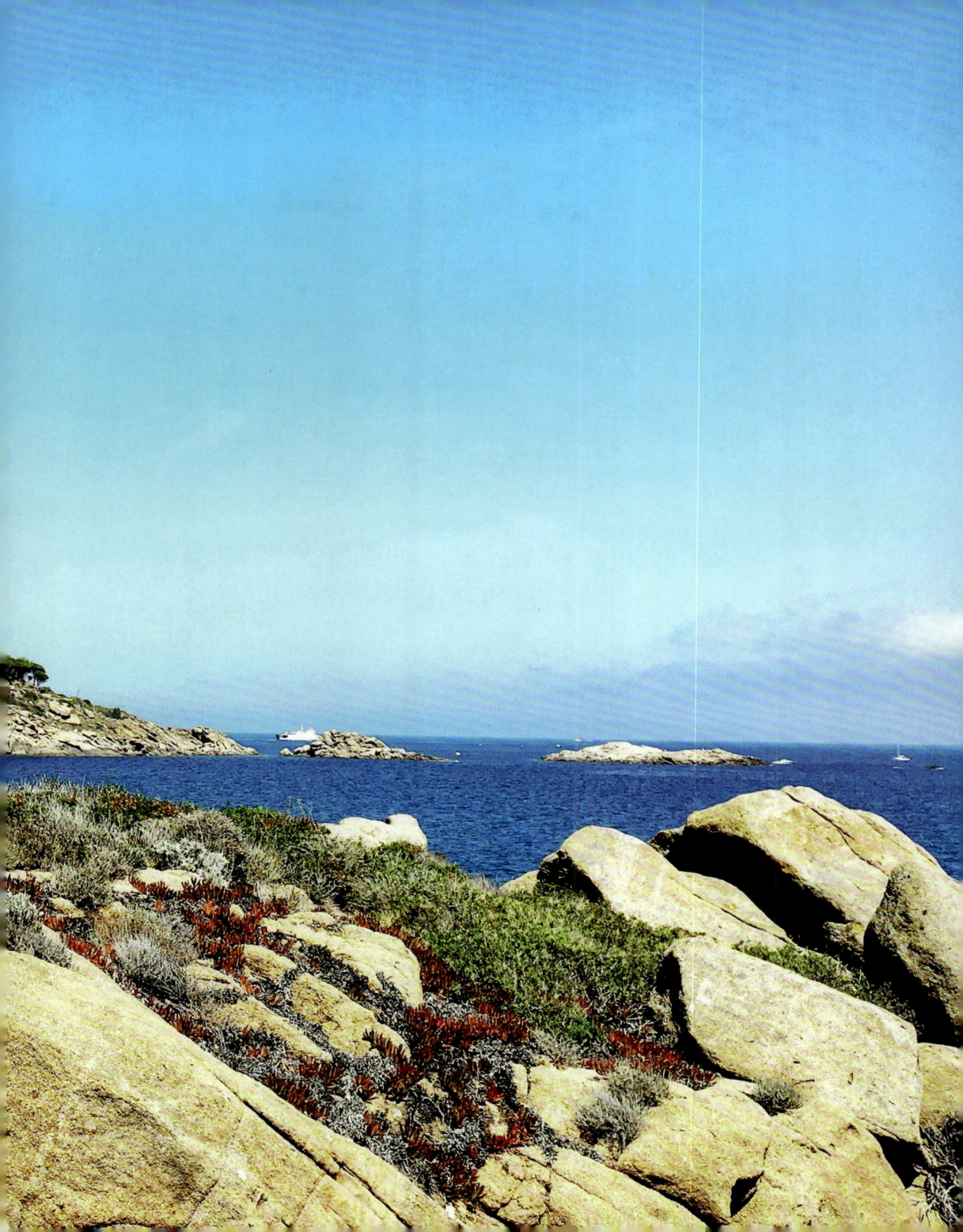

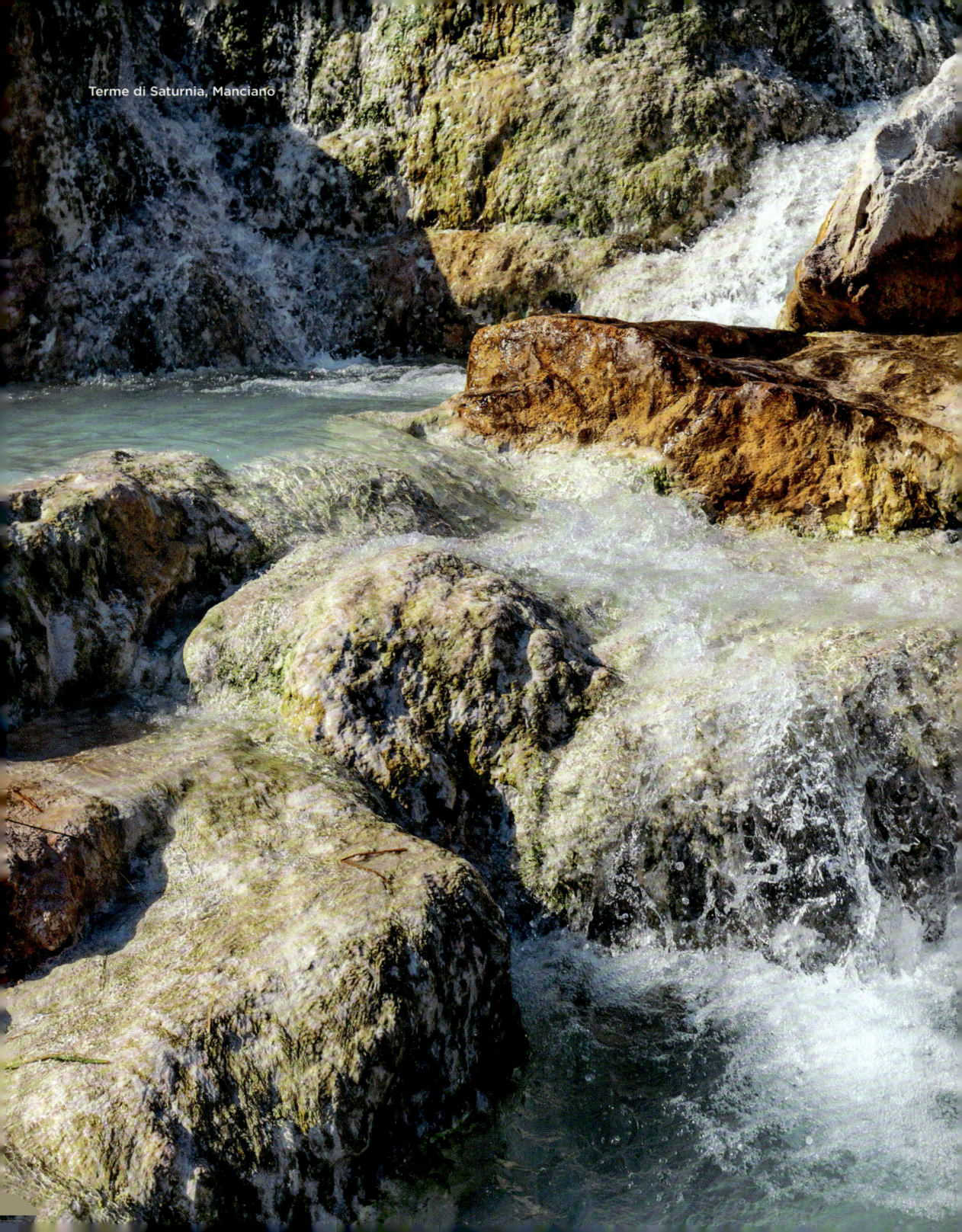
Terme di Saturnia, Manciano

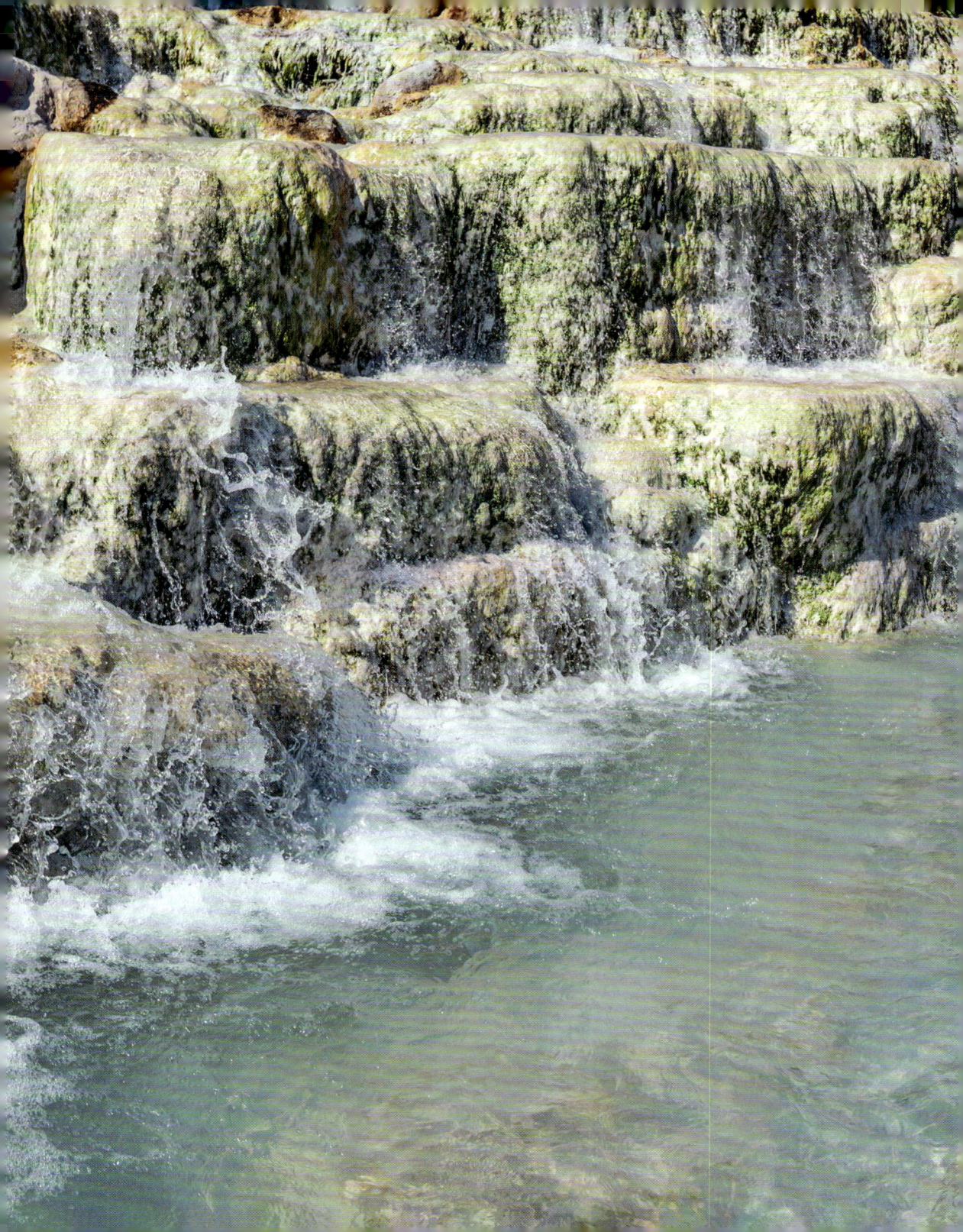

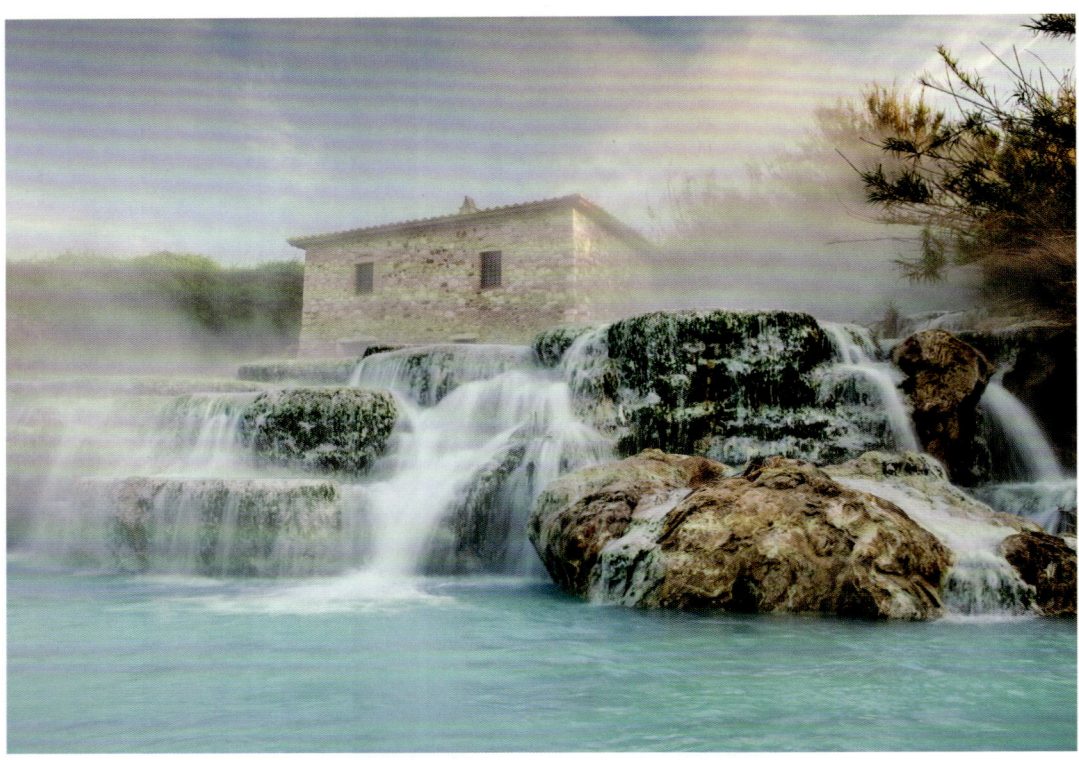

Terme di Saturnia, Manciano

Thermal Springs of Saturnia

The unique waterfalls of the thermal springs were already known in ancient Rome. Legend has it that they were created during a battle between Jupiter and Saturn when Saturn threw a bolt of lightning into the ground at the place where the water later sprang from.

Thermes de Saturne

Véritable bijou dans son écrin de nature, les cascades des thermes de Saturne sont connues depuis la Rome antique. La légende dit que ces eaux thermales seraient le fruit de la colère de Jupiter qui aurait, durant une bataille avec Saturne, lancé un éclair dans le sol d'où l'eau aurait jailli.

Thermalquellen von Saturnia

Die einzigartigen Wasserfälle der Thermalquellen waren bereits im antiken Rom bekannt. Einer Legende zufolge sollen sie bei einem Kampf zwischen Jupiter und Saturn entstanden sein, als Saturn einen Blitz an der Stelle in den Boden schleuderte, aus der später das Wasser entsprang.

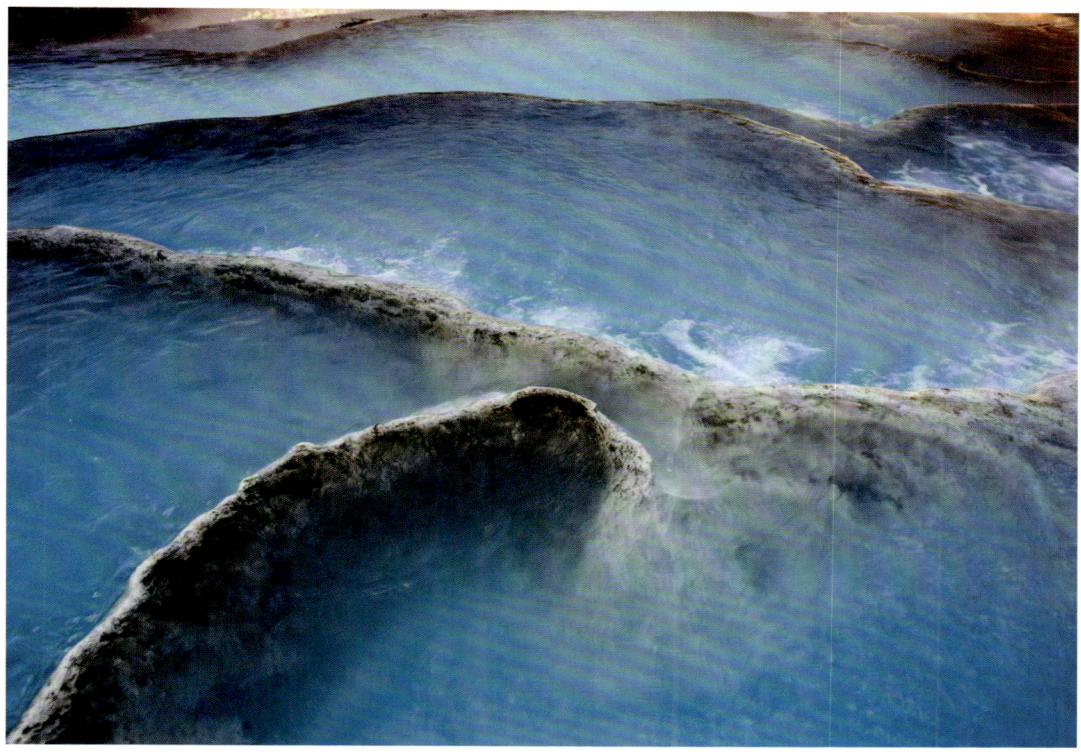

Terme di Saturnia, Manciano

Termas de Saturnia

Las cascadas únicas de las fuentes termales ya eran conocidas en la antigua Roma. Una leyenda cuenta que fueron creadas durante una batalla entre Júpiter y Saturno, cuando Saturno lanzó un rayo al suelo en el lugar de donde posteriormente brotó agua.

Termas de Saturno

As cachoeiras únicas das termas já eram conhecidas na Roma antiga. A lenda diz que elas foram criadas durante uma batalha entre Júpiter e Saturno, quando Saturno lançou um raio no chão, no lugar onde a água mais tarde brotou.

Termas de Saturnia

De unieke watervallen van de warmwaterbronnen waren al bekend in het oude Rome. Volgens een legende ontstonden ze tijdens een gevecht tussen Jupiter en Saturnus, toen Saturnus een bliksemschicht de grond in gooide. Op die plaats ontsprong later het water.

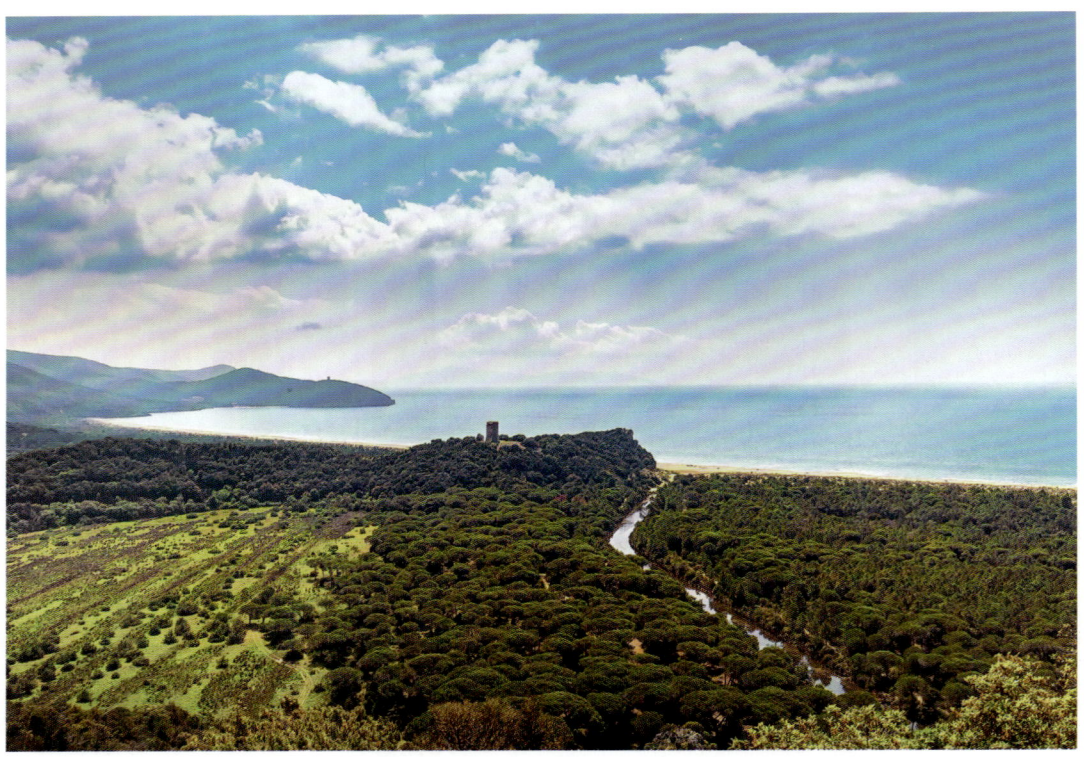

Parco dell'Uccellina

Parco dell'Uccellina

The Maremma National Park or
Parco dell'Uccellina stretches along
the coast 25km south of Grosseto.
As a green paradise, it is home to
9,800ha of protected nature, and is
a refuge for numerous migratory
birds and native animal species.

Parco dell'Uccellina

Le Parc régional de la Maremme,
ou Parco dell'Uccellina, s'étend sur
25 km au sud de Grosseto, le long
du littoral. Véritable écrin naturel
de 9800 ha, le parc est un territoire
sauvage très protégé et un vrai
paradis pour les oiseaux migrateurs
et la faune locale.

Parco dell'Uccellina

25 km südlich von Grosseto
erstreckt sich entlang der Küste der
Parco Regionale della Maremma
oder Parco dell'Uccellina. Als
grünes Paradies beherbergt er auf
9800 ha eine geschützte Natur, die
einen Rückzugsort für zahlreiche
Zugvögel und einheimische
Tierarten bildet.

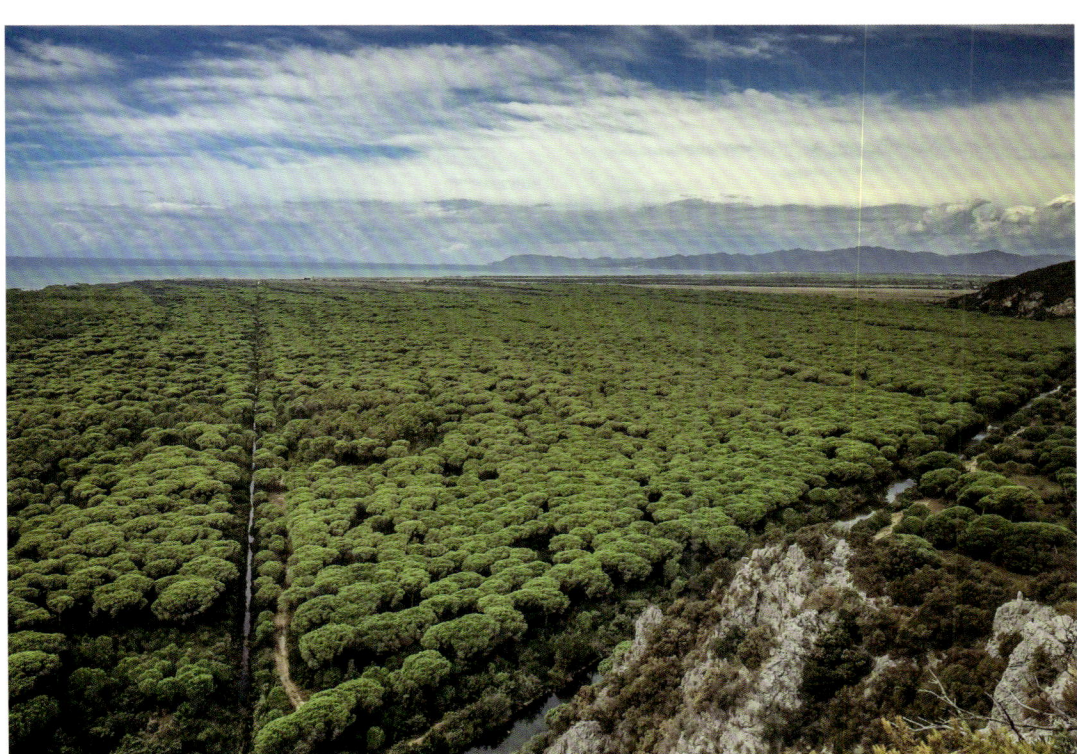

Parco dell'Uccellina

Parco dell'Uccellina

A 25 km al sur de Grosseto se extiende a lo largo de la costa del Parco Regionale della Maremma o Parco dell'Uccellina. Es un paraíso verde que alberga 9 800 hectáreas de naturaleza protegida, y conforma un lugar de refugio para numerosas aves migratorias y especies animales autóctonas.

Parco dell'Uccellina

25 km a sul de Grosseto, ao longo da costa do Parco Regionale della Maremma ou do Parco dell'Uccellina. Como um paraíso verde, abriga 9 800 hectares de natureza protegida e é um refúgio para inúmeras aves migratórias e espécies de animais nativos.

Parco dell'Uccellina

Zo'n 25 km ten zuiden van Grosseto strekt zich langs de kust het Parco Regionale della Maremma of Parco dell'Uccellina uit. Als groen paradijs herbergt het 9 800 hectare aan beschermde natuur, die een toevluchtsoord vormt voor talrijke trekvogels en inheemse diersoorten.

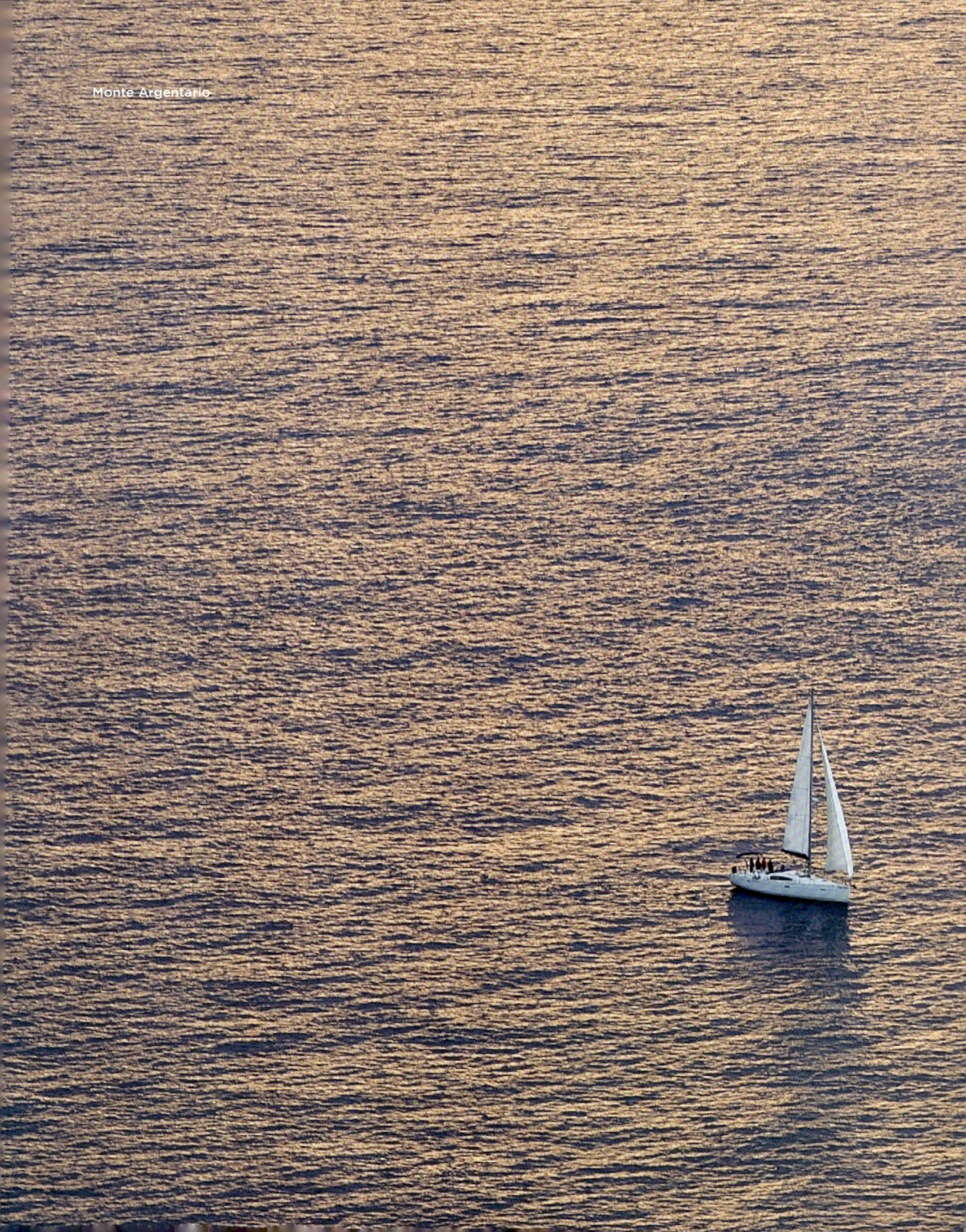

Monte Argentario

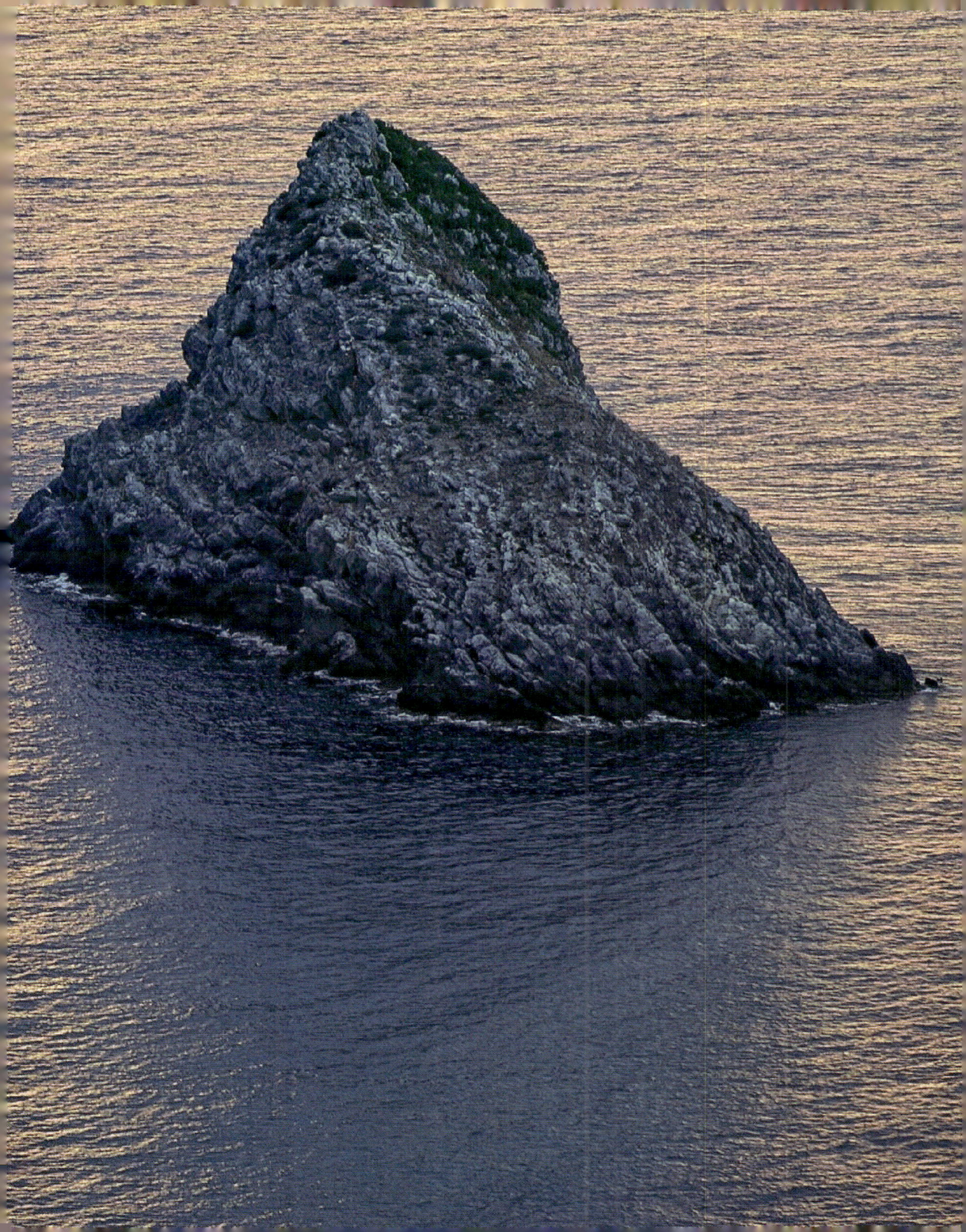

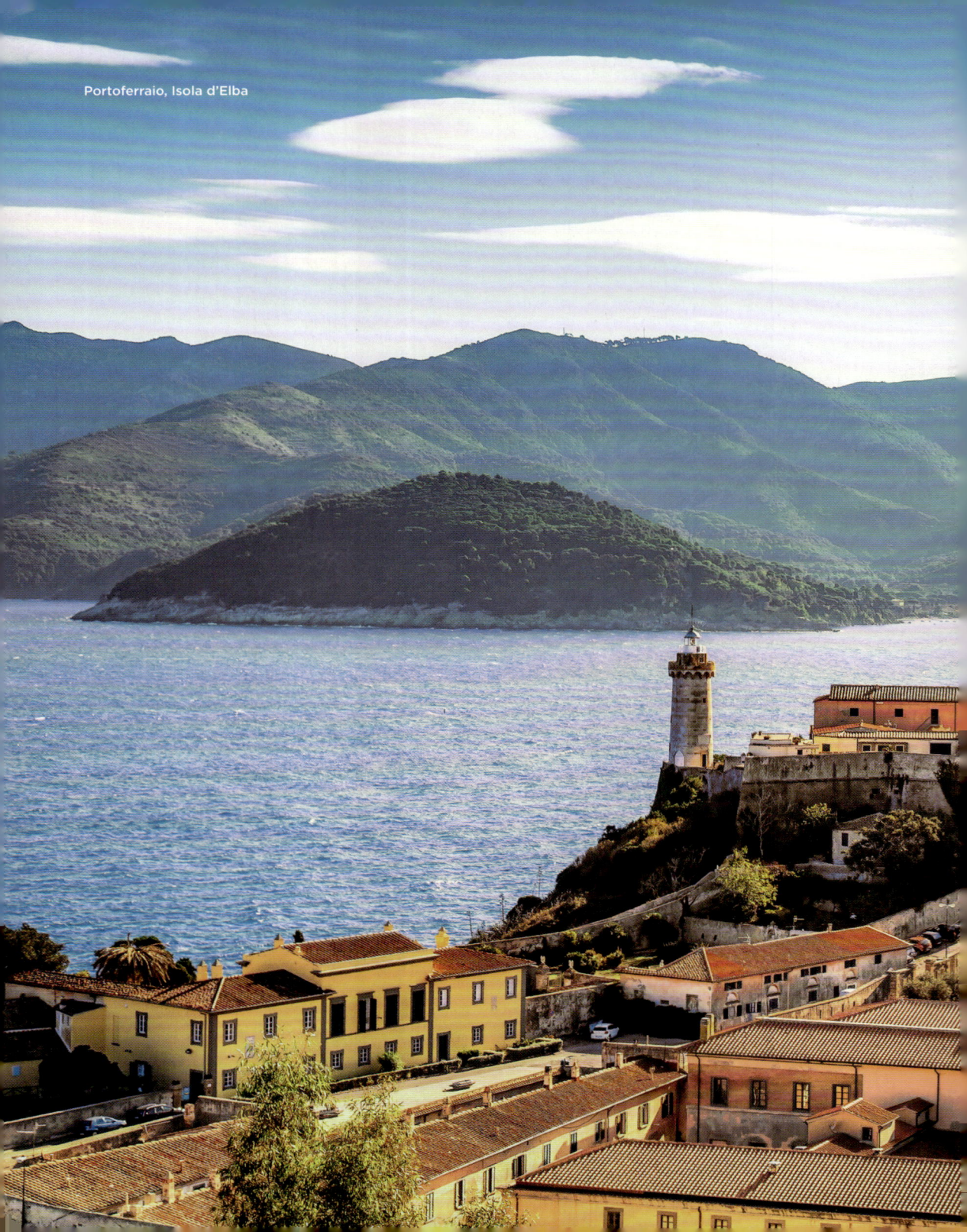
Portoferraio, Isola d'Elba

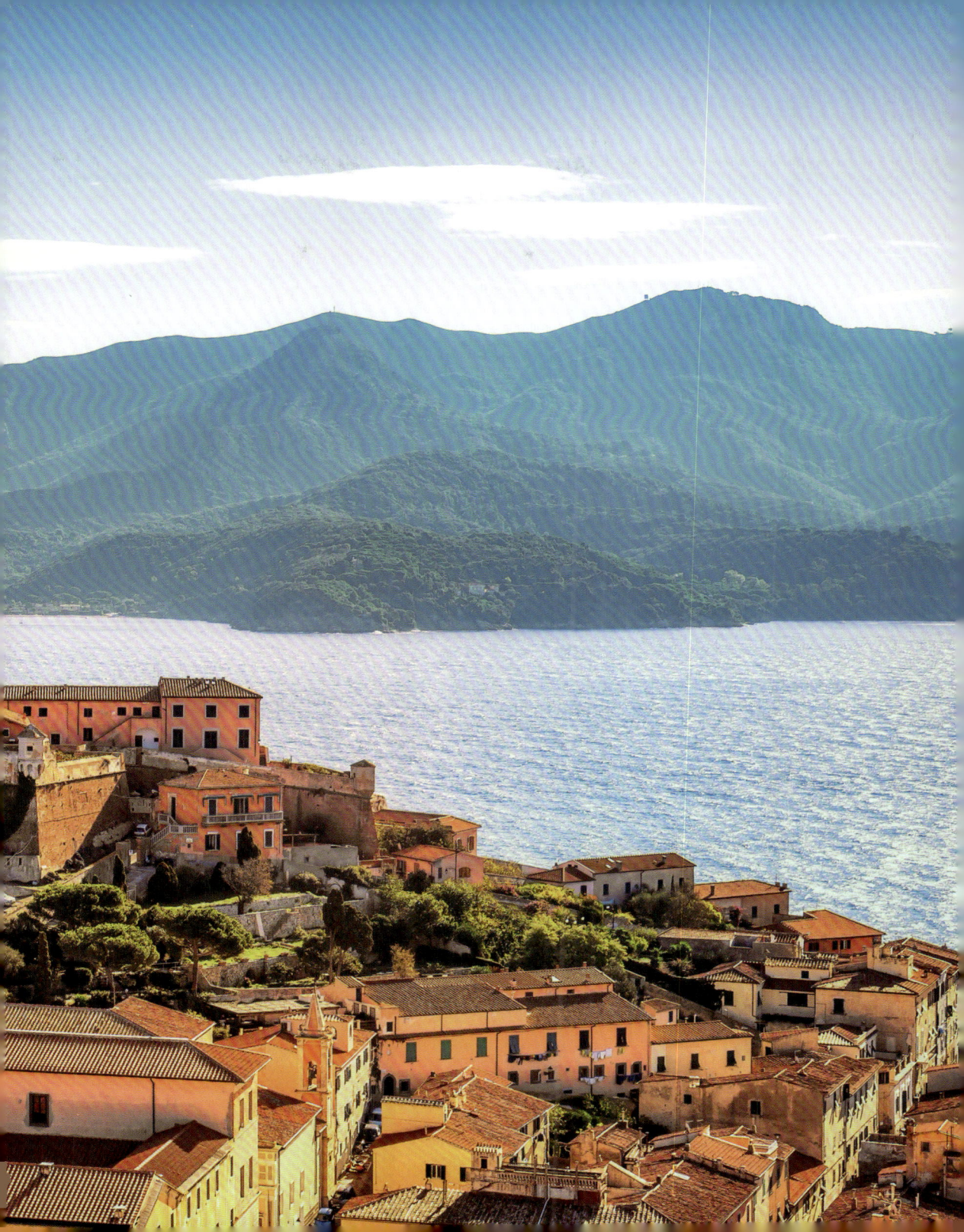

KÖNEMANN

© 2019 koenemann.com GmbH
www.koenemann.com

ÉDITIONS
PLACE DES
VICTOIRES

© Éditions Place des Victoires
6, rue du Mail – 75002 Paris
www.victoires.com
ISBN : 978-2-8099-1669-0
Dépôt légal : 3ᵉ trimestre 2019

Series Concept: koenemann.com GmbH

Text & Layout: Audrey Robin
Translations: koenemann.com GmbH
Maps: EdiCarto
Color Separation: Nord Compo

ISBN : 978-3-7419-2489-7 (international)

Printed in China by Shenzhen Hua Xin Colour-printing & Platemaking Co., Ltd